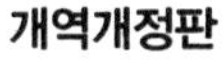

개역개정판

# 신·구약 성경대학문제 2

구약성경 – 시가서

| 출제자 : **홍춘만 목사** |

쿰란출판사

## 추천사

저는 의과대학 교수로서 지금까지(90세) 학교(UCSD-CA-의과대학 교수 및 미세수술연구소장)에만 평생 매달려 살았기 때문에 일생 신앙생활을 하면서도 성경을 체계적으로 읽어 본 적이 없었습니다. 그러다가 홍 목사님께서 인디애나폴리스 한인장로교회에 1년간 Interim Pastor로 가신다기에 종종 연락하면서 지내자 하고 헤어졌습니다.

그런데 홍 목사님께서 첫 주일부터 그 교회의 주보와 함께 성경대학 문제지를 보내주셨습니다. 문제를 풀려고 성경을 펴놓고 읽다 보니 성경이 얼마나 재미있고 유익한지를 깨닫게 되었습니다. 홍 목사님은 성경 문제를 재미있게 풀 수 있도록 문제를 출제하셨습니다.

그래서 매주 채점한 답안지와 새 문제를 받아 보는 기대감으로 살았습니다. 결국 만 1년 동안 창세기에서부터 요한계시록까지 한 문제도 빠뜨리지 않고 모두 참여했고 수료증까지 받게 되었습니다. 저는 그 문제들을 통해서 평생 처음으로 신·구약성경 전서를 통독하게 되었습니다. 너무나 감사한 일입니다.

나로 하여금 성경을 통독할 수 있도록 인도하신 홍 목사님을 평생 잊을 수가 없습니다. 저와 같이 직장과 공직에 매여 바쁜 생활을

하여 성경을 체계적으로 통독하지 못한 분들이 많은 줄 압니다. 그런 분들에게 이 성경대학 문제집을 꼭 권하고 싶습니다. 많은 성도님들께서 이 성경대학 문제집을 통하여 성경을 읽고 연구하심으로써 하나님을 더욱 가까이하시기 바랍니다. 하나님의 은혜와 평강과 축복이 함께하시기를 기도합니다.

**이선** 박사

(1990년, 2011년 노벨의학상 후보)

출처: 이선 박사의 자서전 《평생 잊을 수 없는 사람들》 중에서

## 서문

**1.** 미주 목회 32년 동안 매주 출제했던 성경 문제들을 정리해서 바람직하게 엮은 것입니다.

**2.** 출제한 내용은,

1) 복음적 내용입니다(하나님의 구원과 구원받은 사람들이 어떻게 살아야 하는가에 대한 성구나 내용에 중점을 두었습니다).

2) 중요한 성경 구절들을 암송하도록 하였습니다.

3) 문제의 모든 답은 성경 안에서 반드시 찾을 수 있도록 출제하였습니다.

**3.** 1년에 한 번 이상(2~3번) 신·구약 성경을 통독할 수 있도록 출제하였습니다.

**4.** 1주일에 매일(3~4장)×7일=21~28장. 그러므로 가능한 한 매주 평균 25장씩 공부하도록 출제하였습니다.

**5.** 교회에서 목사님들이 교인들의 성경읽기와 성경연구에 활용할 수 있도록 구성되어 있습니다.

**6.** '성경대학문제'라고 제목을 붙인 것은, 교인들 대부분이 대학 졸업 이상의 연령들이며, 또 성경을 연구한다는 것은 모든 학문 가운데 최고의 학문을 공부하고 연구한다는 뜻에서 그렇게 하였습니다.

**7.** 성경은 '개역개정판'을 사용하였습니다.

〈주의 말씀은 내 발에 등이요 내 길에 빛이니이다〉(시 119:105).

〈사람이 떡으로만 살 것이 아니요 하나님의 입으로부터 나오는 모든 말씀으로 살 것이라〉(마 4:4).

〈…성경은 능히 너로 하여금 그리스도 예수 안에 있는 믿음으로 말미암아 구원에 이르는 지혜가 있게 하느니라 모든 성경은 하나님의 감동으로 된 것으로 교훈과 책망과 바르게 함과 의로 교육하기에 유익하니 이는 하나님의 사람으로 온전하게 하며 모든 선한 일을 행할 능력을 갖추게 하려 함이라〉(딤후 3:15-17).

〈이 예언의 말씀을 읽는 자와 듣는 자와 그 가운데에 기록한 것을 지키는 자는 복이 있나니 때가 가까움이라〉(계 1:3).

이 교재를 통해서 구원의 확신을 가지고 온전한 성도들이 되시기를 기원합니다. 끝으로 이 교재를 펴내기까지 재정으로 후원하신 이선 박사님, 이동욱 장로님, 윤흔영 장로님께 깊은 감사를 드립니다. 그리고 교정의 책임을 맡아 수고하신 유동용 목사님과 홍나미 권사님, 본 원고를 책으로 제작하고 출판하여 주신 쿰란출판사 대표 이형규 장로님과 편집진 여러분 모두에게 심심한 감사를 드리는 바입니다.

2018년 8월

출제자 **홍 춘 만** 목사

목차

## 성경대학문제 해답

# 구약(개역개정판)
# 성경대학문제

창세기 / 출애굽기 / 레위기 / 민수기
신명기 / 여호수아 / 사사기 / 룻기
사무엘상 / 사무엘하 / 열왕기상
열왕기하 / 역대상 / 역대하 / 에스라
느헤미야 / 에스더 / 이사야 / 예레미야
에스겔 / 다니엘 / 호세아 / 요엘
아모스 / 오바댜 / 요나 / 미가 / 나훔
하박국 / 스바냐 / 학개
스가랴 / 말라기

# 01 구약(개역개정판) 성경대학문제

창세기 1-25장

(　　)년 (　　)월 (　　)일　　이름 (　　)

1. 〈(　　)에 하나님이 천지를 (　　)하시니라〉는 (　　)장 (　　)절이다.

2. 〈(　　)의 형상대로 사람을 (　　)하시되 남자와 여자를 (　　)하시고 하나님이 그들에게 (　　)을 주시며 하나님이 그들에게 이르시되 (　　)하고 번성하여 땅에 충만하라, 땅을 (　　)하라, 바다의 물고기와 하늘의 새와 땅에 움직이는 모든 (　　)을 다스리라 하시니라〉는 (　　)장 (　　)절이다.

3. 〈하나님이 그 일곱째 날을 (　　)되게 하사 거룩하게 하셨으니 이는 (　　)이 그 창조하시며 만드시던 (　　) 일을 마치시고 그날에 (　　)하셨음이니라〉는 (　　)장 (　　)절이다.

4. 〈여호와 하나님이 (　　)의 흙으로 사람을 지으시고 (　　)를 그 코에 불어넣으시니 사람이 (　　)이 되니라〉

5. 〈여호와 하나님이 그 (　　)에게 명하여 이르시되 동산 (　　) 나무의 열매는 네가 임의로 먹되 (　　)을 알게 하는 나

무의 열매는 (          ) 말라 네가 먹는 날에는 (          ) 죽으리라 하시니라〉

**6.** 〈여호와 하나님이 (          )으로 각종 들짐승과 공중의 각종 (          )를 지으시고 (          )이 무엇이라고 부르나 보시려고 (          )을 그에게로 이끌어 가시니 (          )이 각 생물을 부르는 것이 곧 그 (          )이 되었더라〉

**7.** 〈아담이 이르되 이는 내 (          ) 중의 뼈요 살 중의 (          )이라〉에서 '이'는 누구입니까?

**8.** 〈너희가 그것을 먹는 날에는 너희 (          )이 밝아져 하나님과 같이 되어 (          )을 알 줄 하나님이 아심이니라〉는 누가 누구에게 한 말이며 '그것'은 무엇입니까?

**9.** 〈(          )가 그 나무를 본즉 (          )직도 하고 보암직도 하고 (          )롭게 할 만큼 탐스럽기도 한 나무인지라 (          )가 그 열매를 따먹고 자기와 함께 있는 (          )에게도 주매 그도 (          )지라〉는 (          )장 (          )절이다.

**10.** 〈내가 너로 (          )와 원수가 되게 하고 네 후손도 (          )의 후손과 원수가 되게 하리니 (          )의 후손은 네 (          )를 상하게 할 것이요 너는 그의 (          )를 상하게 할 것이니라〉에서 '나'와 '너'는 누구입니까?

**11.** 〈(          )에게 이르시되 내가 네게 (          )하는 고통을 크게 더

하리니 네가 (            )하고 자식을 낳을 것이며 너는 (            )을 원하고 (            )은 너를 다스릴 것이니라〉

**12.** 〈네가 (            )으로 돌아갈 때까지 얼굴에 (            )을 흘려야 먹을 것을 먹으리니 네가 (            )에서 취함을 입었음이라〉에서 '너'는 누구입니까?

**13.** 여호와께서 가인과 아벨의 제물 중 누구의 것을 받으셨습니까?

**14.** 〈가인이 그의 아우 (            )에게 말하고 그들이 (            )에 있을 때에 가인이 그의 아우 (            )을 쳐죽이니라〉는 (            )장 (            )절이다.

**15.** 수금과 통소를 잡는 모든 자의 조상은 누구입니까?

**16.** 하나님께서 아담에게 가인이 죽인 아벨 대신 주신 아들의 이름은 누구입니까?

**17.** 여호와의 이름을 비로소 부른 때는 언제입니까?

**18.** 〈(            )이 하나님과 동행하더니 (            )이 그를 데려가시므로 (            )에 있지 아니하였더라〉는 (            )장 (            )절이다.

**19.** 라멕의 아버지와 아들의 이름은 각각 누구입니까?

**20.** 구약에서 제일 장수한 사람은 누구이며 몇 살까지 살았습니까?

**21.** 〈여호와께서 이르시되 나의 (          )이 영원히 사람과 (          ) 하지 아니하리니 이는 그들이 (          )이 됨이라 그러나 그들의 날은 (          ) 년이 되리라〉

**22.** 〈노아는 (          )이요 당대에 (          )한 자라 그는 하나님과 (          )하였으며 세 아들을 낳았으니 (          )과 (          )과 (          )이라〉는 (          )장 (          )절이다.

**23.** 〈네가 만들 방주는 이러하니 그 길이는 삼백 규빗, 너비는 오십 규빗, 높이는 삼십 규빗이라〉에서 방주의 크기를 m법으로 환산해 보십시오. (1규빗=46cm)

**24.** 〈내가 (          ) 주야를 땅에 (          )를 내려 내가 지은 모든 (          )을 지면에서 쓸어버리리라〉는 (          )장 (          )절이다.

**25.** 노아가 몇 세 때 홍수가 났습니까?

**26.** 〈지면의 모든 (          )을 쓸어버리시니 곧 (          )과 가축과 기는 것과 공중의 새까지라 이들은 (          )에서 쓸어버림을 당하였으되 오직 (          )와 그와 함께 (          )에 있던 자들만 남았더라 물이 (          ) 일을 땅에 넘쳤더라〉는 (          )장 (          )절이다.

**27.** 노아가 땅이 말랐는가 알아보기 위해서 방주에서 내보낸 생물 중 감람나무 새 잎사귀를 물고 돌아온 생물은?

**28.** 〈하나님이 (　　　)와 그 아들들에게 (　　　)을 주시며 그들에게 이르시되 (　　　)하고 번성하여 땅에 (　　　)하라〉는 (　　　)장 (　　　)절이다.

**29.** 〈모든 산 (　　　)은 너희의 먹을 것이 될지라 (　　　)같이 내가 이것을 다 너희에게 주노라〉는 (　　　)장 (　　　)절이다.

**30.** 하나님께서 〈다시는 물이 모든 육체를 멸하는 홍수가 되지 아니할지라〉 하신 영원한 언약의 증거는 무엇입니까?

**31.** 〈(　　　)과 야벳이 옷을 가져다가 자기들의 (　　　)에 메고 뒷걸음쳐 들어가서 그들의 아버지의 (　　　)를 덮었으며 그들이 (　　　)을 돌이키고 그들의 아버지의 (　　　)를 보지 아니하였더라〉

**32.** 〈(　　　)이 야벳을 창대하게 하사 (　　　)의 장막에 거하게 하시고 가나안은 그의 (　　　)이 되게 하시기를 원하노라 하였더라〉는 (　　　)장 (　　　)절이다.

**33.** 노아는 홍수 후에 몇 년을 더 살다가 몇 세에 죽었습니까?

**34.** 노아의 세 아들의 이름을 쓰십시오.

**35.** 〈자, 성읍과 (　　　)을 건설하여 그 탑 꼭대기를 (　　　)에 닿게 하여 우리 (　　　)을 내고 온 지면에 (　　　)을 면하자〉는 (　　　)장 (　　　)절이다.

**36.** 〈바벨〉의 뜻이 무엇입니까?

**37.** 데라의 아들들의 이름을 쓰십시오.

**38.** 하나님이 아브람을 처음 축복하신 장, 절은 어디입니까?

**39.** 하나님이 아브람과 그의 자손에게 주리라 한 땅의 이름은?

**40.** 아브람이 애굽에 내려갔을 때 왜 자기 아내를 누이라고 속였습니까?

**41.** 〈네가 어찌 그를 (　　　　)라 하여 내가 그를 데려다가 (　　　　)를 삼게 하였느냐 네 (　　　　)가 여기 있으니 이제 데려가라〉에서 ‘너’와 ‘그’와 ‘나’는 각각 누구입니까?

**42.** 〈네 앞에 (　　　　)이 있지 아니하냐 나를 떠나가라 네가 (　　　　)하면 나는 우하고 네가 (　　　　)하면 나는 좌하리라〉에서 ‘너’와 ‘나’는 각각 누구입니까?

**43.** 〈아브람은 (　　　　) 땅에 거주하였고 롯은 그 지역의 (　　　　)에 머무르며 그 장막을 옮겨 (　　　　)까지 이르렀더라〉는 (　　　　)장 (　　　　)절이다.

**44.** 〈보이는 (　　　　)을 내가 너와 네 자손에게 주리니 (　　　　) 이르리라〉에서 ‘나’와 ‘너‘는?

**45.** 아브람이 조카 롯을 구할 때 데리고 간 사람은 몇 명입니까?

**46.** 아브람이 살렘 왕 멜기세덱에게 무엇을 주었습니까?

**47.** 〈(　　　　)아 두려워하지 말라 나는 네 (　　　　)요 너의 지극히 큰 (　　　　)이니라〉는 (　　　　)장 (　　　　)절이다.

**48.** 여호와께서 아브람을 의로 여기신 이유는 무엇입니까?

**49.** 〈너는 반드시 알라 네 (　　　　)이 이방에서 객이 되어 그들을 (　　　　)겠고 그들은 (　　　　) 년 동안 네 자손을 (　　　　)히리니 그들이 섬기는 나라를 내가 (　　　　)할지며 그 후에 네 자손이 큰 (　　　　)을 이끌고 나오리라〉는 (　　　　)장 (　　　　)절이다.

**50.** 〈(　　　　)께서 아브람과 더불어 (　　　　)을 세워 이르시되 내가 이 땅을 (　　　　) 강에서부터 그 큰 강 유브라데까지 네 (　　　　)에게 주노니〉는 (　　　　)장 (　　　　)절이다.

**51.** 하갈의 소생은 누구이며 당시 아브람의 나이는 몇이었습니까?

**52.** 하나님이 '아브람'을 '아브라함'으로 이름을 바꾸어 주셨습니다. '아브라함'의 뜻은?

**53.** 〈너희 중 남자는 다 (　　　　)를 받으라 이것이 나와 너희와 너희 후손 사이에 지킬 내 (　　　　)이니라〉

**54.** 〈(          )이 이르시되 아니라 네 아내 (          )가 네게 아들을 낳으리니 너는 그 이름을 (          )이라 하라 내가 그와 내 (          )을 세우리니 그의 후손에게 영원한 (          )이 되리라〉는 (          )장 (          )절이다.

**55.** 〈눈을 들어 본즉 사람 (          )이 맞은편에 서 있는지라 그가 그들을 보자 곧 (          )에서 달려나가 영접하며 (          )을 땅에 굽혀 이르되 내 주여 내가 주께 (          )를 입었사오면 원하건대 (          )을 떠나 지나가지 마시옵고〉는 (          )장 (          )절이다.

**56.** 〈그가 이르시되 (          ) 이맘때 내가 반드시 네게로 돌아오리니 네 아내 (          )에게 아들이 있으리라 하시니 (          )가 그 뒤 장막 문에서 들었더라〉에서 '그'는 누구입니까?

**57.** 〈그 성 중에 의인 (          ) 명이 있을지라도 주께서 그곳을 멸하시고 그 (          ) 의인을 위하여 (          )하지 아니하시리이까〉에서 '그 성'은 어디를 말합니까?

**58.** 〈내가 (          ) 명으로 말미암아 멸하지 아니하리라〉는 (          )장 (          )절이다.

**59.** 두 천사가 소돔 성에 누구를 찾아가 만났습니까?

**60.** 롯이 소돔, 고모라의 멸망 때 피해 들어간 곳은 어디입니까?

**61.** 〈롯의 아내는 (　　　　　)를 돌아보았으므로 (　　　　　)이 되었더라〉

**62.** 아브라함 당시 그랄 왕은 누구입니까?

**63.** 이삭이 출생할 때 아브라함의 나이는?

**64.** 〈네가 무슨 일을 하든지 하나님이 너와 함께 계시도다〉는 누가 누구에게 한 말입니까?

**65.** 여호와께서 아브라함에게 독자 이삭을 번제로 드리라고 한 곳은 어디입니까?

**66.** 〈네가 네 아들 네 (　　　　　)까지도 내게 (　　　　　) 아니하였으니 내가 이제야 네가 하나님을 (　　　　　)하는 줄을 아노라〉에서 '너'는 누구입니까?

**67.** 〈네 (　　　　　)로 말미암아 천하 만민이 (　　　　　)을 받으리니 이는 네가 나의 (　　　　　)을 준행하였음이니라〉는 (　　　　　)장 (　　　　　)절이다.

**68.** 사라는 몇 살까지 살았습니까? 어디에 장사했습니까?

**69.** 이삭의 아내와 장인과 처남의 이름은 무엇입니까?

**70.** 미디안의 부모 이름은 무엇입니까?

**71.** 아브라함은 몇 세에 별세했습니까?

**72.** 이삭이 몇 세에 에서와 야곱을 낳았습니까?

**73.** 에서의 별명은 무엇입니까?

**74.** 장자의 명분을 누가 누구에게 팥죽 한 그릇에 팔았습니까?

**75.** 가장 좋다고 생각하는 성경구절 한 절을 외워 쓰십시오.

# 02 구약(개역개정판) 성경대학문제

창세기 26-50장

(　　　)년 (　　)월 (　　)일　　　이름 (　　　)

**1.** 이삭 당시 블레셋의 왕은 누구입니까?

**2.** 〈네 자손으로 말미암아 천하 만민이 (　　　)을 받으리라〉는 누가 누구에게 한 말입니까?

**3.** 에서의 아내는 누구입니까?

**4.** 〈내가 즐기는 (　　　)를 만들어 내게로 가져와서 (　　　) 하여 내가 (　　　) 전에 내 마음껏 네게 (　　　)하게 하라〉는 누가 누구에게 한 말입니까?

**5.** 〈(　　　)이 너를 섬기고 열국이 네게 (　　　)하리니 네가 형제들의 (　　　)가 되고 네 어머니의 아들들이 네게 (　　　)하며 너를 저주하는 자는 (　　　)를 받고 너를 축복하는 자는 (　　　)을 받기를 원하노라〉는 누가 누구를 축복하는 말입니까?

**6.** 〈그가 반드시 복을 받을 것이니라〉는 누가 누구에게 한 말이며, '그'는 누구입니까?

7. 리브가가 야곱에게 화가 난 에서를 피해 하란 땅에 있는 누구에게 가라 하였습니까?

8. 〈아브라함에게 허락하신 (　　　)을 네게 주시되 너와 함께 네 (　　　)에게도 주사 하나님이 아브라함에게 주신 (　　　) 곧 네가 거류하는 땅을 네가 (　　　)하게 하시기를 원하노라〉는 누가 누구에게 한 말입니까?

9. 마할랏은 누구입니까?

10. 〈내가 너와 (　　　) 있어 네가 어디로 가든지 너를 (　　　) 너를 이끌어 이 땅으로 (　　　)오게 할지라 내가 네게 (　　　)한 것을 다 이루기까지 너를 (　　　) 아니하리라〉는 누가 누구에게 한 말입니까?

11. '벧엘'의 의미는 무엇이며 그곳의 옛날 이름은 무엇입니까?

12. 〈하나님께서 내게 주신 모든 것에서 십분의 (　　　)을 내가 반드시 하나님께 드리겠나이다〉에서 '나'는 누구입니까?

13. 〈야곱이 라헬을 위하여 (　　　) 년 동안 라반을 섬겼으나 그를 (　　　)하는 까닭에 (　　　) 년을 며칠같이 여겼더라〉는 (　　　)장 (　　　)절이다.

14. 야곱이 외삼촌 (　　　)의 두 딸을 아내로 맞았습니다. 그 딸들의 이름은 무엇입니까?

**15.** 야곱이 레아에게서 난 네 아들의 이름은 무엇입니까?

**16.** 빌하는 누구이며 그의 두 아들의 이름은 무엇입니까?

**17.** 실바는 누구이며 그의 두 아들의 이름은 무엇입니까?

**18.** 레아의 다섯 번째 아들과 여섯 번째 아들의 이름은 무엇입니까?

**19.** 디나의 부모 이름은 무엇입니까?

**20.** 요셉의 부모 이름은 무엇입니까?

**21.** 〈그 사람이 매우 (            )하여 양 떼와 노비와 낙타와 나귀가 (            )더라〉에서 '그'는 누구입니까?

**22.** 〈나는 (            )의 하나님이라 네가 거기서 (            )에 기름을 붓고 거기서 내게 (            )하였으니 지금 일어나 이곳을 떠나서 네 (            )로 돌아가라〉는 (            )장 (            )절이다.

**23.** 야곱이 고향을 향할 때 라헬이 그 아버지의 것을 도적질한 것은 무엇입니까?

**24.** 〈너를 해할 만한 (            )이 내 손에 있으나 너희 아버지의 (            )이 어제 밤에 내게 말씀하시기를 너는 (            ) 야곱에게 선악간에 말하지 말라 하셨느니라〉에서 '나'는 누구입니까?

**25.** 〈(　　　)의 하나님 곧 (　　　)이 경외하는 이가 나와 (　　　) 계시지 아니하셨더라면 외삼촌께서 이제 나를 (　　　)으로 돌려 보내셨으리이다마는 하나님이 내 (　　　)과 내 손의 (　　　)를 보시고 어제 밤에 외삼촌을 (　　　)하셨나이다〉에서 '나'는 누구입니까?

**26.** 라반의 말에 오늘 이 (　　　)가 너와 나 사이에 (　　　)가 된다 하였으므로 그 이름을 갈르엣이라 불렀으며 또 (　　　)라 하였으니 이는 그의 말에 우리가 (　　　) 떠나 있을 때에 (　　　)께서 나와 너 사이를 (　　　)시옵소서 함이라〉는 (　　　)장 (　　　)절이다.

**27.** 〈라반이 (　　　)에 일찍이 일어나 손자들과 (　　　)에게 입맞추며 그들에게 (　　　)하고 떠나 고향으로 돌아갔더라〉

**28.** 마하나임의 뜻은 무엇입니까?

**29.** 〈주께서 말씀하시기를 내가 반드시 네게 (　　　)를 베풀어 네 씨로 (　　　)의 셀 수 없는 모래와 같이 (　　　) 하리라〉에서 '너'는 누구입니까?

**30.** 이스라엘은 누구의 이름이며 그 뜻은 무엇입니까?

**31.** 야곱이 그곳 이름을 (　　　)이라 하였으니 그가 이르기를 내가 (　　　)과 대면하여 보았으나 내 (　　　)이 보전되었다 함이더라〉는 (　　　)장 (　　　)절이다.

**32.** 〈에서가 달려와서 그를 (　　　　)하여 안고 목을 어긋맞추어 그와 (　　　　)맞추고 서로 우니라〉에서 '그'는 누구입니까?

**33.** 〈내가 형님의 얼굴을 뵈온즉 (　　　　)의 얼굴을 본 것 같사오며 형님도 나를 (　　　　)하심이니이다 하나님이 내게 (　　　　)를 베푸셨고 내 소유도 족하오니 (　　　　)하건대 내가 형님께 드리는 (　　　　)을 받으소서 하고 그에게 (　　　　)하매 받으니라〉

**34.** 야곱의 딸을 강간한 자는 누구이며 어느 족속입니까?

**35.** 세겜 성읍에 사는 남자들을 칼로 몰살시킨 야곱의 두 아들은 누구입니까?

**36.** 〈하나님이 야곱에게 이르시되 일어나 (　　　　)로 올라가서 거기 거주하며 네가 네 형 (　　　　)의 낯을 피하여 (　　　　)하던 때에 네게 나타났던 (　　　　)께 거기서 제단을 쌓으라〉

**37.** 르우벤은 아버지의 첩과 동침하였습니다. 그 첩의 이름은?

**38.** 라헬의 소생은 누구누구입니까?

**39.** 이삭은 몇 세에 죽었습니까?

**40.** 에돔 족속의 조상은 누구입니까?

**41.** 〈그에게 이르되 네가 꾼 (　　　　)이 무엇이냐 나와 네 (　　　　)와

네 (            )이 참으로 가서 땅에 엎드려 네게 (            )하겠느냐 그의 형들은 (            )하되 그의 아버지는 그 말을 (            ) 두었더라〉에서 '너'는 누구입니까?

**42.** 요셉을 죽이려 할 때 팔자고 한 형은 누구이며 누구에게 얼마에 팔았습니까?

**43.** 요셉이 팔려간 집 주인의 이름과 그의 직분은 무엇입니까?

**44.** 유다의 세 아들의 이름은 무엇입니까?

**45.** 유다가 장자 엘을 위하여 취한 아내 이름은 무엇입니까?

**46.** 다말은 누구의 아들을 출산했습니까? 그리고 그 아들들의 이름은 무엇입니까?

**47.** 〈그가 요셉에게 자기의 (            )과 모든 소유물을 주관하게 한 때부터 (            )께서 요셉을 위하여 그 애굽 사람의 집에 (            )을 내리시므로 여호와의 (            )이 그의 집과 밭에 있는 모든 (            )에 미친지라〉에서 '그'는 누구입니까?

**48.** 〈내가 어찌 이 큰 (            )을 행하여 하나님께 (            )를 지으리이까〉는 누가 누구에게 한 말입니까?

**49.** 〈여호와께서 그를 범사에 (            )하게 하셨더라〉는 창세기 39장 몇 절입니까?

**50.** 요셉이 감옥에서 꿈을 해석해 준 대로 복직한 사람은 누구입니까?

**51.** 바로의 꿈을 해석한 요셉을 어떻게 했습니까? 그때 그의 나이는 몇 살이었습니까?

**52.** 요셉의 아내는 누구입니까?

**53.** 요셉의 두 아들의 이름은 무엇입니까? 그 이름의 의미는 무엇입니까?

**54.** 야곱이 베냐민을 그 형들과 함께 애굽으로 곡식을 사러 보내지 않은 이유는 무엇입니까?

**55.** '막내 아우'는 누구를 가리킴입니까?

**56.** 〈내가 그를 아버지께로 (　　　　) 오지 아니하거든 내 두 (　　　　)을 죽이소서 그를 내 (　　　　)에 맡기소서〉는 누가 누구에게 한 말입니까? 그리고 '그'는 누구입니까?

**57.** 〈(　　　　)하신 하나님께서 그 사람 앞에서 너희에게 (　　　　)를 베푸사 그 사람으로 너희 다른 형제와 (　　　　)을 돌려보내게 하시기를 원하노라〉는 누가 한 말이며, '그 사람'은 누구를 가리키는 말입니까?

**58.** 〈소자여 하나님이 네게 (　　　　) 베푸시기를 원하노라〉는 누가 누구에게 한 말입니까?

**59.** 요셉의 은잔이 누구의 자루에서 나왔습니까?

**60.** 요셉이 자기 신분을 형제들에게 분명하게 밝힌 장, 절을 쓰십시오.

**61.** 〈당신들이 나를 (　　　)에 팔았다고 해서 근심하지 마소서 (　　　)하지 마소서 하나님이 생명을 (　　　)하시려고 나를 당신들보다 (　　　) 보내셨나이다〉는 (　　　)장 (　　　)절이다.

**62.** 〈당신들은 속히 (　　　)께로 올라가서 아뢰기를 아버지의 아들 (　　　)의 말에 하나님이 나를 (　　　) 전국의 주로 세우셨으니 (　　　) 말고 내게로 내려오사〉

**63.** 〈(　　　)이 이르되 족하도다 내 아들 (　　　)이 지금까지 살아 있으니 내가 죽기 (　　　) 가서 그를 보리라〉는 (　　　)장 (　　　)절이다.

**64.** 〈애굽으로 내려가기를 (　　　)하지 말라 내가 거기서 너로 큰 (　　　)을 이루게 하리라〉는 누가 누구에게 한 말씀입니까?

**65.** 야곱이 요셉의 소식을 들었을 때 얼마나 기뻐했겠는가를 한 줄로 표현해 써 보십시오.

**66.** 야곱의 집 사람으로 애굽에 이른 자의 수는 몇 명이었습니까?(요셉의 가족도 포함)

**67.** 야곱 가족의 직업은 무엇입니까?

**68.** 야곱이 애굽 왕 바로에게 갔을 때의 나이는 몇입니까?

**69.** 〈이스라엘 족속이 애굽 (　　　　) 땅에 거주하며 거기서 (　　　　)을 얻어 생육하고 (　　　　)하였더라〉는 (　　　　)장 (　　　　)절이다.

**70.** 〈내가 (　　　　)과 함께 눕거든 너는 나를 (　　　　)에서 메어다가 조상의 묘지에 (　　　　)하라 요셉이 이르되 내가 (　　　　)의 말씀대로 행하리이다〉

**71.** 〈내가 너로 (　　　　)하고 번성하게 하여 네게서 많은 (　　　　)이 나게 하고 내가 이 (　　　　)을 네 후손에게 주어 영원한 (　　　　)가 되게 하리라〉에서 '나'와 '너'는 누구입니까?

**72.** 〈그의 아버지가 (　　　　)하지 아니하며 이르되 나도 안다 내 (　　　　)아 나도 안다 그도 한 족속이 되며 그도 (　　　　) 되려니와 그의 아우가 그보다 (　　　　) 자가 되고 그의 자손이 여러 (　　　　)을 이루리라〉에서 '아우'는 누구를 말합니까?

**73.** 〈나는 죽으나 (　　　　)이 너희와 함께 계시사 너희를 (　　　　)하여 너희 조상의 땅으로 (　　　　)가게 하시려니와〉에서 '조상의 땅'은 어디를 말합니까?

**74.** 〈유다야 너는 네 형제의 (　　　　)이 될지라 네 손이 네 원수의 (　　　　)을 잡을 것이요 네 아버지의 (　　　　)이 네 앞에 절하리로다〉는 (　　　　)장 (　　　　)절이다.

**75.** 야곱의 아들들 중 예수님의 조상이 된 사람은 누구입니까?
(마태복음 1장 참조)

**76.** 〈그가 네게 ( )을 주실 것이라 위로 하늘의 ( )과 아래로 깊은 샘의 ( )과 젖먹이는 복과 태의 ( )이로다〉에서 '그'와 '너'는 누구입니까?

**77.** 야곱은 몇 세에 별세하였습니까?

**78.** 〈그를 ( ) 땅으로 메어다가 마므레 앞 ( ) 밭 굴에 장사하였으니 이는 ( )이 헷 족속 에브론에게 밭과 함께 사서 ( )를 삼은 곳이더라〉

**79.** 〈당신 아버지의 하나님의 ( )인 우리 죄를 이제 ( )하소서〉는 누가 누구에게 한 말입니까?

**80.** 〈두려워하지 마소서 내가 ( )을 대신하리이까 당신들은 나를 ( )하려 하였으나 하나님이 그것을 ( )으로 바꾸사 오늘과 같이 많은 백성의 ( )을 구원하게 하시려 하셨나니… 그들을 간곡한 말로 ( )하였더라〉는 ( )장 ( )절이다.

**81.** 요셉은 몇 세에 별세하였습니까?

**82.** 《( )이 당신들을 돌보시고 당신들을 이 ( )에서 인도하여 내사 ( )과 이삭과 야곱에게 맹세하신 ( )에 이

르게 하시리라 하고 (          )이 또 이스라엘 자손에게 맹세시켜 이르기를 (          )이 반드시 당신들을 돌보시리니 당신들은 여기서 내 (          )을 메고 올라가겠다 하라〉는 (          )장 (          ) 절이다.

**83.** 오늘 읽은 말씀 중 가장 좋아하는 성경 구절을 외워 쓰십시오.

# 03 구약(개역개정판) 성경대학문제

출애굽기 1-25장

(　　　)년 (　　)월 (　　)일　　　이름 (　　　)

**1.** 애굽에 있는 요셉까지 야곱의 혈속이 모두 몇 명이었습니까?

**2.** 〈이스라엘 자손은 (　　　)하고 불어나 번성하고 매우 (　　　)하여 온 땅에 가득하게 되었더라〉는 (　　　)장 (　　　)절이다.

**3.** 〈(　　　)들을 그들 위에 세우고 그들에게 무거운 (　　　)을 지워 괴롭게 하여 그들에게 (　　　)를 위하여 국고성 비돔과 라암셋을 (　　　)하게 하니라〉에서 '그들'은 누구입니까?

**4.** 십브라와 브아의 직업은 무엇입니까?

**5.** 〈(　　　)가 그의 모든 백성에게 명령하여 이르되 (　　　)이 태어나거든 너희는 그를 (　　　) 강에 던지고 (　　　)이거든 살려두라〉는 (　　　)장 (　　　)절이다.

**6.** 모세는 이스라엘의 어느 지파의 자손입니까?

**7.** 모세는 누구의 젖을 먹고 자랐습니까?

**8.** 모세의 이름의 의미는 무엇입니까?

**9.** 〈바로가 이 일을 듣고 ( )를 죽이고자 하여 찾는지라 ( )가 바로의 낯을 피하여 ( ) 땅에 머물며 하루는 ( ) 곁에 앉았더라〉에서 '이 일'은 무엇입니까?

**10.** 모세의 아내와 장인과 첫 아들의 이름은 무엇입니까?

**11.** 모세가 하나님의 부르심을 받은 산의 이름은 무엇입니까?

**12.** 〈내가 너를 ( )에게 보내어 너에게 내 ( ) 이스라엘 자손을 ( )에서 인도하여 내게 하리라〉에서 '나'와 '너'는 누구입니까?

**13.** 〈하나님이 이르시되 내가 반드시 너와 함께 있으리라〉는 ( )장 ( )절이다.

**14.** 하나님께서 모세의 입을 대신하기 위해 같이 가도록 한 사람은 누구입니까?

**15.** 〈여호와께서 ( ) 자손을 찾으시고 그들의 ( )을 살피셨다 함을 듣고 머리 숙여 ( )하였더라〉는 ( )장 ( )절이다.

**16.** 〈너희가 우리를 ( )의 눈과 그의 신하의 눈에 ( ) 것이 되게 하고 그들의 손에 ( )을 주어 우리를 죽이게 하는도

다 (          )는 너희를 살피시고 (          )하시기를 원하노라〉는 (          )장 (          )절이다.

**17.** 모세와 아론의 부모님 이름은 각각 무엇입니까?

**18.** 〈여호와께서 모세에게 이르시되 볼지어다 내가 너를 (          )에게 신같이 되게 하였은즉 네 형 아론은 네 (          )가 되리니〉는 (          )장 (          )절이다.

**19.** 모세와 아론이 바로에게 말할 때에 각각 몇 세였습니까?

**20.** 모세가 바로 앞에서 내린 재앙은 몇 가지였습니까?(7-12장까지를 보십시오)

**21.** 애굽 땅에 우박의 재앙이 있었을 때 상하지 않았던 두 가지의 식물은 무엇이었습니까?

**22.** 흑암의 재앙은 애굽 땅에 며칠 동안 있었습니까?

**23.** 유월절에 잡을 어린 양은 (          )없고 (          )년 된 수컷으로 한다.

**24.** 〈너희는 그것을 이렇게 먹을지니 (          )에 띠를 띠고 (          )에 신을 신고 손에 (          )를 잡고 급히 먹으라 이것이 여호와의 (          )이니라〉

**25.** 〈내가 (          ) 땅을 칠 때에 그 (          )가 너희가 사는 집에 있어서 너희를 위하여 (          )이 될지라 내가 (          )를 볼 때에 너희를 넘어가리니 (          )이 너희에게 내려 (          )하지 아니하리라〉는 (          )장 (          )절이다.

**26.** 유월절 어린 양은 누구를 상징합니까?(요한복음 1장을 참조)

**27.** 여호와께서 모세를 통하여 애굽에 내리신 열 번째 재앙은 무엇입니까?

**28.** 〈밤에 바로가 (          )와 아론을 불러서 이르되 너희와 (          ) 자손은 일어나 내 (          ) 가운데에서 떠나 너희의 말대로 가서 (          )를 섬기며〉는 (          )장 (          )절이다.

**29.** 〈이스라엘 자손이 (          )을 떠나서 숙곳에 이르니 (          ) 외에 보행하는 장정이 (          )만 가량이요〉는 (          )장 (          )절이다.

**30.** 이스라엘 자손이 애굽에 거주한 지 몇 년 만에 나왔습니까?

**31.** 〈이스라엘 자손 중에서 (          )이나 짐승을 막론하고 태에서 (          ) 난 모든 것은 다 거룩히 (          )하여 내게 돌리라 이는 내 것이니라〉는 누가 누구에게 한 말입니까?

**32.** 〈여호와께서 그 손의 (          )으로 우리를 (          )에서 인도하여 내셨음이니라〉는 (          )장(          )절이다.

**33.** 〈모세가 (　　　)의 유골을 가졌으니 이는 (　　　)이 이스라엘 자손으로 단단히 (　　　)하게 하여 이르기를 (　　　)이 반드시 너희를 찾아오시리니 너희는 내 (　　　)을 여기서 가지고 나가라 하였음이더라〉에서 '여기'는 어디입니까?

**34.** 〈낮에는 구름 기둥, 밤에는 (　　　)이 백성 앞에서 떠나지 아니하니라〉는 (　　　)장 (　　　)절이다.

**35.** 〈(　　　)가 백성에게 이르되 너희는 (　　　)워하지 말고 가만히 서서 (　　　)께서 오늘 너희를 위하여 행하시는 (　　　)을 보라 너희가 오늘 본 (　　　) 사람을 영원히 다시 (　　　) 아니하리라〉는 (　　　)장 (　　　)절이다.

**36.** 〈(　　　)께서 너희를 위하여 싸우시리니 너희는 (　　　) 있을지니라〉

**37.** 〈모세가 (　　　) 위로 손을 내밀매 여호와께서 큰 (　　　)이 밤새도록 바닷물을 물러가게 하시니 (　　　)이 갈라져 바다가 마른 (　　　)이 된지라 이스라엘 자손이 (　　　) 가운데를 육지로 걸어가고 (　　　)은 그들의 좌우에 (　　　)이 되니〉는 (　　　)장 (　　　)절이다.

**38.** 〈모세가 곧 손을 (　　　) 위로 내밀매 새벽이 되어 (　　　)의 힘이 회복된지라 (　　　) 사람들이 물을 거슬러 (　　　)하나 여호와께서 (　　　) 사람들을 바다 가운데 엎으시니 (　　　)이 다시 흘러 병거들과 (　　　)을 덮되 그들의 뒤를 따라 (　　　)

에 들어간 바로의 (          )를 다 덮으니 (          ) 남지 아니하였더라〉는 (          )장 (          )절이다.

**39.** 〈이스라엘이 여호와께서 (          ) 사람들에게 행하신 그 큰 (          )을 보았으므로 백성이 (          )를 경외하며 여호와와 그의 종 (          )를 믿었더라〉는 (          )장 (          )절이다.

**40.** 〈여호와는 나의 (          )이요 노래시며 나의 (          )이시로다 그는 나의 (          )이시니 내가 그를 (          )할 것이요 내 아버지의 (          )이시니 내가 그를 높이리로다〉

**41.** 〈너희는 여호와를 (          )하라 그는 높고 (          )로우심이요 말과 그 탄 자를 (          )에 던지셨음이로다〉는 (          )장 (          )절이다.

**42.** 〈나 여호와의 (          )을 들어 순종하고 내가 보기에 (          )를 행하며 내 (          )에 귀를 기울이며 내 모든 (          )를 지키면 내가 (          ) 사람에게 내린 모든 (          ) 중 하나도 너희에게 내리지 아니하리니 나는 너희를 (          )하는 여호와임이라〉는 (          )장 (          )절이다.

**43.** 〈너희가 (          ) 때에는 고기를 먹고 (          )에는 떡으로 배부르리니 내가 여호와 너희의 (          )인 줄 알리라〉에서 '고기'와 '떡'의 이름은 무엇입니까?

**44.** 이스라엘 자손이 몇 년 동안 만나를 먹었습니까?

**45.** 〈내가 호렙 산에 있는 그 (          ) 위 거기서 네 앞에 서리니 너는 그 (          )을 치라 그것에서 (          )이 나오리니 백성이 마시리라〉에서 '나'와 '너'는 누구입니까?

**46.** 이스라엘 민족이 르비딤에서 어느 족속과 싸웠습니까?

**47.** 아말렉과 싸울 때 모세의 손을 들어 올린 두 사람의 이름은 누구입니까?

**48.** '여호와 닛시'는 무슨 뜻입니까?

**49.** 모세의 두 아들의 이름과 그 뜻은 무엇입니까?

**50.** 〈너와 또 너와 함께한 이 백성이 필경 (          )이 쇠하리니 이 일이 네게 너무 (          )이라 네가 (          ) 할 수 없으리라〉는 누가 누구에게 한 말입니까?

**51.** 〈모세가 이스라엘 무리 중에서 (          ) 있는 사람들을 택하여 그들을 백성의 (          ) 곧 천부장과 (          )과 오십부장과 (          )을 삼으매 그들이 때를 따라 백성을 (          )하되 어려운 일은 (          )에게 가져오고 모든 (          ) 일은 스스로 재판하더라〉는 (          )장 (          )절이다.

**52.** 이스라엘 자손이 애굽을 떠난지 몇 달 만에 시내 광야에 이르렀습니까?

**53.** 〈내가 (　　　) 사람에게 어떻게 행하였음과 내가 어떻게 (　　　) 날개로 너희를 업어 내게로 (　　　)하였음을 너희가 보았느니라〉는 (　　　)장 (　　　)절이다.

**54.** 〈너희가 내게 대하여 (　　　) 나라가 되며 거룩한 (　　　)이 되리라〉는 누가 누구에게 한 말씀입니까?

**55.** 하나님이 모세에게 '십계명'을 준 내용은 (　　　)장 3절부터 (　　　)절까지다.

**56.** 〈자기 (　　　)나 어머니를 치는 자는 반드시 (　　　)지니라〉는 (　　　)장 (　　　)절이다.

**57.** 〈눈은 눈으로, 이는 이로…〉는 (　　　)장 (　　　)절이다.

**58.** 〈너는 과부나 고아를 (　　　)롭게 하지 말라 네가 만일 그들을 (　　　)롭게 하므로 그들이 내게 부르짖으면 내가 (　　　) 그 부르짖음을 들으리라〉는 (　　　)장 (　　　)절이다.

**59.** 〈너는 (　　　)을 모독하지 말며 백성의 (　　　)를 저주하지 말지니라〉

**60.** 〈너는 (　　　)된 풍설을 퍼뜨리지 말며 (　　　)과 연합하여 위증하는 (　　　)이 되지 말며〉는 (　　　)장 (　　　)절이다.

**61.** 〈너는 (　　　) 동안에 네 일을 하고 (　　　) 날에는 쉬라 네 소

와 (            )가 쉴 것이며 네 여종의 자식과 (            )가 숨을 돌리리라〉는 (            )장 (            )절이다.

**62.** 이스라엘의 3대 절기를 쓰십시오.

**63.** 〈여호와가 너희의 양식과 물에 복을 내리고 너희 중에서 병을 제하리니〉하였는데 그 조건이 무엇입니까?

**64.** "하나님을 뵙고 먹고 마신" 사람들은 누구 누구였습니까?

**65.** 〈내가 네게 줄 증거판을 궤 속에 둘지며〉는 (            )장 (            )절이다.

**66.** 〈내가 이스라엘 자손을 위하여 네게 명령할 모든 일을 네게 이르리라〉 하셨는데 그 장소가 어디라고 하셨습니까?

**67.** 오늘 읽은 성경 중 가장 좋다고 생각하는 성경 한 절을 외워 쓰십시오.

# 04 구약(개역개정판) 성경대학문제

출애굽기 26–40장
레위기 1–10장

(　　　)년 (　　)월 (　　)일　　　이름 (　　　)

## 출애굽기

1. 〈(　　　)를 그 휘장 안에 들여놓으라 그 휘장이 너희를 위하여 성소와 (　　　)를 구분하리라〉는 (　　　)장 (　　　)절이다.

2. 속죄소를 어디에 두라고 하였습니까?

3. 누구에게 〈저녁부터 아침까지 항상 여호와 앞에 그 등불을 보살피게 하라〉고 하였습니까?

4. 〈내가 지혜로운 (　　　)으로 채운 자들에게 말하여 (　　　)의 옷을 지어 그를 거룩하게 하여 내게 (　　　) 직분을 행하게 하라〉는 (　　　)장 (　　　)절이다.

5. 〈아론이 (　　　)에 들어갈 때에는 이스라엘 아들들의 (　　　)을 기록한 이 판결 흉패를 (　　　)에 붙여 여호와 앞에 영원한 (　　　)을 삼을 것이니라〉는 (　　　)장 (　　　)절이다.

6. 〈여호와께 성결〉이란 말씀은 출애굽기 28장 몇 절에 있습니까?

7. 〈그들에게 제사장의 직분을 맡겨 영원한 규례가 되게 하라〉는 누가 누구에게 한 말입니까? 그리고 〈그들〉은 누구입니까?

8. 〈내가 거기서 너희와 만나고 네게 말하리라〉에서 〈거기〉는 어디입니까?

9. 〈내가 ( ) 자손 중에 거하여 그들의 ( )이 되리니〉

10. 〈생명의 속전〉을 몇 살 이상 된 자로서 얼마씩 여호와께 드리라고 하였습니까?

11. 〈너는 이스라엘 자손에게서 ( )을 취하여 회막 ( )에 쓰라 이것이 여호와 앞에서 ( ) 자손의 기념이 되어서 너희의 ( )을 대속하리라〉

12. 〈하나님의 ( )을 그에게 충만하게 하여 ( )와 총명과 지식과 여러 가지 ( )로〉에서 〈그〉는 누구입니까?

13. 〈너희는 ( )을 지킬지니 이는 너희에게 ( )한 날이 됨이니라 그날을 더럽히는 자는 ( ) 죽일지며 그날에 일하는 자는 ( ) 그 백성 중에서 그 ( )이 끊어지리라〉는 ( )장 ( )절이다.

14. 〈여호와께서 ( ) 산 위에서 모세에게 이르시기를 마치신 때

에 (      ) 돌을 모세에게 주시니 이는 (      )이요 하나님이 (      ) 쓰신 것이더라〉는 (      )장 (      )절이다.

**15.** 〈그들이 내가 그들에게 (      )한 길을 속히 떠나 자기를 위하여 (      )를 부어 만들고 그것을 (      )하며 그것에게 제물을 드리며 말하기를 (      )아 이는 너희를 애굽 땅에서 인도하여 낸 너희 (      )이라 하였도다〉는 (      )장 (      )절이다.

**16.** 〈내가 그들에게 진노하여 그들을 진멸하고 너를 큰 나라가 되게 하리라〉에서 '나', '그들', '너'는 각각 누구를 말합니까?

**17.** 〈진에 가까이 이르러 그 (      )와 그 춤 추는 것들을 (      ) 크게 노하여 손에서 그 (      )을 산 아래로 던져 깨뜨리니라〉는 (      )장 (      )절이다.

**18.** 〈모세가 (      )에 서서 이르되 누구든지 (      )의 편에 있는 자는 내게로 나아오라 하매 (      ) 자손이 다 모여 그에게로 가는지라〉

**19.** 〈이 백성이 자기들을 위하여 금 (      )을 만들었사오니 큰 (      )를 범하였나이다. 그러나 이제 그들의 (      )를 사하시옵소서 그렇지 아니하시오면 원하건대 (      )께서 기록하신 책에서 내 (      )을 지워 버려 주옵소서 여호와께서 (      )에게 이르시되 누구든지 내게 (      )하면 내가 내 (      )에서 그를 지워 버리리라〉는 (      )장 (      )절이다.

**20.** 〈사람이 자기의 (　　　)와 이야기함같이 여호와께서는 (　　　)와 대면하여 말씀하시며 (　　　)는 진으로 돌아오나 눈의 아들 젊은 수종자 (　　　)는 회막을 떠나지 아니하니라〉는 (　　　)장 (　　　)절이다.

**21.** 〈나와 주의 백성이 주의 목전에 (　　　) 입은 줄을 무엇으로 알리이까 주께서 우리와 (　　　) 행하심으로 나와 주의 백성을 천하 만민 중에 (　　　)하심이 아니니이까〉

**22.** 〈네가 내 등을 볼 것이요 얼굴은 보지 못하리라〉는 누가 누구에게 하신 말씀입니까?

**23.** 〈여호와께서 모세에게 이르시되 너는 (　　　) 둘을 처음 것과 같이 (　　　) 만들라 네가 (　　　) 처음 판에 있던 말을 내가 그 판에 (　　　)〉는 (　　　)장 (　　　)절이다.

**24.** 〈(　　　)롭고 은혜롭고 (　　　)하기를 더디하고 (　　　)와 (　　　)이 많은 하나님이라〉

**25.** 〈네가 들어가는 땅의 주민과 언약을 세우지 말라〉하신 이유가 무엇입니까?

**26.** 〈모세가 여호와와 함께 (　　　) 일 (　　　) 야를 거기 있으면서 (　　　)도 먹지 아니하였고 (　　　)도 마시지 아니하였으며 여호와께서는 언약의 말씀 곧 (　　　)을 그 판들에 (　　　)하셨더라〉는 (　　　)장 (　　　)절이다.

**27.** 〈(　　　　) 동안은 일하고 (　　　　) 날은 너희를 위한 (　　　　) 날이니 여호와께 엄숙한 (　　　　)이라 누구든지 이날에 일하는 자는 죽일지니〉는 (　　　　)장 (　　　　)절이다.

**28.** 〈(　　　　)에게 말하여 이르되 (　　　　)이 너무 많이 가져오므로 (　　　　)께서 명령하신 일에 쓰기에 (　　　　)이 있나이다〉는 (　　　　)장 (　　　　)절이다.

**29.** 〈브살렐이 (　　　　)으로 궤를 만들었으니 길이가 두 규빗 반, 너비가 한 규빗 반, 높이가 한 규빗 반이며 순금으로 안팎을 싸고〉에서 궤의 크기를 m법으로 환산해 보십시오. (한 규빗=46cm).

**30.** '속죄소'를 만든 재료는 무엇입니까?

**31.** 〈물두멍〉을 만든 재료는 무엇입니까?

**32.** 〈여호와께서 모세에게 명령하신 대로 하였더라〉는 출애굽기 39장에 6번 나옵니다. 절을 모두 찾아 쓰십시오.

**33.** 〈그들이 (　　　　)부음을 받았은즉 대대로 영영히 (　　　　)이 되리라〉는 (　　　　)장 (　　　　)절이다.

**34.** 〈이스라엘의 온 족속이 그 모든 행진하는 길에서 그들의 눈으로 보았더라〉고 하였는데 무엇을 보았단 말입니까?

**35.** '레위기'의 저자는 누구입니까?

**36.** 〈누구든지 ( )께 예물을 드리려거든 가축 중에서 ( )나 ( )으로 예물을 드릴지니라〉는 ( )장 ( )절이다.

**37.** 〈네 모든 소제물에〉 무엇을 치라고 하였습니까?

**38.** 〈너희는 기름과 피를 먹지 말라〉는 레위기 3장 몇 절에 나옵니까?

**39.** 다음은 레위기에 나오는 5대 제사입니다. 완성하십시오(레 1-5장). 번제, 소제, ( ), ( ), 속건제

**40.** 〈만일 누구든지 ( )하는 소리를 듣고서도 증인이 되어 그가 ( ) 것이나 알고 있는 것을 알리지 아니하면 그는 자기의 ( )를 져야 할 것이요 그 ( )이 그에게로 돌아갈 것이며〉는 ( )장 ( )절이다.

**41.** 〈그 ( )으로 말미암아 여호와께 ( )를 드리되 양 떼의 암컷 ( )이나 염소를 끌어다가 ( )를 드릴 것이요 제사장은 그의 ( )을 위하여 속죄할지니라〉는 ( )장 ( )절이다.

**42.** 〈그 속죄제물의 ( )를 제단 곁에 뿌리고 그 남은 ( )는 제단 밑에 흘릴지니 이는 ( )요〉는 ( )장 ( )

절이다.

**43.** 〈만일 누구든지 여호와의 계명 중 ( )를 부지중에 범하여도 허물이라 ( )을 당할 것이니〉는 ( )장 ( )절이다.

**44.** 〈( )은 여호와 앞에서 그를 위하여 ( )한즉 그는 무슨 허물이든지 ( )을 받으리라〉는 ( )장 ( )절이다.

**45.** 〈( )은 끊임이 없이 제단 위에 피워 ( ) 않게 할지니라〉는 ( )장 ( )절이다.

**46.** 〈( ) 자손에게 말하여 이르라 너희는 ( )나 양이나 염소의 ( )을 먹지 말 것이요〉는 누가 누구에게 한 말입니까?

**47.** 〈너희가 사는 모든 곳에서 새나 ( )의 피나 무슨 피든지 먹지 말라 무슨 ( )든지 먹는 사람이 있으면 그 사람은 다 자기 ( ) 중에서 끊어지리라〉는 ( )장 ( )절이다.

**48.** 〈( )과 그의 아들들이 여호와께서 ( )를 통하여 명령하신 모든 일을 ( )하니라〉는 ( )장 ( )절이다.

**49.** 〈모세가 또 ( )에게 이르되 너는 제단에 나아가 네 ( )와 네 번제를 드려서 ( )를 위하여, 백성을 위하여 ( )하고 또 백성의 예물을 드려서 그들을 위하여 ( )하되 여호와의 명령대로 하라〉는 ( )장 ( )절이다.

50. 〈모세와 아론이 (          )에 들어갔다가 나와서 백성에게 (          )하매 여호와의 (          )이 온 백성에게 나타나며 (          )이 여호와 앞에서 나와 제단 위의 (          )과 기름을 사른지라 온 (          )이 이를 보고 소리 지르며 엎드렸더라〉는 (          )장 (          )절이다.

51. 아론의 아들들 중에 분향을 잘못하다가 죽은 아들은 누구누구입니까?

52. 〈너나 네 자손들이 (          )에 들어갈 때에는 포도주나 (          )를 마시지 말라 그리하여 너희 (          )을 면하라 이는 너희 대대로 (          ) 영영한 규례라〉는 누가 누구에게 한 말입니까?

53. 오늘 읽은 성경 중 가장 좋다고 생각하는 성경 한 절을 외워 쓰십시오.

# 05 구약(개역개정판) 성경대학문제

레위기 11-27장
민수기 1-8장

(　　　)년 (　　)월 (　　)일　　　이름 (　　　)

## 레위기

1. 〈모든 짐승 중 (　　　)이 갈라져 쪽발이 되고 (　　　)하는 것은 너희가 먹되〉는 (　　　)장 (　　　)절이다.

2. 짐승 가운데 부정하다고 먹지 말라고 한 것 세 가지만 쓰십시오.

3. 〈강과 (　　　)와 다른 물에 있는 모든 것 중에서 (　　　)와 (　　　) 있는 것은 너희가 먹되〉는 (　　　)장 (　　　)절이다.

4. 새들 가운데 먹지 말라고 한 것 세 가지만 쓰십시오.

5. 뱀과 지네는 먹어도 좋은가?

6. 〈나는 너희의 (　　　)이 되려고 너희를 (　　　) 땅에서 인도하여 낸 여호와라 내가 (　　　)하니 너희도 거룩할지어다〉는 (　　　)장 (　　　)절이다.

**7.** 남자 아이는 난 지 며칠 만에 포피를 베라고 하였습니까?

**8.** 나병을 진단하여 그를 부정하다고 할 권리가 있는 사람은 누구입니까?

**9.** 〈(　　　) 환자는 옷을 찢고 (　　　)를 풀며 윗입술을 가리고 외치기를 (　　　)하다 부정하다 할 것이요 (　　　) 있는 날 동안은 늘 (　　　)할 것이라 그가 부정한즉 혼자 살되 (　　　) 밖에서 살지니라〉는 (　　　)장 (　　　)절이다.

**10.** 〈(　　　)은 그 번제와 소제를 제단에 드려 그를 위하여 (　　　) 할 것이라 그리하면 그가 (　　　)하리라〉는 (　　　)장 (　　　) 절이다.

**11.** 〈누구든지 그의 몸에 유출병이 있으면 그 유출병으로 말미암아 (　　　) 자라〉는 (　　　)장 (　　　)절이다.

**12.** 〈아론은 그의 두 손으로 살아 있는 (　　　)의 머리에 안수하여 이스라엘 자손의 모든 (　　　)와 그 범한 모든 (　　　)를 아뢰고 그 죄를 (　　　)의 머리에 두어 미리 정한 사람에게 맡겨 (　　　)로 보낼지니〉

**13.** 〈이날에 너희를 위하여 (　　　)하여 너희를 정결하게 하리니 너희의 모든 (　　　)에서 너희가 여호와 앞에 (　　　)하리라〉는 (　　　)장 (　　　)절이다.

**14.** 〈육체의 생명은 ( )에 있음이라 내가 이 ( )를 너희에게 주어 제단에 뿌려 너희의 ( )을 위하여 ( )하게 하였나니 생명이 ( )에 있으므로 피가 ( )를 속하느니라〉는 ( )장 ( )절이다.

**15.** 〈너희는 어떤 육체의 ( )든지 먹지 말라〉는 ( )장 ( )절이다.

**16.** 〈너희는 내 ( )를 따르며 내 규례를 지켜 그대로 ( )하라 나는 너희의 하나님 ( )이니라〉는 ( )장 ( )절이다.

**17.** 〈너는 ( )와 동침함같이 ( )와 동침하지 말라 이는 ( )한 일이니라〉는 ( )장 ( )절이다.

**18.** 〈네 포도원의 ( )를 다 따지 말며 네 포도원에 떨어진 ( )도 줍지 말고 가난한 사람과 ( )을 위하여 버려두라 나는 너희의 ( ) 여호와이니라〉는 ( )장 ( )절이다.

**19.** 〈( )를 갚지 말며 동포를 ( )하지 말며 네 이웃 ( )하기를 네 자신과 같이 ( )하라 나는 여호와이니라〉는 ( )장 ( )절이다.

**20.** 가나안 땅에 들어가서 각종 과일 나무를 심거든 그 열매를 몇 년째부터 먹으라 하였습니까?

21. 〈너희의 살에 (            )을 하지 말며 무늬를 놓지 말라 나는 (            )이니라〉는 (            )장 (            )절이다.

22. 〈내 (            )을 지키고 내 (            )를 귀히 여기라 나는 (            )이니라〉는 (            )장 (            )절이다.

23. 〈너는 (            ) 머리 앞에서 일어서고 노인의 얼굴을 (            )하며 네 하나님을 (            )하라〉는 (            )장 (            )절이다.

24. 〈자기의 아버지나 어머니를 저주하는 자〉에 대한 벌은 무엇입니까?

25. 〈남의 아내와 간음하는 자〉에 대한 벌은 무엇입니까?

26. 〈남색하는 자〉에 대한 벌은 무엇입니까?

27. 〈남자나 여자가 접신하거나 박수무당이 되거든〉어떻게 죽이라고 하였습니까?

28. 〈(            )은 그의 백성의 어른인즉 (            )을 더럽혀 속되게 하지 말지니라〉는 (            )장 (            )절이다.

29. 〈너는 그를 (            ) 여기라 그는 네 하나님의 (            )을 드림이니라〉는 말씀에서 '너'는 누구이며, '그'는 누구입니까?

30. 〈너희의 (            )이 되려고 너희를 (            ) 땅에서 인도하여 낸

자니 나는 (        )이니라〉는 (        )장 (        )절이다.

**31.** 〈(        ) 동안은 일할 것이요 일곱째 날은 쉴 (        )이니 성회의 날이라 너희는 아무 (        )도 하지 말라 이는 너희가 (        )하는 각처에서 지킬 여호와의 (        )이니라〉

**32.** 무교절에 며칠 동안 무교병을 먹으라 하였습니까?

**33.** 〈너희 땅의 (        )을 벨 때에 밭 모퉁이까지 다 (        ) 말며 떨어진 것을 줍지 말고 그것을 (        ) 자와 거류민을 위하여 남겨두라〉는 (        )장 (        )절이다.

**34.** 〈너희는 (        ) 동안 초막에 거주하되 (        )에서 난 자는 다 초막에 거주할지니 이는 내가 (        ) 자손을 애굽 땅에서 인도하여 내던 때에 (        )에 거주하게 한 줄을 너희 대대로 (        ) 함이니라〉는 (        )장 (        )절이다.

**35.** 〈여호와의 (        )을 모독하면 그를 반드시 죽일지니 온 회중이 (        )로 그를 칠 것이니라〉는 (        )장 (        )절이다.

**36.** 〈너는 육 년 동안 그 (        )에 파종하며 육 년 동안 그 (        )을 가꾸어 그 소출을 거둘 것이나 (        ) 해에는 그 땅이 쉬어 (        )하게 할지니 여호와께 대한 안식이라〉는 (        )장 (        )절이다.

**37.** 〈그 오십 년째 해는 너희의 (        )이니 너희는 (        )하지 말

며 스스로 난 것을 (　　　　) 말며 가꾸지 아니한 (　　　　)를 거두지 말라〉

**38.** 〈내가 명령하여 여섯째 해에 내 (　　　　)을 너희에게 주어 그 소출이 (　　　　) 년 동안 쓰기에 (　　　　)하게 하리라 너희가 (　　　　) 해에는 파종하려니와 묵은 (　　　　)을 먹을 것이며 (　　　　) 해에 그 땅에 소출이 들어오기까지 너희는 (　　　　) 것을 먹으리라〉는 (　　　　)장 (　　　　)절이다.

**39.** 〈너는 그에게 (　　　　)를 위하여 돈을 꾸어 주지 말고 (　　　　)을 위하여 네 양식을 꾸어주지 말라〉는 (　　　　)장 (　　　　)절이다.

**40.** 〈너희가 내 규례와 계명을 준행하면〉 하나님께서 어떤 일들을 해 주신다 하셨습니까? 두 가지만 쓰십시오. (간단히)

**41.** 〈너희 다섯이 (　　　　)을 쫓고 너희 백이 (　　　　)을 쫓으리니〉는 (　　　　)장 (　　　　)절이다.

**42.** 하나님의 모든 명령을 준행치 아니할 때 내리시는 벌을 세 가지만 쓰십시오.

**43.** 〈내가 그들의 (　　　　)이 되기 위하여 민족들이 보는 앞에서 (　　　　) 땅으로부터 그들을 인도하여 낸 그들의 (　　　　)과의 언약을 그들을 위하여 (　　　　)하리라〉는 (　　　　)장 (　　　　)절이다.

**44.** 가축 중의 처음 난 것은 누구에게 드릴 것이라고 하였습니까?

**45.** 땅의 곡식이나 나무의 열매는 그 십분의 일은 누구의 것이라 하였습니까?

## 민수기

**46.** 이스라엘은 싸움에 나갈 군인의 연령은 몇 살부터입니까?

**47.** 이스라엘 12지파 모두 합한 군대 수(군인 수)는 총 몇 명입니까?

**48.** 이스라엘 자손 계수 중에 넣지 않은 지파는 어느 지파입니까?

**49.** 이스라엘 지파 중 가장 군대수가 많은 지파와 그 숫자는 몇 명입니까?

**50.** 이스라엘 민족이 행군할 때 제일대로 행진한 지파들은?

**51.** 아론의 아들들의 이름은 무엇이며, 그들의 직분은 무엇입니까?

**52.** 〈(　　　) 태어난 자는 다 내 것임은 내가 (　　　) 땅에서 그 (　　　) 태어난 자를 다 죽이던 날에 이스라엘의 (　　　) 태어난 자는 사람이나 짐승을 다 (　　　)하게 구별하였음이니 그들은 (　　　)이 될 것임이니라〉는 (　　　)장 (　　　)절이다.

**53.** 〈제사장 아론의 아들 (　　　)은 레위인의 지휘관들의 (　　　)이 되고 또 성소를 맡을 자를 (　　　)할 것이니라〉는 (　　　)장 (　　　)절이다.

**54.** 〈이스라엘 자손 중 모든 (　　　　) 태어난 자 대신에 (　　　　)을 취하고 또 그들의 가축 대신에 (　　　　)의 가축을 취하라 (　　　　)은 내 것이라〉

**55.** 회막에서 봉사할 사람들의 연령은 몇 세부터 몇 세까지입니까? 그리고 그들의 총 수는 몇 명이었습니까?

**56.** 〈그 지은 (　　　　)를 자복하고 그 죗값을 (　　　　) 갚되 오분의 일을 더하여 그가 (　　　　)를 지었던 그 사람에게 돌려줄 것이요〉는 (　　　　)장 (　　　　)절이다.

**57.** 누구에게 특별히 〈포도주와 독주를 멀리 하라〉고 하였습니까?

**58.** 〈여호와는 네게 (　　　　)을 주시고 너를 (　　　　)시기를 원하며〉는 (　　　　)장 (　　　　)절이다.

**59.** 〈그들은 이같이 내 이름으로 이스라엘 자손에게 축복할지니 내가 그들에게 복을 주리라〉는 말씀에서 앞에 나온 '그들'과 뒤에 나온 '그들'은 각각 누구를 가리킵니까?

**60.** 〈그들이 (　　　　)께 드린 헌물은 덮개 있는 수레 (　　　　) 대와 소 (　　　　) 마리이니 지휘관 두 사람에 수레가 (　　　　)이요 지휘관 한 사람에 소가 (　　　　) 마리씩이라 그것들을 (　　　　) 앞에 드린지라〉는 (　　　　)장 (　　　　)절이다.

**61.** 하나님께서 지휘관들이 드린 수레와 소를 레위인 중의 어느 자손

에게는 주지 아니하였는가요?

**62.** 모세가 여호와의 말씀하시는 목소리를 어디서 들었습니까?

**63.** 〈내가 이스라엘 자손 중 모든 (　　　　) 태어난 자 대신 (　　　　)을 취하였느니라〉에서 '나'는 누구입니까?

**64.** 〈레위인은 이같이 할지니 곧 (　　　　) 세 이상으로는 (　　　　)에 들어가서 복무하고 봉사할 것이요 (　　　　) 세부터는 그 일을 쉬어 (　　　　)하지 아니할 것이나 그의 (　　　　)와 함께 회막에서 (　　　　) 직무를 지킬 것이요〉는 (　　　　)장 (　　　　)절이다.

**65.** 오늘 읽은 말씀 중 가장 좋아하는 성경 구절을 외워 쓰십시오.

# 06 구약(개역개정판) 성경대학문제

민수기 9-36장

(          )년 (     )월 (     )일          이름 (          )

**1.** 이스라엘 백성들은 애굽에서 나온 후 유월절을 어디에서 지켰습니까?

**2.** 유월절에 어린양과 함께 먹는 음식 두 가지는 무엇입니까?

**3.** 〈(          )이든지 한 달이든지 일 년이든지 (          )이 성막 위에 머물러 있을 동안에는 (          ) 자손이 진영에 머물고 (          )하지 아니하다가 떠오르면 (          )하였으니〉는 (          )장 (          )절이다.

**4.** 〈너희 (          )에서 너희가 자기를 압박하는 (          )을 치러 나갈 때에는 (          )을 크게 불지니 그리하면 너희 (          ) 여호와가 너희를 (          )하고 너희를 너희의 (          )에게서 구원하시리라〉는 (          )장 (          )절이다.

**5.** 이스라엘 자손이 진행할 때 맨 앞에 섰던 지파는?

**6.** 호밥은 누구입니까?

**7.** 〈나를 죽여 내가 고난당함을 내가 보지 않게 하옵소서〉는 누가 누구에게 한 말입니까? 왜 그런 말을 하였습니까?(간단히)

**8.** 모세에게 임한 영을 누구에게도 임하게 하셨습니까?

**9.** 〈여호와께서 그의 (　　　　)을 그의 모든 백성에게 주사 다 (　　　　)가 되게 하시기를 원하노라〉는 누가 누구에게 한 말입니까?

**10.** 〈(　　　　)이 여호와에게서 나와 바다에서부터 (　　　　)를 몰아 진영 곁 이쪽 저쪽 곧 진영 사방으로 각기 (　　　　) 되는 지면 위 두 규빗쯤에 내리게 한지라〉는 (　　　　)장 (　　　　)절이다.

**11.** 모세가 구스 여자를 취한 것을 비방하다가 문둥병에 걸린 사람은 누구입니까?

**12.** 모세는 얼마나 온유한 사람입니까?

**13.** 하나님과 대면하여 명백히 말한 사람은 누구입니까?

**14.** 가나안 땅을 정탐하러 갔던 12명 중 갈렙과 여호수아는 각각 어느 지파 지휘관이었습니까?

**15.** 12명의 지휘관들이 가나안 땅을 정탐한 기간은 얼마입니까?

**16.** 〈이는 과연 젖과 꿀이 흐르는 땅이니라〉는 누가 누구에게 한 말이

며 어느 땅을 말합니까?

**17.** 〈다만 여호와를 ( )하지는 말라 또 그 땅 백성을 ( )하지 말라 그들은 우리의 먹이라〉는 ( )장 ( )절이다.

**18.** 〈내가 전염병으로 그들을 쳐서 멸하고 네게 그들보다 크고 강한 나라를 이루게 하리라〉에서 '나'와 '그들'과 '너'는 각각 누구입니까?

**19.** 〈구하옵나니 주의 ( )의 광대하심을 따라 이 백성의 ( )을 사하시되 애굽에서부터 지금까지 이 백성을 ( )하신 것같이 사하시옵소서〉는 ( )장 ( )절이다.

**20.** 20세 이상 된 자로(그 당시) 가나안 땅에 들어간 사람들은 누구이며 그 나머지 사람들은 어떻게 되었습니까?

**21.** 〈회중 곧 너희에게나 거류하는 ( )에게나 같은 율례이니 너희의 대대로 영원한 ( )라 너희가 어떠한 대로 ( )도 여호와 앞에 그러하리라〉

**22.** 나무하다가 돌에 맞아 죽은 사람이 있는데 왜 그랬습니까?

**23.** 〈대대로 그들의 ( )에 술을 만들고 ( ) 끈을 그 귀의 술에 더하라 이 술은 너희가 보고 ( )의 모든 계명을 ( )하여 준행하고 너희를 ( )하게 하는 자신의 마음과 눈의 ( )을 따라 음행하지 않게 하기 위함이라〉는 ( )

장 (         )절이다.

**24.** 모세와 하나님을 대적하다가 땅이 갈라져 산 채로 그 속에 묻힌 사람 중 대표적인 사람들의 이름을 쓰십시오.

**25.** 모세와 아론을 원망하다가 염병에 걸려 죽은 사람들의 수는 몇 명입니까?

**26.** 아론의 지팡이에는 무슨 열매가 열렸습니까?

**27.** 〈(         )께서 또 모세에게 이르시되 (         )의 지팡이는 (         ) 앞으로 도로 가져다가 거기 간직하여 (         ) 자에 대한 (         )이 되게 하여 그들로 내게 대한 (         )을 그치고 (         ) 않게 할지니라〉는 (         )장 (         )절이다.

**28.** 〈내가 제사장의 직분을 너희에게 선물로 주었은즉〉에서 '나'와 '너희'는 누구를 말합니까?

**29.** 〈그들이 (         )께 드리는 그 땅의 처음 익은 모든 (         )는 네 것이니 네 집에서 (         ) 자마다 먹을 것이라〉는 (         )장 (         )절이다.

**30.** 〈십일조의 십일조〉를 여호와께 드려야 할 사람들은 누구입니까?

**31.** 〈(         )를 가지고 네 형 (         )과 함께 회중을 모으고 그들의 (         )에서 너희는 반석에게 명령하여 (         )을 내라 하라 네

가 그 반석이 (          )을 내게 하여 (          )과 그들의 짐승에게 마시게 할지니라〉는 (          )장 (          )절이다.

**32.** 이스라엘 백성 중 많은 사람이 불뱀에 물려 죽게 된 이유는 무엇입니까?(간단히)

**33.** 〈(          )께서 모세에게 이르시되 (          )을 만들어 장대 위에 매달아라 (          ) 자마다 그것을 보면 살리라 모세가 (          )을 만들어 장대 위에 다니 (          )에게 물린 자가 (          )을 쳐다본즉 모두 살더라〉는 (          )장 (          )절이다.

**34.** 이스라엘이 점령한 아모리와 바산의 왕 이름을 쓰십시오.

**35.** 〈하나님이 (          )에게 이르시되 너는 그들과 (          ) 가지도 말고 그 (          )을 저주하지도 말라 그들은 (          )을 받은 자들이니라〉는 (          )장 (          )절이다.

**36.** 나귀로 인해서 여호와의 사자로부터 생명을 구한 사람은 누구입니까?

**37.** 〈발람이 (          )에게 이르되 내가 오기는 하였으나 무엇을 말할 (          )이 있으리이까 하나님이 내 입에 주시는 (          ) 그것을 말할 뿐이니이다〉는 (          )장 (          )절이다.

**38.** 〈하나님이 (          )하지 않으신 자를 내가 어찌 (          )하며 여호와께서 (          ) 않으신 자를 내가 어찌 (          )으랴〉는

(      )장 (      )절이다.

**39.** 〈하나님은 (      )이 아니시니 (      )을 하지 않으시고 인생이 아니시니 (      )가 없으시도다 어찌 그 (      )하신 바를 행하지 않으시며 하신 (      )을 실행하지 않으시랴〉는 (      )장 (      )절이다.

**40.** 〈발락이 그 집에 가득한 (      )을 내게 줄지라도 나는 여호와의 (      )을 어기고 선악간에 내 (      )대로 행하지 못하고 여호와께서 (      )하신 대로 말하리라〉는 누가 한 말입니까?

**41.** 〈모세가 이스라엘 (      )들에게 이르되 너희는 각각 (      )에게 가담한 사람들을 (      ) 하니라〉는 (      )장 (      )절이다.

**42.** 여호와께서 이십 세 이상으로 전쟁에 나갈 만한 모든 자를 계수하라 하셨는데 총 몇 명이나 됩니까?

**43.** 계수된 숫자 중 가장 많은 종족은 어디이며 몇 명이나 되었습니까?

**44.** 아므람의 아버지, 처, 자녀들의 이름은 무엇입니까?

**45.** 〈어찌하여 (      )이 없다고 우리 아버지의 (      )이 그의 종족 중에서 (      )되리이까 우리 아버지의 (      ) 중에서 우리에게 (      )을 주소서〉에서 '우리'는 누구입니까?

**46.** 모세의 후계자는 누구입니까?

**47.** 〈일곱째 날에는 (            )로 모일 것이요 아무 (            ) 하지 말 것이니라〉

**48.** 〈사람이 여호와께 (            )하였거나 결심하고 서약하였으면 (            ) 말고 그가 입으로 말한 대로 다 (            )할 것이니라〉는 (            )장 (            )절이다.

**49.** 〈그 얻은 (            )을 반분하여 그 절반은 (            )에 나갔던 군인들에게 주고 절반은 (            )에게 주고〉는 (            )장 (            )절이다.

**50.** 〈(            )에서 나온 자들이 (            ) 세 이상으로는 한 사람도 내가 (            )과 이삭과 야곱에게 맹세한 (            )을 결코 보지 못하리니 이는 그들이 나를 (            ) 따르지 아니하였음이니라〉는 (            )장 (            )절이다.

**51.** 모세가 아모리인의 왕 시혼의 나라와 바산 왕 옥의 나라를 누구누구에게 주었습니까?

**52.** 〈그 땅을 점령하여 거기 (            )하라 내가 그 땅을 너희 (            )로 너희에게 주었음이라〉에서 '그 땅'은 이름이 무엇입니까?

**53.** 〈너희에게 (            )을 기업으로 나눌 자의 이름은 이러하니

(           ) 엘르아살과 눈의 아들 (           )니라〉는 누가 누구에게 한 말입니까?

**54.** 〈너희를 위하여 성읍을 (           )으로 정하여 부지중에 (           ) 한 자가 그리로 피하게 하라〉는 (           )장 (           )절이다.

**55.** 도피성은 몇 곳입니까?

**56.** 〈너희는 너희가 (           )하는 땅 곧 내가 (           )하는 땅을 더럽히지 말라 나 (           )는 이스라엘 자손 중에 (           )이니라〉는 (           )장 (           )절이다.

**57.** 오늘 읽은 성경 말씀 중 가장 좋아하는 성경 구절을 외워 쓰십시오.

# 07 구약(개역개정판) 성경대학문제

## 신명기 1-25장

(　　　)년 (　　)월 (　　)일　　　이름 (　　　)

**1.** 〈너희 (　　　)의 하나님 여호와께서 너희를 (　　　)보다 천 배나 많게 하시며 너희에게 (　　　)하신 것과 같이 너희에게 (　　　) 주시기를 원하노라〉는 (　　　)장 (　　　)절이다.

**2.** 〈너희는 재판할 때에 외모를 보지 말고〉는 (　　　) 장 (　　　)절이다.

**3.** 〈그는 너희보다 (　　　) 그 길을 가시며 장막 (　　　) 곳을 찾으시고 밤에는 (　　　)로, 낮에는 (　　　)으로 너희가 갈 길을 (　　　)하신 자이시니라〉에서 '그'는 누구입니까?

**4.** 〈너도 그리로 들어가지 못하리라〉는 누가 한 말이며, '너'는 누구입니까? 그리고 '그리로'는 어디를 말합니까?

**5.** 〈너희는 돈으로 그들에게서 (　　　)을 사서 먹고 돈으로 그들에게서 (　　　)을 사서 마시라〉에서 '그들'은 누구입니까?

**6.** 〈그들을 괴롭히지 말고 그들과 다투지도 말라〉에서 '그들'은 누구입

니까?

**7.** 〈오늘부터 내가 (　　　) 만민이 너를 무서워하며 너를 (　　　)하게 하리니 그들이 네 (　　　)을 듣고 떨며 너로 말미암아 (　　　) 하리라〉는 (　　　)장 (　　　)절이다.

**8.** 〈너희는 그들을 (　　　)하지 말라 너희의 하나님 (　　　)께서 친히 너희를 위하여 (　　　)시리라〉는 (　　　)장 (　　　)절이다.

**9.** 〈구하옵나니 나를 건너가게 하사 (　　　) 저쪽에 있는 아름다운 땅, 아름다운 산과 (　　　)을 보게 하옵소서 하되 (　　　)께서 너희 때문에 내게 (　　　)하사 내 말을 듣지 아니하시고 내게 이르시기를 (　　　)해도 족하니 이 일로 (　　　) 내게 말하지 말라〉는 (　　　)장 (　　　)절이다.

**10.** 〈너는 (　　　) 산꼭대기에 올라가서 (　　　)을 들어 동서남북을 바라고 네 (　　　)으로 그 땅을 바라보라 너는 이 (　　　)을 건너지 못할 것임이니라〉에서 '너'는 누구입니까?

**11.** 〈여호와께서 그의 (　　　)을 너희에게 반포하시고 너희에게 (　　　) 명령하셨으니 곧 (　　　)이며 두 돌판에 친히 쓰신 것이라〉는 (　　　)장 (　　　)절이다.

**12.** 〈나는 이 땅에서 죽고 (　　　)을 건너지 못하려니와 너희는 건너가서 그 (　　　) 땅을 얻으리니〉에서 '나'는 누구입니까?

13. 〈네가 거기서 네 (　　　　) 여호와를 찾게 되리니 만일 (　　　　)을 다하고 뜻을 다하여 그를 (　　　　) 만나리라〉에서 '거기'는 어디를 말합니까?

14. 〈오늘 내가 네게 명령하는 여호와의 (　　　　)와 명령을 지키라 너와 네 후손이 (　　　　)을 받아 네 하나님 여호와께서 네게 주시는 (　　　　)에서 한없이 (　　　　) 살리라〉

15. 〈나 (　　　　)에는 다른 (　　　　)을 네게 두지 말지니라〉는 (　　　　)장 (　　　　)절이다.

16. 〈나를 사랑하고 내 (　　　　)을 지키는 자에게는 (　　　　) 대까지 은혜를 베푸느니라〉는 (　　　　)장 (　　　　)절이다.

17. 〈너는 네 (　　　　) 여호와께서 명령한 대로 네 (　　　　)를 공경하라 그리하면 네 하나님 (　　　　)가 네게 준 땅에서 네 (　　　　)이 길고 (　　　　)을 누리리라〉는 (　　　　)장 (　　　　)절이다.

18. 〈나를 (　　　　)하며 내 모든 명령을 (　　　　) 그들과 그 자손이 영원히 (　　　　) 받기를 원하노라〉는 (　　　　)장 (　　　　)절이다.

19. 〈이스라엘아 들으라 우리 (　　　　) 여호와는 오직 (　　　　) 여호와이시니 너는 마음을 다하고 (　　　　)을 다하고 힘을 다하여 네 하나님 여호와를 (　　　　)하라〉는 (　　　　)장 (　　　　)절이다.

20. 〈여호와께서 다만 너희를 (　　　　)하심으로 말미암아, 또는 너

희의 (　　　)에게 하신 맹세를 지키려 하심으로 말미암아 자기의 (　　　)의 손으로 너희를 (　　　)하여 내시되 너희를 그 (　　　) 되었던 집에서 애굽 왕 (　　　)의 손에서 속량하셨나니〉는 (　　　)장 (　　　)절이다.

**21.** 〈여호와께서 또 모든 (　　　)을 네게서 멀리하사 너희가 아는 애굽의 (　　　)에 걸리지 않게 하시고 너를 (　　　)하는 모든 자에게 걸리게 하실 것이라〉는 (　　　)장 (　　　)절이다.

**22.** 〈너는 그들을 (　　　)하지 말라 너희의 하나님 여호와 곧 (　　　) 두려운 하나님이 너희 (　　　) 계심이니라〉는 (　　　)장 (　　　)절이다.

**23.** 〈내가 오늘 (　　　)하는 모든 명령을 너희는 지켜 (　　　)하라 그리하면 너희가 (　　　) 번성하고 여호와께서 너희의 (　　　)에게 맹세하신 땅에 들어가서 그것을 (　　　)하리라〉

**24.** 〈사람이 (　　　)으로만 사는 것이 아니요 여호와의 (　　　)에서 나오는 모든 (　　　)으로 사는 줄을 네가 알게 하려 하심이니라〉는 (　　　)장 (　　　)절이다.

**25.** 〈이 (　　　) 년 동안에 네 (　　　)이 해어지지 아니하였고 네 (　　　)이 부르트지 아니하였느니라〉는 (　　　)장 (　　　)절이다.

**26.** 〈네 (　　　)도 알지 못하던 (　　　)를 광야에서 네게 (　　　)

셨나니 이는 다 너를 낮추시며 너를 (          )하사 마침내 네게 (          )을 주려 하심이었느니라〉는 (          )장 (          )절이다.

**27.** 이스라엘을 통하여 가나안 거민들을 쫓아내신 이유는 무엇입니까?(신 9:4-5)

**28.** 〈그때에 내가 (          ) 곧 여호와께서 너희와 세우신 언약의 (          )을 받으려고 산에 올라가서 (          ) 주 사십 야를 산에 머물며 떡도 먹지 아니하고 (          )도 마시지 아니하였더니〉는 (          )장 (          )절이다.

**29.** 여호와께서 모세에게 주신 두 돌판의 글은 누가 기록한 것입니까?

**30.** 〈그들은 주의 큰 (          )과 펴신 팔로 (          )하여 내신 주의 (          ) 곧 주의 기업이로소이다〉는 (          )장 (          )절이다.

**31.** 여호와의 언약궤를 멘 지파는?

**32.** 〈이스라엘아 네 하나님 여호와께서 네게 (          )하시는 것이 무엇이냐 곧 네 하나님 여호와를 (          )하여 그의 모든 (          )를 행하고 그를 (          )하며 마음을 다하고 (          )을 다하여 네 하나님 여호와를 (          )기고 내가 오늘 네 (          )을 위하여 네게 명하는 여호와의 (          )과 규례를 지킬 것이 아니냐〉는 (          )장 (          )절이다.

**33.** 〈너희는 내가 오늘 너희에게 (          )하는 모든 명령을 지키라 그

리하면 너희가 (              )할 것이요〉는 (              )장 (              )절이다.

**34.** 〈너희의 하나님 여호와를 (              )하여 마음을 다하고 (              )을 다하여 섬기면 여호와께서 너희의 (              )에 이른 비, 늦은 비를 (              ) 때에 내리시리니 너희가 (              )과 포도주와 기름을 얻을 것이요〉는 (              )장 (              )절이다.

**35.** 〈너희의 (              )으로 밟는 곳은 다 너희의 (              )가 되리니 너희의 경계는 곧 (              )에서부터 레바논까지와 (              ) 강에서부터 서해까지라〉

**36.** 〈너희의 하나님 여호와의 명령을 들으면 (              )이 될 것이요〉는 (              )장 (              )절이다.

**37.** 〈너희의 (              )으로 수고한 일에 (              ) 주심으로 말미암아 너희와 너희의 (              )이 즐거워할지니라〉는 (              )장 (              )절이다.

**38.** 가축을 잡아먹되 오직 무엇만은 먹지 말라 하셨습니까?

**39.** 〈네 (              ) 여호와의 목전에 선과 (              )를 행하면 너와 네 후손에게 영구히 (              )이 있으리라〉는 (              )장 (              )절이다.(

**40.** 나의 아내가 다른 신을 섬기자고 할 때에 그를 어떻게 하라고 하였습니까?

**41.** 〈너는 네 (                ) 여호와의 (                )이라 여호와께서 지상 (                ) 중에서 너를 택하여 자기 기업의 (                )으로 삼으셨느니라〉는 (                )장 (                )절이다.

**42.** 짐승 중에서 먹을 만한 짐승과 먹지 못할 짐승들을 각각 세 가지씩 쓰십시오.

**43.** 〈물에 있는 (                ) 것 중에서 이런 것은 너희가 (                ) 것이니 지느러미와 (                ) 있는 모든 것은 너희가 먹을 것이요 (                )와 (                )이 없는 모든 것은 너희가 먹지 말지니〉는 (                )장 (                )절이다.

**44.** 새 중에서 먹지 말라고 한 것 다섯 가지를 쓰십시오.

**45.** 14장에 '십일조'란 내용의 말이 몇 번 나옵니까?

**46.** 〈네가 만일 네 하나님 여호와의 (                )만 듣고 내가 오늘 네게 내리는 그 (                )을 다 지켜 행하면 네 하나님 여호와께서 네게 (                )으로 주신 땅에서 네가 반드시 (                )을 받으리니 너희 중에 (                ) 자가 없으리라〉는 (                )장 (                )절이다.

**47.** 〈그가 너를 여호와께 (                )하리니 그것이 네게 (                )가 되리라〉에서 '그'는 누구입니까?

**48.** 〈땅에는 언제든지 (                ) 자가 그치지 아니하겠으므로 내가 네게 (                )하여 이르노니 너는 반드시 네 (                ) 안에 네 형제

중 곤란한 자와 (　　　) 자에게 네 손을 펼지니라〉는 (　　　)장 (　　　)절이다.

**49.** 〈너의 가운데 모든 남자는 일 년에 (　　　) 번 곧 (　　　)과 칠칠절과 (　　　)에 네 하나님 여호와께서 택하신 (　　　)에서 여호와를 뵈옵되 (　　　)으로 여호와를 뵈옵지 말고 각 (　　　)이 네 하나님 여호와께서 주신 (　　　)을 따라 그 힘대로 드릴지니라〉는 (　　　)장 (　　　)절이다.

**50.** 〈너는 (　　　)을 굽게 하지 말며 사람을 (　　　)로 보지 말며 또 (　　　)을 받지 말라 뇌물은 (　　　)의 눈을 어둡게 하고 의인의 (　　　)을 굽게 하느니라〉

**51.** 〈사람이 만일 (　　　)하게 행하고 네 하나님 여호와 앞에 서서 섬기는 (　　　)이나 재판장에게 듣지 아니하거든 그 사람을 (　　　) 이스라엘 중에서 (　　　)을 제하여 버리라〉는 (　　　)장 (　　　)절이다.

**52.** 〈그가 왕 위에 오르거든 이 (　　　)의 등사본을 레위 사람 (　　　) 앞에서 책에 기록하여 (　　　)에 자기 옆에 두고 읽어 그의 하나님 여호와 (　　　)하기를 배우며 이 율법의 모든 (　　　)과 이 규례를 지켜 행할 것이라〉

**53.** 〈(　　　)나 길흉을 말하는 자나 요술하는 자나 (　　　)이나 진언자나 신접자나 (　　　)나 초혼자를 너희 가운데에 (　　　)하지 말라〉는 (　　　)장 (　　　)절이다.

**54.** 〈사람의 모든 악에 관하여는〉 몇 사람의 증인으로 확정됩니까?

**55.** 위증한 사람(거짓 증인)은 어떻게 처벌합니까?

**56.** 〈네가 나가서 (      )과 싸우려 할 때에 (      )과 병거와 백성이 너보다 (      )을 볼지라도 그들을 두려워하지 말라 (      ) 땅에서 너를 인도하여 내신 네 (      ) 여호와께서 너와 (      ) 하시느니라〉는 (      )장 (      )절이다.

**57.** 군대에 안 나가도 되는 네 경우의 사람들 중 두 경우만 쓰십시오.

**58.** 네가 어떤 성읍으로 나아가서 치려 할 때에는 그 성에 먼저 무엇을 선언하라 하셨습니까?

**59.** 〈여호와여 주께서 (      )하신 주의 백성 이스라엘을 (      ) 하시고 무죄한 피를 주의 (      ) 이스라엘 중에 머물러 두지 마옵소서 하면 그 (      ) 흘린 죄가 사함을 받으리니〉

**60.** 〈완악하고 패역한 아들(자식)〉을 그 부모가 성읍 장로들에게 고하면 그를 어떻게 하라고 하였습니까?

**61.** 〈네 형제의 (      )나 양이 길 잃은 것을 보거든 (      ) 본 체 하지 말고 너는 (      ) 그것들을 끌어다가 네 (      )에게 돌릴 것이요〉는 (      )장 (      )절이다.

**62.** 〈여자는 남자의 의복을 입지 말 것이요 남자는 여자의 의복을 입

지 말 것이라〉 하였는데, 왜 그랬습니까?

**63.** 〈어떤 남자가 유부녀와 동침한 것이 드러나거든〉 둘 다 어떻게 하라고 하였습니까?

**64.** 〈창기가 번 돈과 개 같은 자의 소득〉은 여호와의 전에 가져와도(곧 헌금해도) 됩니까?

**65.** 형제(동족)에게 돈을 꾸어주었을 때 이자를 받으라고 하였습니까?

**66.** 네 이웃의 포도원에 들어갈 때에는 마음대로 그 포도를 배불리 먹어도 되지만 어떻게 하지 말라 하였습니까?

**67.** 〈사람이 새로이 (　　　)를 맞이하였으면 그를 (　　　)로 내보내지 말 것이요 아무 (　　　)도 그에게 맡기지 말 것이며 그는 (　　　) 동안 한가하게 집에 있으면서 그가 맞이한 (　　　)를 즐겁게 할지니라〉는 (　　　)장 (　　　)절이다.

**68.** 〈(　　　)는 그 자식들로 말미암아 (　　　)을 당하지 않을 것이요 자식들은 그 (　　　)로 말미암아 (　　　)을 당하지 않을 것이니 각 사람은 자기 (　　　)로 말미암아 (　　　)을 당할 것이니라〉는 (　　　)장 (　　　)절이다.

**69.** 〈네가 (　　　)에서 곡식을 벨 때에 그 한 뭇을 (　　　)에 잊어버렸거든 (　　　) 가서 가져오지 말고 나그네와 (　　　)

와 과부를 위하여 ( )두라 그리하면 네 하나님 여호와께서 네 ( )으로 하는 모든 일에 ( )을 내리시리라〉는 ( )장 ( )절이다.

**70.** 〈악인에게 태형이 합당하면〉 사십까지는 때리려니와 그 이상은 때리지 말라 하였습니다. 그 이유가 무엇입니까?

**71.** 〈( ) 떠는 소에게 ( )을 씌우지 말지니라〉는 ( )장 ( )절이다.

**72.** 오늘 읽은 성경 말씀 중 가장 좋아하는 성경 구절을 외워 쓰십시오.

# 08 구약(개역개정판) 성경대학문제

신명기 26-34장
여호수아 1-16장

(　　　)년 (　　)월 (　　)일　　　이름 (　　　)

## 신명기

1. 〈우리 조상의 (　　　) 여호와께 부르짖었더니 여호와께서 우리 (　　　)을 들으시고 우리의 고통과 신고와 (　　　)를 보시고 여호와께서 강한 (　　　)과 편 팔과 큰 위엄과 (　　　)과 기사로 우리를 (　　　)에서 인도하여 내시고 이곳으로 (　　　)하사 이 땅 곧 젖과 꿀이 흐르는 (　　　)을 주셨나이다〉는 (　　　)장 (　　　)절이다.

2. 〈셋째 해 곧 (　　　)를 드리는 해에 네 모든 소산의 (　　　) 내기를 마친 후에 그것을 (　　　)과 객과 고아와 (　　　)에게 주어 네 성읍 안에서 (　　　) 배부르게 하라〉는 (　　　)장 (　　　)절이다.

3. 〈원하건대 주의 거룩한 처소 (　　　)에서 보시고 주의 백성 이스라엘에게 (　　　)을 주시며 우리 조상들에게 (　　　)하여 우리에게 주신 젖과 (　　　)이 흐르는 땅에 (　　　)을 내리소서〉

**4.** 〈그런즉 (          )께서 너를 그 지으신 모든 (          ) 위에 뛰어 나게 하사 찬송과 명예와 (          )을 삼으시고 그가 (          )하신 대로 너를 네 하나님 여호와의 (          )이 되게 하시리라〉는 (          )장 (          )절이다.

**5.** 〈요단을 건넌 후에 이 (          )의 모든 말씀을 그 위에 (          )하라〉 하였는데 '그 위에'는 어디를 말합니까?

**6.** 27장에 〈저주를 받을 것이라〉는 말이 몇 번 나옵니까? 그리고 저주받을 일에 해당되는 죄목을 두 가지만 쓰십시오.

**7.** 〈이 (          )의 말씀을 실행하지 아니하는 자는 (          )를 받을 것이라 할 것이요 모든 백성은 (          ) 할지니라〉는 (          )장 (          )절이다.

**8.** 28장에서 〈여호와의 말씀을 청종하면 이 모든 복이 네게 임하며〉 하였는데 무슨 복을 받습니까? 두 가지만 쓰십시오.

**9.** 〈(          )께서 네게 맹세하신 대로 너를 세워 자기의 (          )이 되게 하시리니 이는 네가 네 (          ) 여호와의 명령을 지켜 그 길로 (          )할 것임이니라〉는 (          )장 (          )절이다.

**10.** 28장에서 〈네가 악을 행하여 그를 잊으므로 네 손으로 하는 모든 일에 여호와께서 저주와…〉 하였는데 무슨 저주인지 세 가지만 쓰십시오.

**11.** 〈그는 네게 (          )줄지라도 너는 그에게 (          )주지 못하리니 그는 (          )가 되고 너는 (          )가 될 것이라〉에서 '그'와 '너'는 누구입니까?

**12.** 〈네가 만일 이 (          )에 기록한 이 율법의 모든 (          )을 지켜 행하지 아니하고 네 하나님 (          )라 하는 영화롭고 두려운 이름을 (          )하지 아니하면 여호와께서 네 (          )과 네 자손의 재앙을 극렬하게 하시리니 그 (          )이 크고 오래고 그 (          )이 중하고 오랠 것이라〉는 (          )장 (          )절이다.

**13.** 〈너희가 하늘의 (          ) 같이 많을지라도 네 (          ) 여호와의 말씀을 청종하지 아니하므로 (          )가 얼마 되지 못할 것이라〉는 (          )장 (          )절이다.

**14.** 〈주께서 (          ) 년 동안 너희를 광야에서 (          )하게 하셨거니와 너희 몸의 (          )이 낡아지지 아니하였고 너희 발의 (          )이 해어지지 아니하였으며〉는 (          )장 (          )절이다.

**15.** 〈너희는 이 언약의 (          )을 지켜 행하라 그리하면 너희가 하는 모든 일이 (          )하리라〉는 (          )장 (          )절이다.

**16.** 〈네가 네 하나님 여호와의 (          )을 청종하여 이 (          )에 기록된 그의 (          )과 규례를 지키고 네 마음을 다하며 (          )을 다하여 여호와 네 하나님께 (          )오면 네 하나님 여호와께서 네 (          )으로 하는 모든 일과 네 몸의 (          )과 네 가축의 새끼와 네 토지 (          )을 많게 하시고 네게 (          )을 주

시되 곧 여호와께서 네 (　　　)을 기뻐하신 것과 같이 너를 다시 (　　　)하사 네게 (　　　)을 주시리라〉는 (　　　)장 (　　　) 절이다.

**17.** 〈오직 그 (　　　)이 네게 매우 가까워서 네 (　　　)에 있으며 네 (　　　)에 있은즉 네가 이를 (　　　)할 수 있느니라〉

**18.** 〈네 하나님 여호와를 (　　　)하고 그의 말씀을 청종하며 또 그를 (　　　)하라 그는 네 생명이시요 네 (　　　)이시니〉는 (　　　) 장 (　　　)절이다.

**19.** 〈(　　　)가 여호수아를 불러 온 (　　　)의 목전에서 그에게 이르되 너는 (　　　)하고 담대하라 너는 이 (　　　)을 거느리고 여호와께서 그들의 (　　　)에게 주리라고 맹세하신 (　　　)에 들어가서 그들에게 그 (　　　)을 차지하게 하라〉는 (　　　)장 (　　　)절이다.

**20.** 〈너희가 요단을 건너가서 차지할 (　　　)에 거주할 동안에 이 (　　　)을 알지 못하는 그들의 (　　　)에게 듣고 네 하나님 여호와 (　　　)하기를 배우게 할지니라〉

**21.** 〈이제 너희는 이 (　　　)를 써서 이스라엘 자손들에게 가르쳐 그들의 (　　　)으로 부르게 하여 이 (　　　)로 나를 위하여 이스라엘 자손들에게 (　　　)가 되게 하라〉는 (　　　)장 (　　　) 절이다.

**22.** 〈강하고 담대하라 내가 너와 함께하리라〉는 누가 누구에게 한 말입니까?

**23.** 〈그는 (            )이시니 그가 하신 일이 (            )하고 그의 모든 길이 (            )롭고 진실하고 거짓이 없으신 (            )이시니 공의로우시고 (            )시도다〉에서 '그'는 누구입니까?

**24.** 〈자기의 눈동자같이 지키셨도다〉에서 누가 누구를 그렇게 지켰단 말입니까?

**25.** 32장 11절에 나오는 '독수리'와 '새끼'는 각각 누구를 상징합니까?

**26.** 모세는 어느 산에서 죽었습니까? 거기서 어느 땅을 바라보았습니까?

**27.** 〈그의 영원하신 팔〉은 33장 (            )절이며, 찬송가 (            )장에 인용되었습니다.

**28.** 〈이스라엘이여 너는 행복한 사람이로다〉는 (            )장 (            )절이며, 왜 '행복한 사람'이라고 하였습니까? 그리고 '이스라엘이여'란 말 대신에 가장 쓰고 싶은 이름을 쓰십시오. 또 그것을 여러 번 큰 소리로 외쳐보십시오.

**29.** 〈모세가 죽을 때 나이 (            ) 세였으나 그의 (            )이 흐리지 아니하였고 (            )이 쇠하지 아니하였더라〉는 (            )장 (            )절이다.

**30.** 〈여호와께서 대면하여 아시던 자〉는 누구입니까?

## 여호수아

**31.** 〈내가 모세와 함께 있었던 것같이 너와 함께 있을 것임이니라〉는 누가 누구에게 한 말입니까?

**32.** 〈이 율법책을 네 (　　　　)에서 떠나지 말게 하며 주야로 그것을 (　　　　)하여 그 안에 기록된 대로 다 (　　　　) 행하라 그리하면 네 길이 (　　　　)하게 될 것이며 네가 (　　　　)하리라〉는 (　　　　)장 (　　　　)절이다.

**33.** 〈강하고 (　　　　)하라 두려워하지 말며 (　　　　) 말라 네가 어디로 가든지 네 (　　　　) 여호와가 너와 (　　　　) 하느니라〉에서 '너'는 누구입니까?

**34.** 〈당신이 우리를 보내시는 곳에는 우리가 가리이다〉에서 '당신'과 '우리'는 각각 누구를 말합니까?

**35.** 여호수아가 여리고로 보낸 두 정탐꾼을 숨겨준 기생 이름은 무엇인가요? 여호수아 2장에 그 이름이 몇 번이나 나옵니까? 그리고 마태복음 1장 (　　　　)절에도 나옵니다.

**36.** 〈우리가 이 (　　　　)에 들어올 때에 우리를 달아 내린 (　　　　)에 이 붉은 줄을 매고 네 (　　　　)와 형제와 네 아버지의 (　　　　)을 다 네 집에 모으라〉에서 '우리'와 '너'는 각각 누구입니까?

**37.** 〈온 땅의 주 (　　　　)의 궤를 멘 제사장들의 (　　　　)이 요단 물을 밟고 멈추면 (　　　　) 물 곧 위에서부터 흘러내리던 (　　　　)이 끊어지고 한 곳에 쌓여 서리라〉는 (　　　　)장 (　　　　)절이다.

**38.** 이스라엘 백성 앞에서 흘러가던 요단강이 온전히 끊어진 내용은 여호수아 (　　　　)장 (　　　　)절에 있다.

**39.** 〈여호와의 (　　　　)를 멘 제사장들은 요단 가운데 (　　　　) 땅에 굳게 섰고 그 모든 백성이 (　　　　)을 건너기를 마칠 때까지 모든 이스라엘은 그 (　　　　) 땅으로 건너갔더라〉는 (　　　　)장 (　　　　)절이다.

**40.** 요단 물이 여호와의 (　　　　) 앞에서 끊어졌나니 곧 (　　　　)가 요단을 건널 때에 요단 (　　　　)이 끊어졌으므로 이 (　　　　)이 이스라엘 자손에게 영원히 (　　　　)이 되리라〉는 (　　　　)장 (　　　　)절이다.

**41.** 〈그날에 (　　　　)께서 모든 이스라엘의 목전에서 (　　　　)를 크게 하시매 그가 생존한 날 동안에 (　　　　)이 그를 두려워하기를 (　　　　)를 두려워하던 것같이 하였더라〉

**42.** 하나님께서 '홍해'와 '요단강'을 마르게 하신 이유는 여호수아 (　　　　)장 (　　　　)절에서 설명하고 있다.

**43.** 〈(　　　　)가 부싯돌로 칼을 만들어 할례 산에서 (　　　　) 자손들에게 할례를 행하니라〉는 (　　　　)장 (　　　　)절이다.

44. 하나님께서 '만나'를 언제까지 주셨습니까?

45. 〈네 발에서 ( )을 벗으라 네가 선 곳은 ( )하니라〉는 누가 누구에게 한 말입니까?

46. 여리고 성을 엿새 동안은 매일 한 번씩 돌되 일곱째 날에는 그 성을 몇 번 돌라고 하였는가?

47. 〈제사장들이 ( ) 나팔을 길게 불어 그 ( ) 소리가 너희에게 들릴 때에는 백성은 다 큰 ( )로 외쳐 부를 것이라 그리하면 그 ( )이 무너져 내리리니 백성은 각기 ( ) 올라갈지니라〉는 ( )장 ( )절이다.

48. 〈이 ( )과 그 가운데 있는 모든 것은 ( )께 온전히 바치되 기생 ( )과 그 집에 동거하는 자는 모두 ( ) 주라 이는 우리가 보낸 ( )을 그가 숨겨 주었음이니라〉는 ( )장 ( )절이다.

49. 여리고 성을 점령했을 때 그 모든 전리품은 누구의 것이라 하였습니까?

50. 이스라엘이 아이 성 사람들에게 패한 이유는 무엇입니까?

51. 아골 골짜기에서 무슨 일이 있었습니까?

52. 〈너는 아이 성 뒤에 복병을 둘지니라〉는 누가 누구에게 가르쳐 주

었습니까?

**53.** 〈모세가 명령한 것은 (　　　)가 이스라엘 온 회중과 (　　　)과 아이와 그들 중에 동행하는 (　　　) 앞에서 낭독하지 아니한 (　　　)이 하나도 없었더라〉는 (　　　)장 (　　　)절이다.

**54.** 〈여호수아가 곧 그들과 (　　　)하여 그들을 살리리라는 (　　　)을 맺고 회중 족장들이 그들에게 (　　　)하였더라〉에서 '그들'은 누구입니까?

**55.** 이스라엘이 아모리와 싸울 때 있었던 두 가지 큰 이적을 쓰십시오.

**56.** 태양이 중천에 얼마 동안 머물렀습니까? 그 기적을 믿습니까?

**57.** 〈이스라엘의 (　　　) 여호와께서 이스라엘을 위하여 (　　　)셨으므로 여호수아가 이 모든 (　　　)과 그들의 땅을 (　　　) 빼앗으니라〉는 (　　　)장 (　　　)절이다.

**58.** 〈너는 그들의 말 뒷발의 힘줄을 끊고 불로 그들의 병거를 불사르라〉는 누가 누구에게 한 말이며, '그들'은 누구입니까?

**59.** 〈여호수아가 여호와께서 (　　　)에게 말씀하신 대로 그 온 (　　　)을 점령하여 이스라엘 지파의 구분에 따라 (　　　)으로 주매 그 땅에 (　　　)이 그쳤더라〉

**60.** 여호수아와 이스라엘이 요단 서편에서 멸한 왕은 모두 몇 명이었

습니까?

**61.** 〈(　　　　)가 나이가 많아 늙으매 (　　　　)께서 그에게 이르시되 너는 (　　　　)가 많아 늙었고 얻을 (　　　　)이 매우 많이 남아 있도다〉는 (　　　　)장 (　　　　)절이다.

**62.** 레위 지파는 모세가 기업을 주지 않았다는 내용이 (　　　　)장 (　　　　)절에 있다.

**63.** 갈렙은 나이 사십 세 때와 팔십오 세 때 무슨 일을 하였습니까?

**64.** 갈렙의 딸과 사위의 이름은 무엇입니까?

**65.** 〈예루살렘 주민 여부스 족속을 (　　　　) 자손이 쫓아내지 못하였으므로 여부스 족속이 오늘까지 (　　　　) 자손과 함께 예루살렘에 거주하니라〉는 (　　　　)장 (　　　　)절이다.

**66.** 〈그들이 게셀에 거주하는 (　　　　) 족속을 쫓아내지 아니하였으므로 (　　　　) 족속이 오늘까지 (　　　　) 가운데에 거주하며 노역하는 (　　　　)이 되니라〉는 (　　　　)장 (　　　　)절이다.

**67.** 오늘 읽은 말씀 중 가장 좋아하는 성경 구절을 외워 쓰십시오.

# 09 구약(개역개정판) 성경대학문제

여호수아 17-24장
사사기 1-16장

(　　　)년 (　　)월 (　　)일　　　이름 (　　　)

## 여호수아

**1.** 요셉의 장자와 장손의 이름을 쓰십시오.

**2.** 〈이스라엘 자손이 (　　　)한 후에야 가나안 족속에게 (　　　)을 시켰고 다 (　　　)내지 아니하였더라〉는 (　　　)장 (　　　)절이다.

**3.** 〈가나안 족속이 비록 철 (　　　)를 가졌고 강할지라도 네가 (　　　) 그를 쫓아내리라〉는 누가 누구에게 한 말입니까?

**4.** 〈그 땅을 (　　　) 부분으로 그려서 이곳 내게로 (　　　)오라 그러면 내가 여기서 너희를 위하여 우리 (　　　) 여호와 앞에서 (　　　)를 뽑으리라〉는 (　　　)장 (　　　)절이다.

**5.** 〈여호수아가 그들을 위하여 (　　　)의 여호와 앞에서 (　　　)를 뽑고 그가 거기서 이스라엘 자손의 (　　　)대로 그 땅을 분배하였

더라〉는 (　　　)장 (　　　)절이다.

6. 시므온 자손의 기업은 어느 자손의 기업 중에서 받았습니까?

7. 여호수아는 어느 성읍을 얻었습니까?

8. 〈(　　　) 엘르아살과 눈의 아들 (　　　)와 이스라엘 자손의 지파의 (　　　)이 실로에 있는 (　　　) 여호와 앞에서 (　　　) 뽑아 나눈 기업이 이러하니라 이에 (　　　) 나누는 일을 마쳤더라〉는 (　　　)장 (　　　)절이다.

9. 〈부지중에 실수로 사람을 죽인 자를 그리로 도망하게 하라〉고 하였는데 '그리로'는 어디를 말하며, 구체적인 장소 두 곳을 쓰십시오.

10. 〈레위 사람들이 (　　　) 자손의 기업 중에서 받은 성읍은 모두 (　　　) 성읍이요 또 그 (　　　)이라〉는 (　　　)장 (　　　)절이다.

11. 〈(　　　)께서 이스라엘 족속에게 (　　　)하신 선한 말씀이 하나도 (　　　)이 없이 다 응하였더라〉는 (　　　)장 (　　　)절이다.

12. 〈하나님 여호와를 (　　　)하고 그의 모든 (　　　)로 행하며 그의 (　　　)을 지켜 그에게 친근히 하고 너희의 (　　　)을 다하며 성품을 다하여 그를 (　　　)지니라〉는 (　　　)장 (　　　)절이다.

13. 〈너희가 오늘 여호와를 (　　　)하면 내일은 그가 이스라엘 온 회

중에게 (　　　　)하시리라〉

**14.** 〈우리가 오늘 (　　　　)께서 우리 중에 계신 줄을 아노니 이는 너희가 이 (　　　　)를 여호와께 범하지 아니하였음이니라〉는 (　　　　)장 (　　　　)절이다.

**15.** 〈너희의 (　　　　) 여호와 그는 너희를 위하여 (　　　　) 이시니라〉는 (　　　　)장 (　　　　)절이다.

**16.** 〈너희 중 (　　　　) 사람이 (　　　　) 명을 쫓으리니 이는 너희의 (　　　　) 여호와 그가 너희에게 (　　　　)하신 것같이 너희를 위하여 (　　　　)이라〉는 (　　　　)장 (　　　　)절이다.

**17.** 〈너희에게 주신 아름다운 땅에서 너희가 속히 멸망하리라〉고 하였는데 어떻게 할 때 그렇게 된다고 하였습니까?

**18.** 〈너희가 섬길 자를 (　　　　) 택하라 오직 나와 내 집은 (　　　　)를 섬기겠노라〉는 누가 누구에게 한 말입니까?

**19.** 〈우리도 (　　　　)를 섬기리니 그는 우리 (　　　　)이심이니이다〉는 (　　　　)장 (　　　　)절이다.

**20.** 〈백성이 (　　　　)에게 말하되 우리 하나님 (　　　　)를 우리가 섬기고 그의 목소리를 우리가 (　　　　)하리이다〉는 (　　　　)장 (　　　　)절이다.

**21.** 여호수아는 몇 세에 죽었습니까?

**22.** 〈이스라엘 자손이 애굽에서 가져온 (　　　)의 뼈를 (　　　)에 장사하였으니〉는 (　　　)장 (　　　)절이다.

## 사사기

**23.** 여호수아가 죽은 후 제일 먼저 가나안인과 싸운 지파는?

**24.** 갈렙의 딸과 사위 이름, 차지한 땅 이름은 무엇입니까?

**25.** 〈여호와께서 (　　　)와 함께 계셨으므로 그가 (　　　) 주민을 쫓아내었으나 골짜기의 주민들은 (　　　)가 있으므로 그들을 (　　　)내지 못하였으며〉는 (　　　)장 (　　　)절이다.

**26.** 〈내가 그들을 너희 앞에서 (　　　)내지 아니하리니 그들이 너희 (　　　)에 가시가 될 것이며 그들의 (　　　)이 너희에게 올무가 되리라〉는 (　　　)장 (　　　)절이다.

**27.** 〈다른 세대는 여호와를 알지 못하며〉 하였는데 '다른 세대'는 누구들을 말합니까?

**28.** 〈여호와께서 그들을 위하여 (　　　)을 세우실 때에는 그 (　　　)와 함께하셨고 그 (　　　)가 사는 날 동안에는 (　　　)께서 그들을 대적의 손에서 (　　　)하셨으니〉는 (　　　)장 (　　　)절이다.

**29.** 〈(　　　　)께서 이스라엘 자손을 위하여 한 (　　　　)를 세워 그들을 구원하게 하시니 그는 곧 (　　　　)의 아우 그나스의 아들 (　　　　)이라〉는 (　　　　)장 (　　　　)절이다.

**30.** 왼손잡이 사사로서 모압 왕 에글론을 죽인 사람은 누구입니까?

**31.** 드보라는 누구입니까?(간단히)

**32.** 가나안 왕 야빈의 군대장관 시스라를 죽인 사람은 누구입니까?

**33.** 〈여호와여 (　　　　)의 원수들은 다 이와 같이 (　　　　)하게 하시고 주를 (　　　　)하는 자들은 (　　　　)가 힘있게 돋음 같게 하시옵소서〉는 (　　　　)장 (　　　　)절이다.

**34.** 사사 기드온이 활동하던 시대에 이스라엘을 압박한 족속은?

**35.** 〈큰 용사여 (　　　　)께서 너와 함께 계시도다〉는 누가 누구에게 한 말입니까?

**36.** 〈(　　　　)께서 그에게 이르시되 내가 반드시 너와 (　　　　) 하리니 네가 (　　　　) 사람 치기를 (　　　　) 사람을 치듯 하리라〉에서 '그'는 누구입니까?

**37.** 〈여호와 살롬〉은 무슨 뜻입니까?

**38.** '여룹바알'은 누구이며 그 뜻이 무엇입니까?

**39.** 〈보소서 내가 (          ) 한 뭉치를 타작마당에 두리니 만일 이슬이 (          )에만 있고 주변 땅은 마르면 주께서 이미 (          )하심같이 내 손으로 이스라엘을 (          )하실 줄을 내가 알겠나이다 하였더니 (          ) 된지라〉는 (          )장 (          )절이다.

**40.** 〈여호와께서 (          )에게 이르시되 너를 따르는 백성이 너무 (          )즉 내가 그들의 손에 (          ) 사람을 넘겨 주지 아니하리니 이는 (          )이 나를 거슬러 스스로 (          )하기를 내 손이 나를 (          )하였다 할까 함이니라〉는 (          )장 (          )절이다.

**41.** 하나님께서 기드온에게 맡겨준 군인은 결국 몇 명이었습니까?

**42.** 〈(          )이 그들에게 이르되 내가 너희를 (          )리지 아니하겠고 나의 (          )도 너희를 다스리지 아니할 것이요 (          )께서 너희를 다스리시리라〉는 (          )장 (          )절이다.

**43.** 아비멜렉은 누구의 아들이며 그가 자기 형제 몇 명을 죽였습니까? 그중에서 살아남은 막내아들은 누구입니까?

**44.** 〈자기 아버지에게 행한 (          )을 하나님이 이같이 갚으셨고〉에서 '자기'와 '아버지'의 이름은 무엇입니까?

**45.** 〈우리가 우리 (          )을 버리고 (          )을 섬김으로 주께 (          )하였나이다〉는 (          )장 (          )절이다.

**46.** 사사 입다가 어느 자손들을 물리쳤습니까?

**47.** 입다가 승전하고 돌아왔을 때 제일 먼저 영접한 사람은 누구이며 그를 어떻게 했습니까?

**48.** 길르앗 사람들에게 죽은 에브라임 사람들의 수는 몇 명입니까?

**49.** 삼손이 활약하던 시대에 이스라엘을 괴롭힌 민족은?

**50.** 〈보라 네가 임신하여 (          )을 낳으리니 이제 포도주와 (          )를 마시지 말며 어떤 (          ) 것도 먹지 말라 이 아이는 (          )에서부터 그가 죽는 날까지 하나님께 바쳐진 (          )이 됨이라〉에서 '이 아이'는 누구입니까?

**51.** 〈(          )의 사자가 그에게 이르되 어찌하여 내 (          )을 묻느냐 내 이름은 (          )라 하니라〉에서 '그'는 누구입니까?

**52.** 삼손이 블레셋 땅인 딤나에 여자를 취하러 가는 도중 염소 새끼를 찢음같이 찢었던 짐승의 이름은 무엇입니까?

**53.** 〈강한 자에게서 단 것이 나왔느니라〉에서 '강한 자'와 '단 것'은 각각 무엇을 말합니까?

**54.** 〈나귀의 (          )로 내가 천 명을 죽였도다〉에서 '나'는 누구이며 죽은 '천 명'은 어디 사람들입니까?

**55.** 〈내 머리가 밀리면 내 힘이 내게서 떠나고 나는 약해져서 다른 사람과 같으리라〉는 누가 누구에게 한 말입니까?

**56.** 〈(　　　　)이 이르되 (　　　　) 사람과 함께 죽기를 원하노라 하고 (　　　　)을 다하여 몸을 굽히매 그 (　　　　)이 곧 무너져 그 안에 있는 모든 (　　　　)과 온 백성에게 덮이니 (　　　　)이 죽을 때에 죽인 자가 (　　　　) 때에 죽인 자보다 (　　　　) 많았더라〉는 (　　　　)장 (　　　　)절이다.

**57.** 오늘 읽은 말씀 중 가장 좋아하는 성경 구절을 외워 쓰십시오.

# 10 구약(개역개정판) 성경대학문제

사사기 17-21장, 룻기 1-4장
사무엘상 1-16장

(        )년 (        )월 (      )일        이름(        )

## 사사기

**1.** 〈그때에는 이스라엘에 (        )이 없었으므로 사람마다 자기 (        )에 옳은 대로 행하였더라〉는 (        )장 (        )절이다.

**2.** 〈(        )가 이르되 레위인이 내 (        )이 되었으니 이제 여호와께서 내게 (        ) 주실 줄을 아노라〉는 (        )장 (        )절이다.

**3.** 〈그 제사장이 그들에게 이르되 (        ) 가라 너희가 가는 길은 (        ) 앞에 있느니라〉에서 '그들'은 누구입니까?

**4.** 〈내가 만든 신들과 제사장을 빼앗아 갔으니〉는 누가 누구에게 한 말입니까?

**5.** 〈하나님의 집이 (        )에 있을 동안에 (        )가 만든 바 새긴 신상이 (        ) 자손에게 있었더라〉는 (        )장 (        )절이다.

**6.** 〈그 노인이 이르되 그대는 (　　　　)하라 그대의 쓸 것은 모두 내가 (　　　　)할 것이니 거리에서는 (　　　　)하지 말라〉는 (　　　　)장 (　　　　)절이다.

**7.** 레위 사람의 첩을 죽게 한 사람들은 어느 지파 사람들입니까?

**8.** 〈베냐민 사람 (　　　　) 명이 돌이켜 (　　　　)로 도망하여 림몬 바위에 이르러 거기에서 (　　　　) 달 동안을 지냈더라〉는 (　　　　)장 (　　　　)절이다.

**9.** 이스라엘 중에서 사라질 뻔한 지파는 어느 지파입니까?

## 룻기

**10.** 나오미의 남편, 두 아들과 두 며느리의 이름은 각각 무엇입니까?

**11.** 〈여호와께서 너희를 선대하시기를 원하며〉는 누가 누구에게 한 말입니까?

**12.** 〈어머니의 하나님이 나의 하나님이 되시리니〉는 누가 누구에게 한 말입니까?

**13.** 〈여호와께서 네가 행한 일에 (　　　　)하시기를 원하며 이스라엘의 (　　　　) 여호와께서 그의 날개 아래에 (　　　　)를 받으러 온 네게 온전한 (　　　　) 주시기를 원하노라〉는 누가 누구에게 한 말입니까?

**14.** 〈네가 현숙한 여자인 줄 나의 성읍 백성이 다 아느니라〉에서 '너'와 '나'는 누구이며, 성읍은 어느 '성읍'입니까?

**15.** 룻의 새 남편이 된 사람은 누구입니까?

**16.** 룻과 다윗의 관계는?

**17.** 〈(            )은 보아스를 낳았고 보아스는 (            )을 낳았고 (            )은 이새를 낳고 이새는 (            )을 낳았더라〉는 (            )장 (            )절이다.

## 사무엘상

**18.** 엘가나는 어느 지파 사람이며, 두 아내의 이름은 무엇입니까?

**19.** 〈하나님이 네가 기도하여 (            )한 것을 허락하시기를 원하노라〉는 누가 누구에게 한 말입니까?

**20.** 한나가 기도하여 얻은 아들의 이름과 그 이름의 의미는?

**21.** 사무엘이 태어날 당시의 제사장의 이름은?

**22.** 〈나도 그를 (            )께 드리되 그의 평생을 (            )께 드리나이다 하고 그가 거기서 (            )께 경배하니라〉에서 '나'와 '그'는 각각 누구입니까?

**23.** 〈(        )한 말을 다시 하지 말 것이며 (        )한 말을 너희의 (        )에서 내지 말지어다 여호와는 (        )의 하나님이시라 (        )을 달아 보시느니라〉는 (        )장 (        )절이다.

**24.** 〈이 소년들의 (        )가 여호와 앞에 심히 큼은 그들이 (        )의 제사를 (        )함이었더라〉에서 '이 소년들'은 누구입니까?

**25.** 〈여호와께서 (        )를 돌보시사 그로 하여금 임신하여 (        ) 아들과 (        ) 딸을 낳게 하셨고 아이 (        )은 여호와 앞에서 자라니라〉는 (        )장(        )절이다.

**26.** 〈사무엘이 점점 자라매 (        )와 사람들에게 (        )을 더욱 받더라〉는 (        )장 (        )절이다.

**27.** 〈나를 (        ) 여기는 자를 내가 존중히 여기고 나를 (        )하는 자를 내가 경멸하리라〉는 (        )장 (        )절이다.

**28.** 〈사무엘이 이르되 말씀하옵소서 주의 종이 듣겠나이다〉는 여호와께서 사무엘을 몇 번째 불렀을 때 대답한 말입니까?

**29.** 〈내가 그의 집을 영원토록 (        )하겠다고 그에게 말한 것은 그가 아는 (        ) 때문이니 이는 그가 자기의 아들들이 (        )를 자청하되 (        )하지 아니하였음이니라〉에서 '나'와 '그'와 '아들들'의 이름을 쓰십시오.

**30.** 〈온 이스라엘이 (        )은 여호와의 선지자로 (        )을 입은

줄을 알았더라〉는 (　　　)장 (　　　)절이다.

**31.** 〈하나님의 궤는 빼앗겼고〉라고 하였는데 누구에게 빼앗겼습니까?

**32.** 이가봇은 누구이며 그 이름의 의미는 무엇입니까?

**33.** 〈다곤이 여호와의 (　　　) 앞에서 또다시 엎드러져 (　　　) 이 땅에 닿았고 그 (　　　)와 두 손목은 끊어져 문지방에 있고 (　　　)의 몸뚱이만 남았더라〉는 (　　　)장 (　　　)절이다〉

**34.** 〈(　　　) 사람들이 이를 보고 이르되 이스라엘 (　　　)의 궤를 우리와 함께 있지 못하게 할지라 그의 (　　　)이 우리와 우리 신 (　　　)을 친다 하고〉는 (　　　)장 (　　　)절이다.

**35.** 블레셋 사람이 여호와의 궤를 도로 가져왔습니다. 몇 달 만에, 어디로, 왜 도로 가져왔습니까? (간단히)

**36.** 〈(　　　) 사람들이 여호와의 (　　　)를 들여다본 까닭에 그들을 치사 (　　　) 명을 죽이신지라〉는 (　　　)장 (　　　)절이다.

**37.** 〈(　　　)가 기럇여아림에 들어간 날부터 (　　　) 년 동안 오래 있은지라 (　　　) 온 족속이 여호와를 (　　　)하니라〉는 (　　　)장 (　　　)절이다.

**38.** 〈너희 마음을 (　　　)께로 향하여 그만을 섬기라 그리하면 너희를 (　　　) 사람의 손에서 건져내시리라〉는 누가 누구에게 한 말

입니까?

**39.** 〈사무엘이 (　　　　)를 드릴 때에 블레셋 사람이 (　　　　)과 싸우려고 가까이 오매 그날에 (　　　　)께서 블레셋 사람에게 큰 (　　　　)를 발하여 그들을 어지럽게 하시니 그들이 (　　　　) 앞에 패한지라〉는 (　　　　)장 (　　　　)절이다.

**40.** '에벤에셀'의 의미는 무엇입니까?

**41.** 〈(　　　　)로 돌아왔으니 이는 거기에 자기 (　　　　)이 있음이니라 거기서도 (　　　　)을 다스렸으며 또 거기에 (　　　　)를 위하여 제단을 쌓았더라〉에서 '자기'는 누구입니까?

**42.** 〈당신의 아들들은 당신의 (　　　　)를 따르지 아니하니 모든 (　　　　)와 같이 우리에게 (　　　　)을 세워 우리를 다스리게 하소서〉는 누가 누구에게 한 말입니까?

**43.** 〈여호와께서 (　　　　)에게 이르시되 백성이 네게 한 (　　　　)을 다 들으라 이는 그들이 너를 (　　　　)이 아니요 나를 버려 자기들의 (　　　　)이 되지 못하게 함이니라〉는 (　　　　)장 (　　　　)절이다.

**44.** 〈그들의 말을 들어 (　　　　)을 세우라〉는 누가 누구에게 한 말입니까?

**45.** 〈(　　　　)에게 아들이 있으니 그의 이름은 (　　　　)이요 준수한

소년이라 이스라엘 (　　　) 중에 그보다 더 (　　　)한 자가 없고 키는 모든 백성보다 (　　　) 위만큼 더 컸더라〉는 (　　　)장 (　　　)절이다.

**46.** 너는 그에게 (　　　)을 부어 내 백성 이스라엘의 (　　　)로 삼으라〉에서 '너'와 '그'는 누구입니까?

**47.** 사무엘이 (　　　)을 볼 때에 (　　　)께서 그에게 이르시되 (　　　) 이는 내가 네게 말한 사람이니 이가 내 (　　　)을 다스리리라〉는 (　　　)장 (　　　)절이다.

**48.** 〈(　　　)이 기름병을 가져다가 (　　　)의 머리에 붓고 입맞추며 이르되 (　　　)께서 네게 기름을 부으사 그의 기업의 (　　　)로 삼지 아니하셨느냐〉는 (　　　)장 (　　　)절이다.

**49.** 〈하나님이 너와 함께하시느니라〉는 누가 누구에게 한 말입니까?

**50.** 〈(　　　)이 모든 백성에게 이르되 너희는 (　　　)께서 택하신 자를 보느냐 모든 백성 중에 (　　　)할 이가 없느니라 하니 모든 백성이 (　　　)의 만세를 외쳐 부르니라〉

**51.** 〈모든 백성이 (　　　)로 가서 거기서 여호와 앞에서 (　　　)을 왕으로 삼고〉는 (　　　)장 (　　　)절이다.

**52.** 〈여호와께서 (　　　)와 비를 보내사 너희가 (　　　)을 구한 일 곧 여호와의 목전에서 범한 (　　　)이 큼을 너희에게 밝히

(　　　) 하시리라〉는 (　　　)장 (　　　)절이다.

**53.** 〈나는 너희를 위하여 (　　　)하기를 쉬는 (　　　)를 여호와 앞에 결단코 범하지 아니하고〉에서 '나'와 '너희'는 누구입니까?

**54.** 사울(왕)은 어느 지파 사람입니까?

**55.** 블레셋과 싸우려 할 때 자기 직책 밖의 일인 제사 직분을 감행한 잘못을 저지른 사람은 누구입니까?

**56.** 〈(　　　)의 나라가 길지 못할 것이라 여호와께서 (　　　)에게 명령하신 바를 (　　　)이 지키지 아니하였으므로 여호와께서 그의 (　　　)에 맞는 사람을 구하여 (　　　)께서 그를 그의 백성의 (　　　)로 삼으셨느니라〉는 (　　　)장 (　　　)절이다.

**57.** 〈(　　　)이 자기의 무기를 든 소년에게 이르되 우리가 이 (　　　) 받지 않은 자들에게로 건너가자 (　　　)께서 우리를 위하여 (　　　)하실까 하노라 여호와의 (　　　)은 사람이 많고 적음에 (　　　) 아니하였느니라〉는 (　　　)장 (　　　)절이다.

**58.** 〈(　　　)은 그의 아버지가 백성에게 (　　　)하여 명령할 때에 듣지 못하였으므로 (　　　)에 가진 지팡이 끝을 내밀어 벌집의 (　　　)을 찍고 그의 손을 돌려 (　　　)에 대매 (　　　)이 밝아졌더라〉는 (　　　)장 (　　　)절이다.

**59.** 〈그가 오늘 하나님과 동역하였음이니이다〉는 누가 누구에게 한

말입니까? '그'는 누구입니까?

**60.** 사울의 자녀들의 이름을 쓰십시오(3남 2녀).

**61.** 〈지금 가서 (　　　　)을 쳐서 그들의 모든 (　　　　)를 남기지 말고 진멸하되 남녀와 소아와 (　　　　) 먹는 아이와 우양과 낙타와 (　　　　)를 죽이라 하셨나이다〉는 누가 누구에게 한 말입니까?

**62.** 〈순종이 제사보다 낫고 듣는 것이 숫양의 기름보다 나으니〉는 누가 누구에게 한 말입니까?

**63.** 〈(　　　　)께서는 사울을 이스라엘 (　　　　)으로 삼으신 것을 (　　　　)하셨더라〉는 (　　　　)장 (　　　　)절이다.

**64.** 〈사람은 (　　　　)를 보거니와 나 여호와는 (　　　　)을 보느니라〉는 (　　　　)장 (　　　　)절이다.

**65.** 〈그의 빛이 붉고 (　　　　)이 빼어나고 얼굴이 아름답더라 (　　　　)께서 이르시되 이가 그니 일어나 (　　　　)을 부으라〉에서 '그'는 누구입니까?

**66.** 〈하나님께서 부리시는 악령이 (　　　　)에게 이를 때에 (　　　　)이 수금을 들고 와서 손으로 탄즉 (　　　　)이 상쾌하여 낫고 (　　　　)이 그에게서 떠나더라〉는 (　　　　)장 (　　　　)절이다.

**67.** 오늘 읽은 말씀 중 가장 좋아하는 성경 구절을 외워 쓰십시오.

# 11 구약(개역개정판) 성경대학문제

사무엘상 17-31장
사무엘하 1-10장

(        )년 (      )월 (      )일        이름(          )

## 사무엘상

**1.** 〈그의 이름은 골리앗이요 가드 사람이라 그의 키는 여섯 규빗 한 뼘이요…그 갑옷의 무게는 놋 오천 세겔이며〉에서 골리앗의 키와 갑옷의 무게를 m법으로 환산하십시오.

(참고: 한 규빗은 45cm, 한 뼘은 13cm. 한 세겔은 11.5g)

**2.** 〈주의 종이 (          )와 곰도 쳤은즉 살아 계시는 (          )의 군대를 모욕한 이 (          )받지 않은 블레셋 사람이리이까 그가 그 (          )의 하나와 같이 되리이다〉는 누가 누구에게 한 말이며 '그'는 누구입니까?

**3.** 〈여호와의 (          )하심이 칼과 창에 있지 아니함을 이 (          )에게 알게 하리라 (          )은 여호와께 속한 것인즉 그가 너희를 우리 (          )에 넘기시리라〉는 누가 누구에게 한 말이며, '너희'와 '우리'는 누구입니까?

**4.** 〈다윗이 이같이 (　　　　)와 돌로 (　　　　) 사람을 이기고 그를 쳐죽였으나 자기 손에는 (　　　　)이 없었더라 다윗이 달려가서 (　　　　) 사람을 밟고 그의 (　　　　)을 그 칼집에서 빼내어 그 (　　　　)로 그를 죽이고 그의 (　　　　)를 베니 블레셋 사람들이 자기 (　　　　)의 죽음을 보고 도망하는지라〉는 (　　　　)장 (　　　　)절이다.

**5.** 다윗을 자기 생명같이 사랑한 사람은 누구입니까?

**6.** 〈여호와께서 사울을 떠나 (　　　　)과 함께 계시므로 (　　　　)이 그를 두려워한지라〉는 (　　　　)장 (　　　　)절이다.

**7.** 미갈은 누구의 딸이며, 누구의 아내가 되었습니까?

**8.** 〈그가 왕께 행한 일은 심히 선함이니이다〉는 누가 누구에게 한 말이며, 여기서 '그'는 누구입니까?

**9.** 〈(　　　　)이 다윗을 창에서 달아 내리매 그가 (　　　　)하여 도망하니라〉

**10.** 미갈은 남편과 아버지 중 누구의 편을 들었습니까?

**11.** 〈여호와께서 너 (　　　　)의 대적들을 지면에서 다 (　　　　) 버리신 때에도 너는 네 (　　　　)을 내 집에서 (　　　　) 끊어 버리지 말라〉는 누가 한 말입니까?

**12.** 〈너와 내가 (          )한 일에 대하여는 (          )께서 너와 나 사이에 (          )토록 계시느니라〉에서 '너'와 '나'는 누구입니까?

**13.** 〈사울이 (          )에게 단창을 던져 죽이려 한지라 (          )이 그의 아버지가 (          )을 죽이기로 결심한 줄 알고〉는 (          )장 (          )절이다.

**14.** 〈요나단이 (          )에게 이르되 평안히 가라 우리 두 사람이 (          )의 이름으로 맹세하여 이르기를 (          )께서 영원히 나와 너 (          ) 계시고 내 자손과 네 자손 (          ) 계시리라 하였느니라 하니 (          )은 일어나 떠나고 (          )은 성읍으로 들어가니라〉는 (          )장 (          )절이다.

**15.** 아히멜렉 제사장이 다윗에게 준 떡의 이름은 무엇입니까?

**16.** 제사장이 다윗에게 준 칼은 누구의 칼이었습니까?

**17.** 〈아히멜렉이 그를 위하여 (          )께 묻고 그에게 (          )도 주고 블레셋 사람 골리앗의 (          )도 주더이다〉는 누가 누구에게 한 말이며, '그'는 누구입니까?

**18.** 사울 왕이 도엑을 시켜서 놉의 제사장 몇 사람을 죽였습니까?

**19.** 아비아달은 누구입니까?(간단히)

**20.** 그일라를 블레셋 사람에게서 구한 사람은 누구입니까?

**21.** 〈너는 이스라엘 ( )이 되고 나는 네 ( )이 될 것을 내 아버지 ( )도 안다〉에서 '너'는 누구입니까?

**22.** 〈전령이 ( )에게 와서 이르되 급히 오소서 ( ) 사람들이 땅을 침노하나이다 이에 ( )이 다윗 뒤쫓기를 그치고 돌아와 ( ) 사람들을 치러 갔으므로〉

**23.** 〈사울이 온 이스라엘에서 택한 사람 ( ) 명을 거느리고 ( )과 그의 사람들을 찾으러 들염소 바위로 갈새〉는 ( )장 ( )절이다.

**24.** 다윗이 사울을 죽일 수 있었는데 죽이지 않은 이유는 무엇입니까?

**25.** 〈여호와께서는 나와 ( ) 사이를 판단하사 여호와께서 나를 위하여 ( )에게 보복하시려니와 내 손으로는 ( )을 해하지 않겠나이다〉는 ( )장 ( )절이다.

**26.** 〈나는 너를 ( )하되 너는 나를 ( )하니 너는 나보다 의롭도다〉는 누가 누구에게 한 말입니까?

**27.** 〈보라 나는 네가 반드시 ( )이 될 것을 알고 이스라엘 나라가 네 손에 ( ) 설 것을 아노니〉에서 '나'와 '너'는 각각 누구입니까?

**28.** 〈그 사람의 이름은 ( )이요 그의 아내의 이름은 ( )이라 그 여자는 총명하고 ( )가 아름다우나 남자는 ( )하

고 행실이 악하며〉는 (　　　)장 (　　　)절이다.

29. 〈다윗이 이미 말하기를 내가 이 자의 (　　　)을 광야에서 지켜 그 모든 것을 하나도 (　　　)이 없게 한 것이 진실로 허사라 그가 (　　　)으로 나의 (　　　)을 갚는도다〉에서 '그'는 누구입니까?

30. 〈주의 여종의 허물을 (　　　)하여 주옵소서 여호와께서 반드시 내 (　　　)를 위하여 든든한 (　　　)을 세우시리니 이는 내 주께서 (　　　)의 싸움을 싸우심이요 내 주의 (　　　)에 내 주에게서 (　　　)한 일을 찾을 수 없음이니이다〉는 누가 누구에게 한 말입니까?

31. 〈네 (　　　)를 칭찬할지며 또 네게 (　　　)이 있을지로다 오늘 내가 (　　　)를 흘릴 것과 친히 (　　　)하는 것을 네가 막았느니라〉는 누가 누구에게 한 말입니까?

32. 〈(　　　)이 급히 일어나서 (　　　)를 타고 그를 뒤따르는 처녀 (　　　)과 함께 다윗의 전령들을 따라가서 다윗의 (　　　)가 되니라〉는 (　　　)장 (　　　)절이다.

33. 〈사울이 그의 딸 다윗의 아내 (　　　)을 갈림에 사는 라이스의 아들 (　　　)에게 주었더라〉는 (　　　)장 (　　　)절이다.

34. 〈(　　　)이 일어나 사울이 진 친 곳에 이르러 (　　　)과 넬의 아들 군사령관 (　　　)이 머무는 곳을 본즉 (　　　)이 진영 가운데에 누웠고 (　　　)은 그를 둘러 진 쳤더라〉는 (　　　)장

(          )절이다.

**35.** 〈(          )이 오늘 당신의 (          )를 당신의 손에 넘기셨나이다 그러므로 청하오니 내가 (          )으로 그를 찔러서 단번에 (          )에 꽂게 하소서 내가 그를 (          ) 번 찌를 것이 없으리이다〉에서 '당신,과 '나'와 '그'는 각각 누구입니까?

**36.** 〈(          )께서 그를 치시리니 혹은 (          ) 날이 이르거나 또는 (          )에 나가서 망하리라〉는 누가 한 말이며, '그'는 누구입니까?

**37.** 〈너는 그의 머리 곁에 있는 (          )과 물병만 가지고 가자〉는 누가 누구에게 한 말이며, 여기서 '그'는 누구입니까?

**38.** 〈오늘 왕의 (          )을 내가 중히 여긴 것같이 내 (          )을 여호와께서 중히 여기셔서 모든 (          )에서 나를 구하여 내시기를 바라나이다〉는 (          )장 (          )절이며, '나'는 누구입니까?

**39.** 〈(          )이 일어나 함께 있는 사람 (          ) 명과 더불어 가드 왕 마옥의 아들 (          )에게로 건너가니라〉는 (          )장 (          )절이다.

**40.** 아기스가 다윗에게 내어 준 지방은 어디입니까?

**41.** 〈아기스가 (          )을 믿고 말하기를 (          )이 자기 백성 이스라엘에게 심히 (          )을 받게 되었으니 그는 영원히 내 (          )

가 되리라고 생각하니라〉는 (          )장 (          )절이다.

**42.** 〈(          )이 죽었으므로 온 (          )이 그를 두고 슬피 울며 그의 고향 (          )에 장사하였고〉는 (          )장 (          )절이다.

**43.** 〈(          )께서 이스라엘을 너와 함께 (          ) 사람들의 손에 넘기시리니 (          ) 너와 네 아들들이 나와 (          ) 있으리라〉에서 '너'는 누구입니까?

**44.** 〈(          )이 죽인 자는 천천이요 (          )은 만만이로다〉는 (          )장 (          )절이다.

**45.** 블레셋이 이스라엘과 싸울 때에 다윗 일행도 이스라엘과 싸웠습니까?

**46.** 다윗의 부하들(백성들)이 왜 〈다윗을 돌로 치자〉고 하였습니까?

**47.** 〈다윗이 (          )께 묻자와 이르되 내가 이 군대를 (          )하면 따라잡겠나이까 하니 (          )께서 그에게 대답하시되 그를 (          )가라 네가 반드시 따라잡고 (          ) 찾으리라〉에서 '이 군대'는 누구입니까?

**48.** 〈(          )에 내려갔던 자의 분깃이나 (          ) 곁에 머물렀던 자의 분깃이 (          )할지니 같이 (          )할 것이니라〉는 누가 한 말입니까?

**49.** 〈여호와의 원수에게서 탈취한 것을 너희에게 선사하노라〉는 누가 한 말이며, 여기서 '원수'와 '너희'는 누구입니까?

**50.** 〈(　　　) 사람들이 (　　　)과 그의 아들들을 추격하여 사울의 아들 (　　　)과 아비나답과 말기수아를 죽이니라〉는 (　　　)장 (　　　)절이다.

**51.** 〈사울이 자기의 (　　　)을 뽑아서 그 위에 엎드러지매 (　　　)를 든 자가 사울이 (　　　)을 보고 자기도 자기 (　　　) 위에 엎드러져 그와 함께 죽으니라〉는 (　　　)장 (　　　)절이다.

**52.** 〈(　　　)의 머리를 베고 그의 (　　　)을 벗기고 자기들의 신당과 (　　　)에게 알리기 위하여 그것을 (　　　) 사람들의 땅 사방에 보내고…그의 (　　　)는 벧산 성벽에 못 박으매〉는 (　　　)장 (　　　)절이다.

**53.** 〈길르앗 야베스 주민들이 (　　　) 사람들이 (　　　)에게 행한 일을 듣고 모든 (　　　)이 일어나 밤새도록 달려가서 (　　　)의 시체와 그의 아들들의 시체를 (　　　) 성벽에서 내려 가지고 (　　　)에 돌아가서 거기서 불사르고 그의 (　　　)를 가져다가 (　　　) 에셀 나무 아래에 장사하고 (　　　) 일 동안 금식하였더라〉는 (　　　)장 (　　　)절이다.

## 사무엘하

**54.** 〈사울과 그의 아들 (　　　)과 여호와의 백성과 이스라엘 족속

이 (　　　)에 죽음으로 말미암아 (　　　) 때까지 슬퍼하여 울며 (　　　)하니라〉는 (　　　)장 (　　　)절이다.

**55.** 다윗이 아말렉 소년을 죽인 이유가 무엇입니까?

**56.** 〈내 형 (　　　)이여 내가 그대를 (　　　)은 그대는 내게 심히 (　　　)이라 그대가 나를 (　　　)이 기이하여 여인의 (　　　)보다 더하였도다〉는 (　　　)장 (　　　)절이며, 나'는 누구입니까?

**57.** 〈유다 사람들이 와서 거기서 다윗에게 (　　　)을 부어 유다 족속의 (　　　)으로 삼았더라〉에서 '거기'는 어디입니까?

**58.** 이스보셋은 누구입니까?

**59.** 〈다윗이 (　　　)에서 유다 족속의 왕이 된 날 수는 (　　　) 년 (　　　) 개월이더라〉

**60.** 아사헬을 죽인 사람은 누구입니까?

**61.** 다윗이 헤브론에서 낳은 아들들의 이름을 쓰십시오.

**62.** 아브넬이 다윗을 만나러 올 때 우선 누구를 데려오라 하였습니까?

**63.** 다윗을 만나고 돌아가는 아브넬을 누가 왜 죽였습니까? (간단히)

**64.** 〈온 ( )과 온 이스라엘이 넬의 아들 ( )을 죽인 것이 ( )이 한 것이 아닌 줄을 아니라〉는 ( )장 ( )절이다.

**65.** 므비보셋은 누구입니까?

**66.** 사울의 아들 이스보셋의 머리를 베어 다윗에게 가져온 사람들은 누구이며 다윗은 그들을 어떻게 대우하였습니까?

**67.** 〈다윗이 나이가 ( ) 세에 왕위에 올라 ( ) 년 동안 다스렸으되 ( )에서 칠 년 육 개월 동안 유다를 다스렸고 ( )에서 삼십삼 년 동안 온 ( )과 유다를 다스렸더라〉는 ( )장 ( )절이다.

**68.** 〈다윗이 ( )께서 자기를 세우사 이스라엘 ( )으로 삼으신 것과 그의 백성 ( )을 위하여 그 나라를 ( ) 것을 알았더라〉는 ( )장 ( )절이다.

**69.** 솔로몬은 어디(도시 이름)에서 태어났습니까?

**70.** 〈다윗이 말하되 ( )께서 물을 흩음같이 내 ( ) 내 대적을 흩으셨다〉에서 '대적'은 누구입니까?

**71.** 〈여호와의 ( )가 가드 사람 오벧에돔의 집에 ( ) 달을 있었는데 ( )께서 오벧에돔과 그의 온 집에 ( )을 주시니라〉는 ( )장 ( )절이다.

**72.** 여호와의 궤(법궤)가 다윗 성으로 들어올 때에 다윗 왕이 여호와 앞에서 뛰놀며 춤추는 것을 보고 다윗을 업신여긴 사람은 누구입니까? 또 그가 받은 벌은 무엇입니까?

**73.** 다윗 왕 때에 선지자의 이름은 무엇입니까?

**74.** 〈그는 내 이름을 위하여 (　　　　)을 건축할 것이요 나는 그의 나라 (　　　　)를 영원히 견고하게 하리라〉에서 '그'는 누구입니까?

**75.** 〈네 집과 네 나라가 내 앞에서 (　　　　) 보전되고 네 왕위가 (　　　　)견고하리라〉는 (　　　　)장 (　　　　)절이다.

**76.** 〈주는 (　　　　)하시니 이는 우리 (　　　　)로 들은 대로는 (　　　　)와 같은 이가 없고 주 외에는 (　　　　)이 없음이니이다〉는 누가 한 말입니까?

**77.** 〈주 (　　　　)여 오직 주는 하나님이시며 주의 (　　　　)이 참되시니이다〉는 (　　　　)장 (　　　　)절이다.

**78.** 〈(　　　　)이 어디로 가든지 여호와께서 (　　　　) 하시니라〉는 (　　　　)장 (　　　　)절이다.

**79.** 다윗이 정복한 나라 이름들 다섯 나라만 쓰십시오.

**80.** 다윗 왕의 군사령관은 누구입니까?

**81.** 다윗이 왕궁으로 불러다가 은총을 베푼 요나단의 아들의 이름은 무엇입니까?

**82.** 〈너는 (           )하라 우리가 우리 백성과 우리 (           )의 성읍들을 위하여 (           )하자 여호와께서 선히 여기시는 대로 (           )하시기를 원하노라〉는 (           )장 (           )절이다.

**83.** 오늘 읽은 말씀 중 가장 좋아하는 성경 구절을 외워 쓰십시오.

# 12 구약(개역개정판) 성경대학문제

사무엘하 11-24장
열왕기상 1-11장

(　　　)년 (　　)월 (　　)일　　　이름 (　　　)

## 사무엘하

**1.** 〈다윗이 사람을 보내 그 (　　　)을 알아보게 하였더니 그가 아뢰되 그는 엘리암의 (　　　)이요 헷 사람 우리아의 아내 (　　　)가 아니니이까〉는 (　　　)장 (　　　)절이다.

**2.** 〈그 여인이 (　　　)하매 사람을 보내 (　　　)에게 말하여 이르되 내가 (　　　)하였나이다 하니라〉에서 '그 여인'은 누구입니까?

**3.** 〈(　　　)가 다윗에게 아뢰되 (　　　)와 이스라엘과 유다가 (　　　) 중에 있고 내 주 (　　　)과 내 왕의 부하들이 바깥 (　　　)에 진 치고 있거늘 내가 어찌 내 (　　　)으로 가서 먹고 마시고 내 (　　　)와 같이 자리이까〉

**4.** 〈너희가 (　　　)를 맹렬한 싸움에 앞세워 두고 너희는 (　　　) 물러가서 그로 맞아 (　　　) 하라〉는 누가 누구에게 써 보낸 편지입니까?

**5.** 〈(        ) 쏘는 자들이 성 위에서 (        )의 부하들을 향하여 쏘매 (        )의 부하 중 몇 사람이 죽고 왕의 종 헷 사람 (        )도 죽었나이다〉는 (        )장 (        )절이다.

**6.** 〈(        )이 전령에게 이르되 너는 (        )에게 이같이 말하기를 이 일로 (        )하지 말라 칼은 이 사람이나 저 사람이나 (        )느니라〉에서 '이 일'은 무엇입니까?

**7.** 〈그 장례를 마치매 (        )이 사람을 보내 그를 (        )으로 데려오니 그가 그의 (        )가 되어 그에게 (        )을 낳으니라 (        )이 행한 그 일이 여호와 보시기에 (        )하였더라〉에서 '그 장례'는 누구의 장례입니까?

**8.** 여호와께서는 다윗이 우리아의 아내를 취한 것을 어느 선지자를 통하여 꾸짖으셨습니까?

**9.** 〈이제 네가 나를 업신여기고 헷 사람 (        )의 아내를 빼앗아 네 아내로 삼았은즉 (        )이 네 집에서 영원토록 떠나지 아니하리라〉에서 '너'와 '나'는 누구입니까?

**10.** 〈(        )이 나단에게 이르되 내가 여호와께 (        )를 범하였노라 하매 나단이 (        )에게 말하되 여호와께서도 당신의 (        )를 사하셨나니 당신이 (        ) 아니하려니와 이 일로 말미암아 여호와의 (        )가 크게 비방할 거리를 얻게 하였으니 당신이 낳은 (        )가 반드시 죽으리이다〉는 (        )장 (        )절이다.

**11.** 〈(　　　　)이 그 아이를 위하여 하나님께 간구하되 (　　　　)이 금식하고 안에 들어가서 (　　　　)새도록 땅에 엎드렸으니 그 집의 (　　　　) 자들이 그 곁에 서서 (　　　　)을 땅에서 일으키려 하되 (　　　　)이 듣지 아니하고 그들과 더불어 (　　　　)지도 아니하더라〉

**12.** 〈아이가 살았을 때에 내가 (　　　　)하고 운 것은 혹시 (　　　　)께서 나를 불쌍히 여기사 아이를 (　　　　) 주실는지 누가 알까 생각함이거니와 (　　　　)은 죽었으니 내가 어찌 (　　　　)하랴 내가 다시 (　　　　)오게 할 수 있느냐 나는 (　　　　)에게로 가려니와 그는 내게로 (　　　　)오지 아니하리라〉

**13.** 솔로몬의 부모 이름을 쓰십시오.

**14.** 〈이제 왕은 그 백성의 남은 (　　　　)를 모아 그 성에 맞서 진 치고 이 성읍을 쳐서 (　　　　)하소서 내가 이 성읍을 (　　　　)하면 이 성읍이 내 (　　　　)으로 일컬음을 받을까 두려워하나이다〉에서 '이 성읍'은 어디이며, '나'는 누구입니까?

**15.** 〈(　　　　)은 암논이 그의 누이 다말을 (　　　　)되게 하였으므로 그를 (　　　　)하여 암논에 대하여 잘잘못을 (　　　　)이 말하지 아니하니라〉는 (　　　　)장 (　　　　)절이다.

**16.** 〈(　　　　)이 간청하매 왕이 (　　　　)과 왕의 모든 (　　　　)을 그와 함께 그에게 보내니라〉

**17.** 압살롬은 누구를 죽였으며, 어디로 도망갔습니까?

**18.** 〈여인이 이르되 청하건대 왕은 왕의 (　　　) 여호와를 기억하사 (　　　) 갚는 자가 더 죽이지 못하게 하옵소서 내 (　　　)을 죽일까 두렵나이다 하니 왕이 이르되 (　　　)께서 살아 계심을 두고 맹세하노니 네 (　　　)의 머리카락 하나도 땅에 떨어지지 아니하리라〉는 (　　　)장 (　　　)절이다.

**19.** 〈내 주 왕이여 종의 구함을 왕이 허락하시니〉는 누가 누구에게 한 말이며 〈종의 구함〉의 내용은 무엇입니까?

**20.** 〈온 이스라엘 가운데에서 (　　　)같이 아름다움으로 크게 (　　　)받는 자가 없었으니 그는 발바닥부터 (　　　)까지 흠이 없음이라〉

**21.** 〈(　　　)이 왕께 나아가서 그에게 아뢰매 왕이 (　　　)을 부르니 그가 왕께 나아가 그 앞에서 (　　　)을 땅에 대어 그에게 절하매 왕이 (　　　)과 입을 맞추니라〉는 (　　　)장 (　　　)절이다.

**22.** 〈왕께 (　　　)을 청하러 오는 자들마다 (　　　)의 행함이 이와 같아서 이스라엘 사람의 마음을 (　　　)이 훔치니라〉

**23.** 〈사 년 만에 (　　　)이 왕께 아뢰되 내가 (　　　)께 서원한 것이 있사오니 청하건대 내가 (　　　)에 가서 그 서원을 이루게 하소서〉

**24.** 〈(            )이 사람을 보내 다윗의 모사 길로 사람 (            )을 그의 성읍 길로에서 (            )하여 온지라 반역하는 일이 커가매 (            )에게로 돌아오는 백성이 많아지니라〉

**25.** 〈전령이 (            )에게 와서 말하되 이스라엘의 인심이 다 (            )에게로 돌아갔나이다〉는 (            )장 (            )절이다.

**26.** 다윗의 아들로 아버지를 반역한 사람은 누구입니까?

**27.** 〈(            )가 왕께 대답하여 이르되 (            )의 살아 계심과 내 주 (            )의 살아 계심으로 (            )하옵나니 진실로 내 주 (            )께서 어느 곳에 계시든지 (            ) 죽으나 종도 그곳에 있겠나이다〉는 (            )장 (            )절이다.

**28.** 〈온 땅 사람이 큰 소리로 (            ) 모든 백성이 앞서 건너가매 (            )도 기드론 시내를 건너가니 건너간 모든 백성이 (            ) 길로 향하니라〉는 (            )장 (            )절이다.

**29.** 〈왕이 (            )에게 이르되 보라 하나님의 (            )를 성읍으로 도로 메어 가라 만일 내가 (            ) 앞에서 은혜를 입으면 (            ) 나를 인도하사 내게 그 (            )와 그 계신 데를 보이시리라〉는 (            )장 (            )절이다.

**30.** 〈사독과 아비아달이 하나님의 (            )를 예루살렘으로 (            ) 메어다 놓고 거기 머물러 있으니라〉는 (            )장 (            )절이다.

**31.** 〈어떤 사람이 다윗에게 알리되 (        )과 함께 모반한 자들 가운데 (        )이 있나이다 하니 다윗이 이르되 여호와여 원하옵건대 (        )의 모략을 어리석게 하옵소서〉

**32.** 〈다윗의 친구 (        )가 곧 성읍으로 들어가고 (        )도 예루살렘으로 들어갔더라〉는 (        )장 (        )절이다.

**33.** 다윗 왕에게 돌을 던지며 저주한 사람은 누구입니까?

**34.** 〈(        )이 아비새와 모든 신하들에게 이르되 내 (        )에서 난 아들도 내 (        )을 해하려 하거든 하물며 이 (        ) 사람이랴 여호와께서 그에게 (        )하신 것이니 그가 (        )하게 버려두라〉는 (        )장 (        )절이다.

**35.** 〈여호와께서 나의 (        )을 감찰하시리니 오늘 그 (        ) 때문에 여호와께서 (        )으로 내게 갚아 주시리라〉는 (        )장 (        )절이다.

**36.** 〈내가 이제 누구를 섬기리이까 그의 (        )이 아니니이까 내가 전에 왕의 (        )를 섬긴 것같이 (        )을 섬기리이다〉에서 '나'와 '왕'은 각각 누구입니까?

**37.** 〈(        )이 또 압살롬에게 이르되 이제 내가 사람 (        ) 명을 택하게 하소서 (        ) 밤에 내가 일어나서 (        )의 뒤를 추적하여 그가 (        )하고 힘이 빠졌을 때에 (        )하여 그를 무섭게 하면 그와 (        ) 있는 모든 백성이 도망하리니 내가

(     ) 왕만 쳐죽이고〉는 (     )장 (     )절이다.

**38.** 〈(     )가 말하되 왕도 아시거니와 왕의 (     )와 그의 추종자들은 (     )라 그들은 들에 있는 (     )이 새끼를 빼앗긴 것같이 (     )하였고 왕의 부친은 (     )에 익숙한 사람인즉 백성과 함께 자지 아니하고〉는 (     )장 (     )절이다.

**39.** 압살롬은 아히도벨과 후새 두 사람 중 누구의 말을 들었습니까?

**40.** 〈(     )이 자기 계략이 시행되지 못함을 보고 (     )에 안장을 지우고 일어나 (     )으로 돌아가 자기 (     )에 이르러 집을 정리하고 스스로 (     )매어 죽으매 그의 조상의 (     )에 장사되니라〉는 (     )장 (     )절이다.

**41.** 〈(     )이 이르되 왕은 나가지 마소서 우리가 (     )할지라도 그들은 우리에게 (     )을 쓰지 아니할 터이요 우리가 (     )이나 죽을지라도 우리에게 (     )을 쓰지 아니할 터이라 왕은 우리 (     ) 명보다 중하시오니 왕은 (     )에 계시다가 우리를 도우심이 좋으니이다〉에서 '왕'은 누구입니까?

**42.** 〈왕이 (     )과 아비새와 잇대에게 (     )하여 이르되 나를 위하여 젊은 (     )을 너그러이 대우하라 하니 왕이 (     )을 위하여 모든 (     )에게 명령할 때에 (     )이 다 들으니라〉는 (     )장 (     )절이다.

**43.** 압살롬의 심장을 찌른 사람은 누구입니까?

**44.** 〈(　　　)의 아들 아히마아스가 이르되 (　　　)하건대 내가 빨리 (　　　)에게 가서 여호와께서 왕의 (　　　) 갚아 주신 소식을 전하게 하소서〉

**45.** 압살롬의 죽은 소식을 듣고 다윗의 태도는 어떠했습니까?

**46.** 〈왕께서 (　　　)하는 자는 사랑하시며 (　　　)하는 자는 미워하시고 오늘 (　　　)들과 부하들을 (　　　)하심을 나타내심이라 오늘 내가 깨달으니 만일 (　　　)이 살고 오늘 우리가 다 (　　　)더면 왕이 마땅히 여기실 뻔하였나이다〉는 (　　　)장 (　　　)절이다.

**47.** 〈우리가 (　　　)을 부어 우리를 다스리게 한 (　　　)은 싸움에서 죽었거늘 이제 너희가 어찌하여 왕을 (　　　) 모셔 올 일에 잠잠하고 있느냐〉에서 '왕'은 누구입니까?

**48.** 〈왕의 종 내가 (　　　)한 줄 아옵기에 오늘 (　　　)의 온 족속 중 내가 (　　　) 내려와서 내 주 왕을 영접하나이다〉는 누가 누구에게 한 말입니까?

**49.** 〈왕이 (　　　)에게 이르되 네가 (　　　) 아니하리라 하고 그에게 (　　　)하니라〉는 (　　　)장 (　　　)절이다.

**50.** 〈(　　　)이 왕께 아뢰되 내 주 왕께서 평안히 (　　　)에 돌아오시게 되었으니 그로 그 (　　　)를 차지하게 하옵소서〉에서 '그'는 누구입니까?

**51.** 다윗 왕이 〈내가 너를 공궤하리라-잘 대접하겠다〉고 하였는데 끝까지 사양한 사람의 이름을 쓰십시오.

**52.** 〈왕이 대답하되 ( )이 나와 함께 건너가리니 나는 네가 ( )하는 대로 그에게 베풀겠고 또 네가 내게 ( )하는 것은 다 너를 위하여 ( )하리라〉에서 '너'는 누구입니까?

**53.** 〈( )가 요압의 손에 있는 ( )은 주의하지 아니한지라 요압이 ( )로 그의 배를 찌르매 그의 ( )가 땅에 쏟아지니 그를 ( ) 치지 아니하여도 죽으니라〉는 ( )장 ( )절이다.

**54.** 〈나는 이스라엘의 ( )하고 충성된 자 중 하나이거늘 당신이 ( ) 가운데 어머니 같은 성을 ( )하고자 하시는도다 어찌하여 당신이 ( )의 기업을 삼키고자 하시나이까〉는 누가 누구에게 한 말입니까?

**55.** 요압이 아벨 성을 치려고 할 때 반역자 한 사람의 머리를 받고 그 성을 치지 않고 물러갔습니다. 누구의 머리입니까?

**56.** 〈다윗의 시대에 해를 거듭하여 ( ) 년 기근이 있으므로 다윗이 여호와 앞에 ( )하매 여호와께서 이르시되 이는 ( )과 피를 흘린 그의 ( )으로 말미암음이니 그가 ( ) 사람을 죽였음이니라〉는 ( )장 ( )절이다.

**57.** 〈그들이 왕께 아뢰되 우리를 ( )하였고 또 우리를 ( )

하여 이스라엘 영토 내에 머물지 못하게 하려고 ( )한 사람의 자손 ( ) 사람을 우리에게 내주소서 ( )께서 택하신 사울의 고을 ( )에서 우리가 그들을 여호와 앞에서 ( ) 매어 달겠나이다〉는 ( )장 ( )절이다.

**58.** 모성애를 발휘하여 다윗의 마음을 감동케 한 여인의 이름은 누구입니까?

**59.** 〈사울과 그의 아들 ( )의 뼈와 함께 베냐민 땅 ( )에서 그의 아버지 ( )의 묘에 장사하되 모두 ( )의 명령을 따라 행하니라 그 후에야 ( )이 그 땅을 위한 ( )를 들으시니라〉는 ( )장 ( )절이다.

**60.** 〈스루야의 아들 ( )가 다윗을 도와 그 ( ) 사람들을 쳐죽이니 그때에 ( )의 추종자들이 그에게 맹세하여 이르되 ( )은 다시 우리와 함께 ( )에 나가지 마옵소서 이스라엘의 ( )이 꺼지지 말게 하옵소서〉는 ( )장 ( )절이다.

**61.** 〈여호와는 나의 ( )이시요 나의 ( )시요 나를 위하여 나를 ( )시는 자시요〉라고 노래한 사람은 누구입니까?

**62.** 〈내가 ( ) 중에서 여호와께 아뢰며 나의 ( )께 아뢰었더니 그가 그의 성전에서 내 ( )를 들으심이여 나의 부르짖음이 그의 ( )에 들렸도다〉는 ( )장 ( )절이다.

**63.** 〈나를 강한 (          )와 미워하는 자에게서 (          )셨음이여 그 들은 나보다 (          )했기 때문이로다〉는 (          )장 (          )절 이다.

**64.** 〈(          )께서 내 공의를 따라 (          ) 주시며 내 손의 깨끗함을 따라 (          )셨으니〉

**65.** 〈주께서 (          )한 백성은 구원하시고 (          )한 자를 살피사 (          )시리이다 여호와여 주는 나의 (          )이시니 여호와께서 나의 (          )을 밝히시리이다〉는 (          )장 (          )절이다.

**66.** 〈하나님의 (          )는 완전하고 여호와의 말씀은 (          )하니 그는 자기에게 (          )하는 모든 자에게 방패시로다〉는 (          )장 (          )절이다.

**67.** 〈주께서 또 주의 (          )의 방패를 내게 주시며 주의 (          )함이 나를 크게 하셨나이다〉

**68.** 〈주께서 또 나를 내 백성의 (          )에서 건지시고 나를 (          )하사 모든 민족의 (          )으로 삼으셨으니 내가 알지 못하는 (          )이 나를 섬기리이다〉

**69.** 〈여호와께서 그의 왕에게 큰 (          )을 주시며 (          ) 부음 받은 자에게 (          )를 베푸심이여 영원하도록 (          )과 그 후손에게로다〉는 (          )장 (          )절이다.

**70.** 〈사람을 (        )로 다스리는 자, 하나님을 (        )함으로 다스리는 자여 그는 돋는 해의 (        ) 빛 같고 구름 없는 (        ) 같고 비 내린 후의 (        )으로 땅에서 움이 돋는 새 (        ) 같으니라〉는 (        )장 (        )절이다.

**71.** 〈세 용사가 (        ) 사람의 진영을 돌파하고 지나가서 (        ) 성문 곁 우물물을 길어 가지고 (        )에게로 왔으나 다윗이 (        )를 기뻐하지 아니하고 그 물을 (        )께 부어드리며〉는 (        )장 (        )절이다.

**72.** 〈(        )이 백성의 수를 왕께 보고하니 곧 (        )에서 칼을 빼는 담대한 자가 (        ) 명이요 유다 사람이 (        ) 명이었더라〉는 (        )장 (        )절이다.

**73.** 〈(        )이 백성을 조사한 후에 그의 (        )에 자책하고 (        )이 여호와께 아뢰되 내가 이 일을 행함으로 큰 (        )를 범하였나이다 (        )여 이제 간구하옵나니 종의 (        )를 사하여 주옵소서 내가 심히 (        )하게 행하였나이다〉는 (        )장 (        )절이다.

**74.** 다윗이 인구조사한 후에 받은 벌은 무엇입니까? 또 그 벌로 인해 죽은 사람은 몇 명입니까?

**75.** 〈다윗이 백성을 치는 (        )를 보고 곧 여호와께 아뢰어 이르되 나는 (        )하였고 악을 행하였거니와 이 (        ) 무리는 무엇을 행하였나이까 청하건대 (        )의 손으로 나와 내 아버지

의 (　　　　)을 치소서〉는 (　　　　)장 (　　　　)절이다.

**76.** 〈내가 (　　　　)을 주고 네게서 사리라 (　　　　) 없이는 내 하나님 여호와께 (　　　　)를 드리지 아니하리라 하고 다윗이 (　　　　) 오십 세겔로 타작마당과 (　　　　)를 사고 그곳에서 여호와를 위하여 (　　　　)을 쌓고 번제와 화목제를 드렸더니 이에 (　　　　)께서 그 땅을 위한 기도를 들으시매 이스라엘에게 내리는 (　　　　)이 그쳤더라〉는 (　　　　)장 (　　　　)절이다.

## 열왕기상

**77.** 〈이 (　　　　)는 심히 아름다워 그가 (　　　　)을 받들어 시중들었으나 (　　　　)이 잠자리는 같이하지 아니하였더라〉는 (　　　　)장 (　　　　)절이다.

**78.** 다윗의 허락도 없이 스스로 왕이 되고자 한 다윗의 아들은 누구입니까?

**79.** 〈당신은 (　　　　) 왕 앞에 들어가서 아뢰기를 내 (　　　　) 왕이여 전에 왕이 (　　　　)에게 맹세하여 이르시기를 네 아들 (　　　　)이 반드시 나를 이어 왕이 되어 내 (　　　　)에 앉으리라 하지 아니하셨나이까 그런데 (　　　　)가 무슨 이유로 왕이 되었나이까 하소서〉는 누가 누구에게 일러준 말입니까?

**80.** 〈내가 이전에 이스라엘의 (　　　　) 여호와를 가리켜 네게 맹세하여 이르기를 네 아들 (　　　　)이 반드시 나를 이어 (　　　　)

이 되고 나를 대신하여 내 (　　　)에 앉으리라 하였으니 내가 (　　　) 그대로 행하리라〉에서 '나'와 '너'는 누구입니까?

**81.** 〈(　　　)께서 내 주 왕과 함께 계심같이 (　　　)과 함께 계셔서 그의 왕위를 내 주 (　　　) 왕의 왕위보다 더 크게 하시기를 (　　　)하나이다〉는 (　　　)장 (　　　)절이다.

**82.** 다윗의 후계자로 정식으로 기름 부음을 받고 왕이 된 사람은 누구입니까?

**83.** 〈요나단이 (　　　)에게 대답하여 이르되 과연 우리 주 다윗 왕이 (　　　)을 왕으로 삼으셨나이다〉는 (　　　)장 (　　　)절이다.

**84.** 〈이스라엘의 (　　　) 여호와를 찬송하리로다 여호와께서 오늘 내 (　　　)에 앉을 자를 주사 내 (　　　)으로 보게 하셨도다〉에서 '나'는 누구입니까?

**85.** 〈(　　　)의 율법에 기록된 대로 지키라 그리하면 네가 (　　　)을 하든지 어디로 가든지 (　　　)할지라〉는 누가 누구에게 한 말입니까?

**86.** 〈(　　　)이 이스라엘 왕이 된 지 (　　　) 년이라 헤브론에서 (　　　) 년 동안 다스렸고 (　　　)에서 삼십삼 년 동안 다스렸더라〉는 (　　　)장 (　　　)절이다.

**87.** 〈여호와께서 (　　　)의 피를 그의 머리로 돌려보내실 것은 그

가 자기보다 (          )롭고 선한 두 사람을 쳤음이니 곧 (          ) 군사령관 넬의 아들 (          )과 유다 군사령관 예델의 아들 (          )를 칼로 죽였음이라〉는 (          )장 (          )절이다.

**88.** 〈(          )를 불러서 이르되 내가 너에게 (          )를 두고 맹세하게 하고 (          )하여 이르기를 너는 분명히 알라 네가 (          )으로 나가서 어디든지 가는 날에는 (          )을 당하리라 하지 아니하였느냐〉에서 '나'는 누구입니까?

**89.** 〈여호야다의 아들 (          )에게 명령하매 그가 나가서 (          )를 치니 그가 죽은지라 이에 나라가 (          )의 손에 견고하여지니라〉는 (          )장 (          )절이다.

**90.** 〈왕이 제사하러 (          )으로 가니 거기는 산당이 큼이라 (          )이 그 제단에 (          ) 번제를 드렸더니 기브온에서 밤에 (          )께서 솔로몬의 꿈에 나타나시니라 (          )이 이르시되 내가 네게 무엇을 줄꼬 너는 (          )하라〉는 (          )장 (          )절이다.

**91.** 〈솔로몬이 이것을 구하매 그 말씀이 주의 (          )에 든지라〉에서 '이것'은 무엇입니까?

**92.** 〈자기를 위하여 (          )하기를 구하지 아니하며 (          )도 구하지 아니하며 자기 (          )의 생명을 멸하기도 구하지 아니하고 오직 (          )를 듣고 분별하는 (          )를 구하였으니〉는 (          )장 (          )절이다.

**93.** 〈내가 네 말대로 하여 네게 (          )롭고 총명한 마음을 주노니 네 (          )에도 너와 같은 자가 없었거니와 네 (          )에도 너와 같은 자가 (          )이 없으리라〉는 (          )장 (          )절이다.

**94.** 〈내가 또 네가 구하지 아니한 (          )와 영광도 네게 주노니 네 (          )에 왕들 중에 너와 같은 자가 (          ) 것이라〉는 (          )장 (          )절이다.

**95.** 〈왕이 이르되 (          ) 아이를 둘로 나누어 (          )은 이 여자에게 주고 (          )은 저 여자에게 주라 그 (          ) 아들의 어머니 되는 여자가 그 (          )을 위하여 마음이 불붙는 것 같아서 (          )께 아뢰어 청하건대 내 주여 (          ) 아이를 그에게 주시고 아무쪼록 (          )이지 마옵소서 하되 다른 여자는 말하기를 (          ) 것도 되게 말고 (          ) 것도 되게 말고 (          ) 하라 하는지라 왕이 대답하여 이르되 (          ) 아이를 저 여자에게 주고 결코 (          ) 말라 저가 그의 (          )이니라〉는 (          )장 (          )절이다.

**96.** 솔로몬 왕의 군대장관 이름과 왕의 벗이 된 사람의 이름은 누구입니까?

**97.** 〈솔로몬의 하루의 (          )은 가는 밀가루가 (          ) 고르(섬)요 굵은 밀가루가 (          ) 고르(섬)요 살진 소가 (          ) 마리요 초장의 소가 (          ) 마리요 양이 (          ) 마리이며 그 외에 수사슴과 노루와 암사슴과 살진 (          )들이었더라〉는 (          )장 (          )절이다.

**98.** 〈하나님이 (        )에게 지혜와 (        )을 심히 많이 주시고 또 넓은 (        )을 주시되 바닷가의 (        ) 같이 하시니 (        )의 지혜가 동쪽 모든 사람의 (        )와 애굽의 모든 (        )보다 뛰어난지라〉는 (        )장 (        )절이다.

**99.** 〈그가 잠언 (        ) 가지를 말하였고 그의 노래는 (        ) 편이며 그가 또 초목에 대하여 말하되 레바논의 (        )으로부터 담에 나는 (        )까지 하고 그가 또 짐승과 (        )와 기어다니는 것과 (        )에 대하여 말한지라〉는 (        )장 (        )절이다.

**100.** 〈사람들이 (        )의 지혜를 들으러 왔으니 이는 그의 (        )의 소문을 들은 천하 모든 (        )이 보낸 자들이더라〉는 (        )장 (        )절이다.

**101.** 〈내 (        ) 여호와께서 내게 사방의 (        )을 주시매 원수도 없고 (        )도 없도다〉에서 '나'는 누구입니까?

**102.** 〈네 아들 그가 내 이름을 위하여 성전을 건축하리라〉에서 '너'와 '아들'과 '나'는 각각 누구입니까?

**103.** 〈솔로몬의 모든 원대로 (        ) 재목과 잣나무 재목을 주매 솔로몬이 (        )에게 그의 궁정의 음식물로 (        ) 이만 고르(섬)와 맑은 기름 이십 고르(섬)를 주고 (        )마다 그와 같이 주었더라〉는 (        )장 (        )절이다.

**104.** 〈솔로몬이 그들을 (　　　) 달에 만 명씩 번갈아 (　　　)으로 보내매 그들이 (　　　) 달은 레바논에 있고 (　　　) 달은 집에 있으며〉

**105.** 〈솔로몬에게 또 짐꾼이 (　　　) 명이요 산에서 돌을 뜨는 자가 (　　　) 명이며 이 외에 그 사역을 (　　　)하는 관리가 (　　　) 명이라〉는 (　　　)장 (　　　)절이다.

**106.** 〈이스라엘 자손이 (　　　) 땅에서 나온 지 (　　　) 년이요 솔로몬이 이스라엘 왕이 된 지 (　　　) 년 시브월 곧 둘째 달에 (　　　)이 여호와를 위하여 (　　　) 건축하기를 시작하였더라〉는 (　　　)장 (　　　)절이다.

**107.** 〈(　　　) 왕이 여호와를 위하여 건축한 (　　　)은 길이가 육십 규빗이요 (　　　)가 이십 규빗이요 높이가 삼십 규빗이며〉를 m로 환산하십시오. (1규빗은 46cm)

**108.** 〈네가 지금 이 (　　　)을 건축하니 네가 만일 내 (　　　)를 따르며 내 율례를 행하며 내 모든 (　　　)을 지켜 그대로 행하면 내가 네 아버지 (　　　)에게 한 말을 네게 확실히 (　　　) 것이요 내가 또한 이스라엘 자손 (　　　)에 거하며 내 백성 (　　　)을 버리지 아니하리라〉는 (　　　)장 (　　　)절이다.

**109.** 〈여호와의 (　　　)를 두기 위하여 성전 안에 (　　　)를 마련하였는데 그 (　　　)의 안은 길이가 이십 규빗이요 (　　　)가 이십 규빗이요 높이가 이십 규빗이라 (　　　)으로 입혔고 백향

목 제단에도 입혔더라〉

**110.** 〈솔로몬이 ( ) 년 동안 성전을 건축하였더라〉는 ( ) 장 ( )절이다.

**111.** 〈솔로몬이 자기의 왕궁을 ( ) 년 동안 건축하여 그 전부를 ( )하니라〉는 ( )장 ( )절이다.

**112.** 성전의 주랑 앞에 세운 두 기둥의 이름은 무엇입니까?

**113.** 〈솔로몬 왕이 여호와의 ( )을 위하여 만드는 ( ) 일을 마친지라 이에 솔로몬이 그의 아버지 ( )이 드린 물건 곧 은과 ( )과 기구들을 가져다가 여호와의 ( ) 곳간에 두었더라〉는 ( )장 ( )절이다.

**114.** '성전의 내소인 지성소 그룹들의 날개 아래'에 무엇을 두었습니까?

**115.** 〈너는 그 ( )을 건축하지 못할 것이요 네 몸에서 낳을 네 ( ) 그가 내 이름을 위하여 ( )을 건축하리라〉에서 '너'는 누구입니까?

**116.** 솔로몬의 기도 내용은 ( )장 22-( )절까지이다.

**117.** 〈하나님이 참으로 ( )에 거하시리이까 하늘과 하늘들의 ( )이라도 주를 ( )하지 못하겠거든 하물며 내가 건축

한 이 (            )이오리이까〉

**118.** 〈내 (            ) 여호와여 주의 종의 기도와 (            )를 돌아보시며 이 종이 오늘 (            ) 앞에서 부르짖음과 비는 (            )를 들으시옵소서〉는 (            )장 (            )절이다.

**119.** 〈각 사람의 (            )을 아시오니  그들의 모든 (            )대로 행하사 갚으시옵소서 주만 홀로 사람의 (            )을 다 아심이니이다〉

**120.** 〈원하건대 주는 (            )을 들어 종의 간구함과 주의 백성 (            )의 간구함을 보시고 (            )께 부르짖는 대로 들으시옵소서〉

**121.** 〈솔로몬이 화목제의 (            )제물을 드렸으니 곧 여호와께 드린 소가 (            ) 이천 마리요 양이 (            ) 마리라〉는 (            )장 (            )절이다.

**122.** 〈네 (            )와 네가 내 앞에서 (            )한 바를 내가 들었은즉 나는 네가 건축한 이 (            )을 거룩하게 구별하여 내 (            )을 영원히 그곳에 두며 내 눈길과 내 (            )이 항상 거기에 있으리니〉는 (            )장 (            )절이다.

**123.** 〈(            )이 두 집 곧 여호와의 성전과 왕궁을 (            ) 년 만에 건축하기를 마치고〉는 (            )장 (            )절이다.

**124.** 〈갈릴리 땅의 성읍 (            ) 곳을 히람에게 주었으니 이는

(　　　) 왕 히람이 솔로몬에게 그 온갖 (　　　)대로 백향목과 잣나무와 (　　　)을 제공하였음이라〉

**125.** 〈(　　　)에게 일을 감독하는 우두머리 (　　　) 명이 있어 일하는 (　　　)을 다스렸더라〉는 (　　　)장 (　　　)절이다.

**126.** 솔로몬의 지혜를 듣고 찾아왔던 여왕은 어느 나라 여왕입니까?

**127.** 〈(　　　)되도다 당신의 사람들이여 (　　　)되도다 당신의 이 신하들이여 (　　　) 당신 앞에 서서 당신의 (　　　)를 들음이로다〉는 누가 누구에게 한 말입니까?

**128.** 〈여호와께서 (　　　) 이스라엘을 사랑하시므로 당신을 세워 (　　　)으로 삼아 정의와 (　　　)를 행하게 하셨도다〉는 (　　　)장 (　　　)절이다.

**129.** 솔로몬의 1년 세입금은 금 666 달란트라 하였습니다. 당시 금 1 달란트의 무게는 34.3kg에 해당됩니다. 666 금 달란트는 금 약 몇 kg입니까? 그리고 한국 돈으로 대략 얼마인가요?

(참고: 금 1kg 값은 약 52,000,000원)

**130.** 〈(　　　) 왕이 마시는 그릇은 다 (　　　)이요 레바논 나무 궁의 그릇들도 다 (　　　)이라〉는 (　　　)장 (　　　)절이다.

**131.** 〈(　　　)이 예루살렘에서 은을 (　　　) 같이 흔하게 하고 백향목을 평지의 (　　　) 같이 많게 하였더라〉

**132.** 〈왕은 후궁이 (　　　　) 명이요 첩이 (　　　　) 명이라 그의 여인들이 왕의 (　　　　)을 돌아서게 하였더라〉에서 '왕'은 누구입니까?

**133.** 솔로몬이 타락하게 된 결정적인 이유 한 가지만 쓰십시오

**134.** 〈네가 내 (　　　　)과 내가 네게 명령한 (　　　　)를 지키지 아니하였으니 내가 반드시 이 (　　　　)를 네게서 빼앗아 네 (　　　　)에게 주리라〉는 (　　　　)장 (　　　　)절이다.

**135.** 〈에돔 사람 (　　　　)을 일으켜 솔로몬의 (　　　　)이 되게 하시니〉

**136.** 〈(　　　　)이 수리아 왕이 되어 이스라엘을 (　　　　)하고 미워하였더라〉

**137.** 〈이스라엘의 (　　　　) 여호와의 말씀이 내가 이 (　　　　)를 솔로몬의 손에서 찢어 빼앗아 (　　　　) 지파를 네게 주고 오직 내 종 (　　　　)을 위하고 이스라엘 모든 지파 중에서 택한 성읍 (　　　　)을 위하여 (　　　　) 지파를 솔로몬에게 주리니〉는 (　　　　)장 (　　　　)절이다.

**138.** 〈네가 만일 내가 (　　　　)한 모든 일에 순종하고 내 (　　　　)로 행하며 내 눈에 합당한 일을 하며 내 종 (　　　　)이 행함같이 내 율례와 (　　　　)을 지키면 내가 너와 함께 있어 내가 (　　　　)을 위하여 세운 것같이 너를 위하여 견고한 (　　　　)을 세우고 이스

라엘을 네게 주리라〉에서 '너'는 누구입니까?

**139.** 〈(　　　　)이 여로보암을 죽이려 하매 여로보암이 일어나 (　　　　)으로 도망하여 (　　　　) 왕 시삭에게 이르러 (　　　　)이 죽기까지 (　　　　)에 있으니라〉는 (　　　　)장 (　　　　)절이다.

**140.** 〈(　　　　)이 예루살렘에서 온 이스라엘을 다스린 날 수가 (　　　　) 년이라 (　　　　)이 그의 조상들과 함께 자매 그의 아버지 (　　　　)의 성읍에 장사되고 그의 아들 (　　　　)이 대신하여 왕이 되니라〉는 (　　　　)장 (　　　　)절이다.

**141.** 오늘 읽은 말씀 중 가장 좋아하는 성경 구절을 외워 쓰십시오.

# 13 구약(개역개정판) 성경대학문제

열왕기상 12-22장
열왕기하 1-14장

(　　　)년 (　　)월 (　　)일　　　이름(　　　　)

## 열왕기상

1. 〈왕의 (　　　)가 우리의 (　　　)를 무겁게 하였으나 왕은 이제 왕의 (　　　)가 우리에게 시킨 (　　　)과 메운 무거운 (　　　)를 가볍게 하소서 그리하시면 우리가 (　　　)을 섬기겠나이다〉는 (　　　)장 (　　　)절이다.

2. 〈(　　　)이 만일 오늘 이 백성을 (　　　)는 자가 되어 그들을 (　　　)고 좋은 말로 대답하여 이르시면 그들이 (　　　) 왕의 종이 되리이다〉는 누가 한 말입니까?

3. 〈내 아버지는 너희의 (　　　)를 무겁게 하였으나 나는 너희의 (　　　)를 더욱 무겁게 할지라〉에서 '나'와 '너희'는 누구입니까?

4. 〈온 이스라엘이 (　　　)이 돌아왔다 함을 듣고 사람을 보내 그를 (　　　)로 청하여 온 이스라엘의 (　　　)으로 삼았으니 (　　　) 지파 외에는 다윗의 집을 따르는 자가 없으니라〉는

(　　　)장 (　　　)절이다.

5. 〈이에 계획하고 두 금(　　　)를 만들고 무리에게 말하기를 너희가 다시는 (　　　)에 올라갈 것이 없도다 이스라엘아 이는 너희를 (　　　) 땅에서 인도하여 올린 너희의 (　　　)이라〉는 (　　　)장 (　　　)절이다.

6. 〈두 송아지를 만들고〉 그것들을 각각 어디에 두었습니까?

7. 〈그를 향하여 편 (　　　)이 말라 다시 거두지 못하며〉에서 '그'는 누구이며 '손'은 누구의 손입니까?

8. 〈사자가 길에서 그를 만나 물어 죽이매〉에서 '그'는 누구이며 왜 죽였습니까?

9. 〈누구든지 자원하면 그 사람을 산당의 (　　　)으로 삼았으므로〉에서 누가 제사장을 함부로 세웠으며, 그 죄로 인해 받은 벌은 무엇입니까?

10. 〈나라를 (　　　)의 집에서 찢어내어 네게 주었거늘 너는 내 종 (　　　)이 내 명령을 지켜 (　　　)으로 나를 따르며 나 보기에 (　　　)한 일만 행하였음과 같지 아니하고 네 (　　　) 사람들보다도 더 (　　　)을 행하고 가서 너를 위하여 다른 (　　　)을 만들며 (　　　)을 부어 만들어 나를 노엽게 하고 나를 네 (　　　) 뒤에 버렸도다〉는 (　　　)장 (　　　)절이다.

**11.** 〈그러므로 내가 (      )의 집에 재앙을 내려 (      )에게 속한 사내는 이스라엘 가운데 (      ) 자나 놓인 자나 다 (      ) 버리되 거름 더미를 쓸어 버림 같이 (      )의 집을 말갛게 쓸어버릴지라〉

**12.** 〈여호와께서 (      )의 죄로 말미암아 이스라엘을 (      )시리니 이는 그도 범죄하고 이스라엘로 (      )하게 하였음이니라〉는 (      )장 (      )절이다.

**13.** 〈그 땅에 또 (      )하는 자가 있었고 여호와께서 (      ) 자손 앞에서 쫓아내신 (      )의 모든 가증한 일을 무리가 (      ) 행하였더라〉

**14.** 〈르호보암 왕 제오년에 (      )의 왕 시삭이 올라와서 (      )을 치고 여호와의 성전의 (      )과 왕궁의 보물을 모두 빼앗고 또 (      )이 만든 금 방패를 다 빼앗은지라〉는 (      )장 (      )절이다.

**15.** 〈다윗이 헷 사람 (      )의 일 외에는 평생에 여호와 보시기에 (      )하게 행하고 자기에게 (      )하신 모든 일을 어기지 아니하였음이라〉는 (      )장 (      )절이다.

**16.** 〈아사가 그의 조상 (      ) 같이 여호와 보시기에 (      )하게 행하여 (      )하는 자를 그 땅에서 쫓아내고 그의 (      )이 지은 모든 우상을 없애고 또 그의 (      ) 마아가가 혐오스러운 (      ) 상을 만들었으므로 (      )의 위를 폐하고 그 (      )

을 찍어 기드론 시냇가에서 (　　　)살랐으나〉는 (　　　)장 (　　　)절이다.

**17.** 나답과 바아사는 각각 누구의 아들입니까?

**18.** 〈왕이 될 때에 (　　　)의 온 집을 쳐서 생명 있는 자를 (　　　) 사람도 남기지 아니하고 다 (　　　)하였는데 여호와께서 그의 종 실로 사람 (　　　)를 통하여 하신 말씀과 같이 되었으니〉에서 '왕'은 누구입니까?

**19.** 〈여호와의 (　　　)이 하나니의 아들 선지자 (　　　)에게도 임하사 (　　　)와 그의 집을 꾸짖으심은 그가 (　　　)의 집과 같이 여호와 보시기에 모든 (　　　)을 행하며 그의 손의 (　　　)로 여호와를 노엽게 하였음이며 또 그의 (　　　)을 쳤음이더라〉

**20.** 〈칠일 동안 왕이 되니라〉는 누구를 말하며 그가 어떻게 죽었습니까?

**21.** 이스라엘 왕 아합의 아버지와 아내 이름을 쓰십시오.

**22.** 〈내가 까마귀들에게 명령하여 거기서 너를 먹이게 하리라〉에서 '나'와 '너'는 누구이며, 까마귀가 무엇을 가져왔습니까?

**23.** 〈여호와께서 (　　　)를 통하여 하신 말씀 같이 통의 (　　　)가 떨어지지 아니하고 병의 (　　　)이 없어지지 아니하니라〉

**24.** 〈보라 네 아들이 살아났느니라〉는 누가 누구에게 한 말입니까?

**25.** 〈많은 날이 지나고 (          )에 여호와의 말씀이 (          )에게 임하여 이르시되 너는 가서 (          )에게 보이라 내가 (          )를 지면에 내리리라〉는 (          )장 (          )절이다.

**26.** 〈이세벨이 여호와의 (          )을 멸할 때에 오바댜가 선지자 (          ) 명을 가지고 오십 명씩 굴에 숨기고 (          )과 물을 먹였더라〉

**27.** 〈당신의 종은 어려서부터 여호와를 (          )하는 자라〉에서 '당신'과 '종'은 각각 누구를 말합니까?

**28.** 〈(          )의 선지자 사백오십 명과 (          )의 선지자 사백 명을 (          ) 산으로 모아 내게로 나아오게 하소서〉는 누가 누구에게 한 말입니까?

**29.** 〈너희는 너희 (          )의 이름을 부르라 나는 (          )의 이름을 부르리니 이에 (          )로 응답하는 신 그가 (          )이니라 백성이 다 대답하되 그 말이 (          ) 하니라〉

**30.** 〈(          )여 내게 응답하옵소서 내게 (          )하옵소서 이 백성에게 주 (          )는 하나님이신 것과 주는 그들의 (          )을 되돌이키심을 알게 하옵소서〉

**31.** 〈이에 여호와의 (          )이 내려서 번제물과 나무와 (          )과

흙을 태우고 또 (　　　)의 물을 핥은지라 모든 백성이 (　　　) 엎드려 말하되 여호와 그는 (　　　)이시로다〉

**32.** 〈엘리야가 그들에게 이르되 (　　　)의 선지자를 잡되 그들 중 (　　　) 도망하지 못하게 하라 하매 곧 잡은지라 (　　　)가 그들을 기손 시내로 내려다가 거기서 (　　　)이니라〉

**33.** 〈엘리야가 (　　　)에게 이르되 올라가서 (　　　) 마시소서 큰 (　　　) 소리가 있나이다〉

**34.** 〈조금 후에 (　　　)과 바람이 일어나서 (　　　)이 캄캄해지며 큰 (　　　)가 내리는지라 (　　　)이 마차를 타고 이스르엘로 가니 (　　　)의 능력이 엘리야에게 임하매 그가 (　　　)를 동이고 이스르엘로 들어가는 곳까지 (　　　) 앞에서 달려갔더라〉는 (　　　)장 (　　　)절이다.

**35.** 〈여호와여 넉넉하오니 지금 내 생명을 거두시옵소서〉는 누가 어디에서 한 말입니까?

**36.** 엘리야가 세미한 소리 가운데 여호와를 만난 산 이름은 무엇입니까?

**37.** 〈(　　　)에게 기름을 부어 너를 대신하여 (　　　)가 되게 하라〉에서 '너'는 누구입니까?

**38.** 〈내가 이스라엘 가운데에 칠천 명을 남기리니〉는 누가 누구에게

한 말입니까? 또 칠천 명은 어떤 사람들입니까?

**39.** 〈(　　　)가 그를 떠나 돌아가서 한 겨릿 (　　　)를 가져다가 잡고 (　　　)의 기구를 불살라 그 (　　　)를 삶아 백성에게 주어 먹게 하고 일어나 (　　　)를 따르며 수종 들었더라〉

**40.** 〈네 (　　　)은 내 것이요 네 (　　　)과 네 자녀들의 아름다운 자도 내 것이니라〉에서 '너'와 '나'는 각각 누구입니까?

**41.** 〈모든 (　　　)와 백성들이 다 왕께 아뢰되 왕은 (　　　) 말고 허락하지도 마옵소서〉에서 '왕'은 누구입니까?

**42.** 〈한 (　　　)가 이스라엘의 (　　　) 왕에게 나아가서 이르되 (　　　)의 말씀이 네가 이 큰 (　　　)를 보느냐 내가 오늘 그들을 네 (　　　)에 넘기리니 너는 내가 (　　　)인 줄을 알리라〉는 (　　　)장 (　　　)절이다.

**43.** 〈그 선지자가 이스라엘 (　　　)에게 나아가 이르되 (　　　)은 가서 힘을 기르고 (　　　)께서 행할 일을 알고 (　　　)하소서 해가 바뀌면 아람 왕이 (　　　)을 치러 오리이다〉

**44.** 〈이스라엘 자손이 하루에 아람 보병 (　　　) 명을 죽이매 그 남은 자는 (　　　)으로 도망하여 성읍으로 들어갔더니 그 (　　　)이 남은 자 이만 칠천 명 위에 무너지고 (　　　)은 도망하여 성읍에 이르러 (　　　)으로 들어가니라〉

**45.** 〈내 아버지께서 당신의 아버지에게서 빼앗은 모든 (　　　　)을 내가 돌려보내리이다〉는 누가 누구에게 한 말입니까?

**46.** 〈그가 (　　　　)께 아뢰되 여호와의 말씀이 내가 (　　　　)하기로 작정한 사람을 네 (　　　　)으로 놓았은즉 네 (　　　　)은 그의 목숨을 대신하고 네 (　　　　)은 그의 백성을 대신하리라 하셨나이다〉는 (　　　　)장 (　　　　)절이다.

**47.** 〈나봇이 (　　　　)에게 말하되 내 조상의 (　　　　)을 왕에게 주기를 여호와께서 (　　　　)하실지로다〉는 (　　　　)장 (　　　　)절이다.

**48.** 〈그의 아내 (　　　　)이 그에게 이르되 왕이 지금 (　　　　) 나라를 다스리시나이까 일어나 (　　　　)를 하시고 (　　　　)을 즐겁게 하소서 내가 이스르엘 사람 (　　　　)의 포도원을 왕께 드리리이다〉는 (　　　　)장 (　　　　)절이다.

**49.** 〈(　　　　) 두 사람을 그의 앞에 (　　　　) 앉히고 그에게 대하여 (　　　　)하기를 네가 하나님과 왕을 (　　　　)하였다 하게 하고 곧 그를 끌고 나가서 (　　　　)로 쳐죽이라〉

**50.** 〈이세벨이 (　　　　)이 돌에 맞아 죽었다 함을 듣고 이세벨이 (　　　　)에게 이르되 일어나 그 이스르엘 사람 (　　　　)이 돈으로 바꾸어 주기를 싫어하던 (　　　　)의 포도원을 차지하소서 (　　　　)이 살아 있지 아니하고 죽었나이다〉

**51.** 〈여호와의 말씀이 개들이 (　　　　)의 피를 핥은 곳에서 개들이 네

(　　　) 곧 네 몸의 피도 핥으리라〉는 누가 누구에게 전한 말입니까?

**52.** 〈내가 (　　　)을 네게 내려 너를 (　　　) 버리되 네게 속한 남자는 (　　　) 가운데에 매인 자나 놓인 자를 다 (　　　)할 것이요〉에서 '나'와 '너'는 각각 누구입니까?

**53.** 〈(　　　)에게 대하여도 여호와께서 말씀하여 이르시되 (　　　)이 이스르엘 성읍 곁에서 (　　　)을 먹을지라〉

**54.** 〈예로부터 (　　　)과 같이 그 자신을 팔아 여호와 앞에서 (　　　)을 행한 자가 없음은 그를 그의 아내 (　　　)이 충동하였음이라〉

**55.** 〈아합이 내 앞에서 (　　　)함을 네가 보느냐 그가 내 앞에서 겸비하므로 내가 (　　　)을 저의 시대에는 내리지 아니하고 그 (　　　)의 시대에야 그의 집에 (　　　)을 내리리라〉에서 '나'와 '너'는 각각 누구입니까?

**56.** 〈온 이스라엘이 (　　　) 없는 양같이 산에 흩어졌는데 (　　　)의 말씀이 이 무리에게 (　　　)이 없으니 각각 평안히 자기의 (　　　)으로 돌아갈 것이니라〉는 (　　　)장 (　　　)절이다.

**57.** 〈이 놈을 (　　　)에 가두고 내가 (　　　) 돌아올 때까지 고생의 (　　　)과 고생의 물을 먹이라〉에서 '이 놈'과 '나'는 각각 누구입니까?

**58.** 〈(　　　　)가 이르되 왕이 참으로 (　　　　) 돌아오시게 될진대 여호와께서 나를 통하여 (　　　　)하지 아니하셨으리이다〉는 (　　　　)장 (　　　　)절이다.

**59.** 〈(　　　　) 왕이 그의 병거의 지휘관 (　　　　) 명에게 명령하여 이르기를 너희는 (　　　　) 자나 큰 자와 더불어 (　　　　) 말고 오직 이스라엘 (　　　　)과 싸우라〉

**60.** 〈이날에 (　　　　)이 맹렬하였으므로 (　　　　)이 병거 가운데에 붙들려 서서 (　　　　) 사람을 막다가 저녁에 이르러 (　　　　)는데 상처의 피가 흘러 (　　　　) 바닥에 고였더라〉

**61.** 〈그 (　　　　)를 사마리아 못에서 씻으매 (　　　　)이 그의 피를 핥았으니 여호와께서 하신 (　　　　)과 같이 되었더라〉는 (　　　　)장 (　　　　)절이다.

**62.** 〈그가 그의 아버지 (　　　　)의 시대에 남아 있던 (　　　　)하는 자들을 그 땅에서 쫓아내었더라〉에서 '그'는 누구입니까?

**63.** 〈(　　　　)을 섬겨 그에게 예배하여 (　　　　)의 하나님 여호와를 (　　　　)하시게 하기를 그의 아버지의 온갖 (　　　　) 같이 하였더라〉에서 '그의 아버지'는 누구입니까?

**64.** 〈네가 올라간 침상에서 내려오지 못할지라 네가 반드시 죽으리라〉는 누가 누구에게 한 말이며, 너는 누구이며, 왜 죽었습니까?

**65.** 〈왕이 (　　　　)가 전한 여호와의 말씀대로 (　　　　) 그가 아들이 없으므로 (　　　　)이 그를 대신하여 왕이 되니〉는 (　　　　)장 (　　　　)절이다.

**66.** 〈(　　　　)께서 살아 계심과 당신의 (　　　　)이 살아 있음을 두고 맹세하노니 내가 당신을 (　　　　) 아니하겠나이다〉는 누가 누구에게 한 말입니까?

**67.** 〈(　　　　)가 겉옷을 가지고 말아 물을 치매 (　　　　)이 이리저리 갈라지고 두 사람이 (　　　　) 땅 위로 건너더라〉에서 이 광경을 목격한 사람들은 적어도 몇 명입니까? 그리고 갈라진 강의 이름은 무엇입니까?

**68.** 〈당신의 (　　　　)이 하시는 역사가 (　　　　)이나 내게 있게 하소서〉에서 '당신'과 '나' 는 각각 누구입니까?

**69.** 〈두 사람이 길을 가며 말하더니 (　　　　)와 불말들이 두 사람을 갈라놓고 (　　　　)가 회오리 바람으로 (　　　　)로 올라가더라〉는 (　　　　)장 (　　　　)절이다.

**70.** 〈엘리사가 보고 소리 지르되 내 (　　　　)여 내 아버지여 이스라엘

의 (            )와 그 마병이여 하더니 다시 보이지 아니하는지라〉는 (            )장 (            )절이다.

**71.** 엘리야처럼 육신으로 승천한 사람들은 누구누구입니까?

(참고: 창세기 5장, 사도행전 1장)

**72.** 〈(            )의 몸에서 떨어진 그의 (            )을 가지고 물을 치며 이르되 (            )의 하나님 여호와는 어디 계시니이까 하고 그도 (            )을 치매 물이 이리저리 갈라지고 (            )가 건너니라〉는 (            )장 (            )절이다.

**73.** 〈그가 여호와 보시기에 (            )을 행하였으나 그의 (            )와 같이 하지는 아니하였으니 이는 그가 그의 (            )가 만든 바알의 (            )을 없이하였음이라〉에서 '그'는 누구이며 그의 부모는 누구입니까?

**74.** 〈(            )가 이르되 내가 섬기는 만군의 (            )께서 살아 계심을 두고 (            )하노니 내가 만일 유다의 왕 (            )의 얼굴을 봄이 아니면 그 앞에서 당신을 (            )하지도 아니하고 보지도 아니하였으리이다〉에서 '당신'은 누구입니까?

**75.** 〈자기 (            )를 이어 왕이 될 (            )을 데려와 성 위에서 (            )를 드린지라 이스라엘에게 크게 (            )이 임하매〉에서 '자기'는 누구입니까?

**76.** 〈너는 네 (            ) 아들과 함께 들어가서 (            )을 닫고 그 모

든 그릇에 (          )을 부어서 차는 대로 옮겨 놓으라〉는 (          )장 (          )절이다.

**77.** 〈그가 이르되 너는 가서 (          )을 팔아 빚을 갚고 남은 것으로 너와 네 두 (          )이 생활하라〉에서 '그'와 '너'는 누구입니까?

**78.** 〈우리가 그를 위하여 작은 (          )을 담 위에 만들고 (          )과 책상과 의자와 촛대를 두사이다〉에서 '우리'와 '그'는 각각 누구입니까?

**79.** 〈여인이 과연 (          )하여 한 해가 지나 이때쯤에 (          )가 여인에게 말한 대로 (          )을 낳았더라〉는 (          )장 (          )절이다.

**80.** 〈아이의 (          )가 이르되 여호와께서 (          ) 계심과 당신의 (          )이 살아 계심을 두고 (          )하노니 내가 당신을 떠나지 아니하리이다 (          )가 이에 일어나 여인을 따라가니라〉

**81.** 수넴 여인의 죽은 아들을 기도하여 살린 사람은 누구입니까?

**82.** 보리떡 20개로 100명이 먹고 남는 기적을 여호와께서 누구를 통해서 일하셨습니까?

**83.** 〈아람 왕의 군대 장관 (          )은 그의 주인 앞에서 크고 (          )한 자니 이는 여호와께서 전에 그에게 (          )을 구원하게 하셨음이라 그는 큰 용사이나 (          )더라〉는 (          )장

(　　　　)절이다.

**84.** 〈그의 여주인에게 이르되 우리 (　　　　)이 사마리아에 계신 (　　　　) 앞에 계셨으면 좋겠나이다 그가 그 (　　　　)을 고치리이다〉는 (　　　　)장 (　　　　)절이다.

**85.** 〈(　　　　)이 이에 내려가서 하나님의 사람의 말대로 요단 강에 (　　　　) 번 몸을 잠그니 그의 살이 (　　　　)의 살같이 회복되어 깨끗하게 되었더라〉에서 '하나님의 사람'은 누구입니까?

**86.** 〈(　　　　)이 모든 군대와 함께 (　　　　)의 사람에게로 도로 와서 그의 (　　　　) 서서 이르되 내가 이제 (　　　　) 외에는 온 천하에 (　　　　)이 없는 줄을 아나이다 청하건대 당신의 종에게서 (　　　　)을 받으소서〉

**87.** 〈이르되 내가 섬기는 (　　　　)께서 살아 계심을 두고 (　　　　)하노니 내가 그 앞에서 (　　　　) 아니하리라 하였더라 (　　　　)이 받으라고 강권하되 그가 (　　　　)하니라〉는 (　　　　)장 (　　　　)절이다.

**88.** 엘리사 몰래 나아만으로부터 옷 두 벌과 두 달란트를 받았다가 나아만이 걸렸던 나병이 발한 엘리사의 종은 누구입니까?

**89.** 〈(　　　　) 빠졌느냐 하매 그곳을 보이는지라 엘리사가 (　　　　)를 베어 물에 던져 (　　　　)를 떠오르게 하고〉는 (　　　　)장 (　　　　)절이다.

**90.** 〈오직 이스라엘 선지자 (　　　　)가 왕이 침실에서 하신 (　　　　)을 이스라엘의 왕에게 고하나이다〉는 누가 누구에게 한 말입니까?

**91.** 〈여호와께서 그 청년의 (　　　　)을 여시매 그가 보니 (　　　　)과 불병거가 산에 가득하여 (　　　　)를 둘렀더라〉에서 '그 청년'은 누구입니까?

**92.** 〈(　　　　) 사람이 엘리사에게 내려오매 (　　　　)가 여호와께 기도하여 이르되 원하건대 저 무리의 (　　　　)을 어둡게 하옵소서 하매 (　　　　)의 말대로 그들의 (　　　　)을 어둡게 하신지라〉는 (　　　　)장 (　　　　)절이다.

**93.** 〈치지 마소서 (　　　　)과 활로 사로잡은 자인들 어찌 치리이까 (　　　　)과 물을 그들 앞에 두어 먹고 마시게 하고 그들의 (　　　　)에게로 돌려보내소서〉에서 '그들'은 누구입니까?

**94.** 〈(　　　　) 사람이 사마리아를 에워싸므로 (　　　　)이 크게 주려서 나귀 머리 하나에 (　　　　) 팔십 세겔이요〉

**95.** 〈우리가 드디어 내 (　　　　)을 삶아 먹었더니 (　　　　) 내가 그 여인에게 이르되 네 (　　　　)을 내놓아라 우리가 먹으리라 하나 그가 그의 (　　　　)을 숨겼나이다〉는 누가 누구에게 한 말입니까?

**96.** 〈(　　　　)이 그 친구에게 서로 말하되 우리가 (　　　　) 해서는 아니되겠도다 오늘은 (　　　　) 소식이 있는 날이거늘 우리가 (　　　　)하고 있도다 만일 밝은 아침까지 기다리면 (　　　　)이 우

리에게 미칠지니 이제 떠나 (　　　　)에 가서 알리자〉는 (　　　　)장 (　　　　)절이다.

**97.** 〈우리가 (　　　　) 진에 이르러서 보니 거기에 (　　　　) 사람도 없고 사람의 (　　　　)도 없고 오직 말과 (　　　　)만 매여 있고 (　　　　)이 그대로 있더이다〉는 누가 누구에게 한 말입니까?

**98.** 〈내 주 왕이여 이는 그 (　　　　)이요 저는 그의 아들이니 곧 (　　　　)가 다시 살린 자니이다〉는 누가 한 말입니까?

**99.** 〈아합의 딸이 그의 아내가 되었음이라〉에서 '아합의 딸'의 이름은 무엇이며 또 그녀는 누구의 아내가 되었습니까?

**100.** 〈여호와께서 그의 종 (　　　　)을 위하여 유다 멸하기를 (　　　　)하지 아니하셨으니 이는 그와 그의 (　　　　)에게 항상 (　　　　)을 주겠다고 말씀하셨음이더라〉

**101.** 〈(　　　　)가 왕이 될 때에 나이가 (　　　　) 세라 예루살렘에서 (　　　　) 년을 통치하니라 그의 어머니의 이름은 (　　　　)라 이스라엘 왕 (　　　　)의 손녀더라〉는 (　　　　)장 (　　　　)절이다.

**102.** 〈(　　　　)가 일어나 집으로 들어가니 청년이 그의 (　　　　)에 기름을 부으며 그에게 이르되 (　　　　) 하나님 여호와의 말씀이 내가 네게 (　　　　)을 부어 여호와의 백성 곧 이스라엘의 (　　　　)으로 삼노니〉는 (　　　　)장 (　　　　)절이다.

**103.** 예후가 죽인 이스라엘 왕과 유다 왕의 이름을 쓰십시오.

**104.** 〈그를 (          )던지라 하니 내려던지매 그의 (          )가 담과 말에게 튀더라 (          )가 그의 시체를 밟으니라〉에서 '그'는 누구입니까?

**105.** 〈그들이 왕자 (          ) 명을 붙잡아 죽이고 그들의 머리를 (          )에 담아 이스르엘 (          )에게로 보내니라〉에서 '왕자'의 아버지는 누구입니까?

**106.** 〈예후가 (          )의 집에 속한 이스르엘에 남아 있는 자를 (          ) 죽이고 또 그의 (          )들과 신뢰받는 자들과 (          )들을 죽이되 그에게 속한 자를 (          ) 생존자를 남기지 아니하였더라〉

**107.** 〈사마리아에 이르러 거기에 남아 있는 바 (          )에게 속한 자들을 죽여 (          )하였으니 여호와께서 (          )에게 이르신 말씀과 같이 되었더라〉는 (          )장 (          )절이다.

**108.** 〈여호와께서 (          )에게 이르시되 네가 나 보기에 (          )한 일을 행하되 잘 행하여 내 (          )에 있는 대로 (          ) 집에 다 행하였은즉 네 (          )이 이스라엘 왕위를 이어 (          )를 지내리라〉는 (          )장 (          )절이다.

**109.** 〈아하시야의 어머니 (          )가 그의 아들이 죽은 것을 보고 일어나 (          )의 자손을 모두 멸절하였으나 (          ) 왕의 딸

아하시야의 누이 (            )가 아하시야의 아들 (            )를 왕자들이 죽임을 (            )하는 중에서 빼내어 그와 그의 유모를 (            )에 숨겨 아달랴를 피하여 (            )을 당하지 아니하게 한지라〉는 (            )장 (            )절이다.

**110.** 〈(            )가 왕자를 인도하여 내어 (            )을 씌우며 율법책을 주고 기름을 부어 (            )으로 삼으매 무리가 박수하며 (            )의 만세를 부르니라〉는 (            )장 (            )절이다.

**111.** 〈온 백성이 (            )하고 온 성이 평온하더라 (            )를 무리가 왕궁에서 (            )로 죽였더라 요아스가 (            )이 될 때에 나이가 (            ) 세였더라〉

**112.** 〈(            )는 제사장 여호야다가 그를 (            )하는 모든 날 동안에는 여호와 보시기에 (            ) 행하였으되 다만 (            )을 제거하지 아니하였으므로 백성이 여전히 (            )에서 제사하며 분향하였더라〉는 (            )장 (            )절이다.

**113.** 〈(            )의 신복들이 일어나 (            )하여 실라로 내려가는 길가의 (            ) 궁에서 그를 죽였고…그는 (            ) 성에 그의 조상들과 함께 장사되고 그의 아들 (            )가 그를 대신하여 (            )이 되니라〉는 (            )장 (            )절이다.

**114.** 〈내 아버지여 이스라엘의 (            )와 마병이여〉는 누가 누구에게 한 말입니까?

**115.** 〈마침 사람을 (          )하는 자들이 그 도적 떼를 보고 그의 (          )를 엘리사의 묘실에 들이던지매 (          )가 엘리사의 뼈에 닿자 곧 (          )하여 일어섰더라〉는 (          )장 (          )절이다.

**116.** 〈왕을 죽인 자의 (          )은 죽이지 아니하였으니 이는 모세의 (          )에 기록된 대로 함이라 곧 (          )께서 명령하여 이르시기를 (          )로 말미암아 아버지를 죽이지 말 것이요 (          )로 말미암아 자녀를 (          )이지 말 것이라 오직 사람마다 자기의 (          )로 말미암아 죽을 것이니라〉는 (          )장 (          )절이다.

**117.** 〈예루살렘에서 무리가 그를 (          )한 고로 그가 라기스로 도망하였더니 (          )한 무리가 사람을 라기스로 따라 보내 그를 거기서 (          )이게 하고 그 시체를 말에 실어다가 (          )에서 그의 조상들과 함께 (          ) 성에 장사하니라〉에서 '그'는 누구입니까?

**118.** 오늘 읽은 말씀 중 가장 좋아하는 성경 구절을 외워 쓰십시오.

# 14 구약(개역개정판) 성경대학문제

열왕기하 15-25장
역대상 1-14장

( )년 ( )월 ( )일 이름 ( )

## 열왕기하

**1.** 예루살렘에서 52년 동안 치리한 왕과 그의 부모 이름은 무엇입니까?

**2.** 〈( )가 그의 아버지 아마샤의 모든 ( )대로 여호와 보시기에 ( ) 행하였으나 오직 ( )은 제거하지 아니하였으므로 ( )이 여전히 그 산당에서 제사를 드리며 ( )하였고 여호와께서 ( )을 치셨으므로 그가 죽는 날까지 ( )가 되어 별궁에 거하고〉는 ( )장 ( )절이다.

**3.** 〈야베스의 아들 ( )이 그를 반역하여 백성 앞에서 ( ) 죽이고 대신하여 ( )이 되니라〉에서 '그'는 누구입니까?

**4.** 〈그 장관 르말랴의 아들 ( )가 반역하여 사마리아 ( ) 호위소에서 왕과 아르곱과 아리에를 죽이되 길르앗 사람 ( ) 명과 더불어 죽이고 대신하여 ( )이 되었더라〉에서 '왕'은 누

구입니까?

**5.** 〈(　　　)의 아들 요담 제이십 년에 엘라의 아들 (　　　)가 반역하여 르말랴의 아들 (　　　)를 쳐서 죽이고 대신하여 (　　　)이 되니라〉는 (　　　)장 (　　　)절이다.

**6.** 〈아람 왕과 (　　　) 왕이 나를 치니 청하건대 올라와 그 손에서 나를 (　　　)하소서〉는 누가 누구에게 한 말입니까?

**7.** 〈(　　　)가 여호와의 성전과 왕궁 곳간에 있는 (　　　)을 내어다가 앗수르 왕에게 (　　　)로 보냈더니 앗수르 왕이 그 (　　　)을 듣고 곧 올라와서 (　　　)을 쳐서 점령하여 그 (　　　)을 사로잡아 기르로 옮기고 또 (　　　)을 죽였더라〉는 (　　　)장 (　　　)절이다.

**8.** 〈그가 (　　　)의 왕 소에게 사자들을 보내고 (　　　)마다 하던 대로 앗수르 왕에게 (　　　)을 드리지 아니하매 앗수르 왕이 (　　　)가 배반함을 보고 그를 (　　　)에 감금하여 두고 앗수르 왕이 올라와 그 (　　　) 땅에 두루 다니고 (　　　)로 올라와 그 곳을 (　　　) 년간 에워쌌더라〉는 (　　　)장 (　　　)절이다.

**9.** 〈너희는 돌이켜 너희 (　　　)한 길에서 떠나 나의 (　　　)과 율례를 지키되 내가 너희 (　　　)에게 명령하고 또 내 종 (　　　)을 통하여 너희에게 전한 모든 (　　　)대로 행하라〉는 (　　　)장 (　　　)절이다.

**10.** 〈(　　　　)께서 이스라엘에게 심히 (　　　　)하사 그들을 그의 앞에서 (　　　　)하시니 오직 (　　　　) 지파 외에는 남은 자가 없으니라〉

**11.** 여호와께서 그의 종 모든 (　　　　)를 통하여 하신 말씀대로 드디어 (　　　　)을 그 앞에서 내쫓으신지라 (　　　　)이 고향에서 앗수르에 (　　　　)잡혀 가서 오늘까지 이르렀더라〉

**12.** 앗수르 왕이 사마리아에 이방민족을 옮겨 놓았습니다. 어느 지역 사람들입니까? 지역 이름 두 곳만 쓰십시오.

**13.** 이스라엘은 어느 나라에 망했으며 그때의 왕은 누구입니까?

**14.** 〈이와 같이 그들이 여호와도 (　　　　)하고 또한 어디서부터 옮겨 왔든지 그 (　　　　)의 풍속대로 자기의 (　　　　)도 섬겼더라〉에서 '그들'은 누구입니까?

**15.** 〈오직 너희 하나님 여호와만을 (　　　　)하라 그가 너희를 모든 (　　　　)의 손에서 건져내리라 하셨으나 그러나 그들이 (　　　　) 아니하고 오히려 이전 (　　　　)대로 행하였느니라〉는 (　　　　)장 (　　　　)절이다.

**16.** 히스기야가 유다의 왕이 되어서 하나님 보시기에 잘한 일 두 가지만 쓰십시오.

**17.** 〈여호와께서 그와 함께하시매 그가 어디로 가든지 (　　　　)하였더라〉에서 '그'는 누구를 말합니까?

**18.** 〈청하건대 (          ) 말로 당신의 종들에게 말씀하시고 성 위에 있는 (          )이 듣는 데서 (          ) 말로 우리에게 말씀하지 마옵소서〉에서 '당신'은 누구입니까?

**19.** 〈내가 한 (          )을 그의 속에 두어 그로 (          )을 듣고 그의 (          )으로 돌아가게 하고 또 그의 (          )에서 그에게 (          )에 죽게 하리라〉에서 '나'와 '그'는 누구입니까?

**20.** 〈히스기야가 (          )하여 이르되 (          ) 위에 계신 이스라엘의 (          ) 여호와여 주는 천하 만국에 홀로 (          )이시라 주께서 (          )를 만드셨나이다〉는 (          )장 (          )절이다.

**21.** 〈(          ) 족속 중에서 피하고 (          ) 자는 다시 아래로 (          )를 내리고 위로 (          )를 맺을지라〉는 (          )장 (          )절이다.

**22.** 〈내가 나와 나의 종 (          )을 위하여 이 성을 보호하여 (          )하리라〉

**23.** 〈이 밤에 여호와의 (          )가 나와서 앗수르 진영에서 군사 (          ) 오천 명을 친지라 아침에 일찍이 일어나 보니 다 (          )이 되었더라〉는 (          )장 (          )절이다.

**24.** 그 후 앗수르 왕 산헤립은 어떻게 되었습니까?

**25.** 유다 왕 히스기야 시대에 활동했던 선지자의 이름을 쓰십시오.

26. 〈히스기야가 (　　　　)을 벽으로 향하고 여호와께 (　　　　)하여 이르되 여호와여 구하오니 내가 (　　　　)과 전심으로 주 앞에 행하며 (　　　　)께서 보시기에 선하게 행한 것을 (　　　　)하옵소서 하고 히스기야가 심히 (　　　　)하더라〉는 (　　　　)장 (　　　　)절이다.

27. 〈내가 네 (　　　　)를 들었고 네 (　　　　)을 보았노라 내가 너를 (　　　　)게 하리니 네가 (　　　　)일 만에 여호와의 (　　　　)에 올라가겠고 내가 네 날에 (　　　　) 년을 더할 것이며〉에서 '나'와 '너'는 각각 누구입니까?

28. 하나님께서 히스기야의 병을 낫게 하신다는 징조를 보여주셨습니다. 그 징조가 무엇입니까?

29. 바벨론 왕의 사자가 왔을 때, 히스기야 왕의 실책과 그로 인해 받게 될 벌은 무엇입니까? 간단히 쓰십시오.

30. 히스기야는 선한 왕입니다. 그 아들의 이름은 무엇이며 그도 선한 왕입니까? 그는 유다 나라를 몇 년간 다스렸습니까?

31. 〈므낫세가 유다에게 (　　　　)하게 하여 여호와께서 보시기에 (　　　　)을 행한 것 외에도 또 무죄한 자의 (　　　　)를 심히 많이 흘려 (　　　　) 이 끝에서 저 끝까지 가득하게 하였더라〉는 (　　　　)장 (　　　　)절이다.

32. 요시야 왕과 히스기야 왕과의 관계는? 요시야는 하나님께서 보시

기에 선한 왕입니까? 악한 왕입니까?

**33.** 〈내가 여호와의 성전에서 (　　　　)을 발견하였노라〉에서 '나'는 누구입니까?

**34.** 〈우리 조상들이 이 (　　　　)의 말씀을 듣지 아니하며 이 (　　　　)에 우리를 위하여 기록된 (　　　　) 것을 행하지 아니하였으므로 (　　　　)께서 우리에게 내리신 (　　　　)가 크도다〉는 (　　　　)장 (　　　　)절이다.

**35.** 〈왕이 단 위에 서서 여호와 앞에서 (　　　　)을 세우되 마음을 다하고 (　　　　)을 다하여 여호와께 (　　　　)하고 그의 계명과 법도와 율례를 지켜 이 (　　　　)에 기록된 이 (　　　　)의 말씀을 이루게 하리라 하매 백성이 다 그 (　　　　)을 따르기로 하니라〉에서 '왕'은 누구입니까?

**36.** 〈이스라엘에게 (　　　　)하게 한 느밧의 아들 여로보암이 (　　　　)에 세운 제단과 산당을 (　　　　)이 헐고 또 그 산당을 불사르고 빻아서 (　　　　)를 만들며 또 (　　　　) 목상을 불살랐더라〉

**37.** 〈(　　　　)가 이스라엘을 다스리던 시대부터 (　　　　) 여러 왕의 시대와 (　　　　) 여러 왕의 시대에 이렇게 (　　　　)을 지킨 일이 없었더니 (　　　　) 왕 열여덟째 해에 예루살렘에서 여호와 앞에 이 (　　　　)을 지켰더라〉는 (　　　　)장 (　　　　)절이다.

**38.** 〈(　　　　)와 같이 마음을 다하며 (　　　　)을 다하며 힘을 다하여

(        )의 모든 율법을 따라 여호와께로 돌이킨 왕은 (        ) 전에도 없었고 후에도 그와 같은 자가 없었더라〉는 (        )장 (        )절이다.

**39.** 〈(        ) 당시에 애굽의 왕 바로 느고가 (        ) 왕을 치고자 하여 유브라데 강으로 올라가므로 (        ) 왕이 맞서 나갔더니 애굽 왕이 (        )를 므깃도에서 만났을 때에 (        )지라〉는 (        )장 (        )절이다.

**40.** 요시야 왕의 아들로 왕이 된 세 사람은 누구입니까?(23장과 24장을 잘 읽어야 합니다)

**41.** 〈그가 (        )한 자의 피를 흘려 그의 피가 (        )에 가득하게 하였음이라 여호와께서 (        )하시기를 즐겨하지 아니하시니라〉에서 '그'는 누구입니까?

**42.** 〈그가 여호와의 (        )의 모든 보물과 왕궁 (        )을 집어내고 또 이스라엘의 왕 (        )이 만든 것 곧 여호와의 성전의 (        ) 그릇을 다 파괴하였으니 여호와의 (        )과 같이 되었더라〉에서 '그'는 누구입니까?

**43.** 〈(        ) 왕이 또 여호야긴의 숙부 (        )를 대신하여 왕으로 삼고 그의 이름을 고쳐 (        )라 하였더라〉는 (        )장 (        )절이다.

**44.** 〈그들이 시드기야의 아들들을 그의 (        )에서 죽이고 시드기

야의 두 (　　　　)을 빼고 놋사슬로 그를 결박하여 (　　　　)으로 끌고 갔더라〉는 (　　　　)장 (　　　　)절이다.

**45.** 〈바벨론 왕의 (　　　　) 시위대장 느부사라단이 예루살렘에 이르러 여호와의 (　　　　)과 왕궁을 불사르고 예루살렘의 (　　　　) 집을 귀인의 집까지 불살랐으며〉는 (　　　　)장 (　　　　)절이다.

**46.** 〈시위대장이 그 땅의 (　　　　)한 자를 남겨 두어 (　　　　)을 다스리는 자와 (　　　　)가 되게 하였더라〉

**47.** 〈(　　　　) 땅에 머물러 있는 백성은 곧 (　　　　) 왕 느부갓네살이 남긴 자라 (　　　　)이 사반의 손자 아히감의 아들 (　　　　)가 관할하게 하였더라〉

**48.** 〈(　　　　)가 그들과 그를 따르는 (　　　　)에게 맹세하여 이르되 너희는 (　　　　)인을 섬기기를 두려워하지 말고 이 땅에 살며 (　　　　) 왕을 섬기라 그리하면 너희가 (　　　　)하리라〉는 (　　　　)장 (　　　　)절이다.

**49.** 여호야긴은 대략 몇 살 때 감옥에서 석방되었습니까? (참고: 24:8, 25:27 여호야긴은 생존해서 다윗의 혈통을 이은 사람입니다.)

**50.** 〈그가 쓸 것은 (　　　　) 왕에게서 받는 양이 있어서 (　　　　)토록 끊이지 아니하였더라〉에서 '그'와 '왕'은 각각 이름이 무엇입니까?

51. 야벳의 자손 두 사람의 이름을 쓰십시오.

52. 함의 자손 두 사람의 이름을 쓰십시오.

53. 셈의 자손 두 사람의 이름을 쓰십시오.

54. 아브라함의 두 아들의 이름을 쓰십시오.

55. 이스마엘의 아들은 몇 명이었습니까? 장자와 막내 이름은 무엇입니까?

56. 미디안의 부모 이름은 무엇입니까?

57. 이삭의 아들의 이름을 쓰십시오.

58. 이스라엘의 아들은 모두 몇 명입니까?

59. 이새의 맏아들 이름과 막내 아들 이름을 쓰십시오.

60. 스루야는 다윗과는 어떤 관계이며, 그의 세 아들의 이름을 쓰십시오.

61. 다윗 왕의 아들들은 성경에 기록된 사람만 몇 명입니까? 헤브론에서 낳은 아들과 예루살렘에서 낳은 아들의 이름을 각각 세 명씩

쓰십시오.

62. 유다의 아들 중 두 사람의 이름을 쓰십시오.

63. 〈야베스가 이스라엘 (        )께 아뢰어 이르되 (        )께서 내게 (        )을 주시려거든 나의 (        )을 넓히시고 주의 (        )으로 나를 도우사 나로 (        )을 벗어나 내게 (        )이 없게 하옵소서 하였더니 하나님이 그가 (        )하는 것을 허락하셨더라〉는 (        )장 (        )절이다.

64. 이스라엘의 장자 르우벤의 장자 명분이 누구에게 돌아갔습니까? 왜 그랬습니까?

65. 레위의 아들들의 이름을 쓰십시오.

66. 아므람의 자녀들의 이름을 쓰십시오.

67. 아론의 아들들의 이름을 쓰십시오.

68. 여호수아는 어느 지파 사람입니까?

69. 사울(왕)의 아버지의 이름과 아들들의 이름을 쓰십시오.

70. 유다 백성이 왜 바벨론으로 사로잡혀 가게 되었습니까?

71. 〈그들은 하나님의 (        )을 맡은 직분이 있으므로 (        ) 주

위에서 밤을 지내며 (          )마다 문을 여는 책임이 그들에게 있었더라〉는 (          )장 (          )절이다.

**72.** 〈사울이 죽은 것은 여호와께 (          )하였기 때문이라〉는 (          )장 (          )절이다.

**73.** 〈여호와께서 그를 죽이시고 그 나라를 이새의 아들 (          )에게 넘겨 주셨더라〉에서 '그'는 누구입니까?

**74.** 〈만군의 여호와께서 (          ) 계시니 다윗이 점점 (          )하여 가니라〉는 (          )장 (          )절이다.

**75.** 〈그가 그 (          ) 가운데에 서서 그 밭을 보호하여 (          ) 사람들을 죽였으니 여호와께서 큰 (          )으로 구원하심이었더라〉에서 '그'는 누구입니까?

**76.** 〈여호야다의 아들 (          )는 용감한 사람이라 그가 (          ) 아리엘의 아들 둘을 죽였고 또 눈 올 때에 (          )에 내려가서 (          ) 한 마리를 죽였으며〉

**77.** 다윗이 시위대장으로 삼은 사람은 누구입니까?

**78.** 〈만일 너희가 (          )로이 내게 와서 나를 돕고자 하면 내 (          )이 너희 마음과 (          )가 되려니와 만일 너희가 나를 속여 내 (          )에게 넘기고자 하면 내 손에 (          )이 없으니 우리 조상들의 (          )이 감찰하시고 (          )하시기를 원하노라〉

79. 〈당신도 (　　　)하고 당신을 돕는 자에게도 (　　　)이 있을지니 이는 당신의 (　　　)이 당신을 (　　　)심이니이다〉는 누가 누구에게 한 말입니까?

80. 〈그때에 사람이 날마다 (　　　)에게로 돌아와서 돕고자 하매 큰 (　　　)를 이루어 하나님의 (　　　)와 같았더라〉는 (　　　)장 (　　　)절이다.

81. 〈우리가 우리 하나님의 (　　　)를 우리에게로 옮겨오자〉는 누가 한 말입니까?

82. 〈하나님의 (　　　)가 오벧에돔의 집에서 그의 (　　　)과 함께 (　　　) 달을 있으니라 (　　　) 께서 오벧에돔의 (　　　)과 그의 모든 소유에 (　　　)을 내리셨더라〉는 (　　　)장 (　　　)절이다.

83. 〈다윗이 여호와께서 자기를 (　　　)의 왕으로 삼으신 줄을 깨달았으니 이는 그의 백성 (　　　)을 위하여 그의 나라가 (　　　) 들림을 받았음을 앎이었더라〉

84. 〈뽕나무 꼭대기에서 (　　　) 걷는 소리가 들리거든 곧 나가서 싸우라 너보다 (　　　)이 앞서 나아가서 (　　　) 사람들의 군대를 치리라〉

85. 〈다윗의 (　　　)이 온 세상에 퍼졌고 (　　　)께서 모든 이방 (　　　)으로 그를 두려워하게 하셨더라〉는 (　　　)장 (　　　)

절이다.

**86.** 오늘 읽은 말씀 중 가장 좋아하는 성경 구절을 외워 쓰십시오.

# 15 구약(개역개정판) 성경대학문제

역대상 15-29장
역대하 1-10장

(　　　)년 (　　)월 (　　)일　　　이름 (　　　)

## 역대상

**1.** 〈다윗이 이르되 (　　　) 사람 외에는 하나님의 (　　　)를 멜 수 없나니 이는 (　　　)께서 그들을 택하사 여호와의 (　　　)를 메고 여원히 그를 (　　　)기게 하셨음이라〉는 (　　　)장 (　　　)절이다.

**2.** 〈전에는 너희가 (　　　) 아니하였으므로 우리 하나님 (　　　)께서 우리를 (　　　)으셨으니 이는 우리가 (　　　)대로 그에게 구하지 아니하였음이라〉

**3.** 〈노래하는 자 (　　　)과 (　　　)과 에단은 놋제금을 크게 치는 자요〉

**4.** 〈하나님이 여호와의 (　　　)를 멘 레위 사람들을 (　　　)셨으므로 무리가 수송아지 (　　　) 마리와 숫양 일곱 마리로 (　　　)를 드렸더라〉

5. 〈여호와여 (    )가 다윗 성으로 들어올 때에 사울의 딸 (    )이 창으로 내다보다가 (    ) 왕이 춤추며 뛰노는 것을 보고 그 (    )에 업신여겼더라〉는 (    )장 (    )절이다.

6. 〈너희는 여호와께 (    )하며 그의 이름을 불러 아뢰며 그가 (    )하신 일을 만민 중에 (    )지어다〉

7. 〈나의 (    ) 부은 자에게 (    )을 대지 말며 나의 선지자를 (    )하지 말라〉

8. 〈온 땅이여 (    )께 노래하며 그의 구원을 날마다 (    )할지어다〉

9. 〈만국의 모든 (    )은 헛것이나 여호와께서는 (    )을 지으셨도다〉

10. 〈여호와의 (    )에 합당한 영광을 그에게 돌릴지어다 (    )을 들고 그 앞에 들어갈지어다 (    ) 거룩한 것으로 여호와께 (    )할지어다〉

11. 〈여호와께 (    )하라 그는 (    )하시며 그 (    )하심이 영원함이로다〉는 (    )장 (    )절이다.

12. 〈항상 (    ) 저녁으로 번제단 위에 여호와께 (    )를 드리되 여호와의 (    )에 기록하여 이스라엘에게 (    )하신 대로 다 준행하게 하였고〉는 (    )장 (    )절이다.

**13.** 〈나단이 (          )에게 이르되 하나님이 왕과 (          ) 계시니 마음에 있는 바를 (          ) 행하소서〉는 (          )장 (          )절이다.

**14.** 〈내가 너를 목장 곧 (          ) 떼를 따라다니던 데에서 데려다가 내 (          ) 이스라엘의 (          )로 삼고 네가 어디로 가든지 내가 너와 (          ) 있어 네 모든 (          )을 네 앞에서 멸하였은즉 세상에서 (          )한 자들의 이름 같은 (          )을 네게 만들어 주리라〉에서 '나'와 '너'는 각각 누구입니까?

**15.** 〈네 (          )의 연한이 차서 네가 (          )에게로 돌아가면 내가 네 뒤에 네 (          ) 곧 네 (          ) 중 하나를 세우고 그 나라를 (          )하게 하리니 그는 나를 위하여 (          )을 건축할 것이요 나는 그의 (          )를 영원히 견고하게 하리라〉

**16.** 〈여호와여 우리 (          )로 들은 대로는 주와 같은 이가 없고 주 외에는 (          )이 없나이다〉는 누가 한 말입니까?

**17.** 〈여호와여 주께서 (          )을 주셨사오니 이 (          )을 영원히 누리리이다〉는 (          )장 (          )절이다.

**18.** 〈다윗이 (          ) 아람에 수비대를 두매 (          ) 사람이 다윗의 종이 되어 (          )을 바치니라 다윗이 어디로 가든지 (          )께서 이기게 하시니라〉는 (          )장 (          )절이다.

**19.** 〈스루야의 아들 (          )가 소금 골짜기에서 에돔 사람 (          ) 팔천 명을 쳐죽인지라〉

**20.** 〈다윗이 온 (          )을 다스려 모든 백성에게 정의와 (          )를 행할새 스루야의 아들 (          )은 군대사령관이 되고 아힐룻의 아들 (          )은 행정장관이 되고 아히둡의 아들 (          )과 아비아달의 아들 (          )은 제사장이 되고〉는 (          )장 (          )절이다.

**21.** 〈여호야다의 아들 (          )는 그렛 사람과 블렛 사람을 다스리고 (          )의 아들들은 왕을 모시는 사람들의 (          )가 되니라〉는 (          )장 (          )절이다.

**22.** 역대상 19장에서 이스라엘이 싸워 물리친 두 나라 이름을 쓰십시오.

**23.** 〈하눈이 이에 (          )의 신하들을 잡아 그들의 (          )을 깎고 그 의복을 (          ) 중간까지 자르고 돌려보내매〉에서 '하눈'은 누구입니까?

**24.** 〈하닷에셀의 부하들이 자기가 (          ) 앞에서 패하였음을 보고 (          )과 더불어 화친하여 섬기고 그 후로는 (          ) 사람이 암몬 자손을 (          )를 원하지 아니하였더라〉

**25.** 〈다윗이 그 왕의 머리에서 (          ) 있는 왕관을 빼앗아 중량을 달아보니 (          ) 한 달란트라 그들의 왕관을 자기 (          )에 쓰니라〉에서 '그 왕'은 어느 나라 왕입니까?

**26.** 〈(          )의 키 큰 자의 소생이라도 (          )의 손과 그 신하의

손에 (        ) 죽었더라〉

**27.** 〈(        )이 일어나 이스라엘을 대적하고 (        )을 충동하여 이스라엘을 (        )하게 하니라〉는 (        )장 (        )절이다.

**28.** 〈내 (        )께서 어찌하여 이 일을 (        )하시나이까 어찌하여 이스라엘이 (        )하게 하시나이까〉는 누가 누구에게 한 말이며, '이 일'은 무엇입니까?

**29.** 〈(        )이 하나님께 아뢰되 내가 이 (        )을 행함으로 큰 (        )를 범하였나이다 이제 간구하옵나니 종의 (        )를 용서하여 주옵소서 내가 심히 (        )하게 행하였나이다〉

**30.** 〈이에 여호와께서 이스라엘 백성에게 (        )을 내리시매 이스라엘 백성 중에서 죽은 자가 (        ) 명이었더라〉

**31.** 〈(        )하고 악을 행한 자는 곧 나이니이다 이 (        )는 무엇을 행하였나이까 청하건대 나의 (        ) 여호와여 주의 손으로 (        )와 내 아버지의 집을 치시고 주의 (        )에게 재앙을 내리지 마옵소서〉는 (        )장 (        )절이며, '나'는 누구입니까?

**32.** 〈(        )이 오르난에게 이르되 이 (        )하는 곳을 내게 넘기라 너는 상당한 (        )으로 내게 넘기라 내가 여호와를 위하여 여기 한 (        )을 쌓으리니 그리하면 (        )이 백성 중에서 그치리라〉

33. 〈( ) 왕이 오르난에게 이르되 ( ) 아니하다 내가 반드시 상당한 ( )으로 사리라 내가 ( )께 드리려고 네 물건을 ( ) 아니하겠고 값 없이는 ( )를 드리지도 아니하리라〉는 ( )장 ( )절이다.

34. 〈다윗이 이르되 내 아들 ( )은 어리고 미숙하고 ( )를 위하여 건축할 ( )은 극히 웅장하여 만국에 명성과 ( )이 있게 하여야 할지라 그러므로 내가 이제 그것을 위하여 ( )하리라 하고 다윗이 ( ) 전에 많이 준비하였더라〉

35. 〈네가 내 앞에서 땅에 ( )를 많이 흘렸은즉 내 이름을 위하여 ( )을 건축하지 못하리라〉에서 '너'와 '나'는 각각 누구입니까?

36. 〈그가 내 ( )을 위하여 성전을 건축할지라 그는 내 ( )이 되고 나는 그의 아버지가 되어 그 나라 ( )를 이스라엘 위에 굳게 세워 ( )까지 이르게 하리라〉에서 '그'와 '나'는 각각 누구입니까?

37. 〈여호와께서 네게 ( )와 총명을 주사 네게 ( )을 다스리게 하시고 네 하나님 여호와의 ( )을 지키게 하시기를 더욱 ( )하노라〉는 누가 누구에게 한 말입니까?

38. 〈내가 환난 중에 ( )의 성전을 위하여 금 ( ) 달란트와 은 ( ) 달란트와 놋과 철을 그 무게를 달 수 없을 만큼 심히 ( ) 준비하였고 또 ( )과 돌을 준비하였으나

너는 더할 것이며 또 (          )이 네게 많이 있나니 곧 (          ) 와 목수와 온갖 일에 (          )한 모든 사람이니라〉는 (          )장 (          )절이다.

**39.** 〈하나님의 (          )을 건축하고 여호와의 (          )와 하나님 성전의 (          )을 가져다가 여호와의 (          )을 위하여 건축한 (          )에 들이게 하라〉는 누가 누구에게 한 말입니까?

**40.** 레위 사람은 (          ) 세 이상으로 계수하니 모든 남자의 수가 (          ) 팔천 명인데 그중의 (          ) 사천 명은 여호와의 (          )의 일을 보살피는 자요 (          ) 명은 관원과 (          )이요 사천 명은 (          )요 사천 명은 그가 여호와께 (          )을 드리기 위하여 만든 (          )로 찬송하는 자들이라〉는 (          )장 (          )절이다.

**41.** 〈아므람의 아들들은 아론과 (          )이니 아론은 그 자손들과 함께 (          )되어 몸을 성결하게 하여 (          )토록 심히 거룩한 자가 되어 (          ) 앞에 분향하고 섬기며 영원토록 그 (          )으로 축복하게 되었느니라〉

**42.** 〈(          )과 저녁마다 서서 여호와께 (          )하고 찬송하며〉는 (          )장 (          )절이다.

**43.** 〈(          )의 아들들은 나답과 아비후와 (          )과 이다말이라 나답과 아비후가 그들의 (          )보다 먼저 죽고 그들에게 아들이 없으므로 (          )과 이다말이 제사장의 직분을 행하였더라〉는

(　　　　)장 (　　　　)절이다.

**44.** 〈여호와 (　　　　)하기를 배워 익숙한 자의 수효가 (　　　　) 명이라〉는 (　　　　)장 (　　　　)절이다.

**45.** 〈선견자 (　　　　)과 기스의 아들 (　　　　)과 넬의 아들 (　　　　)과 스루야의 아들 (　　　　)이 무엇이든지 구별하여 드린 (　　　　)은 다 슬로못과 그의 형제의 (　　　　)를 받았더라〉는 (　　　　)장 (　　　　)절이다.

**46.** 〈이스라엘 사람의 (　　　　) 세 이하의 수효는 (　　　　)이 조사하지 아니하였으니 이는 (　　　　)께서 전에 말씀하시기를 이스라엘 사람을 (　　　　)의 별같이 많게 하리라 하셨음이라〉는 (　　　　)장 (　　　　)절이다.

**47.** 〈(　　　　)은 왕의 모사가 되었고 아렉 사람 (　　　　)는 왕의 벗이 되었고〉에서 '왕'은 누구입니까?

**48.** 〈너는 전쟁을 많이 한 사람이라 (　　　　)를 많이 흘렸으니 내 이름을 위하여 (　　　　)을 건축하지 못하리라〉에서 '너'와 '나'는 각각 누구입니까?

**49.** 〈네 아들 (　　　　) 그가 내 (　　　　)을 건축하고 내 여러 (　　　　)을 만들리니 이는 내가 그를 택하여 내 (　　　　)로 삼고 나는 그의 (　　　　)가 될 것임이라〉는 (　　　　)장 (　　　　)절이다.

**50.** 〈(　　　　)께서 너를 택하여 (　　　　)의 건물을 건축하게 하셨으니 (　　　　) 행할지니라〉

**51.** 〈다윗이 이르되 여호와의 (　　　　)이 내게 임하여 이 모든 일의 (　　　　)를 그려 나에게 알려주셨느니라〉

**52.** 〈너는 (　　　　)하고 담대하게 이 일을 행하라 (　　　　)하지 말며 놀라지 말라〉에서 '너'는 누구이며 '이 일'은 어떤 일입니까?

**53.** 〈내 마음에 내 하나님의 (　　　　)을 사모하므로 내가 사유한 (　　　　), 은으로 내 하나님의 (　　　　)을 위하여 드렸노니 곧 오빌의 금 (　　　　) 달란트와 순은 (　　　　) 달란트라〉에서 '나'는 누구입니까?

**54.** 〈백성들은 (　　　　)하여 드렸으므로 기뻐하였으니 곧 그들이 (　　　　)으로 여호와께 자원하여 드렸으므로 (　　　　) 왕도 심히 기뻐하니라〉

**55.** 〈나와 내 (　　　　)이 무엇이기에 이처럼 즐거운 (　　　　)으로 드릴 힘이 있었나이까 모든 것이 (　　　　)께로 말미암았사오니 우리가 주의 (　　　　)에서 받은 것으로 주께 드렸을 (　　　　)이니이다〉

**56.** 〈내 아들 (　　　　)에게 정성된 마음을 주사 주의 (　　　　)과 권면과 율례를 지켜 이 모든 (　　　　)을 행하게 하시고 내가 위하여 (　　　　)한 것으로 성전을 (　　　　)하게 하옵소서〉

**57.** 〈그가 나이 많아 늙도록 (　　　)하고 존귀를 누리다가 죽으매 그의 아들 (　　　)이 대신하여 왕이 되니라〉는 (　　　)장 (　　　)절이다.

## 역대하

**58.** 〈(　　　) 앞 곧 회막 앞에 있는 놋 제단에 (　　　)이 이르러 그 위에 (　　　) 마리 희생으로 번제를 드렸더라〉는 (　　　)장 (　　　)절이다.

**59.** 〈그 (　　　) 밤에 하나님이 (　　　)에게 나타나 그에게 이르시되 내가 네게 (　　　)을 주랴 너는 구하라〉

**60.** 〈주는 이제 내게 (　　　)와 지식을 주사 이 백성 앞에서 (　　　)하게 하옵소서 이렇게 많은 주의 (　　　)을 누가 능히 재판하리이까〉

**61.** 〈내가 네게 (　　　)와 지식을 주고 부와 (　　　)과 영광도 주리니 네 전의 (　　　)도 이런 일이 없었거니와 네 (　　　)에도 이런 일이 없으리라〉는 (　　　)장 (　　　)절이다.

**62.** 〈왕이 예루살렘에서 (　　　)을 돌같이 흔하게 하고 (　　　)을 평지의 뽕나무같이 많게 하였더라〉는 (　　　)장 (　　　)절이다.

**63.** 〈솔로몬이 여호와의 이름을 위하여 (　　　)을 건축하고 자기 왕위를 위하여 (　　　)을 건축하기를 결심하니라〉는 (　　　)장

(　　　　)절이다.

**64.** 〈내가 건축하고자 하는 (　　　　)은 크니 우리 하나님은 모든 (　　　　)보다 크심이라〉에서 '나' 는 누구입니까?

**65.** 〈두로 왕 후람이 (　　　　)에게 답장하여 이르되 여호와께서 자기 백성을 (　　　　)하시므로 당신을 세워 그들의 (　　　　)을 삼으셨도다〉

**66.** 〈우리가 (　　　　)에서 당신이 쓰실 만큼 (　　　　)하여 떼를 엮어 바다에 띄워 (　　　　)로 보내리니 당신은 재목들을 (　　　　)으로 올리소서〉에서 '당신'은 누구입니까?

**67.** 솔로몬이 어느 산에서 여호와의 성전 건축하기를 시작하였습니까?

**68.** 지성소를 짓되 〈순금 육백 달란트로 입혔으니〉 하였는데, 이는 금 몇 톤에 해당됩니까?(순금 1달란트=34.3kg, 1ton=1,000kg)

**69.** 〈후람이 또 (　　　　)과 부삽과 (　　　　)을 만들었더라 이와 같이 후람이 (　　　　) 왕을 위하여 하나님의 (　　　　)에서 할 일을 마쳤으니〉

**70.** 성전 건축 후 제사장들이 여호와의 언약궤를 어디에 두었습니까?

**71.** 〈궤 안에는 두 (　　　　) 외에 아무것도 없으니 이것은 (　　　　) 자손이 애굽에서 나온 후 여호와께서 그들과 (　　　　)을 세우실

때에 (  )가 호렙에서 그 안에 넣은 것이더라〉는 (  )장 (  )절이다.

**72.** 〈여호와를 찬송하여 이르되 (  )하시도다 그의 자비하심이 (  ) 있도다 하매 그때에 여호와의 전에 (  )이 가득한지라〉는 (  )장 (  )절이다.

**73.** 〈내가 주를 위하여 거하실 (  )을 건축하였사오니 주께서 (  ) 계실 처소로소이다〉는 (  )장 (  )절이다.

**74.** 〈이스라엘의 하나님 여호와여 (  )에 주와 같은 (  )이 없나이다 주께서는 온 (  )으로 주의 앞에서 행하는 주의 (  )에게 언약을 지키시고 (  )를 베푸시나이다〉

**75.** 〈하나님이 참으로 (  )과 함께 땅에 계시리이까 보소서 (  )과 하늘들의 하늘이라도 주를 (  )하지 못하겠거든 하물며 내가 건축한 이 (  )이오리이까〉

**76.** 〈여호와여 주의 종의 (  )와 간구를 돌아보시며 주의 (  )이 주 앞에서 부르짖는 것과 비는 (  )를 들으시옵소서〉에서 '종'은 누구입니까?

**77.** 〈(  ) 사람이나 혹 주의 온 백성 (  )이 다 각각 자기의 마음에 (  )과 고통을 깨닫고 이 (  )을 향하여 손을 펴고 무슨 기도나 무슨 (  )를 하거든 주는 계신 곳 (  )에서 들으시며 사유하시되 각 사람의 (  )을 아시오니 그의 모

든 ( ) 대로 갚으시옵소서 주만 홀로 사람의 ( )을 아심이니이다〉는 ( )장 ( )절이다.

**78.** 〈나의 ( )이여 이제 이곳에서 하는 ( )에 눈을 드시고 ( )를 기울이소서〉는 ( )장 ( )절이다

**79.** '솔로몬의 기도'는 6장 14-( )절까지이다. 솔로몬의 기도 중에서 가장 마음에 드는 성구를 쓰십시오.

**80.** 〈솔로몬이 기도를 마치매 ( )이 하늘에서부터 내려와서 그 ( )과 제물들을 사르고 여호와의 ( )이 그 성전에 가득하니〉는 ( )장 ( )절이다.

**81.** 〈솔로몬 왕이 드린 제물이 소가 ( ) 마리요 양이 ( ) 마리라 이와 같이 왕과 모든 백성이 하나님의 ( )의 낙성식을 행하니라〉는 ( )장 ( )절이다.

**82.** 〈내 ( )으로 일컫는 내 백성이 그들의 ( )한 길에서 떠나 스스로 낮추고 ( )하여 내 얼굴을 찾으면 내가 ( )에서 듣고 그들의 ( )를 사하고 그들의 ( )을 고칠지라〉는 ( )장 ( )절이다.

**83.** 〈내가 네 나라 ( )를 견고하게 하되 전에 내가 네 아버지 ( )과 언약하기를 이스라엘을 ( ) 자가 네게서 끊어지지 아니하리라〉에서 '나'와 '너'는 누구입니까?

**84.** 솔로몬이 여호와의 전과 자기의 궁궐을 건축하는 데 몇 년 걸렸습니까?

**85.** 〈(　　　)의 명령을 따라 매일의 일과대로 (　　　)과 초하루와 정한 절기 곧 일년의 (　　　) 절기 (　　　)과 (　　　)과 (　　　)에 드렸더라〉는 (　　　)장 (　　　)절이다.

**86.** 〈(　　　)이 그가 묻는 말에 다 대답하였으니 (　　　)이 몰라서 대답하지 (　　　) 것이 없었더라〉에서 '그'는 누구입니까?

**87.** 〈(　　　)되도다 당신의 사람들이여, (　　　)되도다 당신의 이 신하들이여, (　　　) 당신 앞에 서서 당신의 (　　　)를 들음이로다〉는 누가 누구에게 한 말입니까?

**88.** 〈솔로몬의 세입금의 무게가 금 육백육십육 달란트요〉는 오늘날의 돈으로 환산하면 얼마가 됩니까?(금 한 달란트=금 34.3kg, 금 1kg=약 48,000,000원=미화 약 $45,000.00)

**89.** 〈솔로몬 왕이 마시는 그릇은 다 (　　　)이요 레바논 나무 궁의 그릇들도 다 (　　　)이라〉

**90.** 〈솔로몬 왕의 (　　　)과 (　　　)가 천하의 모든 왕들보다 (　　　)지라〉

**91.** 솔로몬은 예루살렘에서 온 이스라엘을 몇 년 다스렸습니까?

**92.** 르호보암은 누구입니까?

**93.** 〈그들이 대답하여 이르되 (　　　　)이 만일 이 백성을 (　　　　)하여 기쁘게 하고 (　　　　)한 말을 하시면 그들이 영원히 (　　　　)의 종이 되리이다〉에서 '그들'은 누구입니까?

**94.** 〈내 아버지는 (　　　　) 채찍으로 너희를 치셨으나 나는 (　　　　) 채찍으로 하리라 하소서〉는 누가 누구에게 권하는 말입니까?

**95.** 〈이제 너는 네 집이나 돌보라〉는 누가 누구에게 한 말입니까?

**98.** 오늘 읽은 말씀 중 가장 좋아하는 성구를 외워 쓰십시오.

# 16 구약(개역개정판) 성경대학문제

역대하 11-36장

( )년 ( )월 ( )일 이름 ( )

1. 〈( ) 년 동안 유다 나라를 도와 ( )의 아들 르호보암을 ( )하게 하였으니 이는 무리가 ( ) 년 동안을 다윗과 ( )의 길로 행하였음이더라〉는 ( )장 ( )절이다.

2. 〈르호보암은 아내 ( )과 첩 예순 명을 거느려 아들 ( ) 명과 딸 ( ) 명을 낳았으나 압살롬의 딸 ( )를 모든 처첩보다 더 사랑하여 르호보암은 마아가의 아들 ( )를 후계자로 세웠으니〉는 ( )장 ( )절이다.

3. 〈( )의 나라가 견고하고 세력이 강해지매 그가 여호와의 ( )을 버리니 온 이스라엘이 ( )받은지라 그들이 여호와께 ( )하였으므로 르호보암 왕 제오년에 애굽 왕 ( )이 예루살렘을 치러 올라오니〉는 ( )장 ( )절이다.

4. 〈이스라엘 방백들과 ( )이 스스로 ( )하여 이르되 여호와는 ( )로우시다〉

5. 〈로보암이 스스로 ( )하였고 유다에 ( )한 일도 있으

므로 여호와께서 (          )를 돌이키사 다 (          )하지 아니하셨더라〉

**6.** 〈르호보암이 (          )을 행하였으니 이는 그가 (          )를 구하는 마음을 (          ) 하지 아니함이었더라〉는 (          )장 (          )절이다.

**7.** 유다 왕 아비야의 부모, 친할아버지, 외할아버지의 이름을 쓰십시오.

**8.** 〈(          ) 자손들아 너희 조상들의 (          ) 여호와와 싸우지 말라 너희가 (          )하지 못하리라〉는 (          )장 (          )절이다.

**9.** 이스라엘 자손과 유다 자손과의 싸움에서 누가 이기었는가? 그리고 어떻게 해서 이기었습니까?

**10.** 〈아사가 그 하나님 여호와 보시기에 선과 정의를 행하여〉라고 하였는데 그 실례를 두 가지만 쓰십시오.

**11.** 〈여호와여 주는 우리 (          )이시오니 원하건대 사람이 (          )를 이기지 못하게 하옵소서 하였더니 여호와께서 (          ) 사람들을 아사와 유다 사람들 앞에서 치시니 (          ) 사람들이 도망하는지라〉는 (          )장 (          )절이다.

**12.** 〈너희가 여호와와 (          ) 하면 여호와께서 너희와 (          ) 하실지라 너희가 만일 그를 (          ) 그가 너희와 (          ) 되시려니와 너희가 만일 그를 (          ) 그도 너희를 (          )시리라〉

13. 〈너희는 (        )하게 하라 너희의 손이 (        )하지 않게 하라 너희 행위에는 (        )이 있음이라〉는 (        )장 (        )절이다.

14. 〈이스라엘 사람들이 (        )의 하나님 여호와께서 그와 (        )하심을 보고 (        )에게로 돌아오는 자가 많았음이더라〉

15. 〈(        )가 아세라의 가증한 (        )을 만들었으므로 아사가 그의 (        )의 자리를 폐하고 그의 (        )을 찍고 빻아 기드론 시냇가에서 (        )살랐으니〉는 (        )장 (        )절이다.

16. 유다 왕 아사는 이스라엘 왕 바아사가 유다를 치러 올라왔을 때 어느 나라 왕에게 은금을 주면서 부탁했습니까?

17. 〈그때에 선견자 하나니가 유다 왕 (        )에게 나와서 그에게 이르되 왕이 (        ) 왕을 의지하고 왕의 하나님 (        )를 의지하지 아니하였으므로 (        ) 왕의 군대가 왕의 손에서 벗어났나이다〉

18. 〈여호와의 (        )은 온 땅을 두루 감찰하사 (        )으로 자기에게 향하는 자를 위하여 (        )을 베푸시나니 이 일은 왕이 (        )되이 행하였은즉 이후부터는 왕에게 (        )이 있으리이다〉는 (        )장 (        )절이다.

19. 〈그의 (        )이 병들어 매우 위독했으나 (        )이 있을 때에 그가 (        )께 구하지 아니하고 (        )에게 구하였더라〉에서 '그'는 누구입니까?

**20.** 〈그가 (　　　)으로 여호와의 길을 걸어 산당들과 (　　　) 목상들도 유다에서 제거하였더라〉에서 '그'는 누구입니까?

**21.** 〈그들이 여호와의 (　　　)을 가지고 유다에서 가르치되 그 모든 (　　　) 성읍들로 두루 다니며 (　　　)을 가르쳤더라〉는 (　　　)장 (　　　)절이다.

**22.** 〈여호와께서 유다 사방의 (　　　) 나라에 두려움을 주사 (　　　)과 싸우지 못하게 하시매 (　　　) 사람들 중에서는 (　　　)에게 예물을 드리며 (　　　)으로 조공을 바쳤고 (　　　) 사람들도 짐승 떼 곧 숫양 (　　　) 마리와 숫염소 칠천 칠백 마리를 드렸더라〉는 (　　　)장 (　　　)절이다.

**23.** 〈(　　　)이 부귀와 영광을 크게 떨쳤고 (　　　) 가문과 혼인함으로 (　　　) 관계를 맺었더라〉는 (　　　)장 (　　　)절이다.

**24.** 〈여호와의 이름으로 (　　　)한 것 이외에는 아무것도 말하지 말라〉는 누가 누구에게 한 말입니까?

**25.** 〈왕이 이같이 말하기를 이 놈을 (　　　)에 거두고 내가 (　　　) 돌아올 때까지 고난의 (　　　)과 고난의 물을 먹게 하라〉에서 '왕'과 '이 놈'은 각각 누구입니까?

**26.** 〈(　　　)가 이르되 왕이 참으로 (　　　) 돌아오시게 된다면 (　　　)께서 내게 말씀하지 아니하셨으리이다〉는 (　　　)장 (　　　)절이다.

**27.** 〈이날의 (      )이 맹렬하였으므로 이스라엘 (      )이 병거에서 겨우 지탱하며 (      ) 때까지 아람 사람을 막다가 (      )가 질 즈음에 죽었더라〉에서 죽은 사람의 이름은 누구입니까?

**28.** 〈선견자 (      )가 나가서 (      ) 왕을 맞아 이르되 왕이 (      )한 자를 돕고 여호와를 (      )하는 자들을 사랑하는 것이 (      )으니이까 그러므로 여호와께로부터 (      )하심이 왕에게 임하리이다〉는 (      )장 (      )절이다.

**29.** 〈그러나 왕에게 (      )한 일도 있으니 이는 왕이 (      ) 목상들을 이 땅에서 없애고 (      )을 기울여 하나님을 찾음이니다〉는 누가 한 말입니까?

**30.** 〈여호사밧이 (      )에 살더니 다시 나가서 브엘세바에서부터 에브라임 산지까지 (      )에 두루다니며 그들을 그들의 조상들의 (      ) 여호와께로 돌아오게 하고〉

**31.** 〈(      )에게 이르되 너희가 (      )하는 것이 사람을 위하여 할 것인지 (      )를 위하여 할 것인지를 잘 (      )피라 너희가 재판할 때에 (      )께서 너희와 함께하심이니라〉

**32.** 〈너희는 (      )과 성심을 다하여 여호와를 (      )하라〉는 (      )장 (      )절이다.

**33.** 〈여호사밧이 두려워하여 (      )께로 낯을 향하여 간구하고 온 유다 백성에게 (      )하라 공포하매〉는 (      )장 (      )절

이다.

**34.** 〈만일 (　　　)이나 난리나 견책이나 (　　　)이나 기근이 우리에게 임하면 주의 (　　　)이 이 성전에 있으니 우리가 이 (　　　) 앞과 주 앞에 서서 이 (　　　) 가운데에서 주께 부르짖은즉 들으시고 (　　　)하시리라 하였나이다〉는 누가 한 말입니까?

**35.** 〈우리를 치러 오는 이 (　　　) 무리를 우리가 대적할 (　　　)이 없고 어떻게 할 줄도 알지 못하옵고 오직 (　　　)만 바라보나이다〉

**36.** 〈이 (　　　) 무리로 말미암아 두려워하거나 (　　　)라지 말라 이 (　　　)은 너희에게 속한 것이 아니요 (　　　)께 속한 것이니라〉는 하나님께서 누구를 통해 하신 말씀입니까?

**37.** 〈여호와를 신뢰하라 그리하면 (　　　) 서리라 그 선지자들을 신뢰하라 그리하면 (　　　)하리라〉는 누가 한 말입니까?

**38.** 〈그 노래와 (　　　)이 시작될 때에 여호와께서 (　　　)을 두어 유다를 치러 온 (　　　) 자손과 모압과 (　　　) 산 주민들을 치게 하시므로 그들이 (　　　)하였으니〉

**39.** 〈(　　　)와 예루살렘 모든 사람이 다시 (　　　)을 선두로 하여 즐겁게 예루살렘으로 (　　　)왔으니 이는 여호와께서 그들이 그 (　　　)을 이김으로써 즐거워하게 하셨음이라〉

**40.** 〈여호사밧의 나라가 (　　　　)하였으니 이는 그의 하나님이 (　　　　)에서 그들에게 (　　　　)을 주셨음이더라〉는 (　　　　)장 (　　　　)절이다.

**41.** 〈(　　　　)이 그의 아버지의 왕국을 다스리게 되어 (　　　　)을 얻은 후에 그의 모든 (　　　　)과 이스라엘 방백들 중 몇 (　　　　)을 칼로 죽였더라〉는 (　　　　)장 (　　　　)절이다.

**42.** 〈그가 (　　　　) 왕들의 길로 행하여 (　　　　)의 집과 같이 하였으니 이는 (　　　　)의 딸이 그의 (　　　　)가 되었음이라 그가 여호와의 보시기에 (　　　　)을 행하였으나 여호와께서 (　　　　)의 집을 멸하기를 즐겨하지 아니하셨음은 이전에 (　　　　)과 더불어 언약을 세우시고 또 (　　　　)과 그의 자손에게 항상 (　　　　)을 주겠다고 말씀하셨음이더라〉

**43.** 〈오직 (　　　　) 왕들의 길로 행하여 (　　　　)와 예루살렘 주민들이 (　　　　)하게 하기를 아합의 집이 (　　　　)하듯 하며 또 네 아비 집에서 너보다 (　　　　) 아우들을 죽였으니 여호와가 네 백성과 네 (　　　　)과 네 아내들과 네 모든 (　　　　)을 큰 재앙으로 치시리라〉는 (　　　　)장 (　　　　)절이다.

**44.** 〈아끼는 자 없이 세상을 떠났으며〉의 내용은 어느 왕을 말합니까?

**45.** 유다 왕 아하시야의 모친과 외할아버지의 이름을 쓰십시오.

**46.** 아달랴가 유다 집의 왕의 씨를 진멸하였으나 그중에 숨어서 살아

난 왕자는 요아스입니다. 아달랴와 요아스는 어떤 관계입니까?

**47.** 〈무리가 왕자를 인도해 내어 (　　　)을 씌우며 율법책을 주고 세워 (　　　)으로 삼을새 여호야다와 그의 아들들이 그에게 (　　　)을 붓고 이르기를 (　　　)이여 만세수를 누리소서〉에서 '왕자'는 누구입니까?

**48.** 우상을 섬기고 잔인했던 아달랴의 말로는 어떠했습니까?

**49.** 〈여호야다가 자기와 모든 (　　　)과 왕 사이에 언약을 세워 (　　　)의 백성이 도리라 한지라 온 국민이 (　　　)의 신당으로 가서 그 신당을 부수고 그의 (　　　)과 형상들을 깨뜨리고 그 제단 앞에서 (　　　)의 제사장 맛단을 죽이니라〉는 (　　　)장 (　　　)절이다.

**50.** 〈(　　　)가 왕위에 오를 때에 나이가 (　　　) 세라 예루살렘에서 (　　　) 년 동안 다스리니라〉는 (　　　)장 (　　　)절이다.

**51.** 〈무리가 (　　　) 성 여러 왕의 묘실 중에 (　　　)하였으니 이는 그가 이스라엘과 (　　　)과 그의 성전에 대하여 (　　　)을 행하였음이더라〉

**52.** 〈그의 조상들의 (　　　) 여호와의 전을 버리고 (　　　) 목상과 우상을 섬겼으므로 그 (　　　)로 말미암아 진노가 유다와 (　　　)에 임하니라〉는 (　　　)장 (　　　)절이다.

**53.** 〈여호와는 감찰하고 신원하여 주옵소서〉는 누가 한 말입니까?

**54.** 〈(          ) 군대가 적은 무리로 왔으나 (          )께서 심히 큰 군대를 그들의 손에 넘기셨으니 이는 (          ) 사람들이 그들의 조상들의 (          ) 여호와를 버렸음이라 이와 같이 아람 사람들이 (          )를 징벌하였더라〉

**55.** 〈(          )가 크게 부상하매 (          )이 그를 버리고 간 후에 그의 (          )이 제사장 여호야다의 아들들의 (          )로 말미암아 반역하여 그를 그의 (          )에서 쳐죽인지라〉는 (          )장 (          )절이다.

**56.** 〈아마샤가 여호와께서 보시기에 (          )하게 행하기는 하였으나 (          )한 마음으로 행하지 아니하였더라〉는 (          )장 (          )절이다.

**57.** 〈그의 나라가 굳게 서매 그의 (          )을 죽인 신하들을 죽였으나 그들의 (          )은 죽이지 아니하였으니 이는 (          )의 율법책에 기록된 대로 함이라 곧 (          )께서 명령하여 이르시기를 (          )로 말미암아 아버지를 죽이지 말 것이요 (          )로 말미암아 (          )를 죽이지 말 것이라 오직 각 사람은 자기의 (          )로 말미암아 죽을 것이니라〉

**58.** 〈(          )가 담력을 내어 그의 (          )을 거느리고 소금 골짜기에 이르러 (          ) 자손 (          ) 명을 죽이고 유다 자손이 또 (          ) 명을 사로잡아 가지고 (          ) 꼭대기에 올라가서 그들

을 밀쳐 내려뜨려서 그들의 온 (　　　　)이 부서지게 하였더라〉

**59.** 〈(　　　　)가 돌아서서 여호와를 버린 후로부터 (　　　　)에서 무리가 그를 (　　　　)하였으므로 그가 라기스로 (　　　　)하였더니 반역한 무리가 사람을 (　　　　)로 따라 보내어 그를 거기서 (　　　　)이게 하고〉는 (　　　　)장 (　　　　)절이다.

**60.** 〈(　　　　)가 왕위에 오를 때에 나이가 (　　　　) 세라 예루살렘에서 (　　　　) 년간 다스리니라〉는 (　　　　)장 (　　　　)절이다.

**61.** 〈(　　　　)가 그의 아버지 아마샤의 모든 (　　　　)대로 여호와 보시기에 (　　　　)하게 행하며 하나님의 (　　　　)를 밝히 아는 스가랴가 사는 날에 (　　　　)을 찾았고 그가 여호와를 찾을 동안에는 하나님이 (　　　　)하게 하셨더라〉

**62.** 〈예루살렘에서 재주 있는 사람들에게 (　　　　)를 고안하게 하여 망대와 성곽 위에 두어 (　　　　)과 (　　　　)을 쏘고 던지게 하였으니 그의 (　　　　)이 멀리 퍼짐은 기이한 도우심을 얻어 (　　　　)하여짐이었더라〉에서 '그'는 누구입니까?

**63.** 〈그가 (　　　　)하여지매 그의 마음이 교만하여 (　　　　)을 행하여 그의 하나님 여호와께 (　　　　)하되 곧 여호와의 성전에 들어가서 (　　　　)에 분향하려 한지라〉

**64.** 〈웃시야여 (　　　　)께 분향하는 일은 (　　　　)이 할 바가 아니요 오직 분향하기 위하여 (　　　　)함을 받은 아론의 자손 (　　　　)이

할 바니 성소에서 나가소서 왕이 ( )하였으니 하나님 여호와에게서 ( )을 얻지 못하리이다〉

**65.** 〈웃시야가 손으로 ( )를 잡고 분향하려 하다가 ( )를 내니 그가 제사장에게 ( )를 낼 때에 여호와의 전 안 향단 곁 ( ) 앞에서 그의 이마에 ( )이 생긴지라〉

**66.** 〈웃시야 왕이 ( )는 날까지 나병환자가 되었고 나병환자가 되매 ( )의 전에서 끊어져 ( )에 살았으므로 그의 아들 요담이 ( )을 관리하며 백성을 다스렸더라〉는 ( )장 ( )절이다.

**67.** 〈( )이 그의 아버지 웃시야의 모든 ( )대로 여호와 보시기에 ( )하게 행하였으나 여호와의 ( )에는 들어가지 아니하였고 ( )은 여전히 부패하였더라〉는 ( )장 ( )절이다.

**68.** 〈( )이 그의 하나님 여호와 앞에서 ( ) 길을 걸었으므로 점점 ( )하여졌더라〉는 ( )장 ( )절이다.

**69.** 〈( )가 왕위에 오를 때에 나이가 ( ) 세라 예루살렘에서 ( ) 년 동안 다스렸으나 그의 조상 ( )과 같지 아니하여 여호와 보시기에 ( )하게 행하지 아니하고〉는 ( )장 ( )절이다.

**70.** 〈그러므로 그의 하나님 여호와께서 그를 ( ) 왕의 손에 넘

기시매 그들이 (　　　) 심히 많은 무리를 사로잡아 (　　　)으로 갔으며 또 (　　　) 왕의 손에 넘기시매 그가 쳐서 크게 (　　　) 하였으니〉

**71.** 〈(　　　) 자손이 그들의 형제 중에서 그들의 (　　　)와 자녀를 합하여 (　　　) 명을 사로잡고 그들의 재물을 많이 노략하여 (　　　)로 가져가니〉

**72.** 〈너희는 내 말을 듣고 너희의 (　　　)들 중에서 사로잡아 온 (　　　)를 놓아 돌아가게 하라 여호와의 (　　　)가 너희에게 임박하였느니라〉에서 '나'는 누구입니까?

**73.** 〈너희는 이 (　　　)를 이리로 끌어들이지 (　　　)하리라 너희가 행하는 일이 우리를 여호와께 (　　　)이 있게 함이니 우리의 죄와 (　　　)을 더하게 함이로다 우리의 (　　　)이 이미 커서 진노하심이 (　　　)에게 임박하였느니라〉

**74.** 〈자기를 친 (　　　) 신들에게 제사하여 이르되 (　　　) 왕들의 신들이 그들을 도왔으니 나도 그 (　　　)에게 제사하여 나를 (　　　)게 하리라 하였으나 그 (　　　)이 아하스와 온 이스라엘을 (　　　)하게 하였더라〉는 (　　　)장 (　　　)절이다.

**75.** 〈(　　　)가 그의 조상 (　　　)의 모든 행실과 같이 여호와 보시기에 (　　　)하게 행하여〉는 (　　　)장 (　　　)절이다.

**76.** 〈(　　　) 사람들아 내 말을 들으라 이제 너희는 (　　　)하게 하

고 또 너희 조상들의 하나님 (　　　　)의 전을 (　　　　)하게 하여 그 더러운 것을 (　　　　)에서 없애라〉는 누가 한 말입니까?

**77.** 〈내 아들들아 이제는 게으르지 말라 (　　　　)께서 이미 너희를 (　　　　)하사 그 앞에 서서 수종들어 그를 섬기며 (　　　　)하게 하셨느니라〉는 누가 누구에게 한 말입니까?

**78.** 〈왕이 (　　　　) 사람들을 여호와의 전에 두어서 (　　　　)과 왕의 선지자 갓과 선지자 (　　　　)이 명령한 대로 제금과 비파와 (　　　　)을 잡게 하니 이는 (　　　　)께서 그의 선지자들로 이렇게 (　　　　)하셨음이라〉

**79.** 〈(　　　　) 왕이 귀인들과 더불어 (　　　　) 사람을 명령하여 (　　　　)과 선견자 아삽의 시로 (　　　　)를 찬송하게 하매 그들이 즐거움으로 (　　　　)하고 몸을 굽혀 (　　　　)하니라〉는 (　　　　)장 (　　　　)절이다.

**80.** 〈(　　　　)가 온 이스라엘과 유다에 사람을 보내고 또 (　　　　)과 므낫세에 편지를 보내어 (　　　　) 여호와의 전에 와서 이스라엘 (　　　　) 여호와를 위하여 (　　　　)을 지키라 하니라〉는 (　　　　)장 (　　　　)절이다.

**81.** 〈너희 조상들 같이 (　　　　)을 곧게 하지 말고 (　　　　)께 돌아와 영원히 거룩하게 하신 (　　　　)에 들어가서 너의 하나님 여호와를 섬겨 그의 (　　　　)가 너희에게서 떠나게 하라〉

**82.** 〈너희가 만일 (            )께 돌아오면 너희 형제들과 너희 (            )가 사로잡은 자들에게서 (            )를 입어 다시 이 땅으로 돌아오리라〉

**83.** 〈그의 (            )의 하나님 여호와를 (            )하는 사람은 누구든지 비록 (            )의 결례대로 스스로 깨끗하게 못하였을지라도 (            )하옵소서 하였더니 여호와께서 (            )의 기도를 들으시고 백성을 (            )셨더라〉는 (            )장 (            )절이다.

**84.** 〈그때에 (            )과 레위 사람들이 일어나서 백성을 위하여 (            )하였으니 그 소리가 하늘에 들리고 그 (            )가 여호와의 거룩한 처소 (            )에 이르렀더라〉

**85.** 〈이스라엘 무리가 나가서 (            ) 여러 성읍에 이르러 주상들을 깨뜨리며 (            ) 목상들을 찍으며 (            )와 베냐민과 에브라임과 므낫세 온 땅에서 (            )과 제단들을 제거하여 없애고 (            ) 모든 자손이 각각 자기들의 본성 (            )으로 돌아갔더라〉는 (            )장 (            )절이다.

**86.** 〈대제사장 (            )가 그에게 대답하여 이르되 백성이 (            )을 여호와의 전에 드리기 시작함으로부터 우리가 (            )하게 먹었으나 남은 것이 많으니 이는 (            )께서 그의 백성에게 (            )을 주셨음이라〉에서 '그'는 누구입니까?

**87.** 〈그의 (            ) 여호와 보시기에 (            )과 정의와 (            )함으로 행하였으니 그가 (            )하는 모든 일 곧 하나님의 전에

(　　　)드는 일에나 율법에나 (　　　)에나 그의 하나님을 찾고 한 (　　　)으로 행하여 형통하였더라〉는 (　　　)장 (　　　)절이다.

**88.** 〈너희는 (　　　)을 강하게 하며 담대히 하고 (　　　) 왕과 그를 따르는 온 무리로 말미암아 (　　　)워하지 말며 놀라지 말라 우리와 (　　　) 하시는 이가 그와 (　　　) 하는 자보다 크니 그와 (　　　) 하는 자는 육신의 팔이요 우리와 (　　　) 하시는 이는 우리의 하나님 (　　　)시라 반드시 우리를 (　　　)시고 우리를 대신하여 (　　　)시리라 하매 백성이 유다 왕 (　　　)의 말로 말미암아 (　　　)하니라〉는 (　　　)장 (　　　)절이다.

**89.** 〈(　　　) 왕이 아모스의 아들 선지자 (　　　)와 더불어 하늘을 향하여 부르짖어 (　　　)하였더니 여호와께서 한 (　　　)를 보내어 앗수르 왕의 (　　　)에서 모든 큰 용사와 대장과 지휘관들을 (　　　)하신지라 앗수르 왕이 (　　　)이 뜨거워 그의 (　　　)으로 돌아갔더니 그의 (　　　)의 전에 들어갔을 때에 그의 (　　　)에서 난 자들이 거기서 (　　　)로 죽였더라〉는 (　　　)장 (　　　)절이다.

**90.** 〈여러 사람이 (　　　)을 가지고 예루살렘에 와서 (　　　)께 드리고 또 보물을 유다 왕 (　　　)에게 드린지라 이후부터 (　　　)가 모든 나라의 눈에 (　　　)하게 되었더라〉

**91.** 〈히스기야가 마음의 (　　　)함을 뉘우치고 예루살렘 (　　　)도 그와 같이 하였으므로 여호와의 (　　　)가 히스기야의 생전에는

그들에게 (            ) 아니하니라〉

**92.** 〈그의 죽음에 그에게 경의를 표하였더라〉에서 '그'는 누구입니까?

**93.** 〈(            )가 왕위에 오를 때에 나이가 (            ) 세라 예루살렘에서 (            ) 년 동안 다스리며〉는 (            )장 (            )절이다.

**94.** 〈그의 아버지 (            )가 헐어버린 산당을 다시 세우며 (            )을 위하여 제단을 쌓으며 (            ) 목상을 만들며 하늘의 모든 (            )을 경배하여 섬기며〉에서 '그'는 누구입니까?

**95.** 〈유다와 예루살렘 주민이 (            )의 꾀임을 받고 (            )을 행한 것이 여호와께서 이스라엘 (            ) 앞에서 멸하신 모든 (            )보다 더욱 심하였더라〉

**96.** 〈여호와께서 (            ) 왕의 군대 지휘관들이 와서 치게 하시매 그들이 (            )를 사로잡고 쇠사슬로 결박하여 (            )으로 끌고 간지라〉

**97.** 〈(            )하였으므로 하나님이 그의 (            )를 받으시며 그의 (            )를 들으시사 그가 예루살렘에 돌아와서 다시 (            )에 앉게 하시매 (            )가 그제서야 여호와께서 (            )이신 줄을 알았더라〉

**98.** 〈(            )이 왕위에 오를 때에 나이가 (            ) 세라 예루살렘에서 (            ) 년 동안 다스리며〉는 (            )장 (            )절이다.

**99.** 〈(        )가 왕위에 오를 때에 나이가 (        ) 세라 예루살렘에서 (        ) 년 동안 다스리며 여호와 보시기에 (        )하게 행하여 그의 조상 (        )의 길로 걸으며 좌우로 (        )치지 아니하고〉는 (        )장 (        )절이다.

**100.** 〈내가 여호와의 전에서 (        )을 발견하였노라 하고 힐기야가 그 (        )을 사반에게 주매〉

**101.** 〈너희는 가서 나와 및 이스라엘과 (        )의 남은 자들을 위하여 이 발견한 (        )의 말씀에 대하여 여호와께 물으라 우리 (        )이 여호와의 말씀을 지키지 아니하고 이 (        )에 기록된 모든 것을 (        )하지 아니하였으므로 (        )께서 우리에게 쏟으신 (        )가 크도다 하니라〉는 (        )장 (        )절이다.

**102.** 〈하나님 앞 곧 내 앞에서 (        )하여 옷을 찢고 (        )하였으므로 나도 네 말을 들었노라〉는 (        )장 (        )절이다.

**103.** 〈(        )이 자기 처소에 서서 (        ) 앞에서 언약을 세우되 (        )을 다하고 목숨을 다하여 (        )를 순종하고 그의 (        )과 법도와 율례를 지켜 이 (        )에 기록된 언약의 말씀을 이루리라〉

**104.** 〈(        )가 예루살렘에서 여호와께 (        )을 지켜 첫째 달 열넷째 날에 (        ) 어린 양을 잡으니라〉는 (        )장 (        )절이다.

**105.** 〈선지자 (　　　) 이후로 이스라엘 가운데서 (　　　)을 이같이 지키지 못하였고 이스라엘 모든 (　　　)도 요시야가 제사장들과 (　　　) 사람들과 모인 온 유다와 이스라엘 무리와 (　　　) 주민과 함께 지킨 것처럼은 (　　　)을 지키지 못하였더라〉

**106.** 〈요시야가 (　　　)에 있은 지 열여덟째 해에 이 유월절을 지켰더라〉의 내용을 보면 요시야가 몇 살 때 유월절을 지켰습니까?(참조: 34장 1절)

**107.** 〈그 부하들이 그를 (　　　)에서 내리게 하고 그의 버금 (　　　)에 태워 예루살렘에 이른 후에 그가 (　　　)으니 그의 조상들의 묘실에 장사되니라 온 (　　　)와 예루살렘 사람들이 (　　　)를 슬퍼하고〉는 (　　　)장 (　　　)절이다.

**108.** 〈(　　　)이 왕위에 오를 때에 나이가 (　　　) 세라 예루살렘에서 (　　　) 년 동안 다스리며 그의 하나님 여호와 보시기에 (　　　)을 행하였더라〉는 (　　　)장 (　　　)절이다.

**109.** 〈(　　　)가 왕위에 오를 때에 나이가 (　　　) 세라 예루살렘에서 (　　　) 년 동안 다스리며 그의 하나님 (　　　) 보시기에 악을 행하고 선지자 (　　　)가 여호와의 말씀으로 일러도 그 앞에서 (　　　)하지 아니하였으며〉는 (　　　)장 (　　　)절이다.

**110.** 〈하나님의 (　　　)을 불사르며 예루살렘 (　　　)을 헐며 그들의 모든 (　　　)을 불사르며 그들의 모든 귀한 (　　　)을 부수고 칼에서 살아 남은 자를 그가 (　　　)으로 사로잡아가매 무리

가 거기서 (        ) 왕과 그의 자손의 (        )가 되어 (        )이 통치할 때까지 이르니라〉

**111.** 유다는 어느 왕 때, 어느 나라에게 망했습니까? 그때 선지자는 누구입니까?

**112.** 〈바사 왕 (        )가 이같이 말하노니 하늘의 신 (        )께서 세상 만국을 내게 주셨고 나에게 (        )하여 유다 예루살렘에 (        )을 건축하라 하셨나니 너희 중에 그의 (        )된 자는 다 올라갈지어다 너희 (        ) 여호와께서 함께하시기를 원하노라〉는 (        )장 (        )절이다.

**113.** 오늘 읽은 말씀 중 가장 좋아하는 성경구절을 외워 쓰십시오.

# 17 구약(개역개정판) 성경대학문제

에스라 1–10장, 느헤미야 1–13장
에스더 1–10장

(　　　)년 (　　)월 (　　)일　　　이름 (　　　)

## 에스라

**1.** 〈이스라엘의 하나님은 참 (　　　)이시라 너희 중에 그의 (　　　) 된 자는 다 유다 (　　　)으로 올라가서 이스라엘의 하나님 여호와의 (　　　)을 건축하라〉는 누가 한 말입니까?

**2.** 〈그 남아 있는 (　　　)이 어느 곳에 머물러 살든지 (　　　) 사람들이 마땅히 은과 (　　　)과 그 밖의 물건과 (　　　)으로 도와주고 그 외에도 (　　　)에 세울 하나님의 (　　　)을 위하여 예물을 기쁘게 드릴지니라〉는 (　　　)장 (　　　)절이다.

**3.** 〈(　　　) 왕이 또 여호와의 (　　　) 그릇을 꺼내니 옛적에 느부갓네살이 (　　　)에서 옮겨다가 자기 (　　　)의 신당에 두었던 것이라〉

**4.** 세스바살은 누구이며 그가 예루살렘으로 돌아올 때 가져온 '기명들'은 본래 어디에 있던 것입니까?

5. 〈금은 그릇이 모두 (          ) 개라 사로잡힌 자를 (          )에서 예루살렘으로 데리고 갈 때에 (          )이 그 그릇들을 다 가지고 갔더라〉는 (          )장 (          )절이다.

6. 〈옛적에 바벨론 왕 (          )에게 사로잡혀 (          )으로 갔던 자들의 자손들 중에서 놓임을 받고 (          )과 유다 도로 돌아와 각기 각자의 성읍으로 돌아간 자〉는 합계가 몇 명입니까?

7. 스룹바벨은 누구입니까? 스룹바벨은 마리아의 남편 요셉과는 어떤 관계가 있습니까?(참조: 마태복음 1장)

8. 〈(          )과 레위 사람들과 나이 많은 족장들은 첫 (          )을 보았으므로 이제 이 (          )의 기초가 놓임을 보고 (          )하였으나 여러 사람은 (          )으로 크게 함성을 지르니〉는 (          )장 (          )절이다.

9. 〈바사 왕 (          )가 우리에게 명령하신 대로 우리가 (          )의 하나님 여호와를 위하여 홀로 (          )하리라〉는 (          )장 (          )절이다.

10. 〈이제 너희는 (          )을 전하여 그 사람들에게 (          )를 그치게 하여 그 성을 (          )하지 못하게 하고 내가 다시 (          ) 내리기를 기다리라〉는 (          )장 (          )절이다.

11. 〈스알디엘의 아들 (          )과 요사닥의 아들 (          )가 일어나 예루살렘에 있던 하나님의 (          )을 다시 건축하기 시작하

매 (     )의 선지자들이 함께 있어 그들을 (     )더니〉는 (     )장 (     )절이다.

**12.** 〈하나님이 (     ) 장로들을 돌보셨으므로 그들이 능히 공사를 막지 못하고〉에서 '공사'는 무엇을 말합니까?

**13.** 〈우리는 천지의 하나님의 (     )이라 예전에 건축되었던 (     )을 우리가 다시 건축하노라〉는 (     )장 (     )절이다.

**14.** 〈(     ) 왕 고레스 원년에 고레스 왕이 (     )를 내려 하나님의 이 (     )을 다시 건축하게 하고〉는 (     )장 (     )절이다.

**15.** 〈이제 왕께서 좋게 여기시거든 (     )에서 왕의 보물전각에서 (     )하사 과연 고레스 왕이 (     )를 내려 하나님의 이 성전을 (     )에 다시 건축하라 하셨는지 보시고〉에서 '왕'은 누구입니까?

**16.** 〈내가 또 (     )를 내려서 하나님의 이 (     )을 건축함에 대하여 너희가 (     ) 사람의 장로들에게 행할 것을 알리노니 (     )의 재산 곧 유브라데 강 건너편에서 거둔 (     ) 중에서 그 (     )를 이 사람들에게 끊임없이 주어 그들로 (     ) 않게 하라〉에서 '나'는 누구입니까?

**17.** 〈만일 왕들이나 백성이 이 명령을 (     )하고 손을 들어 예루살렘 하나님의 (     )을 헐진대 그곳에 (     )을 두신 (     )

이 그들을 멸하시기를 원하노라 나 (　　　　)가 조서를 내렸노니 신속히 행할지어다〉는 (　　　　)장 (　　　　)절이다.

**18.** 〈(　　　　) 사람의 장로들이 선지자 (　　　　)와 잇도의 손자 스가랴의 (　　　　)을 따랐으므로 성전 건축하는 일이 (　　　　)한지라 이스라엘 하나님의 (　　　　)과 바사 왕 고레스와 다리오와 아닥사스다의 (　　　　)를 따라 성전을 건축하며 일을 끝내되 (　　　　) 왕 제육년 아달월 삼일에 (　　　　) 일을 끝내니라〉는 (　　　　)장 (　　　　)절이다.

**19.** 〈에스라가 여호와의 (　　　　)을 연구하여 준행하며 (　　　　)와 규례를 이스라엘에게 가르치기로 (　　　　)하였었더라〉는 (　　　　)장 (　　　　)절이다.

**20.** 〈모든 왕의 (　　　　) 아닥사스다는 하늘의 하나님의 (　　　　)에 완전한 학자 겸 (　　　　) 에스라에게 (　　　　)를 내리노니 우리 나라에 있는 (　　　　) 백성과 그들 제사장들과 레위 사람들 중에 (　　　　)으로 올라갈 뜻이 있는 자는 누구든지 너와 (　　　　) 갈지어다〉는 (　　　　)장 (　　　　)절이다.

**21.** 〈네 하나님의 (　　　　)에 쓰일 것이 있어서 네가 (　　　　)고자 하거든 무엇이든지 (　　　　) 창고에서 내다가 드릴지니라〉에서 '너'는 누구입니까?

**22.** 〈(　　　　)여 너는 네 손에 있는 네 하나님의 (　　　　)를 따라 네 하나님의 (　　　　)을 아는 자를 법관과 (　　　　)을 삼아 강 건너

편 모든 백성을 (　　　)하게 하고 그중 알지 못하는 자는 너희가 (　　　)치라〉

**23.** 〈무릇 네 (　　　)의 명령과 왕의 명령을 (　　　)하지 아니하는 자는 속히 그 (　　　)를 정하여 혹 죽이거나 (　　　) 보내거나 가산을 몰수하거나 (　　　)에 가둘지니라〉

**24.** 〈내 하나님 여호와의 (　　　)이 내 위에 있으므로 내가 (　　　)을 얻어 이스라엘 중에 (　　　)을 모아 나와 함께 올라오게 하였노라〉에서 '나'는 누구입니까?

**25.** 〈그때에 내가 아하와 강가에서 (　　　)을 선포하고 우리 하나님 앞에서 스스로 (　　　)하여 우리와 우리 어린 (　　　)와 모든 소유를 위하여 (　　　)한 길을 그에게 간구하였으니〉는 (　　　)장 (　　　)절이다.

**26.** 〈(　　　)하며 우리 하나님께 간구하였더니 그의 (　　　)하심을 입었느니라〉

**27.** 〈첫째 달 십이 일에 우리가 아하와 강을 떠나 (　　　)으로 갈새 우리 하나님의 (　　　)이 우리를 도우사 (　　　)과 길에 매복한 자의 (　　　)에서 건지신지라〉는 (　　　)장 (　　　)절이다.

**28.** 〈우리가 비록 (　　　)가 되었사오나 우리 하나님이 우리를 그 (　　　)하는 중에 버려두지 아니하시고 (　　　) 왕들 앞에서 우리가 (　　　) 여김을 입고 소생하여 우리 하나님의 (　　　)

을 세우게 하시며 그 무너진 것을 (          )하게 하시며 유다와 예루살렘에서 우리에게 (          )를 주셨나이다〉는 (          )장 (          )절이다.

**29.** 〈이스라엘 하나님 여호와여 주는 (          )로우시니 우리가 남아 (          )한 것이 오늘날과 같사옵거늘 도리어 주께 (          )하였사오니 이로 말미암아 (          ) 앞에 한 사람도 감히 (          ) 못하겠나이다〉는 (          )장 (          )절이다.

**30.** 〈내 주의 (          )을 따르며 우리 하나님의 (          )을 떨며 준행하는 자의 (          )을 따라 이 모든 아내와 그들의 (          )을 다 내보내기로 우리 하나님과 (          )을 세우고 (          )대로 행할 것이라〉는 (          )장 (          )절이다.

**31.** 〈제사장 (          )가 일어나 그들에게 이르되 너희가 (          )하여 이방 여자를 아내로 삼아 이스라엘의 (          )를 더하게 하였으니 이제 너희 (          )의 하나님 앞에서 (          )를 자복하고 그의 (          )대로 행하여 그 지방 사람들과 이방 (          )을 끊어 버리라〉

**32.** 〈당신의 말씀대로 우리가 마땅히 행할 것이니이다〉에서 '당신'은 누구이며 '마땅히 행할 것'은 무엇입니까?

**33.** 〈그들이 다 (          )을 잡아 맹세하여 그들의 (          )를 내보내기로 하고 또 그 (          )로 말미암아 숫양 한 마리를 (          )로 드렸으며〉는 (          )장 (          )절이다.

**34.** 〈하늘의 하나님 (　　　) 크고 두려우신 하나님이여 주를 (　　　)하고 주의 (　　　)을 지키는 자에게 (　　　)을 지키시며 (　　　)을 베푸시는 주여 간구하나이다〉는 누구의 기도입니까?

**35.** 〈이제 종이 주의 (　　　)인 이스라엘 자손들을 위하여 주야로 (　　　)하오며 우리 이스라엘 자손이 주께 (　　　)한 죄들을 자복하오니 주는 (　　　)를 기울이시며 (　　　)을 여시사 종의 (　　　)를 들으시옵소서〉는 (　　　)장 (　　　)절이다.

**36.** 〈만일 내게로 돌아와 내 (　　　)을 지켜 행하면 너희 쫓긴 자가 (　　　) 끝에 있을지라도 내가 거기서부터 그들을 모아 내 (　　　)을 두려고 택한 곳에 돌아오게 하리라〉

**37.** 〈그때에 내가 왕의 술 관원이 되었었느니라〉에서 '나'와 '왕'의 이름은 각각 무엇입니까?

**38.** 〈종이 왕의 목전에서 (　　　)를 얻었사오면 나를 (　　　) 땅 나의 조상들의 묘실이 있는 (　　　)에 보내어 그 성을 (　　　)하게 하옵소서〉는 (　　　)장 (　　　)절이다.

**39.** 〈자, 예루살렘 성을 건축하여 다시 (　　　)를 당하지 말자〉는 누가 한 말입니까?

**40.** 〈그때에 대제사장 (　　　)이 그의 형제 제사장들과 함께 일어나

(　　　　)을 건축하여 성별하고 문짝을 달고 또 (　　　　)을 건축하여〉는 (　　　　)장 (　　　　)절이다.

**41.** 〈우리 (　　　　)이여 들으시옵소서 우리가 (　　　　)여김을 당하나이다 원하건대 그들이 (　　　　)하는 것을 자기들의 (　　　　)에 돌리사 노략거리가 되어 (　　　　)에 사로잡히게 하시고〉는 (　　　　)장 (　　　　)절이다.

**42.** 〈너희는 그들을 (　　　　)하지 말고 지극히 크시고 두려우신 (　　　　)를 기억하고 너희 형제와 (　　　　)와 아내와 (　　　　)을 위하여 싸우라〉는 누가 한 말입니까?

**43.** 〈성을 (　　　　)하는 자와 짐을 나르는 자는 다 각각 한 손으로 (　　　　)을 하며 한 손에는 (　　　　)를 잡았는데 (　　　　)하는 자는 각각 허리에 (　　　　)을 차고 건축하며 (　　　　) 부는 자는 내 곁에 섰었느니라〉는 (　　　　)장 (　　　　)절이다.

**44.** 〈우리 (　　　　)이 우리를 위하여 싸우시리라〉는 (　　　　)장 (　　　　)절이다.

**45.** 〈나나 내 (　　　　)이나 종자들이나 나를 따라 (　　　　)하는 사람들이나 우리가 다 우리의 (　　　　)을 벗지 아니하였으며 (　　　　)을 길으러 갈 때에도 각각 (　　　　)를 잡았느니라〉

**46.** 〈너희의 (　　　　)이 좋지 못하도다 우리의 (　　　　) 이방 사람의 (　　　　)을 생각하고 우리 하나님을 (　　　　)하는 가운데 행할

것이 아니냐〉는 (          )장 (          )절이다.

**47.** 〈나와 내 (          )와 종자들도 역시 (          )과 양식을 백성에게 (          ) 주었거니와 우리가 그 (          ) 받기를 그치자〉는 (          )장 (          )절이다.

**48.** 〈유다 땅 (          )으로 세움을 받은 때 곧 아닥사스다 (          ) 제이십년부터 제삼십이년까지 (          ) 년 동안은 나와 내 형제들이 총독의 (          )을 먹지 아니하였느니라〉

**49.** 〈내 하나님이여 내가 이 (          )을 위하여 행한 모든 일을 (          )하사 내게 (          )를 베푸시옵소서〉에서 '나'는 누구입니까?

**50.** 〈(          )과 게셈이 내게 사람을 보내어 이르기를 (          ) 우리가 오노 평지 한 촌에서 (          ) 만나자 하니 실상은 나를 (          )하고자 함이었더라〉에서 '나'는 누구입니까?

**51.** 〈이제 내 손을 힘있게 하옵소서〉는 (          )장 (          )절이다.

**52.** 〈깨달은즉 그는 (          )께서 보내신 바가 아니라 (          )와 산발랏에게 뇌물을 받고 내게 이런 (          )을 함이라〉에서 '그'는 누구입니까?

**53.** 〈성벽 역사가 (          ) 일 만인 엘룰월 이십오일에 끝나매 우리의 모든 (          )과 주위에 있는 이방 족속들이 이를 듣고 다 두려워

하여 크게 ( )하였으니 그들이 우리 하나님께서 이 ( ) 를 이루신 것을 앎이니라〉는 ( )장 ( )절이다.

**54.** 〈내 아우 ( )와 영문의 관원 하나냐가 함께 ( )을 다스리게 하였는데 하나냐는 ( )스러운 사람이요 하나님을 ( )이 무리 중에서 뛰어난 자라〉는 ( )장 ( )절이다.

**55.** 〈옛적에 바벨론 왕 ( )에게 사로잡혀 갔던 자들 중에서 ( )을 받고 예루살렘과 ( )에 돌아와 각기 자기들의 ( )에 이른 자들〉

**56.** 〈온 회중의 합계는 ( ) 이천삼백육십 명이요〉는 ( )장 ( )절이다.

**57.** 〈( )가 모든 백성 위에 서서 그들 목전에 ( )을 펴니 책을 펼 때에 모든 ( )이 일어서니라 ( )가 위대하신 하나님 여호와를 ( )하매 모든 백성이 손을 들고 ( ) 아멘 하고 응답하고 ( )을 굽혀 얼굴을 땅에 대고 여호와께 ( )하니라〉는 ( )장 ( )절이다.

**58.** 〈하나님의 ( )을 낭독하고 그 뜻을 ( )하여 백성에게 그 낭독하는 것을 다 ( ) 하니 백성이 율법의 말씀을 듣고 다 ( )지라 총독 느헤미야와 제사장 겸 학사 ( )와 백성을 가르치는 ( )이 모든 백성에게 이르시기를 ( )은 너희 하나님 여호와의 ( )이니 슬퍼하지 말며 ( ) 말라〉

**59.** 〈이날은 우리 주의 성일이니 (　　　　)하지 말라 여호와로 인하여 (　　　　)하는 것이 너희의 (　　　　)이니라〉는 누가 한 말입니까?

**60.** 〈사로잡혔다가 돌아온 회중이 다 (　　　　)을 짓고 그 안에서 거하니 눈의 아들 (　　　　)때로부터 그날까지 (　　　　) 자손이 이같이 행한 일이 없었으므로 이에 크게 (　　　　)하며 (　　　　)는 첫날부터 끝날까지 날마다 하나님의 (　　　　)을 낭독하고 무리가 이레 동안 절기를 지키고 (　　　　)째 날에 규례를 따라 (　　　　)를 열었느니라〉는 (　　　　)장 (　　　　)절이다.

**61.** 〈오직 주는 (　　　　)시라 하늘과 하늘들의 하늘과 (　　　　) 성신과 땅과 땅 위의 (　　　　)과 바다와 그 가운데 (　　　　) 것을 지으시고 다 보존하시오니 모든 (　　　　)이 주께 경배하나이다〉는 (　　　　)장 (　　　　)절이다.

**62.** 〈주께서 우리 조상들 앞에서 (　　　　)를 갈라지게 하사 그들이 (　　　　) 가운데를 육지 같이 (　　　　)하게 하시고 쫓아오는 자들을 돌을 큰 (　　　　)에 던짐같이 깊은 (　　　　)에 던지시고 낮에는 (　　　　) 기둥으로 인도하시고 밤에는 (　　　　) 기둥으로 그들이 행할 (　　　　)을 그들에게 비추셨사오며〉는 (　　　　)장 (　　　　)절이다.

**63.** 〈주께서는 (　　　　)하시는 하나님이시라 (　　　　)로우시며 (　　　　)히 여기시며 더디 (　　　　)하시며 (　　　　)가 풍부하시므로 그들을 (　　　　) 아니하셨나이다〉는 (　　　　)장 (　　　　)절이다.

**64.** 〈(　　　) 년 동안 들에서 기르시되 (　　　)이 없게 하시므로 그 (　　　)이 해어지지 아니하였고 (　　　)이 부르트지 아니하였사오며〉는 (　　　)장 (　　　)절이다.

**65.** 〈주께서 그들을 여러 해 동안 (　　　)으시고 또 주의 (　　　)을 통하여 주의 영으로 그들을 (　　　)하시되 그들이 듣지 아니하므로 (　　　) 사람들의 손에 넘기시고도 주의 크신 (　　　)로 그들을 아주 (　　　)하지 아니하시며 (　　　)도 아니하셨사오니 주는 (　　　)로우시고 불쌍히 여기시는 (　　　)이심이니이다〉는 (　　　)장 (　　　)절이다.

**66.** 〈우리가 당한 모든 일에 주는 (　　　)로우시니 우리는 (　　　)을 행하였사오나 주께서는 (　　　)하게 행하셨음이니이다〉

**67.** 〈그들이 그 나라와 주께서 그들에게 베푸신 큰 (　　　)과 자기 앞에 주신 넓고 (　　　)진 땅을 누리면서도 (　　　)를 섬기지 아니하며 (　　　)을 그치지 아니하였으므로 우리가 오늘날 (　　　)이 되었는데 주께서 우리 (　　　)에게 주사 그것의 (　　　)를 먹고 그것의 아름다운 (　　　)을 누리게 하신 땅에서 우리가 (　　　)이 되었나이다〉는 (　　　)장 (　　　)절이다.

**68.** 〈혹시 이 땅 백성이 (　　　)에 물품이나 온갖 곡물을 가져다가 (　　　)려고 할지라도 우리가 (　　　)이나 성일에는 그들에게서 (　　　) 않겠고 일곱째 해마다 (　　　)을 쉬게 하고 모든 (　　　)을 탕감하리라〉는 (　　　)장 (　　　)절이다.

69. 〈백성의 지도자들은 ( )에 거주하였고 그 남은 백성은 ( ) 뽑아 십분의 일은 거룩한 성 ( )에서 거주하게 하고 그 십분의 구는 다른 ( )에 거주하게 하였으며〉는 ( )장 ( )절이다.

70. 〈예루살렘에 거주하기를 ( )하는 모든 자를 위하여 백성들이 ( )을 빌었느니라〉

71. 〈예루살렘 성벽을 ( )하게 되니 각처에서 ( ) 사람들을 찾아 예루살렘으로 데려다가 ( )하며 노래하며 제금을 치며 ( )와 수금을 타며 즐거이 ( )을 행하려 하매〉

72. 〈( )과 레위 사람들에게 돌릴 것 곧 ( )에 정한 대로 거제물과 처음 익은 것과 ( )를 모든 성읍 밭에서 거두어 이 ( )에 쌓게 하였노니 이는 유다 사람이 섬기는 ( )과 레위 사람들로 말미암아 ( )하기 때문이라〉는 ( )장 ( )절이다.

73. 〈이는 그들이 ( )과 물로 이스라엘 자손을 ( )하지 아니하고 도리어 ( )에게 뇌물을 주어 ( )하게 하였음이라 그러나 우리 ( )이 그 저주를 돌이켜 ( )이 되게 하셨다〉에서 '그들'은 누구입니까?

74. 〈예루살렘에 이르러서야 ( )이 도비야를 위하여 ( )의 전 뜰에 방을 만든 ( )한 일을 안지라〉는 ( )장 ( )절이다.

**75.** 〈내가 심히 근심하여 (　　　　)의 세간을 그 방 밖으로 다 (　　　　) 던지고 명령하여 그 (　　　　)을 정결하게 하고 하나님의 (　　　　)의 그릇과 소제물과 유향을 (　　　　) 그리로 들여놓았느니라〉는 (　　　　)장 (　　　　)절이다.

**76.** 〈(　　　　)과 각양 물건 파는 자들이 한두 번 (　　　　) 성 밖에서 자므로 내가 그들에게 (　　　　)하여 이르기를 너희가 어찌하여 (　　　　) 밑에서 자느냐 다시 이같이 하면 내가 (　　　　)리라 하였더니 그 후부터는 (　　　　)에 그들이 다시 오지 아니하였느니라〉는 (　　　　)장 (　　　　)절이다.

**77.** 〈내가 또 (　　　　) 사람들에게 몸을 (　　　　)하게 하고 와서 성문을 지켜서 (　　　　)을 거룩하게 하라 하였느니라 내 (　　　　)이여 나를 위하여 이 일도 (　　　　)하시옵고 주의 크신 (　　　　)대로 나를 아끼시옵소서〉는 (　　　　)장 (　　　　)절이다.

**78.** 〈너희가 (　　　　) 여인을 아내로 맞아 이 모든 큰 (　　　　)을 행하여 우리 하나님께 (　　　　) 하는 것을 우리가 어찌 용납하겠느냐〉는 (　　　　)장 (　　　　)절이다.

**79.** 〈내 하나님이여 나를 (　　　　)하사 복을 주옵소서〉는 (　　　　)장 (　　　　)절이다.

## 에스더

**80.** 〈아하수에로는 (　　　　)로부터 구스까지 (　　　　) 지방을 다스

리는 왕이라〉는 (　　　　)장 (　　　　)절이다.

**81.** 〈왕이 여러 날 곧 (　　　　) 일 동안에 그의 영화로운 나라의 (　　　　)과 위엄의 혁혁함을 나타내니라〉

**82.** 〈아하수에로 왕이 명령하여 왕후 (　　　　)를 청하여도 오지 아니하였다 하는 (　　　　)의 행위의 소문이 모든 (　　　　)에게 전파되면 그들도 그들의 (　　　　)을 멸시할 것인즉〉

**83.** 〈그 왕후의 자리를 그보다 나은 사람에게 주소서〉는 누가 누구에게 한 말이며, '그'는 누구입니까?

**84.** 〈도성 (　　　　)에 한 유대인이 있으니 이름은 (　　　　)라 그는 베냐민 자손이니 (　　　　)의 증손이요 (　　　　)의 손자요 야일의 아들이라〉는 (　　　　)장 (　　　　)절이다.

**85.** 〈그의 삼촌의 딸 하닷사 곧 (　　　　)는 부모가 없었으나 용모가 (　　　　) 아리따운 처녀라 그의 부모가 죽은 후에 (　　　　)가 자기 딸같이 양육하더라〉

**86.** 에스더는 어느 왕의 왕후가 되었습니까? 에스더는 어느 나라, 어느 지파 자손입니까?

**87.** 〈그들이 (　　　　)의 민족을 하만에게 알리므로 하만이 (　　　　)만 죽이는 것이 부족하다고 생각하고 (　　　　)의 온 나라에 있는 유다인 곧 (　　　　)의 민족 을 다 (　　　　)하고자 하더라〉

**88.** 〈이에 그 (　　　　)를 역졸에게 맡겨 왕의 각 (　　　　)에 보내니 열두째 달 곧 아달월 십삼 일 (　　　　) 동안에 모든 유다인을 (　　　　) 늙은이 어린이 여인들을 막론하고 (　　　　)이고 도륙하고 진멸하고 또 그 (　　　　)을 탈취하라 하였고〉는 (　　　　)장 (　　　　)절이다.

**89.** 〈왕의 명령과 (　　　　)가 각 지방에 이르매 (　　　　)이 크게 애통하여 (　　　　)하며 울며 부르짖고 굵은 (　　　　) 옷을 입고 재에 누운 자가 무수하더라〉는 (　　　　)장 (　　　　)절이다.

**90.** 〈(　　　　)을 진멸하라고 수산 궁에서 내린 (　　　　) 초본을 하닥에게 주어 (　　　　)에게 보여 알게 하고 또 그에게 부탁하여 (　　　　)에게 나아가서 그 앞에서 자기 (　　　　)을 위하여 간절히 구하라 하니〉

**91.** 〈이때에 네가 만일 (　　　　)하여 말이 없으면 (　　　　)은 다른 데로 말미암아 놓임과 (　　　　)을 얻으려니와 너와 네 아버지 집은 (　　　　)하리라 네가 (　　　　)의 자리를 얻은 것이 이때를 (　　　　)이 아닌지 누가 알겠느냐〉에서 '너'는 누구입니까?

**92.** 〈죽으면 죽으리이다〉는 누가 누구에게 한 말입니까?

**93.** 〈왕이 이르되 왕후 (　　　　)여 그대의 소원이 무엇이며 (　　　　)가 무엇이냐 나라의 (　　　　)이라도 그대에게 주겠노라〉는 (　　　　)장 (　　　　)절이다.

**94.** 〈그의 (　　　) 세레스와 모든 친구들이 이르되 (　　　)가 오십 규빗 되는 나무를 세우고 내일 왕에게 (　　　)를 그 나무에 매달기를 구하고 왕과 함께 즐거이 (　　　)에 가소서〉에서 '오십 규빗'을 m로 환산하십시오.(1규빗은 약 46cm)

**95.** 〈그 속에 기록하기를 (　　　)을 지키던 왕의 두 (　　　) 빅다나와 데레스가 (　　　) 왕을 암살하려는 음모를 (　　　)가 고발하였다 하였는지라〉는 (　　　)장 (　　　)절이다.

**96.** 〈(　　　)이 왕복과 말을 가져다가 (　　　)에게 옷을 입히고 말을 태워 (　　　) 중 거리로 다니며 그 앞에서 (　　　)하되 왕이 (　　　)하게 하시기를 원하시는 (　　　)에게는 이같이 할 것이라 하니라〉는 (　　　)장 (　　　)절이다.

**97.** 〈(　　　)가 이르되 대적과 원수는 이 악한 (　　　)이니이다 하니 (　　　)이 왕과 왕후 앞에서 (　　　)하거늘〉는 (　　　)장 (　　　)절이다.

**98.** 하만이 모르드개를 달려고 자기 집에 세운 나무에 결국은 누가 달리게 되었습니까?

**99.** 〈에스더가 (　　　)는 자기에게 어떻게 관계됨을 (　　　)께 아뢰었으므로 (　　　)가 왕 앞에 나오니 왕이 (　　　)에게서 거둔 반지를 빼어 (　　　)에게 준지라〉는 (　　　)장 (　　　)절이다.

**100.** 〈나를 좋게 보실진대 (　　　)를 내리사 아각 사람 함므다다의

아들 (          )이 왕의 각 지방에 있는 (          )을 진멸하려고 꾀하고 쓴 (          )를 철회하소서〉는 누가 누구에게 한 말입니까?

**101.** 〈왕의 (          )이 이르는 각 지방, 각 읍에서 (          )이 즐기고 기뻐하여 잔치를 베풀고 그날을 (          )로 삼으니〉는 (          )장 (          )절이다.

**102.** 〈모르드개가 왕궁에서 (          )하여 점점 창대하매 이 사람 모르드개의 (          )이 각 지방에 퍼지더라〉는 (          )장 (          )절이다.

**103.** 〈곧 함므다다의 (          )요 유다인들의 대적 하만의 (          ) 아들을 죽였으나 그들의 (          )에는 손을 대지 아니하였더라〉

**104.** 〈각 지방, 각 읍, 각 집에서 (          ) 이 두 날을 기념하여 지키되 이 (          )을 유다인 중에서 (          )하지 않게 하고 그들의 (          )이 계속해서 기념하게 하였더라〉는 (          )장 (          )절이다.

**105.** 유다인 (          )가 아하수에로 왕의 (          )이 되고 유다인 중에 크게 (          )받고 그의 허다한 형제에게 (          )을 받고 그의 백성의 (          )을 도모하며 그의 모든 종족을 (          )하였더라〉는 (          )장 (          )절이다.

**106.** 오늘 읽은 말씀 중 가장 좋아하는 성구를 외워 쓰십시오.

# 18 구약(개역개정판) 성경대학문제

**이사야 1-33장**

(        )년 (      )월 (      )일        이름 (          )

**1.** 〈(          ) 들으라 땅이여 (          )를 기울이라 여호와께서 말씀하시기를 내가 (          )을 양육하였거늘 그들이 나를 (          )하였도다〉에서 '자식'은 누구를 말합니까?

**2.** 〈(          )는 그 임자를 알고 (          )는 그 주인의 구유를 알건마는 (          )은 알지 못하고 나의 (          )은 깨닫지 못하는도다〉는 (          )장 (          )절이다.

**3.** 〈만군의 (          )께서 우리를 위하여 (          )를 조금 남겨 두지 아니하셨더면 우리가 (          ) 같고 고모라 같았으리로다〉

**4.** 〈(          )께서 말씀하시되 오라 우리가 서로 변론하자 너희의 (          )가 주홍 같을지라도 (          )과 같이 희어질 것이요 (          ) 같이 붉을지라도 (          ) 같이 희게 되리라〉는 (          )장 (          )절이다.

**5.** 〈시온은 (          )로 구속함을 받고 그 돌아온 자들은 (          )로 구속함을 받으리라 그러나 (          ) 자와 죄인은 함께 (          )하

고 여호와를 버린 자도 (　　　　)할 것이라〉는 (　　　　)장 (　　　　) 절이다.

**6.** 〈그날에 (　　　　)이 높은 자가 낮아지며 (　　　　)한 자가 굴복되고 여호와께서 홀로 (　　　　)을 받으시리라〉

**7.** 〈너희는 (　　　　)을 의지하지 말라 그의 (　　　　)은 코에 있나니〉는 (　　　　)장 (　　　　)절이다.

**8.** 〈예루살렘이 멸망하였고 (　　　　)가 엎드러졌음은 그들의 (　　　　)와 행위가 여호와를 거역하여 그의 (　　　　)의 눈을 범하였음이라〉는 (　　　　)장 (　　　　)절이다.

**9.** 〈너희는 의인에게 (　　　　)이 있으리라 말하라 그들은 그들의 행위의 (　　　　)를 먹을 것임이요〉는 (　　　　)장 (　　　　)절이다.

**10.** 〈(　　　　)에 남아 있는 자, (　　　　)에 머물러 있는 자 곧 (　　　　) 안에 생존한 자 중 기록된 모든 사람은 (　　　　)하다 칭함을 얻으리니〉는 (　　　　)장 (　　　　)절이다.

**11.** 〈(　　　　)을 파서 돌을 제하고 극상품 (　　　　)를 심었도다 그중에 (　　　　)를 세웠고 또 그 안에 (　　　　)을 팠도다 좋은 포도 맺기를 바랐더니 (　　　　)를 맺었도다〉는 (　　　　)장 (　　　　)절이다.

**12.** 〈무릇 만군의 여호와의 포도원은 (　　　　) 족속이요 그가 기뻐하시는 나무는 (　　　　) 사람이라 그들에게 (　　　　)를 바라셨더니

도리어 포학이요 그들에게 (　　　)를 바라셨더니 도리어 부르짖음이었도다〉

13. 〈오직 만군의 여호와는 (　　　)로우시므로 높임을 받으시며 거룩하신 하나님은 (　　　)로우시므로 거룩하다 일컬음을 받으시리니〉는 (　　　)장 (　　　)절이다.

14. 〈(　　　)을 선하다 하며 (　　　)을 악하다 하며 흑암으로 (　　　)을 삼으며 광명으로 (　　　)을 삼으며 쓴 것으로 (　　　) 것을 삼으며 단 것으로 (　　　) 것을 삼는 자들은 (　　　) 있을진저〉는 (　　　)장 (　　　)절이다.

15. 〈그때에 내가 말하되 (　　　)로다 나여 망하게 되었도다 나는 (　　　)이 부정한 사람이요 나는 (　　　)이 부정한 백성 중에 거주하면서 만군의 (　　　)이신 왕을 뵈었음이로다〉는 (　　　)장 (　　　)절이다.

16. 〈내가 또 주의 (　　　)를 들으니 주께서 이르시되 내가 누구를 (　　　) 누가 우리를 위하여 갈꼬 하시니 그때에 내가 이르되 내가 (　　　) 있나이다 나를 보내소서〉에서 '나'는 누구입니까?

17. 〈그중에 (　　　)의 일이 아직 남아 있을지라도 이것도 (　　　)하게 될 것이나 밤나무와 상수리나무가 베임을 당하여도 그 (　　　)는 남아 있는 것같이 거룩한 씨가 이 땅의 (　　　)니라〉는 (　　　)장 (　　　)절이다.

**18.** 〈(　　　)의 손자요 요담의 아들인 유다의 (　　　) 왕 때에 아람의 (　　　) 왕과 르말리야의 아들 이스라엘의 (　　　) 왕이 올라와서 (　　　)을 쳤으나 능히 이기지 못하니라〉는 (　　　)장 (　　　)절이다.

**19.** 〈주께서 친히 (　　　)를 너희에게 주실 것이라 보라 (　　　)가 잉태하여 (　　　)을 낳을 것이요 그 이름을 임마누엘이라 하리라〉에서 '임마누엘'은 누구의 이름입니까? 그리고 그 뜻은 무엇입니까? 신약의 마태복음 1장에서 찾아 쓰십시오.

**20.** 〈내가 내 (　　　)를 가까이하매 그가 임신하여 (　　　)을 낳은지라 여호와께서 내게 이르시되 그의 (　　　)을 마헬살랄하스바스라 하라〉는 (　　　)장 (　　　)절이다.

**21.** 〈너희는 함께 (　　　)하라 그러나 끝내 이루지 못하리라 (　　　)을 해보아라 끝내 시행되지 못하리라 이는 (　　　)이 우리와 함께 계심이니라〉

**22.** 〈만군의 (　　　) 그를 너희가 거룩하다 하고 그를 너희가 (　　　)하며 무서워할 자로 삼으라〉는 (　　　)장 (　　　)절이다.

**23.** 〈마땅히 율법과 증거의 (　　　)을 따를지니 그들이 말하는 바가 이 (　　　)에 맞지 아니하면 그들이 정녕 (　　　) 빛을 보지 못하고〉는 (　　　)장 (　　　)절이다.

**24.** 〈흑암에 행하던 백성이 큰 (　　　)을 보고 사망의 그늘진 땅에 거주하던 자에게 (　　　)이 비치도다〉는 (　　　)장 (　　　)절이다.

**25.** 〈이는 한 (　　　)가 우리에게 났고 한 (　　　)을 우리에게 주신 바 되었는데 그의 어깨에는 (　　　)를 메었고 그의 이름은 기묘자라, 모사라, 전능하신 (　　　)이라, 영존하시는 아버지라, 평강의 (　　　)이라 할 것임이라〉는 (　　　)장 (　　　)절이다.

**26.** 〈백성을 (　　　)하는 자가 그들을 미혹하니 (　　　)를 받는 자들이 (　　　)을 당하는도다〉

**27.** 〈앗수르 사람은 (　　　) 있을진저 그는 내 진노의 (　　　)요 그 손의 몽둥이는 내 (　　　)라〉는 (　　　)장 (　　　)절이다.

**28.** 〈내가 (　　　)와 그의 우상들에게 행함같이 (　　　)과 그의 우상들에게 행하지 못하겠느냐〉는 (　　　)장 (　　　)절이다.

**29.** 〈주께서 주의 (　　　)을 시온 산과 예루살렘에 다 행하신 후에 (　　　) 왕의 완악한 마음의 (　　　)와 높은 눈의 (　　　)을 벌하시리라〉

**30.** 〈(　　　)가 어찌 찍는 자에게 스스로 자랑하겠으며 (　　　)이 어찌 켜는 자에게 스스로 큰 체하겠느냐 이는 (　　　)가 자기를 드는 자를 움직이려 하며 (　　　)가 나무 아닌 사람을 들려 함과 같음이로다〉는 (　　　)장 (　　　)절이다.

**31.** 〈(          ) 자 곧 야곱의 남은 자가 능하신 (          )께로 돌아올 것이라〉

**32.** 〈내가 오래지 아니하여 네게는 (          )을 그치고 그들은 내 (          )로 멸하리라〉

**33.** 〈그날에 그의 무거운 (          )이 네 어깨에서 떠나고 그의 (          )가 네 목에서 벗어지되 기름진 까닭에 (          )가 부러지리라〉는 (          )장 (          )절이다.

**34.** 〈(          )의 줄기에서 한 싹이 나며 그 (          )에서 한 가지가 나서 (          )할 것이요 그의 위에 (          )의 영 곧 지혜와 (          )의 영이요 모략과 (          )의 영이요 지식과 (          )를 경외하는 영이 (          )하시리니〉는 (          )장 (          )절이다.

**35.** 〈그때에 이리가 어린 (          )과 함께 살며 표범이 어린 (          )와 함께 누우며 송아지와 어린 (          )와 살진 짐승이 함께 있어 어린 (          )에게 끌리며 암소와 (          )이 함께 먹으며 그것들의 (          )가 함께 엎드리며 사자가 (          )처럼 풀을 먹을 것이며 젖 먹는 (          )가 독사의 구멍에서 장난하며 젖 뗀 어린 (          )가 독사의 굴에 (          )을 넣을 것이라〉는 (          )장 (          )절이다.

**36.** 〈내 거룩한 산 (          ) 곳에서 해됨도 없고 (          )도 없을 것이니 이는 물이 (          )를 덮음같이 여호와를 아는 (          )이 세상에 충만할 것임이니라〉는 (          )장 (          )절이다.

**37.** 〈그날에 이새의 뿌리에서 한 (　　　)이 나서 만민의 기치로 설 것이요 (　　　)이 그에게로 돌아오리니 그가 거한 곳이 (　　　)로우리라〉에서 '이새'는 누구입니까?

**38.** 〈그의 (　　　) 있는 백성 곧 앗수르에서 (　　　) 자들을 위하여 큰 (　　　)이 있게 하시되 이스라엘이 (　　　) 땅에서 나오던 날과 같게 하시리라〉는 (　　　)장 (　　　)절이다.

**39.** 〈보라 하나님은 나의 (　　　)이시라 내가 신뢰하고 (　　　)이 없으리니 주 여호와는 나의 (　　　)이시며 나의 노래시며 나의 (　　　)이심이라〉는 (　　　)장 (　　　)절이다.

**40.** 〈그날에 너희가 또 말하기를 (　　　)께 감사하라 그의 (　　　)을 부르며 그의 행하심을 만국 중에 (　　　)하며 그의 (　　　)이 높다 하라〉는 (　　　)장 (　　　)절이다.

**41.** 〈너희는 (　　　)할지어다 여호와의 (　　　)이 가까웠으니 전능자에게서 (　　　)이 임할 것임이로다〉에서 '너희'는 누구입니까?

**42.** 〈내가 세상의 (　　　)과 악인의 죄를 벌하며 (　　　)한 자의 오만을 끊으며 (　　　)한 자의 거만을 낮출 것이며〉는 (　　　)장 (　　　)절이다.

**43.** 〈열국의 (　　　)이요 갈대아 사람의 자랑하는 (　　　)가 된 바벨론이 하나님께 멸망당한 소돔과 (　　　) 같이 되리니〉는 (　　　)장 (　　　)절이다.

**44.** 〈(          )이 그들을 데리고 그들의 (          )에 돌아오리니 이스라엘 족속이 (          )의 땅에서 그들을 얻어 (          )로 삼겠고 전에 자기를 사로잡던 자들을 (          )잡고 자기를 압제하던 자들을 (          )하리라〉는 (          )장 (          )절이다.

**45.** 〈여호와께서 악인의 (          )와 통치자의 (          )를 꺾으셨도다〉

**46.** 〈너 아침의 아들 (          )이여 어찌 그리 하늘에서 떨어졌으며 너 (          )을 엎은 자여 어찌 그리 (          )에 찍혔는고 네가 네 (          )에 이르기를 내가 하늘에 올라 (          )의 뭇별 위에 내 자리를 (          )리라 내가 북극 (          )의 산 위에 앉으리라 가장 높은 (          )에 올라가 지극히 높은 이와 (          )지리라 하는도다 그러나 이제 네가 (          ) 곧 구덩이 맨 (          )에 떨어짐을 당하리로다〉는 (          )장 (          )절이다.

**47.** 〈만군의 (          )께서 맹세하여 이르시되 내가 (          )한 것이 반드시 되며 내가 (          )한 것을 반드시 이루리라〉는 (          )장 (          )절이다.

**48.** 〈만군의 여호와께서 (          )하셨은즉 누가 능히 그것을 (          )하며 그의 손을 펴셨은즉 (          ) 능히 그것을 돌이키랴〉는 (          )장 (          )절이다.

**49.** 〈(          )에 모압 알이 망하여 (          )할 것이며 하룻밤에 모압 기르가 망하여 (          )할 것이라〉는 (          )장 (          )절이다.

**50.** 〈(　　　　)의 장막에 인자함으로 (　　　　)가 굳게 설 것이요 그 위에 앉을 자는 (　　　　)으로 판결하며 정의를 구하며 (　　　　)를 신속히 행하리라〉는 (　　　　)장 (　　　　)절이다.

**51.** 〈이제 (　　　　)께서 말씀하여 이르시되 (　　　　)의 정한 해와 같이 (　　　　) 년 내에 모압의 영화와 그 큰 무리가 (　　　　)을 당할지라〉는 (　　　　)장 (　　　　)절이다.

**52.** 〈(　　　　)의 요새와 다메섹 나라와 아람의 (　　　　) 자가 멸절하여 이스라엘 자손의 (　　　　) 같이 되리라 만군의 (　　　　)의 말씀이니라〉는 (　　　　)장 (　　　　)절이다.

**53.** 〈그날에 사람이 자기를 (　　　　) 이를 바라보겠으며 그의 눈이 이스라엘의 (　　　　)하신 이를 뵙겠고〉는 (　　　　)장 (　　　　)절이다.

**54.** 〈강성하여 (　　　　)을 밟는 백성이 만군의 여호와께 드릴 (　　　　)을 가지고 만군의 여호와의 (　　　　)을 두신 곳 (　　　　) 산에 이르리라〉는 (　　　　)장 (　　　　)절이다.

**55.** 〈너의 (　　　　)로운 자가 어디 있느냐 그들이 (　　　　)의 여호와께서 (　　　　)에 대하여 정하신 (　　　　)을 알 것이요 곧 네게 말할 것이니라〉는 (　　　　)장 (　　　　)절이다.

**56.** 〈그들이 그 (　　　　)하는 자들로 말미암아 (　　　　)께 부르짖겠고 여호와께서는 그들에게 한 (　　　　)이자 보호자를 보내사 그

들을 (                ) 것임이라〉에서 '그들'은 누구입니까?

**57.** 〈(                )께서 애굽을 치실지라도 치시고는 (                ) 것이므로 그들이 (                )께로 돌아올 것이라 여호와께서 그들의 (                ) 함을 들으시고 그들을 (                ) 주시리라〉

**58.** 〈그날에 (                )이 애굽 및 앗수르와 더불어 셋이 (                ) 중에 복이 되리니 이는 만군의 여호와께서 (                ) 주시며 이르시되 내 백성 (                )이여, 내 손으로 지은 (                )여, 나의 기업 이스라엘이여, (                )이 있을지어다〉는 (                )장 (                )절이다.

**59.** 〈여호와께서 이르시되 나의 종 (                )가 삼 년 동안 벗은 (                )과 벗은 발로 다니며 (                )과 구스에 대하여 징조와 (                )가 되었느니라 이와 같이 (                )의 포로와 구스의 사로잡힌 자가 (                ) 왕에게 끌려갈 때에 (                ) 자나 늙은 자가 다 벗은 (                )과 벗은 발로 볼기까지 드러내어 (                )의 수치를 보이리니〉는 (                )장 (                )절이다.

**60.** 〈파수꾼이 이르되 (                )이 오나니 (                )도 오리라〉는 (                )장 (                )절이다.

**61.** 〈데마 땅의 주민들아 (                )을 가져다가 목마른 자에게 주고 (                )을 가지고 도피하는 자를 (                )하라〉는 (                )장 (                )절이다.

**62.** 〈만군의 여호와께서 친히 내 (　　　)에 들려 이르시되 진실로 이 (　　　)은 너희가 죽기까지 (　　　)하지 못하리라〉는 (　　　)장 (　　　)절이다.

**63.** 〈내가 또 (　　　)의 집의 열쇠를 그의 어깨에 두리니 그가 (　　　) 닫을 자가 없겠고 닫으면 (　　　) 자가 없으리라〉는 (　　　)장 (　　　)절이다.

**64.** 〈만군의 (　　　)께서 그것을 정하신 것이라 모든 누리던 (　　　)를 욕되게 하시며 세상의 모든 (　　　)하던 자가 멸시를 받게 하려 하심이라〉는 (　　　)장 (　　　)절이다.

**65.** 〈그 (　　　)한 것과 이익을 거룩히 (　　　)께 돌리고 간직하거나 쌓아 두지 아니하리니 그 (　　　)한 것이 여호와 앞에 사는 자가 (　　　) 먹을 양식, 잘 입을 (　　　)이 되리라〉는 (　　　)장 (　　　)절이다.

**66.** 〈땅이 또한 그 (　　　) 아래서 더럽게 되었으니 이는 그들이 (　　　)을 범하며 율례를 어기며 영원한 (　　　)을 깨뜨렸음이라〉는 (　　　)장 (　　　)절이다.

**67.** 〈너희가 (　　　)에서 여호와를 영화롭게 하며 (　　　) 모든 섬에서 이스라엘의 하나님 여호와의 (　　　)을 영화롭게 할 것이라〉는 (　　　)장 (　　　)절이다.

**68.** 〈여호와여 주는 나의 (　　　)이시라 내가 주를 높이고 주의

(　　　　)을 찬송하오리니 주는 (　　　　)를 옛적에 정하신 뜻대로 (　　　　)과 진실함으로 행하셨음이라〉는 (　　　　)장 (　　　　)절이다.

**69.** 〈(　　　　)을 영원히 멸하실 것이라 주 (　　　　)께서 모든 얼굴에서 (　　　　)을 씻기시며 자기 백성의 (　　　　)를 온 천하에서 제하시리라 (　　　　)께서 이같이 말씀하셨느니라〉는 (　　　　)장 (　　　　)절이다.

**70.** 〈그날에 말하기를 이는 우리의 (　　　　)이시라 우리가 그를 기다렸으니 그가 우리를 (　　　　)하시리로다〉

**71.** 〈주께서 (　　　　)가 견고한 자를 평강하고 (　　　　)하도록 지키시리니 이는 그가 (　　　　)를 신뢰함이니이다〉는 (　　　　)장 (　　　　)절이다.

**72.** 〈의인의 길은 (　　　　)이여 정직하신 주께서 의인의 첩경을 (　　　　)하게 하시도다〉

**73.** 〈밤에 내 (　　　　)이 주를 사모하였사온즉 내 (　　　　)이 주를 간절히 구하오리니 이는 주께서 땅에서 (　　　　)하시는 때에 세계의 거민이 (　　　　)를 배움이니이다〉는 (　　　　)장 (　　　　)절이다.

**74.** 〈(　　　　) 우리 하나님이시여 주 외에 (　　　　) 주들이 우리를 관할하였사오나 우리는 (　　　　)만 의지하고 주의 (　　　　)을 부르리이다〉

**75.** 〈여호와여 그들이 (            ) 중에 주를 (            )하였사오며 주의 (            )이 그들에게 임할 때에 그들이 간절히 주께 (            )하였나이다〉

**76.** 〈주의 (            ) 자들은 살아나고 그들의 (            )은 일어나리이다 (            )에 누운 자들아 너희는 깨어 (            )하라 주의 이슬은 빛난 이슬이니 땅이 (            )을 내놓으리로다〉는 (            )장 (            )절이다.

**77.** 〈그날에 (            )께서 그의 견고하고 크고 강한 (            )로 날랜 뱀 리워야단 곧 꼬불꼬불한 (            ) 리워야단을 벌하시며 바다에 있는 (            )을 죽이시리라〉는 (            )장 (            )절이다.

**78.** 〈그날에 너희는 아름다운 (            )을 두고 노래를 부를지어다 나 (            )는 포도원지기가 됨이여 때때로 (            )을 주며 밤낮으로 (            )하여 아무든지 이를 (            )치지 못하게 하리로다〉는 (            )장 (            )절이다.

**79.** 〈후일에는 (            )의 뿌리가 박히며 이스라엘의 움이 돋고 (            )이 필 것이라 그들이 그 (            )로 지면을 채우리로다〉는 (            )장 (            )절이다.

**80.** 〈그날에 큰 (            )을 불리니 앗수르 땅에서 (            )하는 자들과 애굽 땅으로 (            ) 자들이 돌아와서 예루살렘 (            )에서 여호와께 (            )하리라〉는 (            )장 (            )절이다.

**81.** 〈그날에 만군의 (        )께서 자기 백성의 남은 자에게 영화로운 (        )이 되시며 아름다운 (        )이 되실 것이라〉는 (        )장 (        )절이다.

**82.** 〈너희는 (        )한 자가 되지 말라 너희 (        )이 단단해질까 하노라 대저 온 땅을 (        )시키기로 작정하신 것을 내가 만군의 주 (        )께로부터 들었느니라〉는 (        )장 (        )절이다.

**83.** 〈주께서 이르시되 이 백성이 (        )으로는 나를 가까이하며 입술로는 나를 (        )하나 그들의 (        )은 내게서 멀리 떠났나니 그들이 나를 (        )함은 사람의 계명으로 (        )을 받았을 뿐이라〉는 (        )장 (        )절이다.

**84.** 〈너희의 (        )함이 심하도다 (        )를 어찌 진흙같이 여기겠느냐 (        )을 받은 물건이 어찌 자기를 (        ) 이에게 대하여 이르기를 그가 나를 (        ) 아니하였다 하겠으며 (        )을 받은 물건이 자기를 (        ) 이에게 대하여 이르기를 그가 (        )이 없다 하겠느냐〉는 (        )장 (        )절이다.

**85.** 〈그날에 (        ) 듣는 사람이 책의 (        )을 들을 것이며 (        ) 캄캄한 데에서 맹인의 눈이 (        ) 것이며〉

**86.** 〈(        )한 자에게 여호와로 말미암아 (        )이 더하겠고 사람 중 (        ) 자가 이스라엘의 거룩하신 이로 말미암아 (        )하리니〉는 (        )장 (        )절이다.

**87.** 〈그들이 다 자기를 (        )하게 하지 못하는 (        )으로 말미암아 수치를 당하리니 그 (        )이 돕지도 못하며 (        )하게도 못하고 수치가 되게 하며 (        )이 되게 할 뿐임이니라〉

**88.** 〈주 (        ) 이스라엘의 거룩하신 이가 이같이 (        )하시되 너희가 돌이켜 조용히 있어야 (        )을 얻을 것이요 잠잠하고 (        )하여야 힘을 얻을 것이거늘〉

**89.** 〈(        )께서 기다리시나니 이는 너희에게 (        )를 베풀려 하심이요 일어나시리니 이는 너희를 (        )히 여기려 하심이라 대저 여호와는 (        )의 하나님이심이라 그를 기다리는 자마다 (        )이 있도다〉는 (        )장 (        )절이다.

**90.** 〈네가 (        )에 뿌린 종자에 주께서 (        )를 주사 땅이 먹을 것을 내며 (        )이 풍성하고 기름지게 하실 것이며 그날에 네 (        )이 광활한 목장에서 먹을 것이요〉

**91.** 〈여호와께서 자기 백성의 (        )를 싸매시며 그들의 (        ) 자리를 고치시는 날에는 (        )은 햇빛 같겠고 (        )은 일곱 배가 되어 일곱 날의 (        )과 같으리라〉는 (        )장 (        )절이다.

**92.** 〈여호와께서 예정하신 (        )를 앗수르 위에 더하실 때마다 (        )를 치며 수금을 탈 것이며 그는 (        ) 때에 팔을 들어 그들을 치시리라〉는 (        )장 (        )절이다.

**93.** 〈도움을 구하러 (          )으로 내려가는 자들은 화 있을진저 그들은 (          )을 의지하며 (          )의 많음과 마병의 심히 강함을 의지하고 (          )의 거룩하신 이를 (          )하지 아니하며 (          )를 구하지 아니하나니〉

**94.** 〈애굽은 사람이요 (          )이 아니며 그들의 말들은 육체요 (          )이 아니라 여호와께서 그의 손을 펴시면 (          ) 자도 넘어지며 (          )을 받는 자도 엎드러져서 다 함께 (          )하리라〉

**95.** 〈새가 날개 치며 그 (          )를 보호함같이 나 만군의 여호와가 (          )을 보호할 것이라 그것을 (          )하며 건지며 뛰어넘어 (          )하리라〉는 (          )장 (          )절이다.

**96.** 〈보라 장차 한 (          )이 공의로 통치할 것이요 (          )이 정의로 다스릴 것이며〉는 (          )장 (          )절이다.

**97.** 〈존귀한 자는 (          )한 일을 계획하나니 그는 항상 (          )한 일에 서리라〉

**98.** 〈마침내 위에서부터 (          )을 우리에게 부어 주시리니 광야가 아름다운 (          )이 되며 아름다운 밭을 (          )으로 여기게 되리라〉는 (          )장 (          )절이다.

**99.** 〈공의의 열매는 (          )이요 공의의 결과는 영원한 (          )과 안전이라〉는 (          )장 (          )절이다.

**100.** 〈모든 물가에 (            )를 뿌리고 (            )와 나귀를 그리로 모는 너희는 (            )이 있느니라〉

**101.** 〈여호와여 우리에게 (            )를 베푸소서 우리가 주를 (            )하오니 주는 아침마다 우리의 (            )이 되시며 환난 때에 우리의 (            )이 되소서〉는 (            )장 (            )절이다.

**102.** 〈네 시대에 (            )이 있으며 구원과 (            )와 지식이 풍성할 것이니 (            )를 경외함이 네 (            )니라〉

**103.** 〈오직 (            )롭게 행하는 자, (            ) 말하는 자, 토색한 (            )을 가증히 여기는 자, 손을 흔들어 (            )을 받지 아니하는 자, (            )를 막아 피 흘리려는 (            )를 듣지 아니하는 자, (            )을 감아 악을 보지 아니하는 자, 그는 (            ) 곳에 거하리니 견고한 (            )가 그의 요새가 되며 그의 (            )은 공급되고 그의 (            )은 끊어지지 아니하리라〉는 (            )장 (            )절이다.

**104.** 〈대저 여호와는 우리 (            )이시요 여호와는 우리에게 (            )을 세우신 이요 여호와는 우리의 (            )이시니 그가 우리를 (            )하실 것임이라〉는 (            )장 (            )절이다.

**105.** 오늘 읽은 말씀 중 가장 좋아하는 성경 구절을 외워 쓰십시오.

# 19 구약(개역개정판) 성경대학문제

이사야 34-66장

(　　　)년 (　　)월 (　　)일　　　이름 (　　　)

**1.** 〈하늘의 (　　　)이 사라지고 하늘들이 (　　　) 같이 말리되 그 만상의 쇠잔함이 포도나무 (　　　)이 마름 같고 무화과나무 (　　　)이 마름 같으리라〉는 (　　　)장 (　　　)절이다.

**2.** 〈너희는 여호와의 (　　　)에서 찾아 읽어보라 이것들 가운데서 (　　　) 것이 하나도 없고 제 (　　　)이 없는 것이 없으리니 이는 여호와의 (　　　)이 이를 명령하셨고 그의 (　　　)이 이것들을 모으셨음이라〉는 (　　　)장 (　　　)절이다.

**3.** 〈(　　　)와 메마른 땅이 기뻐하며 사막이 (　　　) 같이 피어 즐거워하며 무성하게 피어 (　　　) 노래로 즐거워하며 레바논의 (　　　)과 갈멜과 사론의 (　　　)을 얻을 것이라 그것들이 여호와의 (　　　) 곧 우리 하나님의 아름다움을 보리로다〉는 (　　　)장 (　　　)절이다.

**4.** 〈뜨거운 사막이 변하여 (　　　)이 될 것이며 메마른 땅이 변하여 (　　　)이 될 것이며 승냥이의 눕던 곳에 (　　　)과 갈대와 부들이 날 것이며〉

**5.** 〈거기에 (          )가 있어 그 길을 (          )한 길이라 일컫는바 되리니 (          )하지 못한 자는 지나가지 못하겠고 오직 (          )을 입은 자들을 위하여 있게 될 것이라 (          )한 행인은 그 길로 다니지 못할 것이며〉

**6.** 〈여호와의 (          )을 받은 자들이 돌아오되 (          )하며 시온에 이르러 그들의 (          ) 위에 영영한 희락을 띠고 (          )과 즐거움을 얻으리니 (          )과 탄식이 사라지리로다〉는 (          )장 (          )절이다.

**7.** 〈(          ) 왕 십사 년에 앗수르 왕 (          )이 올라와서 유다의 모든 견고한 (          )을 쳐서 취하니라〉는 (          )장 (          )절이다.

**8.** 〈보라 네가 (          )을 믿는도다 그것은 상한 갈대 (          )와 같은 것이라 사람이 그것을 (          )하면 손이 찔리리니 애굽 왕 (          )는 그를 믿는 모든 자에게 이와 같으니라〉는 (          )장 (          )절이다.

**9.** 〈보라 내가 (          )을 그의 속에 두리니 그가 (          )을 듣고 그의 고국으로 (          ) 것이며 또 내가 그를 그의 고국에서 (          )에 죽게 하리라〉는 (          )장 (          )절이다.

**10.** 〈(          ) 사이에 계신 이스라엘 하나님 (          )의 여호와여 주는 천하 만국에 (          )하신 하나님이시라 주께서 (          )를 만드셨나이다〉는 (          )장 (          )절이다.

11. 〈우리 ( ) 여호와여 이제 우리를 그의 손에서 ( ) 하사 천하 만국이 주만이 ( )이신 줄을 알게 하옵소서〉는 ( )장 ( )절이다.

12. 〈( ) 족속 중에 피하여 ( ) 자는 다시 아래로 ( )를 박고 위로 ( )를 맺으리니〉

13. 〈대저 내가 ( )를 위하며 내 종 ( )을 위하여 이 성을 보호하며 ( )하리라〉

14. 〈여호와의 ( )가 나가서 앗수르 진중에서 ( ) 오천 인을 쳤으므로 ( )에 일찍이 일어나 본즉 시체뿐이라〉는 ( )장 ( )절이다.

15. 〈( )가 얼굴을 벽으로 향하고 여호와께 ( )하여 이르되 여호와여 ( )하오니 내가 주 앞에서 ( )과 전심으로 행하며 주의 목전에서 ( )하게 행한 것을 기억하옵소서 하고 ( )가 심히 통곡하니〉는 ( )장 ( )절이다.

16. 〈너는 가서 ( )에게 이르기를 네 조상 ( )의 하나님 여호와께서 이같이 ( )하시기를 내가 네 ( )를 들었고 네 ( )을 보았노라 내가 네 수한에 ( ) 년을 더하고〉에서 '너'는 누구입니까?

17. 〈보옵소서 내게 큰 ( )을 더하신 것은 내게 ( )을 주려

하심이라 주께서 내 (　　　)을 사랑하사 멸망의 (　　　)에서 건지셨고 내 모든 (　　　)를 주의 등 뒤에 던지셨나이다〉

**18.** 〈여호와께서 나를 (　　　)하시리니 우리가 (　　　)토록 여호와의 전에서 (　　　)으로 나의 노래를 노래하리로다〉는 (　　　)장 (　　　)절이다.

**19.** 〈그때에 발라단의 아들 (　　　) 왕 므로닥발라단이 히스기야가 (　　　) 들었다가 나았다 함을 듣고 (　　　)에게 글과 예물을 보낸지라〉는 (　　　)장 (　　　)절이다.

**20.** 〈이사야가 이르되 그들이 왕의 (　　　)에서 무엇을 보았나이까 하니 (　　　)가 대답하되 그들이 내 (　　　)에 있는 것을 다 보았나이다 내 (　　　)에 있는 것으로 보이지 아니한 (　　　)이 하나도 없나이다〉에서 '그들'은 누구입니까?

**21.** 〈보라 날이 이르리니 네 (　　　)에 있는 모든 소유와 네 (　　　)이 오늘까지 쌓아 둔 것이 모두 (　　　)으로 옮긴 바 되고 남을 것이 없으리라 (　　　)의 말이니라〉는 (　　　)장 (　　　)절이다.

**22.** 〈외치는 자의 (　　　)여 이르되 너희는 광야에서 (　　　)의 길을 예비하라 사막에서 우리 (　　　)의 대로를 평탄하게 하라〉

**23.** 〈풀은 마르고 (　　　)은 시드나 우리 하나님의 (　　　)은 영원히 서리라〉는 (　　　)장 (　　　)절이다.

24. 〈아름다운 ( )을 시온에 전하는 자여 너는 ( ) 산에 오르라 아름다운 ( )을 예루살렘에 전하는 자여 너는 힘써 ( )를 높이라 두려워하지 말고 ( )를 높여 유다의 성읍들에게 이르기를 너희의 ( )을 보라 하라〉

25. 〈그는 목자같이 ( ) 떼를 먹이시며 어린 양을 그 팔로 모아 ( )에 안으시며 젖먹이는 암컷들을 ( ) 인도하시리로다〉는 ( )장 ( )절이다.

26. 〈누가 손바닥으로 ( )을 헤아렸으며 뼘으로 ( )을 쟀으며 땅의 티끌을 ( )에 담아 보았으며 접시 저울로 ( )을, 막대 저울로 ( )을 달아 보았으랴〉

27. 〈우상은 ( )이 부어 만들었고 ( )이 금으로 입혔고 또 ( ) 사슬을 만든 것이니라〉

28. 〈너희는 ( )을 높이 들어 누가 이 모든 것을 ( )하였나 보라 주께서는 ( )대로 만상을 이끌어 내시고 그들의 모든 ( )을 부르시나니 그의 권세가 크고 그의 ( )이 강하므로 하나도 ( )이 없느니라〉는 ( )장 ( )절이다.

29. 〈( )이라도 피곤하며 곤비하며 ( )이라도 넘어지며 쓰러지되 오직 ( )를 앙망하는 자는 새 힘을 얻으리니 ( )가 날개치며 올라감 같을 것이요 ( )하여도 곤비하지 아니하겠고 걸어가도 ( )하지 아니하리로다〉는 ( )장 ( )절이다.

**30.** 〈나의 (　　　) 너 이스라엘아 내가 택한 야곱아 나의 (　　　) 아브라함의 자손아 내가 땅 (　　　)에서부터 너를 붙들며 땅 (　　　)에서부터 너를 부르고 네게 이르기를 너는 나의 (　　　) 이라 내가 너를 (　　　)하고 싫어하여 (　　　) 아니하였다 하였노라〉는 (　　　)장 (　　　)절이다.

**31.** 〈두려워하지 말라 내가 너와 (　　　) 함이라 놀라지 말라 나는 네 (　　　)이 됨이라 내가 너를 (　　　) 하리라 참으로 너를 (　　　) 주리라 참으로 나의 의로운 (　　　)으로 너를 붙들리라〉는 (　　　)장 (　　　)절이다.

**32.** 〈버러지 같은 너 (　　　)아, 너희 이스라엘 사람들아 (　　　)워하지 말라 나 (　　　)가 말하노니 내가 너를 (　　　) 것이라 네 구속자는 (　　　)의 거룩한 이이니라〉

**33.** 〈가련하고 가난한 자가 (　　　)을 구하되 물이 없어서 (　　　)으로 그들의 (　　　)가 마를 때에 나 여호와가 그들에게 (　　　)하겠고 나 이스라엘의 (　　　)이 그들을 버리지 아니할 것이라〉는 (　　　)장 (　　　)절이다.

**34.** 〈그들이 부어 만든 (　　　)은 바람이요 공허한 것뿐이니라〉는 (　　　)장 (　　　)절이다.

**35.** 〈내가 (　　　) 나의 종, 내 마음에 (　　　)하는 자 곧 내가 (　　　)한 사람을 보라 내가 나의 (　　　)을 그에게 주었은즉 그가 이방에 (　　　)를 베풀리라〉는 (　　　)장 (　　　)절이다.

**36.** 〈상한 (　　　)를 꺾지 아니하며 꺼져가는 (　　　)을 끄지 아니하고 진실로 (　　　)를 시행할 것이며〉는 (　　　)장 (　　　)절이다.

**37.** 〈나 (　　　)가 의로 너를 불렀은즉 내가 네 (　　　)을 잡아 너를 (　　　)하며 너를 세워 백성의 언약과 이방의 (　　　)이 되게 하리니 네가 (　　　) 자들의 눈을 밝히며 갇힌 자를 (　　　)에서 이끌어 내며 흑암에 앉은 자를 (　　　)에서 나오게 하리라〉는 (　　　)장 (　　　)절이다.

**38.** 〈(　　　)하는 자들과 바다 가운데의 (　　　)과 섬들과 거기에 사는 사람들아 (　　　)께 새 노래로 노래하며 땅끝에서부터 (　　　)하라〉

**39.** 〈여호와께서 (　　　) 같이 나가시며 (　　　) 같이 분발하여 외쳐 크게 부르시며 그 (　　　)을 크게 치시리로다〉

**40.** 〈조각한 (　　　)을 의지하며 부어 만든 (　　　)을 향하여 너희는 우리의 (　　　)이라 하는 자는 물리침을 받아 크게 (　　　)를 당하리라〉는 (　　　)장 (　　　)절이다.

**41.** 〈이스라엘아 너를 (　　　) 이가 말씀하시느니라 너는 (　　　)워하지 말라 내가 너를 (　　　)하였고 내가 너를 (　　　)하여 불렀나니 너는 (　　　) 것이라〉는 (　　　)장 (　　　)절이다.

**42.** 〈네가 (　　　) 가운데로 지날 때에 내가 너와 (　　　) 할 것이

라 강을 건널 때에 (　　　)이 너를 침몰하지 못할 것이며 네가 (　　　) 가운데로 지날 때에 (　　　) 아니할 것이요 (　　　)이 너를 사르지도 못하리니 대저 나는 (　　　) 네 하나님이요 이스라엘의 (　　　)한 이요 네 (　　　)임이라〉는 (　　　)장 (　　　)절이다.

**43.** 〈내 (　　　)으로 불려지는 모든 자 곧 내가 내 (　　　)을 위하여 (　　　)한 자를 오게 하라 그를 내가 (　　　) 그를 내가 만들었느니라〉는 (　　　)장 (　　　)절이다.

**44.** 〈나 (　　　)가 말하노라 너희는 나의 (　　　), 나의 종으로 (　　　)을 입었나니 이는 너희가 나를 (　　　) 믿으며 내가 (　　　) 줄 깨닫게 하려 함이라 나의 (　　　) 지음을 받은 신이 없었느니라 나의 (　　　) 없으리라〉는 (　　　)장 (　　　)절이다.

**45.** 〈나 곧 나는 (　　　)라 나 외에 (　　　)가 없느니라〉

**46.** 〈너희는 이전 일을 (　　　)하지 말며 옛날 일을 (　　　)하지 말라 보라 내가 (　　　) 일을 행하리니 이제 (　　　)낼 것이라 너희가 그것을 (　　　) 못하겠느냐 반드시 내가 (　　　)에 길을 (　　　)에 강을 내리니〉는 (　　　)장 (　　　)절이다.

**47.** 〈이 (　　　)은 내가 나를 위하여 지었나니 나를 (　　　)하게 하려 함이니라〉는 (　　　)장 (　　　)절이다.

**48.** 〈나 곧 나는 나를 위하여 네 (　　　)을 도말하는 자니 네 죄를

(　　　)하지 아니하리라〉는 (　　　)장 (　　　)절이다.

**49.** 〈너를 만들고 너를 (　　　)에서부터 지어낸 너를 도와줄 (　　　)가 이같이 말하노라 나의 종 (　　　), 내가 택한 여수룬아 (　　　)하지 말라〉는 (　　　)장 (　　　)절이다.

**50.** 〈이스라엘의 (　　　)인 여호와, 이스라엘의 (　　　)인 만군의 여호와가 이같이 말하노라 나는 (　　　)이요 나는 마지막이라 나 외에 다른 (　　　)이 없느니라〉는 (　　　)장 (　　　)절이다.

**51.** 〈(　　　)을 만드는 자는 다 (　　　)하도다 그들이 원하는 것들은 (　　　)한 것이거늘 그것들의 (　　　)은 보지도 못하며 알지도 못하니 그러므로 (　　　)를 당하리라〉는 (　　　)장 (　　　)절이다.

**52.** 〈(　　　) 이스라엘아 이 일을 기억하라 너는 내 (　　　)이니라 내가 너를 지었으니 너는 내 (　　　)이니라 이스라엘아 너는 나에게 (　　　)지지 아니하리라〉는 (　　　)장 (　　　)절이다.

**53.** 〈내가 네 (　　　)을 빽빽한 구름같이, 네 (　　　)를 안개같이 없이하였으니 너는 내게로 (　　　)오라 내가 너를 (　　　)하였음이니라〉

**54.** 〈(　　　)에 대하여는 이르기를 내 (　　　)라 그가 나의 모든 (　　　)을 성취하리라 하며 예루살렘에 대하여는 이르기를 (　　　)되리라 하며 성전에 대하여는 네 (　　　)가 놓여지리라〉

**55.** 〈(          ) 뜨는 곳에서든지 지는 곳에서든지 나밖에 (          ) 이가 없는 줄을 알게 하리라 나는 (          )라 다른 이가 없느니라〉는 (          )장 (          )절이다.

**56.** 〈나는 (          )도 짓고 어둠도 창조하며 나는 (          )도 짓고 환난도 창조하나니 나는 (          )라〉

**57.** 〈(          ) 조각 중 한 조각 같은 자가 자기를 (          ) 이와 더불어 다툴진대 (          ) 있을진저 진흙이 (          )에게 너는 무엇을 만드느냐 또는 네가 (          ) 것이 그는 (          )이 없다 말할 수 있겠느냐〉는 (          )장 (          )절이다.

**58.** 〈내가 (          )로 그를 일으킨지라 그의 모든 (          )을 곧게 하리니 그가 나의 성읍을 (          )할 것이며 사로잡힌 내 (          )을 값이나 갚음이 없이 (          )리라 만군의 여호와의 (          )이니라〉

**59.** 〈이스라엘은 (          )께 구원을 받아 영원한 (          )을 얻으리니 너희가 영원히 (          )을 당하거나 (          )을 받지 아니하리로다〉

**60.** 〈대저 여호와께서 이같이 말씀하시되 (          )을 창조하신 이 그는 하나님이시니 그가 (          )을 지으시고 그것을 만드셨으며 그것을 (          )하게 하시되 혼돈하게 (          )하지 아니하시고 (          )이 거주하게 그것을 지으셨으니 나는 (          )라 나 외에 다른 이가 없느니라〉는 (          )장 (          )절이다.

**61.** 〈( )의 모든 끝이여 내게로 돌이켜 ( )을 받으라 나는 ( )이라 다른 이가 없느니라〉

**62.** 〈( ) 자손은 다 여호와로 말미암아 ( )롭다 함을 얻고 ( )하리라 하느니라〉는 ( )장 ( )절이다.

**63.** 〈너희가 ( )에 이르기까지 내가 그리하겠고 ( )이 되기까지 내가 너희를 ( )을 것이라 내가 지었은즉 내가 ( ) 것이요 내가 품고 ( )하여 내리라〉는 ( )장 ( )절이다.

**64.** 〈너희는 ( ) 일을 기억하라 나는 ( )이라 나 외에 다른 ( )가 없느니라 나는 ( )이라 나 같은 ( )가 없느니라〉

**65.** 〈내가 나의 ( )를 가깝게 할 것인즉 그것이 ( ) 아니하나니 나의 구원이 ( )하지 아니할 것이라 내가 나의 ( )인 이스라엘을 위하여 ( )을 시온에 베풀리라〉는 ( )장 ( )절이다.

**66.** 〈우리의 ( )는 그의 이름이 만군의 여호와 ( )의 거룩한 이시니라〉는 ( )장 ( )절이다.

**67.** 〈내 ( )을 위하여 내가 노하기를 더디할 것이며 내 ( )을 위하여 내가 참고 너를 ( )하지 아니하리라〉는 ( )장 ( )절이다.

**68.** 〈보라 내가 너를 (　　　　)하였으나 은처럼 하지 아니하고 너를 (　　　　)의 풀무 불에서 택하였노라〉

**69.** 〈과연 내 손이 (　　　　)의 기초를 정하였고 내 오른손이 (　　　　)을 폈나니 내가 그들을 부르면 그것들이 (　　　　) 서느니라〉

**70.** 〈너희의 (　　　　)시요 이스라엘의 거룩하신 이이신 (　　　　)께서 이르시되 나는 네게 (　　　　)하도록 가르치고 너를 마땅히 (　　　　)할 길로 인도하는 네 하나님 (　　　　)라〉

**71.** 〈네가 나의 (　　　　)에 주의하였더라면 네 (　　　　)이 강과 같았겠고 네 (　　　　)가 바다 물결 같았을 것이며 네 (　　　　)이 모래 같았겠고 네 몸의 (　　　　)이 모래알 같아서 그의 (　　　　)이 내 앞에서 끊어지지 아니하였겠고 (　　　　)지지 아니하였으리라〉는 (　　　　)장 (　　　　)절이다.

**72.** 〈여호와께서 그들을 (　　　　)으로 통과하게 하시던 때에 그들이 (　　　　)마르지 아니하게 하시되 그들을 위하여 (　　　　)에서 물이 흘러나게 하시며 (　　　　)를 쪼개사 (　　　　)이 솟아나게 하셨느니라〉

**73.** 〈(　　　　)께서 말씀하시되 악인에게는 (　　　　)이 없다 하셨느니라〉는 (　　　　)장 (　　　　)절이다.

**74.** 〈(　　　　)께서 말씀하시나니 그는 (　　　　)에서부터 나를 그의 (　　　　)으로 지으신 이시요 (　　　　)을 그에게로 돌아오게

하시는 이시니 (        )이 그에게로 모이는도다 그러므로 내가 (        ) 보시기 에 (        )롭게 되었으며 나의 하나님은 나의 (        )이 되셨도다〉는 (        )장 (        )절이다.

**75.** 〈그가 이르시되 네가 나의 (        )이 되어 야곱의 (        )을 일으키며 이스라엘 중에 (        )된 자를 돌아오게 할 것은 매우 (        ) 일이라 내가 또 너를 이방의 (        )으로 삼아 나의 (        )을 베풀어서 땅 끝까지 이르게 하리라〉

**76.** 〈이스라엘의 (        ) 이스라엘의 거룩한 이이신 (        )께서 사람에게 (        )를 당하는 자, 백성에게 (        )을 받는 자, 관원들에게 (        )이 된 자에게 이같이 이르시되 (        )이 보고 일어서며 고관들이 (        )하리니 이는 이스라엘의 (        )하신 이 신실하신 여호와 그가 너를 (        )하였음이니라〉

**77.** 〈여호와께서 이같이 이르시되 (        )의 때에 내가 네게 응답하였고 (        )의 날에 내가 너를 도왔도다 내가 장차 너를 (        )하여 너를 백성의 (        )으로 삼으며 나라를 일으켜 그들에게 그 (        )하였던 땅을 기업으로 (        )하게 하리라〉는 (        )장 (        )절이다.

**78.** 〈여인이 어찌 그 (        ) 먹는 자식을 잊겠으며 자기 (        )에서 난 아들을 (        ) 여기지 않겠느냐 그들은 (        ) 잊을지라도 나는 너를 (        ) 아니할 것이라〉는 (        )장 (        )절이다.

**79.** 〈(　　　　)은 네 양부가 되며 (　　　　)은 네 유모가 될 것이며 그들이 (　　　　)을 땅에 대고 네게 (　　　　)하고 네 발의 (　　　　)을 핥을 것이니 네가 나를 (　　　　)인 줄을 알리라 나를 바라는 자는 (　　　　)를 당하지 아니하리라〉는 (　　　　)장 (　　　　)절이다.

**80.** 〈주 여호와께서 (　　　　)들의 혀를 내게 주사 나로 (　　　　)한 자를 말로 어떻게 도와줄 줄을 알게 하시고 (　　　　)마다 깨우치시되 나의 (　　　　)를 깨우치사 (　　　　) 같이 알아듣게 하시도다〉는 (　　　　)장 (　　　　)절이다.

**81.** 〈보라 주 (　　　　)께서 나를 도우시리니 나를 (　　　　)할 자 누구냐 보라 그들은 다 (　　　　)과 같이 해어지며 (　　　　)이 그들을 먹으리라〉

**82.** 〈너희 중에 여호와를 (　　　　)하며 그의 종의 목소리를 (　　　　)하는 자가 누구냐 흑암 중에 행하여 (　　　　)이 없는 자라도 여호와의 (　　　　)을 의뢰하며 자기 하나님께 의지할지어다〉는 (　　　　)장 (　　　　)절이다.

**83.** 〈너희의 조상 (　　　　)과 너희를 낳은 (　　　　)를 생각하여 보라 (　　　　)이 혼자 있을 때에 내가 그를 부르고 그에게 (　　　　)을 주어 창성하게 하였느니라〉는 (　　　　)장 (　　　　)절이다.

**84.** 〈너희는 (　　　　)로 눈을 들며 그 아래의 (　　　　)을 살피라 하늘이 (　　　　) 같이 사라지고 땅이 (　　　　) 같이 해어지며 거기에 사는 자들이 (　　　　) 같이 죽으려니와 나의 (　　　　)은 영원

히 있고 나의 (            )는 폐하여지지 아니하리라〉

**85.** 〈여호와께 (            ) 받은 자들이 돌아와 (            )하며 시온으로 돌아오니 영원한 (            )이 그들의 머리 위에 있고 (            )과 탄식이 달아나리이다〉는 (            )장 (            )절이다.

**86.** 〈좋은 소식을 전하며 (            )를 공포하며 복된 좋은 (            )을 가져오며 (            )을 공포하며 시온을 향하여 이르기를 네 (            )이 통치하신다 하는 자의 산을 넘는 (            )이 어찌 그리 아름다운가〉는 (            )장 (            )절이다.

**87.** 〈여호와께서 너희 (            ) 행하시며 이스라엘의 하나님이 너희 (            ) 호위하시리니 너희가 황급히 나오지 아니하며 (            ) 하듯 다니지 아니하리라〉는 (            )장 (            )절이다.

**88.** 〈그는 (            )를 받아 사람들에게 버림받았으며 (            )를 많이 겪었으며 (            )를 아는 자라 마치 사람들이 그에게서 (            )을 가리는 것같이 (            )를 당하였고 우리도 그를 (            ) 여기지 아니하였도다〉는 (            )장 (            )절이다.

**89.** 〈그가 (            )은 우리의 허물 때문이요 그가 (            )은 우리의 죄악 때문이라 그가 (            )를 받으므로 우리는 평화를 누리고 그가 (            )에 맞으므로 우리는 나음을 받았도다〉

**90.** 〈우리는 다 (            ) 같아서 그릇 행하여 각기 제 (            )로 갔거늘 여호와께서는 우리 모두의 (            )을 그에게 담당시키셨도

다〉는 (　　　)장 (　　　)절이다.

**91.** 〈그가 많은 사람의 (　　　)를 담당하며 범죄자를 위하여 (　　　)하였느니라〉는 (　　　)장 (　　　)절이다.

**92.** 〈너를 지으신 이가 네 (　　　)이시라 그의 이름은 만군의 (　　　)이시며 네 구속자는 이스라엘의 (　　　) 이시라 그는 온 땅의 (　　　)이라 일컬음을 받으실 것이라〉는 (　　　)장 (　　　)절이다.

**93.** 〈(　　　)이 떠나며 언덕들은 옮겨질지라도 나의 (　　　)는 네게서 떠나지 아니하며 나의 (　　　)의 언약은 흔들리지 아니하리라 너를 (　　　) 여기시는 여호와께서 말씀하셨느니라〉

**94.** 〈네 모든 자녀는 여호와의 (　　　)을 받을 것이니 네 자녀에게는 큰 (　　　)이 있을 것이며〉는 (　　　)장 (　　　)절이다.

**95.** 〈오호라 너희 모든 목마른 자들아 (　　　)로 나아오라 (　　　) 없는 자도 오라 너희는 와서 사 먹되 (　　　) 없이, 값 없이 와서 포도주와 (　　　)을 사라〉는 (　　　)장 (　　　)절이다.

**96.** 〈너희는 (　　　)를 기울이고 내게로 나아와 들으라 그리하면 너희의 (　　　)이 살리라 내가 너희를 위하여 영원한 (　　　)을 맺으리니 곧 다윗에게 허락한 확실한 (　　　)이니라〉

**97.** 〈너희는 (　　　)를 만날 만한 때에 찾으라 (　　　) 계실 때에

그를 부르라〉는 (            )장 (            )절이다.

**98.** 〈(            )은 그의 길을, (            )한 자는 그의 생각을 버리고 (            )께로 돌아오라 그리하면 그가 (            ) 여기시리라 우리 (            )께로 돌아오라 그가 너그럽게 (            )하시리라〉

**99.** 〈내 입에서 나가는 (            )도 이와 같이 헛되이 내게로 되돌아오지 아니하고 나의 (            )하는 뜻을 이루며 내가 보낸 일에 (            )함이니라〉는 (            )장 (            )절이다.

**100.** 〈(            )을 지켜 더럽히지 아니하며 그의 (            )을 금하여 모든 (            )을 행하지 아니하여야 하나니 이와 같이 (            ) 사람, 이와 같이 굳게 잡는 사람은 (            )이 있느니라〉는 (            )장 (            )절이다.

**101.** 〈여호와와 (            )하여 그를 섬기며 여호와의 (            )을 사랑하며 그의 종이 되며 (            )을 지켜 더럽히지 아니하며 나의 (            )을 굳게 지키는 (            )마다 내가 곧 그들을 나의 (            )으로 인도하여 (            )하는 내 집에서 그들을 (            )게 할 것이며 그들의 번제와 (            )을 나의 제단에서 기꺼이 받게 되리니 이는 내 집은 만민이 (            )하는 집이라 일컬음이 될 것임이라〉는 (            )장 (            )절이다.

**102.** 〈그들은 (            )에 들어갔나니 바른(            )로 가는 자들은 그들의 (            )에서 편히 쉬리라〉는 (            )장 (            )절이다.

**103.** 〈나를 (          )하는 자는 땅을 차지하겠고 나의 거룩한 산을 (          )으로 얻으리라〉

**104.** 〈내가 (          ) 거룩한 곳에 있으며 또한 (          )하고 마음이 (          )한 자와 함께 있나니 이는 (          )한 자의 영을 소생시키며 (          )하는 자의 마음을 소생시키려 함이라〉

**105.** 〈내 (          )의 말씀에 악인에게는 (          )이 없다 하셨느니라〉는 (          )장 (          )절이다.

**106.** 〈내가 기뻐하는 (          )은 흉악의 결박을 풀어 주며 (          )의 줄을 끌러 주며 (          )당하는 자를 자유하게 하며 모든 (          )를 꺾는 것이 아니겠느냐 또 주린 자에게 네 (          )을 나누어 주며 유리하는 (          )을 집에 들이며 (          ) 자를 보면 입히며 또 네 (          )을 피하여 스스로 (          ) 아니하는 것이 아니겠느냐 그리하면 네 (          )이 새벽같이 비칠 것이며 네 (          )가 급속할 것이며 네 (          )가 네 앞에 행하고 여호와의 (          )이 네 뒤에 호위하리니 네가 부를 때에는 나 (          )가 응답하겠고 네가 부르짖을 때에는 내가 (          ) 있다 하리라〉는 (          )장 (          )절이다.

**107.** 〈(          ) 자에게 네 심정이 동하며 (          )하는 자의 심정을 만족하게 하면 네 (          )이 흑암 중에서 떠올라 네 어둠이 (          )과 같이 될 것이며 여호와가 너를 항상 (          )하여 메마른 곳에서도 네 (          )을 만족하게 하며 네 (          )를 견고하게 하리니 너는 물 댄 (          ) 같겠고 물이 끊어지지 아니하는

(　　　　) 같을 것이라〉는 (　　　　)장 (　　　　)절이다.

**108.** 〈여호와의 손이 짧아 (　　　　)하지 못하심도 아니요 (　　　　)가 둔하여 듣지 못하심도 아니라 오직 너희 (　　　　)이 너희와 너희 하나님 사이를 (　　　　) 놓았고 너희 죄가 그의 (　　　　)을 가리어서 너희에게서 (　　　　) 않으시게 함이니라〉는 (　　　　)장 (　　　　)절이다.

**109.** 〈여호와의 말씀이니라 (　　　　)가 시온에 임하며 야곱의 자손 가운데에서 (　　　　)를 떠나는 자에게 임하리라〉는 (　　　　)장 (　　　　)절이다.

**110.** 〈일어나라 (　　　　)을 발하라 이는 네 (　　　　)이 이르렀고 여호와의 (　　　　)이 네 위에 임하였음이니라〉는 (　　　　)장 (　　　　)절이다.

**111.** 〈전에는 네가 (　　　　)을 당하며 미움을 당하였으므로 네게로 (　　　　) 자가 없었으나 이제는 내가 너를 (　　　　)한 아름다움과 대대의 (　　　　)이 되게 하리니〉는 (　　　　)장 (　　　　)절이다.

**112.** 〈주 여호와의 (　　　　)이 내게 내리셨으니 이는 여호와께서 내게 (　　　　)을 부으사 가난한 자에게 아름다운 (　　　　)을 전하게 하려 하심이라 〉는 (　　　　)장 (　　　　)절이다.

**113.** 〈그들의 (　　　　)을 뭇 나라 가운데에, 그들의 (　　　　)을 만민 가운데에 알리리니 무릇 이를 (　　　　) 자가 그들은 여호와께

(　　　)받은 자손이라 인정하리라〉는 (　　　)장 (　　　)절이다.

**114.** 〈여호와께서 그 (　　　), 그 능력의 팔로 맹세하시되 내가 다시는 네 (　　　)을 네 원수들에게 (　　　)으로 주지 아니하겠고 네가 (　　　)하여 얻은 포도주를 (　　　)이 마시지 못하게 할 것인즉 오직 (　　　)한 자가 그것을 먹고 나 여호와를 (　　　) 할 것이요〉는 (　　　)장 (　　　)절이다.

**115.** 〈사람들이 너를 일컬어 (　　　)한 백성이라 여호와께서 (　　　)하신 자라 하겠고 또 너를 일컬어 (　　　) 바 된 자요 버림받지 아니한 (　　　)이라 하리라〉는 (　　　)장 (　　　)절이다.

**116.** 〈내가 여호와께서 우리에게 베푸신 모든 (　　　)와 그의 찬송을 말하며 그의 (　　　)을 따라, 그의 많은 (　　　)를 따라 이스라엘 집에 베푸신 큰 (　　　)을 말하리라〉는 (　　　)장 (　　　)절이다.

**117.** 〈여호와의 (　　　)이 그들을 골짜기로 내려가는 (　　　) 같이 편히 쉬게 하셨도다 주께서 이와 같이 주의 (　　　)을 인도하사 (　　　)을 영화롭게 하셨나이다〉는 (　　　)장 (　　　)절이다.

**118.** 〈(　　　) 외에는 자기를 (　　　)하는 자를 위하여 이런 일을 행한 (　　　)을 옛부터 들은 자도 없고 (　　　)로 들은 자도 없고 (　　　)으로 본 자도 없었나이다〉는 (　　　)장 (　　　)절이다.

**119.** 〈여호와여, 이제 주는 우리 (          )시니이다 우리는 진흙이요 주는 (          )시니 우리는 다 주의 (          )으로 지으신 것이니이다〉는(          )장 (          )절이다.

**120.** 〈보라 내가 (          ) 하늘과 새 땅을 창조하나니 (          ) 것은 기억되거나 마음에 (          )나지 아니할 것이라〉는 (          )장 (          )절이다.

**121.** 〈거기는 날 수가 많지 못하여 죽는 (          )와 수한이 차지 못한 (          )이 다시는 없을 것이라 곧 (          ) 세에 죽는 자를 젊은이라 하겠고 (          ) 세가 되지 못하여 죽는 자는 (          ) 받은 자이리라〉는 (          )장 (          )절이다.

**122.** 〈(          )와 어린 양이 함께 먹을 것이며 (          )가 소처럼 짚을 먹을 것이며 (          )은 흙을 양식으로 삼을 것이니 나의 (          )에서는 해함도 없겠고 (          )도 없으리라 여호와께서 말씀하시니라〉는 (          )장 (          )절이다.

**123.** 〈나 (          )가 말하노라 내 손이 이 (          ) 것을 지었으므로 그들이 생겼느니라 무릇 (          )이 가난하고 심령에 (          )하며 내 말을 듣고 (          ) 자 그 사람은 내가 돌보려니와〉는 (          )장 (          )절이다.

**124.** 〈(          )가 자식을 위로함같이 내가 너희를 (          )할 것인즉 너희가 (          )에서 위로를 받으리니〉는 (          )장 (          )절이다.

**125.** 〈내가 지을 (　　　) 하늘과 새 땅이 내 앞에 (　　　) 있는 것 같이 너희 자손과 너희 (　　　)이 항상 있으리라 여호와의 말이니라〉는 (　　　)장 (　　　)절이다.

**126.** 오늘 읽은 말씀 중 가장 좋아하는 성경 구절을 외워 쓰십시오.

# 20 구약(개역개정판) 성경대학문제

예레미야 1-30장

(　　　)년 (　　)월 (　　)일　　　이름 (　　　)

1. 〈내가 너를 (　　　)에 짓기 전에 너를 알았고 네가 (　　　)에서 나오기 전에 너를 (　　　)하였고 너를 여러 나라의 (　　　)로 세웠노라〉는 (　　　)장 (　　　)절이다.

2. 〈여호와께서 내게 이르시되 너는 (　　　)라 말하지 말고 내가 (　　　) 누구에게 보내든지 너는 가며 내가 네게 무엇을 (　　　) 하든지 너는 (　　　)할지니라〉에서 '너'는 누구입니까?

3. 〈(　　　)께서 그의 손을 내밀어 내 (　　　)에 대시며 여호와께서 내게 이르시되 보라 내가 내 (　　　)을 네 입에 두었노라〉는 (　　　)장 (　　　)절이다.

4. 〈여호와의 (　　　)이 또 내게 임하니라 이르시되 (　　　)야 네가 무엇을 보느냐 하시매 내가 대답하되 내가 (　　　) 가지를 보나이다 여호와께서 내게 이르시되 네가 (　　　) 보았도다 이는 내가 내 (　　　)을 지켜 그대로 (　　　) 함이라 하시니라〉

5. 〈여호와의 (　　　)이 다시 내게 임하니라 대답하되 네가

(　　　)을 보느냐 이르시되 끓는 (　　　)를 보나이다 그 윗면이 (　　　)에서부터 기울어졌나이다 하니 (　　　)께서 내게 이르시되 (　　　)이 북방에서 일어나 이 땅의 모든 (　　　)에게 부어지리라〉는 (　　　)장 (　　　)절이다.

**6.** 〈보라 내가 (　　　) 너를 그 온 땅과 (　　　) 왕들과 그 지도자들과 그 (　　　)과 그 땅 (　　　) 앞에 견고한 성읍, 쇠기둥, (　　　)이 되게 하였은즉 그들이 너를 (　　　) 너를 이기지 못하리니 이는 내가 너와 (　　　) 하여 너를 (　　　)할 것임이니라 (　　　)의 말이니라〉는 (　　　)장 (　　　)절이다.

**7.** 〈(　　　)은 여호와를 위한 성물 곧 그의 소산 중 첫 (　　　)이니 그를 삼키는 자면 모두 (　　　)을 받아 재앙이 그들에게 닥치리라 (　　　)의 말씀이니라〉는 (　　　)장 (　　　)절이다.

**8.** 〈내 백성이 두 가지 (　　　)을 행하였나니 곧 그들이 (　　　)의 근원 되는 나를 버린 것과 스스로 (　　　)를 판 것인데 그것은 그 (　　　)을 가두지 못할 터진 웅덩이들이니라〉

**9.** 〈네 (　　　)이 너를 징계하겠고 네 (　　　)이 너를 (　　　) 할 것이라 그런즉 네 하나님 여호와를 (　　　)과 네 속에 나를 (　　　)이 없는 것이 악이요 (　　　)인 줄 알라 주 만군의 (　　　)의 말씀이니라〉는 (　　　)장 (　　　)절이다.

**10.** 〈내가 너를 (　　　)한 참 종자 곧 귀한 (　　　)로 심었거늘 내게 대하여 이방 포도나무의 (　　　)한 가지가 됨은 어찌 됨이냐〉

**11.** 〈그들이 (          )를 향하여 너는 나의 (          )라 하며 (          )을 향하여 너는 나를 낳았다 하고 그들의 (          )을 내게로 돌리고 그들의 (          )은 내게로 향하지 아니하다가 그들이 (          )을 당할 때에는 이르기를 일어나 우리를 (          )하소서 하리라〉

**12.** 〈너를 위하여 네가 만든 네 (          )이 어디 있느냐 그들이 네가 (          )을 당할 때에 (          )할 수 있으면 일어날 것이니라 (          )여 너의 신들이 너의 성읍 수와 같도다〉는 (          )장 (          )절이다.

**13.** 〈처녀가 어찌 그의 (          )을 잊겠느냐 신부가 어찌 그의 (          )을 잊겠느냐 오직 내 (          )은 나를 잊었나니〉는 (          )장 (          )절이다.

**14.** 〈네가 (          )하는 자들을 나 (          )가 버렸으므로 네가 그들로 말미암아 (          )하지 못할 것임이라〉는 (          )장 (          )절이다.

**15.** 〈네 (          )을 들어 헐벗은 산을 보라 네가 (          )하지 아니한 곳이 어디 있느냐 네가 (          ) 가에 앉아 사람들을 기다린 것이 (          )에 있는 아라바 사람 같아서 (          )과 행악으로 이 땅을 더럽혔도다 그러므로 (          )가 그쳤고 늦은 비가 없어졌느니라〉는 (          )장 (          )절이다.

**16.** 〈너는 가서 (          )을 향하여 이 말을 (          )하여 이르라 여호와께서 이르시되 (          )한 이스라엘아 돌아오라 나의 (          )

한 얼굴을 너희에게로 향하지 아니하리라 나는 (          )이 있는 자라 (          )를 한없이 품지 아니하느니라〉

**17.** 〈여호와의 말씀이니라 (          )한 자식들아 돌아오라 나는 너희 (          )임이라〉

**18.** 〈내가 또 내 마음에 합한 (          )을 너희에게 주리니 그들이 (          )과 명철로 너희를 (          )하리라〉는 (          )장 (          )절이다.

**19.** 〈그때에 (          ) 족속이 이스라엘 족속과 (          )하여 북에서부터 나와서 내가 너희 (          )에게 기업으로 준 땅에 그들이 (          ) 이르리라〉

**20.** 〈그런데 이스라엘 족속아 마치 (          )가 그의 남편을 속이고 (          ) 같이 너희가 확실히 나를 속였느니라 (          )의 말씀이니라〉는 (          )장 (          )절이다.

**21.** 〈(          )한 자식들아 돌아오라 내가 너희의 (          )을 고치리라〉는 (          )장 (          )절이다.

**22.** 〈여호와께서 이르시되 (          )아 네가 돌아오려거든 내게로 돌아오라 네가 만일 나의 (          )에서 (          )한 것을 버리고 네가 흔들리지 아니하며 (          )과 정의와 공의로 여호와의 삶을 두고 (          )하면 나라들이 나로 말미암아 스스로 (          )을 빌며 나로 말미암아 (          )하리라〉는 (          )장 (          )절이다.

23. 〈예루살렘아 네 마음의 (　　　)을 씻어 버리라 그리하면 (　　　)을 얻으리라 네 (　　　)한 생각이 네 속에 얼마나 오래 머물겠느냐〉는 (　　　)장 (　　　)절이다.

24. 〈내 (　　　)은 나를 알지 못하는 어리석은 자요 (　　　)이 없는 미련한 자식이라 (　　　)을 행하기에는 지각이 있으나 (　　　)을 행하기에는 무지하도다〉는 (　　　)장 (　　　)절이다.

25. 〈(　　　)께서 이와 같이 말씀하시길 이 (　　　) 땅이 황폐할 것이나 내가 (　　　)하지는 아니할 것이며〉는 (　　　)장 (　　　)절이다.

26. 〈너희는 (　　　) 거리로 빨리 다니며 그 넓은 (　　　)에서 찾아보고 알라 너희가 만일 (　　　)를 행하며 진리를 구하는 자를 (　　　) 사람이라도 찾으면 내가 이 성읍을 (　　　) 하리라〉는 (　　　)장 (　　　)절이다.

27. 〈그들이 여호와를 (　　　)하지 아니하며 말하기를 (　　　)께서는 계시지 아니하니 (　　　)이 우리에게 임하지 아니할 것이요 우리가 (　　　)과 기근을 보지 아니할 것이며〉

28. 〈너는 그들에게 이르기를 너희가 (　　　)를 버리고 너희 땅에서 이방 (　　　)을 섬겼은즉 이와 같이 너희 것이 아닌 땅에서 (　　　)을 섬기리라 하라〉

29. 〈내가 (　　　)를 두어 바다의 한계를 삼되 그것으로 (　　　)한

한계를 삼고 지나치지 못하게 하였으므로 (　　　　)가 거세게 이나 그것을 (　　　　) 못하며 뛰노나 그것을 (　　　　) 못하느니라〉

**30.** 〈선지자들은 (　　　　)을 예언하며 제사장들은 자기 (　　　　)으로 다스리며 내 백성은 그것을 (　　　　) 여기니 마지막에는 너희가 어찌하려느냐〉는 (　　　　)장 (　　　　)절이다.

**31.** 〈예루살렘아 너는 (　　　　)를 받으라 그리하지 아니하면 내 (　　　　)이 너를 싫어하고 너를 (　　　　)하게 하여 주민이 없는 땅으로 만들리라〉는 (　　　　)장 (　　　　)절이다.

**32.** 〈그들이 가장 작은 자로부터 큰 자까지 다 (　　　　)을 부리며 선지자로부터 제사장까지 다 (　　　　)을 행함이라〉

**33.** 〈내가 이 백성에게 (　　　　)을 내리리니 이것이 그들의 (　　　　)의 결과라 그들이 내 (　　　　)을 듣지 아니하며 내 (　　　　)을 거절하였음이니라〉는 (　　　　)장 (　　　　)절이다.

**34.** 〈너희 길과 (　　　　)를 바르게 하라 그리하면 내가 너희로 이곳에 (　　　　) 하리라〉는 (　　　　)장 (　　　　)절이다.

**35.** 〈(　　　　)과 고아와 과부를 (　　　　)하지 아니하며 무죄한 자의 (　　　　)를 이곳에서 흘리지 아니하며 다른 (　　　　) 뒤를 따라 화를 (　　　　)하지 아니하면 내가 너희를 이곳에 살게 하리니 곧 너희 (　　　　)에게 영원무궁토록 준 땅에니라〉(　　　　)장 (　　　　)절이다.

**36.** 〈너희는 내 ( )를 들으라 그리하면 나는 너희 ( )이 되겠고 너희는 내 ( )이 되리라 너희는 내가 명령한 모든 ( )로 걸어가라 그리하면 ( )을 받으리라〉는 ( )장 ( )절이다.

**37.** 〈힌놈의 아들 ( )에 도벳 사당을 건축하고 그들의 ( )을 불에 살랐나니 내가 ( )하지 아니하였고 내 마음에 ( )하지도 아니한 일이니라〉는 ( )장 ( )절이다.

**38.** 〈공중의 ( )은 그 정한 시기를 알고 산비둘기와 ( )와 두루미는 그들이 올 ( )를 지키거늘 내 백성은 여호와의 ( )를 알지 못하도다〉는 ( )장 ( )절이다.

**39.** 〈어찌하면 내 ( )는 물이 되고 내 눈은 ( ) 근원이 될꼬 죽임을 당한 ( ) 내 백성을 위하여 ( )로 울리로다〉는 ( )장 ( )절이다.

**40.** 〈그들의 ( )는 죽이는 화살이라 ( )을 말하며 입으로는 그 이웃에게 ( )를 말하나 마음으로는 ( )를 꾸미는도다〉

**41.** 〈( )하는 자는 이것으로 자랑할지니 곧 ( )하여 나를 아는 것과 나 여호와는 ( )과 정의와 공의를 땅에 ( )하는 자인 줄 깨닫는 것이라〉는 ( )장 ( )절이다.

**42.** 〈오직 ( )는 참 하나님이시요 ( ) 계신 하나님이시요

영원한 (　　　)이시라〉는 (　　　)장 (　　　)절이다.

**43.** 〈(　　　)를 짓지 아니한 신들은 땅 위에서, 이 (　　　) 아래에서 망하리라〉

**44.** 〈(　　　)마다 자기의 조각한 (　　　)으로 말미암아 수치를 당하나니 이는 그가 부어 만든 (　　　)은 거짓이요 그 속에 (　　　)가 없음이라〉는 (　　　)장 (　　　)절이다.

**45.** 〈(　　　)들은 어리석어 여호와를 찾지 아니하므로 (　　　) 하지 못하며 그 모든 (　　　)는 흩어졌도다〉는 (　　　)장 (　　　)절이다.

**46.** 〈여호와여 나를 (　　　)하옵시되 너그러이 하시고 (　　　)로 하지 마옵소서 주께서 내가 (　　　) 하실까 두려워하나이다〉는 (　　　)장 (　　　)절이다.

**47.** 〈너희는 내 (　　　)를 순종하고 나의 모든 (　　　)을 따라 행하라 그리하면 너희는 내 (　　　)이 되겠고 나는 너희의 (　　　)이 되리라〉는 (　　　)장 (　　　)절이다.

**48.** 〈그들이 내 (　　　) 듣기를 거절한 자기들의 선조의 (　　　)으로 돌아가서 다른 (　　　)을 따라 섬겼은즉 이스라엘 집과 (　　　) 집이 내가 그들의 조상들과 맺은 (　　　)을 깨뜨렸도다〉는 (　　　)장 (　　　)절이다.

**49.** 〈(　　　　)로 판단하시며 사람의 (　　　　)을 감찰하시는 만군의 여호와여 나의 (　　　　)을 주께 아뢰었사오니 그들에게 대한 주의 (　　　　)을 내가 보리이다〉는 (　　　　)장 (　　　　)절이다.

**50.** 〈여호와여 내가 주와 (　　　　)할 때에는 주께서 (　　　　)로우시니이다 그러나 내가 (　　　　)께 질문하옵나니 악한 자의 길이 (　　　　)하며 반역한 자가 다 (　　　　)은 무슨 까닭이니이까〉는 (　　　　)장 (　　　　)절이다.

**51.** 〈내가 그들을 (　　　　) 낸 후에 내가 돌이켜 그들을 (　　　　) 여겨서 각 사람을 그들의 (　　　　)으로, 각 사람을 그 땅으로 (　　　　) 인도하리니〉는 (　　　　)장 (　　　　)절이다.

**52.** 〈(　　　　)께서 이와 같이 말씀하시니라 내가 (　　　　)의 교만과 예루살렘의 큰 (　　　　)을 이같이 썩게 하리라〉는 (　　　　)장 (　　　　)절이다.

**53.** 〈너희는 들을지어다, (　　　　)를 기울일지어다, (　　　　)하지 말지어다, 여호와께서 (　　　　)하셨음이라〉는 (　　　　)장 (　　　　) 절이다.

**54.** 〈여호와여 우리의 (　　　　)이 우리에게 대하여 (　　　　)할지라도 주는 주의 (　　　　)을 위하여 일하소서 우리의 (　　　　)이 많으니이다 우리가 주께 (　　　　)하였나이다〉는 (　　　　)장 (　　　　)절이다.

**55.** 〈너는 이 말로 그들에게 이르라 내 (　　　)이 밤낮으로 그치지 아니하고 (　　　)을 흘리리니 이는 처녀 딸 내 백성이 큰 (　　　), 중한 상처로 말미암아 (　　　)함이라〉

**56.** 〈주의 (　　　)을 위하여 우리를 (　　　)하지 마옵소서 주의 영광의 보좌를 (　　　)되게 마옵소서 주께서 우리와 세우신 (　　　)을 기억하시고 (　　　)하지 마옵소서〉는 (　　　)장 (　　　)절이다.

**57.** 〈유다 왕 히스기야의 아들 (　　　)가 예루살렘에 (　　　) 것으로 말미암아 내가 그들을 (　　　) 여러 민족 가운데에 흩으리라〉는 (　　　)장 (　　　)절이다.

**58.** 〈여호와께서 이르시되 내가 진실로 너를 (　　　)하게 할 것이요 너에게 (　　　)을 받게 할 것이며 내가 진실로 네 (　　　)로 재앙과 환난의 때에 네게 (　　　)하게 하리라〉

**59.** 〈내가 너를 (　　　) 자의 손에서 건지며 무서운 자의 손에서 (　　　)하리라〉는 (　　　)장 (　　　)절이다.

**60.** 〈(　　　) 자손을 북방 땅과 그 쫓겨났던 모든 나라에서 (　　　)하여 내신 여호와께서 (　　　) 계심을 두고 맹세하리라 내가 그들을 그들의 (　　　)에게 준 그들의 땅으로 (　　　)하여 들이리라〉는 (　　　)장 (　　　)절이다.

**61.** 〈무릇 (　　　)을 믿으며 육신으로 그의 (　　　)을 삼고 마음

이 ( )에게서 떠난 그 사람은 ( )를 받을 것이라〉는 ( )장 ( )절이다.

**62.** 〈그러나 무릇 ( )를 의지하며 여호와를 ( )하는 그 사람은 ( )을 받을 것이라 그는 ( ) 가에 심어진 나무가 그 ( )를 강변에 뻗치고 ( )가 올지라도 두려워하지 아니하며 그 ( )이 청청하며 ( )는 해에도 걱정이 없고 ( )이 그치지 아니함 같으리라〉는 ( )장 ( )절이다.

**63.** 〈만물보다 ( )되고 심히 부패한 것은 ( )이라 누가 능히 이를 알리요마는 나 ( )는 심장을 살피며 폐부를 ( )하고 각각 그의 행위와 그의 ( )대로 보응하나니〉

**64.** 〈여호와여 주는 나의 ( )이시오니 나를 ( )소서 그리하시면 내가 낫겠나이다 나를 ( )하소서 그리하시면 내가 ( )을 얻으리이다〉는 ( )장 ( )절이다.

**65.** 〈( )에 너희 집에서 짐을 내지 말며 어떤 ( )이라도 하지 말고 내가 너희 ( )에게 명령함같이 ( )을 거룩히 할지어다〉는 ( )장 ( )절이다.

**66.** 〈( )으로 만든 그릇이 ( )의 손에서 터지매 그가 그것으로 자기 ( )에 좋은 대로 다른 ( )을 만들더라〉는 ( )장 ( )절이다.

**67.** 〈이스라엘 족속아 (　　　　)이 토기장이의 손에 있음같이 너희가 내 (　　　　)에 있느니라〉에서 '나'는 누구입니까?

**68.** 〈내가 주의 (　　　　)를 그들에게서 돌이키려 하고 (　　　　)의 앞에 서서 그들을 위하여 유익한 (　　　　)을 한 것을 기억하옵소서〉에서 '나'는 누구입니까?

**69.** 그들이 (　　　　)을 위하여 산당을 건축하고 자기 아들들을 (　　　　)에게 번제로 불살라 드렸나니 이는 내가 (　　　　)하거나 말하거나 (　　　　)한 바가 아니니라〉에서 '나'는 누구입니까?

**70.** 〈보라 내가 이 성읍에 대하여 (　　　　)한 모든 재앙을 이 성읍과 그 모든 촌락에 내리리니 이는 그들의 (　　　　)을 곧게 하여 내 말을 (　　　　) 아니함이라〉는 (　　　　)장 (　　　　)절이다.

**71.** '바스훌'은 어떤 사람입니까? 그는 어디에서 죽었습니까?

**72.** 〈내가 다시는 여호와를 (　　　　)하지 아니하며 그의 (　　　　)으로 말하지 아니하리라 하면 나의 마음이 (　　　　) 것 같아서 골수에 사무치니 (　　　　)하여 견딜 수 없나이다〉는 누가 한 말입니까?

**73.** 〈여호와께 (　　　　)하라 너희는 여호와를 (　　　　)하라 가난한 자의 (　　　　)을 행악자의 손에서 (　　　　)하셨음이니라〉는 (　　　　)장 (　　　　)절이다.

**74.** 〈(　　　　)께서 말씀하시기를 보라 내가 너희 앞에 (　　　　)의 길

과 사망의 길을 두었노라 너는 이 (　　　)에게 전하라 하셨느니라〉는 (　　　)장 (　　　)절이다.

**75.** 〈내가 너희 (　　　)대로 너희를 벌할 것이요〉는 (　　　)장 (　　　)절이다.

**76.** 〈(　　　)께서 이와 같이 말씀하시되 너희가 (　　　)와 공의를 행하여 탈취 당한 자를 (　　　)하는 자의 손에서 건지고 이방인과 (　　　)와 과부를 압제하거나 (　　　)하지 말며 이 곳에서 무죄한 (　　　)를 흘리지 말라〉는 (　　　)장 (　　　)절이다.

**77.** 〈그는 (　　　) 자와 궁핍한 자를 변호하고 (　　　)하였나니 이것이 나를 (　　　)이 아니냐 여호와의 말씀이니라〉는 (　　　)장 (　　　)절이다.

**78.** 〈(　　　), 땅이여, 땅이여, 여호와의 (　　　)을 들을지니라〉는 (　　　)장 (　　　)절이다.

**79.** 〈여호와의 말씀이니라 보라 (　　　)가 이르리니 내가 (　　　)에게 한 의로운 가지를 일으킬 것이라 그가 (　　　)이 되어 지혜롭게 다스리며 세상에서 (　　　)와 공의를 행할 것이며〉는 (　　　)장(　　　)절이다.

**80.** 〈여호와의 말씀이니라 (　　　)이 내게 보이지 아니하려고 누가 자신을 (　　　)한 곳에 숨길 수 있겠느냐 (　　　)가 말하노라 나는 천지에 (　　　)하지 아니하냐〉는 (　　　)장 (　　　)절이다.

**81.** 〈여호와의 말씀이니라 내 말이 (            ) 같지 아니하냐 바위를 쳐서 부스러뜨리는 (            )같지 아니하냐〉는 (            )장 (            )절이다.

**82.** 〈이스라엘의 하나님 (            )께서 이와 같이 말씀하시니라 내가 이곳에서 옮겨 (            )인의 땅에 이르게 한 (            ) 포로를 이 좋은 (            ) 같이 잘 돌볼 것이라〉는 (            )장 (            )절이다.

**83.** 〈내가 여호와인 줄 아는 (            )을 그들에게 주어서 그들이 (            )으로 내게 돌아오게 하리니 그들은 내 (            )이 되겠고 나는 그들의 (            )이 되리라〉

**84.** 〈그가 이르기를 너희는 각자의 (            )한 길과 악행을 버리고 (            )오라 그리하면 나 여호와가 너희와 너희 (            )에게 영원부터 영원까지 준 그 (            )에 살리라〉는 (            )장 (            )절이다.

**85.** 〈이 민족들은 (            ) 년 동안 바벨론의 (            )을 섬기리라〉는 (            )장 (            )절이다.

**86.** 〈나는 그들의 (            )와 그들의 손이 행한 대로 (            )리라〉는 (            )장 (            )절이다.

**87.** 〈보라 (            )이 나서 나라에서 (            )에 미칠 것이며 큰 (            )이 땅 끝에서 일어날 것이라〉는 (            )장 (            )절이다.

88. 〈너희는 그들의 말을 (          ) 말고 바벨론의 (          )을 섬기라 그리하면 살리라〉는 (          )장 (          )절이다.

89. 〈그것들이 (          )으로 옮겨지고 내가 이것을 (          )는 날까지 거기에 있을 것이니라 그 후에 내가 그것을 (          ) 와 이곳에 그것들을 (          ) 두리라 여호와의 말씀이니라〉에서 '거기'와 '이곳'은 각각 어디를 말합니까?

90. 〈(          )를 예언하는 선지자는 그 예언자의 (          )이 응한 후에야 그가 진실로 여호와께서 보내신 (          )로 인정받게 되리라〉는 (          )장 (          )절이다.

91. 〈내가 너를 (          )에서 제하리니 네가 여호와께 (          )한 말을 하였음이라 네가 (          )에 죽으리라〉에서 '너'는 누구입니까?

92. 〈너희는 내가 사로잡혀 가게 한 그 성읍의 (          )을 구하고 그를 위하여 여호와께 (          )하라 이는 그 성읍이 (          )으로 너희도 (          )할 것임이라〉는 (          )장 (          )절이다.

93. 〈너희가 내게 부르짖으며 내게 와서 (          )하면 내가 너희들의 (          )를 들을 것이요 너희가 온 (          )으로 나를 구하면 나를 (          ) 것이요 나를 만나리라〉는 (          )장 (          )절이다.

94. 〈그가 (          )에 있는 우리에게 편지하기를 (          ) 지내야 하리니 너희는 (          )을 짓고 살며 밭을 일구고 그 (          )를 먹으라〉는 (          )장 (          )절이다.

**95.** 〈여호와의 말씀이니라 보라 내가 내 (　　　) 이스라엘과 유다의 (　　　)를 돌아가게 할 날이 오리니 내가 그들을 그 (　　　)에게 준 땅으로 돌아오게 할 것이니 그들이 그 (　　　)을 차지하리라〉는 (　　　)장 (　　　)절이다.

**96.** 〈만군의 여호와의 말씀이라 그날에 내가 네 (　　　)에서 그 멍에를 꺾어 버리며 네 (　　　)을 끊으리니 다시는 (　　　)을 섬기지 않으리라〉는 (　　　)장 (　　　)절이다.

**97.** 〈내가 너와 함께 있어 너를 (　　　)할 것이라 너를 흩었던 그 모든 (　　　)을 내가 멸망시키리라 그럴지라도 너만은 (　　　)시키지 아니하리라 그러나 내가 (　　　)에 따라 너를 (　　　)할 것이요 결코 (　　　)한 자로만 여기지는 아니하리라〉는 (　　　)장 (　　　)절이다.

**98.** 〈내가 너의 (　　　)로부터 새 살이 돋아나게 하여 너를 (　　　)주리라〉는 (　　　)장 (　　　)절이다.

**99.** 〈그들에게서 (　　　)하는 소리가 나오고 (　　　)하는 자들의 소리가 나오리라 내가 그들을 (　　　)하게 하리니 그들의 (　　　)가 줄어들지 아니하겠고 내가 그들을 (　　　)하게 하리니 그들은 (　　　)하여지지 아니하리라〉는 (　　　)장 (　　　)절이다.

**100.** 오늘 읽은 말씀 중 가장 좋아하는 성경 구절을 외워 쓰십시오.

# 21 구약(개역개정판) 성경대학문제

예레미야 31-52장
예레미야애가 1-5장

(　　　)년 (　　)월 (　　)일　　　이름 (　　　)

## 예레미야

**1.** 〈옛적에 여호와께서 나에게 나타나사 내가 (　　　)한 사랑으로 너를 사랑하기에 (　　　)함으로 너를 이끌었다 하였노라〉는 (　　　)장 (　　　)절이다.

**2.** 〈너희는 여러 (　　　)의 앞에 서서 (　　　)을 위하여 기뻐 외치라 너희는 (　　　)하며 찬양하며 말하라 여호와여 주의 백성 (　　　)의 남은 자를 (　　　)하소서 하라〉는 (　　　)장 (　　　)절이다.

**3.** 〈그 (　　　)은 물 댄 동산 같겠고 다시는 (　　　)이 없으리로다〉는 (　　　)장 (　　　)절이다.

**4.** 〈너의 장래에 (　　　)이 있을 것이라 너의 (　　　)가 자기들의 지경으로 돌아오리라 여호와의 (　　　)이니라〉

**5.** 〈그때에 그들이 말하기를 다시는 ( )가 신포도를 먹었으므로 ( )의 이가 시다 하지 아니하겠고 ( )를 먹는 자마다 그의 ( )가 신 것같이 누구나 자기의 ( )으로 말미암아 죽으리라〉는 ( )장 ( )절이다.

**6.** 〈그들이 다시는 각기 이웃과 ( )를 가리켜 이르기를 너는 ( )를 알라 하지 아니하리니 이는 ( ) 자로부터 큰 자까지 다 ( ) 알기 때문이라 내가 그들의 ( )을 사하고 다시는 그 죄를 ( ) 아니하리라 여호와의 말씀이니라〉는 ( )장 ( )절이다.

**7.** 〈주께서 큰 ( )과 펴신 팔로 ( )를 지으셨사오니 주에게는 할 수 ( ) 일이 없으시니이다〉는 ( )장 ( )절이다.

**8.** 〈주는 ( )에 크시며 하시는 일에 ( )하시며 인류의 모든 길을 ( )하시며 그의 길과 그의 행위의 ( )대로 보응하시나이다〉

**9.** 〈나는 여호와요 모든 ( )의 하나님이라 내게 할 수 ( ) 일이 있겠느냐〉는 ( )장 ( )절이다.

**10.** 〈보라 내가 노여움과 ( )과 큰 분노로 그들을 쫓아 보내었던 모든 ( )에서 그들을 모아들여 이곳으로 돌아오게 하여 ( ) 살게 할 것이라〉

**11.** 〈내가 기쁨으로 그들에게 (　　　　)을 주되 분명히 나의 (　　　　)과 정성을 다하여 그들을 이 땅에 (　　　　)리라〉는 (　　　　)장 (　　　　)절이다.

**12.** 〈너는 내게 부르짖으라 내가 네게 (　　　　)하겠고 네가 알지 못하는 크고 (　　　　)한 일을 네게 보이리라〉에서 '너'와 '나'는 누구입니까?

**13.** 〈내가 그들을 내게 범한 그 모든 (　　　　)에서 정하게 하며 그들이 내게 범하며 행한 모든 (　　　　)을 사할 것이라〉는 (　　　　)장 (　　　　)절이다.

**14.** 〈그날 그때에 내가 (　　　　)에게서 한 공의로운 (　　　　)가 나게 하리니 그가 이 땅에 (　　　　)와 공의를 실행할 것이라〉는 (　　　　)장 (　　　　)절이다.

**15.** 하늘의 (　　　　)은 셀 수 없으며 바다의 (　　　　)는 측량할 수 없나니 내가 그와 같이 내 종 (　　　　)의 자손과 나를 섬기는 (　　　　)을 번성하게 하리라〉는 (　　　　)장 (　　　　)절이다.

**16.** 〈보라 내가 이 성을 (　　　　) 왕의 손에 넘기리니 그가 이 성을 (　　　　) 것이라〉는 (　　　　)장 (　　　　)절이다.

**17.** 〈너희 형제 (　　　　) 사람이 네게 팔려왔거든 너는 (　　　　) 년 되는 해에 그를 놓아 줄 것이니라 그가 (　　　　) 년 동안 너를 섬겼은즉 그를 놓아 (　　　　)롭게 할지니라〉

**18.** 〈내가 유다의 (　　　) 왕과 그의 고관들을 그의 (　　　)의 손과 그의 (　　　)을 찾는 자의 손과 너희에게서 떠나간 (　　　) 왕의 군대의 손에 넘기리라〉는 (　　　)장 (　　　)절이다.

**19.** 〈우리가 (　　　)의 아들 우리 선조 (　　　)이 우리에게 명령한 모든 말을 (　　　)하여 우리와 우리 아내와 (　　　)가 평생 동안 (　　　)를 마시지 아니하며〉

**20.** 〈(　　　)의 아들 요나답의 자손은 그의 (　　　)가 그들에게 명령한 그 명령을 지켜 행하나 이 (　　　)은 내게 순종하지 아니하도다〉는 (　　　)장 (　　　)절이다.

**21.** 〈(　　　)의 아들 요나답에게서 내 앞에 설 사람이 (　　　) 끊어지지 아니하리라〉에서 '나'는 누구입니까?

**22.** 〈너는 (　　　) 책을 가져다가 내가 네게 말하던 날 곧 (　　　)의 날부터 오늘까지 이스라엘과 (　　　)와 모든 나라에 대하여 내가 네게 일러 준 모든 (　　　)을 거기에 기록하라〉에서 '너'와 '나'는 누구입니까?

**23.** 〈유다 (　　　)이 내가 그들에게 내리려 한 모든 (　　　)을 듣고 각기 (　　　)한 길에서 돌이키리니 그리하면 내가 그 악과 (　　　)를 용서하리라〉는 (　　　)장 (　　　)절이다.

**24.** 〈(　　　)이 대답하되 그가 그의 (　　　)으로 이 모든 말을 내게 (　　　) 주기로 내가 먹으로 (　　　)에 기록하였노라〉는

(            )장 (            )절이다.

**25.** 〈여후디가 서너 쪽을 낭독하면 왕이 (            )로 그것을 연하여 베어 (            ) 불에 던져서 (            )를 모두 태웠더라〉에서 '왕'은 누구입니까?

**26.** (            )의 아들 시드기야가 여호야김의 아들 (            )의 뒤를 이어 왕이 되었으니 이는 (            )의 느부갓네살 왕이 그를 유다 땅의 왕으로 삼음이었더라〉는 (            )장 (            )절이다.

**27.** 〈(            )의 왕에게 아뢰라 너희를 (            )려고 나왔던 바로의 군대는 자기 땅 (            )으로 돌아가겠고 (            )인이 다시 와서 이 (            )을 쳐서 빼앗아 (            )사르리라〉

**28.** 〈(            )께로부터 받은 말씀이 있느냐 (            )가 대답하되 있나이다 또 이르되 왕이 (            )의 왕의 손에 넘겨지리이다〉는 (            )장 (            )절이다.

**29.** 〈이 성이 반드시 (            )의 왕의 군대의 손에 넘어가리니 그가 (            )하리라〉는 (            )장 (            )절이다.

**30.** 〈내가 왕에게 아뢴 바 여호와의 (            )에 순종하소서 그리하면 왕이 (            )을 받아 생명을 (            )하시리이다〉에서 '왕'은 누구입니까?

**31.** 〈예레미야가 (            )이 함락되는 날까지 (            ) 뜰에 머물렀

더라〉는 (　　　　)장 (　　　　)절이다.

**32.** 〈바벨론의 왕이 립나에서 (　　　　)의 눈 앞에서 그의 (　　　　)을 죽였고 왕이 또 유다의 모든 (　　　　)을 죽였으며 왕이 또 (　　　　)의 눈을 빼게 하고 바벨론으로 옮기려고 (　　　　)로 결박하였더라〉는 (　　　　)장 (　　　　)절이다.

**33.** 〈사령관 느부사라단이 아무 (　　　　)가 없는 빈민을 (　　　　) 땅에 남겨 두고 그날에 포도원과 (　　　　)을 그들에게 주었더라〉는 (　　　　)장 (　　　　)절이다.

**34.** 〈내가 반드시 너를 (　　　　)할 것인즉 네가 칼에 죽지 아니하고 네가 (　　　　) 같이 네 목숨을 얻을 것이니 이는 네가 나를 (　　　　)이라 여호와의 말씀이니라〉는 (　　　　)장 (　　　　)절이다.

**35.** 〈예레미야가 (　　　　)로 가서 아히감의 아들 (　　　　)에게로 나아가서 그 (　　　　)에 남아 있는 백성 가운데서 그와 (　　　　) 사니라〉는 (　　　　)장 (　　　　)절이다.

**36.** 〈(　　　　)가 그들과 그들의 사람들에게 (　　　　)하며 이르되 너희는 (　　　　) 사람을 섬기기를 두려워하지 말고 이 땅에 살면서 (　　　　)의 왕을 섬기라 그리하면 너희에게 (　　　　)하리라〉는 (　　　　)장 (　　　　)절이다.

**37.** 〈(　　　　)이 또 미스바에서 (　　　　)와 함께 있던 모든 (　　　　) 사람과 거기에 있는 (　　　　) 군사를 죽였더라〉는 (　　　　)장

(　　　　)절이다.

**38.** 〈우리가 우리 하나님 여호와의 (　　　　)를 순종하면 우리에게 (　　　　)이 있으리이다〉

**39.** 〈여호와의 말씀이니라 너희는 너희가 두려워하는 (　　　　)의 왕을 겁내지 말라 내가 너희와 (　　　　) 있어 너희를 (　　　　)하며 그의 손에서 너희를 (　　　　)리니 두려워하지 말라〉는 (　　　　)장 (　　　　)절이다.

**40.** 〈무릇 (　　　　)으로 들어가서 거기에 머물러 살기로 (　　　　)하는 모든 사람은 이와 같이 되리니 곧 (　　　　)과 기근과 전염병에 (　　　　)을 것인즉 내가 그들에게 내리는 (　　　　)을 벗어나서 남을 자 없으리라〉는 (　　　　)장 (　　　　)절이다.

**41.** 예레미야는 어디로 끌려갔습니까?

**42.** 하나님께서는 애굽으로 간 유대 백성들을 좋게 보셨습니까? (예, 아니요)에 O표하시오.

**43.** 〈그가 와서 (　　　　) 땅을 치고 죽일 자는 죽이고 (　　　　)잡을 자는 사로잡고 (　　　　)로 칠 자는 칼로 칠 것이라〉에서 '그'는 누구입니까?

**44.** 〈너희가 너희 (　　　　)이 만든 것으로 나의 (　　　　)을 일으켜 너희가 가서 머물러 사는 (　　　　) 땅에서 다른 신들에게 (　　　　)

함으로 끊어 버림을 당하여 (          ) 여러 나라 가운데에서 저주와 (          ) 거리가 되고자 하느냐〉

**45.** 〈그들이 오늘까지 (          )하지 아니하며 (          )하지도 아니하고 내가 너희와 너희 (          ) 앞에 세운 나의 율법과 나의 (          )를 지켜 행하지 아니하느니라〉는 (          )장 (          )절이다.

**46.** 〈너희가 분향하여 여호와께 (          )하였으며 여호와의 목소리를 (          )하지 아니하고 여호와의 (          )과 법규와 여러 증거대로 (          )하지 아니하였으므로 이 (          )이 오늘과 같이 너희에게 일어났느니라〉

**47.** 〈(          )을 피한 소수의 사람이 (          ) 땅에서 나와 유다 땅으로 돌아오리니 (          ) 땅에 들어가서 거기에 머물러 사는 (          )의 모든 남은 자가 내 말과 그들의 말 가운데서 누구의 말이 (          )인지 알리라〉는 (          )장 (          )절이다.

**48.** 예레미야의 구전(입으로 전하는 말씀)을 책에 기록한 사람은 누구입니까?

**49.** 〈내가 모든 육체에 (          )을 내리리라 그러나 네가 가는 (          ) 곳에서는 내가 너에게 네 (          )을 노략물 주듯 하리라 여호와의 말씀이니라〉는 (          )장 (          )절이다.

**50.** 〈(          )과 애굽 신들과 왕들 곧 (          )와 및 그를 의지하는

자들을 (　　　　)할 것이라〉

**51.** 〈내가 너를 먼 곳에서 (　　　　)하며 네 자손을 (　　　　)된 땅에서 (　　　　)하리니 야곱이 돌아와서 (　　　　)하며 걱정 없이 살게 될 것이라〉는 (　　　　)장 (　　　　)절이다.

**52.** 〈내가 너를 흩었던 그 (　　　　)은 다 멸할지라도 너는 (　　　　)지지 아니하리라 내가 너를 (　　　　)대로 징계할 것이요 결코 (　　　　)한 자로 여기지 아니하리라 하시니라〉는 (　　　　)장 (　　　　)절이다.

**53.** 〈모압이 (　　　　)을 당하여 그 어린이들의 (　　　　)이 들리는도다〉는 (　　　　)장 (　　　　)절이다.

**54.** 〈여호와의 (　　　　)을 게을리하는 자는 (　　　　)를 받을 것이요〉는 (　　　　)장 (　　　　)절이다.

**55.** 〈이스라엘 집이 (　　　　)을 의뢰하므로 수치를 당한 것같이 모압이 (　　　　)로 말미암아 수치를 당하리로다〉

**56.** 〈(　　　　)으로 취하게 할지어다 이는 그가 (　　　　)에 대하여 교만함이라 그가 그 (　　　　)한 것에서 뒹굴므로 조롱거리가 되리로다〉는 (　　　　)장 (　　　　)절이다.

**57.** 〈여호와의 말씀이라 (　　　　) 산당에서 제사하며 그 (　　　　)에게 분향하는 자를 내가 (　　　　)버리리라〉

**58.** 〈(　　　)의 모든 지붕과 거리 각처에서 슬피 (　　　) 소리가 들리니 내가 (　　　)을 마음에 들지 않는 (　　　) 같이 깨뜨렸음이라〉에서 '나'는 누구입니까?

**59.** 〈(　　　)이 여호와를 거슬러 (　　　)하였으므로 멸망하고 (　　　) 나라를 이루지 못하리로다〉는 (　　　)장 (　　　)절이다.

**60.** 〈내가 전쟁 소리로 (　　　) 자손의 랍바에 들리게 할 것이라 랍바는 (　　　)더미 언덕이 되겠고 그 마을들은 (　　　)에 탈 것이며 그때에 (　　　)은 자기를 점령하였던 자를 (　　　)하리라 여호와의 말씀이니라〉는 (　　　)장 (　　　)절이다.

**61.** 〈네 (　　　)을 버려도 내가 그들을 살리리라 네 (　　　)은 나를 의지할 것이니라〉에서 '너'와 '나'는 각각 누구입니까?

**62.** 〈네 마음의 (　　　)이 너를 속였도다 네가 (　　　)같이 보금자리를 높은 데에 지었을지라도 내가 그리로부터 너를 (　　　)내리리라〉는 (　　　)장 (　　　)절이다.

**63.** 〈보라 원수가 (　　　) 같이 날아와서 그의 (　　　)를 보스라 위에 펴는 그날에 에돔 (　　　)의 마음이 진통하는 (　　　) 같이 되리라〉는 (　　　)장 (　　　)절이다.

**64.** 〈하솔 주민아 (　　　)하라 멀리 가서 깊은 곳에 살라 이는 (　　　)의 느부갓네살 왕이 너를 칠 (　　　)과 너를 칠 계책을

세웠음이라〉는 (          )장 (          )절이다.

**65.** 〈숨김이 없이 공포하여 이르라 (          )이 함락되고 벨이 (          )를 당하며 므로닥이 부스러지며 그 (          )은 수치를 당하며 (          )은 부스러진다 하라〉는 (          )장 (          )절이다.

**66.** 〈여호와의 말씀이니라 그날 그때에 (          ) 자손이 돌아오며 (          ) 자손도 함께 돌아오되 그들이 (          ) 그 길을 가며 그의 하나님 여호와께 (          )할 것이며〉는 (          )장 (          )절이다.

**67.** 〈보라 내가 큰 민족의 무리를 (          )에서 올라오게 하여 (          )을 대항하게 하리니 그들이 대열을 벌이고 쳐서 (          )할 것이라〉

**68.** 〈(          )을 둘러 대열을 벌이고 (          )을 당기는 모든 자여 (          )을 아끼지 말고 쏘라 그가 (          )께 범죄하였음이라〉는 (          )장 (          )절이다.

**69.** 〈이스라엘을 다시 그의 (          )으로 돌아가게 하리니 그가 갈멜과 바산에서 (          )을 기를 것이며 그의 (          )이 에브라임과 길르앗 산에서 (          )하리라〉

**70.** 〈(          ) 만군의 여호와의 말씀이니라 (          )한 자여 보라 내가 너를 (          )하나니 너의 날 곧 내가 너를 (          )할 때가 이르렀음이라〉

**71.** 〈(　　　)의 왕이 그 소문을 듣고 (　　　)이 약하여지며 고통에 사로잡혀 (　　　)하는 여인처럼 진통하는도다〉는 (　　　)장 (　　　)절이다.

**72.** 〈이스라엘과 유다가 (　　　)의 거룩하신 이를 (　　　)하므로 죄과가 땅에 가득하나 그의 (　　　) 만군의 여호와에게 버림받은 (　　　)는 아니니라〉는 (　　　)장 (　　　)절이다.

**73.** 〈여호와께서 우리 (　　　)를 드러내셨으니 오라 (　　　)에서 우리 하나님 여호와의 일을 (　　　)하자〉

**74.** 〈(　　　)을 갈며 둥근 방패를 (　　　)하라 여호와께서 (　　　) 왕들의 마음을 부추기사 (　　　)을 멸하기로 뜻하시나니 이는 (　　　)께서 보복하시는 것 곧 그의 (　　　)을 위하여 보복하시는 것이라〉는 (　　　)장 (　　　)절이다.

**75.** 〈사람마다 어리석고 (　　　)하도다 금장색마다 자기가 만든 (　　　)으로 말미암아 수치를 당하나니 이는 그 부어 만든 (　　　)은 거짓이요 그 속에 (　　　)가 없음이라〉는 (　　　)장 (　　　)절이다.

**76.** 〈너희 (　　　) 앞에서 그들이 시온에서 모든 (　　　)을 행한 대로 내가 (　　　)과 갈대아 모든 주민에게 (　　　)리라〉

**77.** 〈여호와의 말씀이니라 온 (　　　)를 멸하는 멸망의 산아 보라 나는 네 (　　　)라 나의 손을 네 위에 펴서 너를 (　　　)에서 굴리

고 너로 (　　　) 탄 산이 되게 할 것이니〉

**78.** 〈내가 받은 (　　　)과 내 육체에 대한 학대가 (　　　)에 돌아가기를 원한다고 (　　　) 주민이 말할 것이요 내 피 흘린 (　　　)가 (　　　) 주민에게로 돌아가기를 원한다고 (　　　)이 말하리라〉는 (　　　)장 (　　　)절이다.

**79.** 〈내가 벨을 (　　　)에서 벌하고 그가 삼킨 것을 그의 (　　　)에서 끌어내리니 (　　　)이 다시는 그에게로 몰려가지 아니하겠고 (　　　) 성벽은 무너졌도다〉

**80.** 〈나의 (　　　)아 너희는 그중에서 나와 각기 여호와의 (　　　)를 피하라〉

**81.** 〈(　　　)이 이스라엘을 죽여 엎드러뜨림같이 온 세상이 (　　　)에서 죽임을 당하여 엎드러지리라〉

**82.** 〈(　　　)을 피한 자들이여 멈추지 말고 (　　　)가라 먼 곳에서 (　　　)를 생각하며 예루살렘을 너희 (　　　)에 두라〉는 (　　　)장 (　　　)절이다.

**83.** 〈너는 이 (　　　) 읽기를 다한 후에 (　　　)에 돌을 매어 유브라데 (　　　) 속에 던지며 말하기를 (　　　)이 나의 재난 때문에 이같이 (　　　)하여 다시 일어서지 못하리니 그들이 (　　　)하리라 하라 하니라 (　　　)의 말이 이에 끝나니라〉는 (　　　)장 (　　　)절이며 '책'은 무엇을 기록한 것입니까?

**84.** 〈(　　　　)께서 예루살렘과 유다에게 (　　　　)하심이 그들을 자기 앞에서 (　　　　)내시기까지 이르렀더라〉는 (　　　　)장 (　　　　)절이다.

**85.** 〈바벨론 왕이 (　　　　)의 아들들을 그의 눈 앞에서 (　　　　) 또 리블라에서 유다의 모든 고관을 죽이며 (　　　　)의 두 눈을 빼고 놋사슬로 그를 결박하여 바벨론 왕이 그를 (　　　　)으로 끌고 가서 그가 죽는 날까지 (　　　　)에 가두었더라〉에서 '바벨론 왕'의 이름은 무엇입니까?

**86.** 〈여호와의 (　　　　)과 왕궁을 불사르고 예루살렘의 모든 (　　　　)과 고관들의 집까지 불살랐으며 (　　　　)을 따르는 갈대아 사람의 모든 (　　　　)가 예루살렘 사면 (　　　　)을 헐었더라〉는 (　　　　)장 (　　　　)절이다.

**87.** 〈(　　　　)한 백성은 남겨 두어 포도원을 (　　　　)하는 자와 농부가 되게 하였더라〉

**88.** 〈(　　　　) 왕이 여호와의 성전을 위하여 만든 두 (　　　　)과 한 바다와 그 받침 아래에 있는 열두 (　　　　) 소 곧 이 모든 기구의 (　　　　) 무게는 헤아릴 수 없었더라〉

**89.** 바벨론으로 사로잡혀간 유다인은 총 몇 명이었습니까?

**90.** 〈유다 왕 (　　　　)이 사로잡혀간 지 (　　　　) 년 곧 바벨론의 에윌므로닥 왕의 즉위 원년 열두째 달 스물다섯째 날 그가 유다의

(　　　　) 왕의 머리를 들어 주었고 (　　　　)에서 풀어 주었더라〉

**91.** 〈그가 날마다 쓸 것을 (　　　　)의 왕에게서 받는 정량이 있었고 (　　　　) 날까지 곧 종신토록 받았더라〉는 (　　　　)장 (　　　　)절이며, '그'는 누구입니까?

## 예레미야애가

**92.** 〈그의 대적들이 (　　　　)가 되고 그의 원수들이 형통함은 그의 (　　　　)가 많으므로 여호와께서 그를 (　　　　)하게 하셨음이라〉는 (　　　　)장 (　　　　)절이다.

**93.** 〈예루살렘이 크게 (　　　　)으로 조소거리가 되었으니 전에 그에게 (　　　　)을 돌리던 모든 사람이 그의 (　　　　)을 보고 업신여김이여 그는 (　　　　)하며 물러가는도다〉

**94.** 〈(　　　　)는 의로우시도다 그러나 내가 그의 명령을 (　　　　)하였도다 너희 모든 백성들아 내 (　　　　)을 듣고 내 고통을 볼지어다 나의 (　　　　)과 청년들이 사로잡혀갔도다〉

**95.** 〈그들의 모든 (　　　　)을 주 앞에 가지고 오게 하시고 나의 모든 (　　　　)로 말미암아 내게 행하신 것같이 그들에게 (　　　　)하옵소서〉는 (　　　　)장 (　　　　)절이다.

**96.** 〈내 (　　　　)이 눈물에 상하며 내 (　　　　)가 끓어지며 내 (　　　　)이 땅에 쏟아졌으니 이는 딸 내 백성이 (　　　　)하여 어

린 (　　　)와 젖 먹는 아이들이 성읍 (　　　)에 기절함이로다〉는 (　　　)장 (　　　)절이다.

**97.** 〈모든 지나가는 자들이 다 너를 향하여 (　　　)치며 딸 예루살렘을 향하여 (　　　)고 머리를 흔들며 말하기를 온전한 (　　　)이라, 모든 세상 사람들의 (　　　)이라 일컫던 성이 이성이냐〉는 (　　　)장 (　　　)절이다.

**98.** 〈(　　　)여 보시옵소서 주께서 누구에게 이같이 (　　　)하셨는지요 여인들이 어찌 자기 (　　　) 곧 그들이 낳은 아이들을 (　　　)오며 제사장들과 선지자들이 어찌 주의 (　　　)에서 죽임을 당하오리이까〉

**99.** 〈(　　　)와 젊은이가 다 길바닥에 엎드러졌사오며 내 (　　　)과 내 청년들이 (　　　)에 쓰러졌나이다 주께서 주의 (　　　)의 날에 죽이시되 (　　　) 여기지 아니하시고 (　　　)하셨나이다〉는 (　　　)장 (　　　)절이다.

**100.** 〈여호와의 (　　　)의 매로 말미암아 (　　　) 당한 자는 나로다〉는 (　　　)장 (　　　)절이다.

**101.** 〈여호와의 (　　　)와 긍휼이 무궁하시므로 우리가 (　　　)되지 아니함이니이다〉

**102.** 〈내 (　　　)에 이르기를 여호와는 나의 (　　　)이시니 그러므로 내가 그를 (　　　)리라 하도다 기다리는 자들에게나

(　　　　)하는 영혼들에게 여호와는 (　　　　)하시도다〉

**103.** 〈그가 비록 (　　　　)하게 하시나 그의 풍부한 (　　　　)하심에 따라 (　　　　) 여기실 것임이라〉는 (　　　　)장 (　　　　)절이다.

**104.** 〈우리가 스스로 우리의 (　　　　)을 조사하고 여호와께로 (　　　　)가자〉

**105.** 〈딸 내 백성의 (　　　　)로 말미암아 내 눈에는 (　　　　)이 시내처럼 흐르도다〉

**106.** 〈여호와여 내가 심히 깊은 (　　　　)에서 주의 (　　　　)을 불렀나이다 주께서 이미 나의 (　　　　)을 들으셨사오니 이제 나의 (　　　　)과 부르짖음에 주의 (　　　　)를 가리지 마옵소서〉는 (　　　　)장 (　　　　)절이다.

**107.** 〈여호와여 나의 (　　　　)을 보셨사오니 나를 위하여 (　　　　)을 풀어주옵소서〉

**108.** 〈(　　　　)에 비할 만큼 보배로운 (　　　　)의 아들들이 어찌 그리 토기장이가 만든 (　　　　)같이 여김이 되었는고〉는 (　　　　)장 (　　　　)절이다.

**109.** 〈전에 소돔이 사람의 (　　　　)을 대지 아니하였는데도 (　　　　)에 무너지더니 이제는 딸 내 백성의 (　　　　)가 소돔의 죄악보다 무겁도다〉

**110.** 〈딸 내 백성이 (　　　　)할 때에 자비로운 (　　　　)이 자기들의 손으로 자기들의 (　　　　)을 삶아 먹었도다〉는 (　　　　)장 (　　　　)절이다.

**111.** 〈대적과 원수가 (　　　　) 성문으로 들어갈 줄은 세상의 모든 (　　　　)과 천하 모든 (　　　　)이 믿지 못하였었도다 그의 선지자들의 (　　　　)과 제사장들의 (　　　　) 때문이니 그들이 성읍 안에서 (　　　　)의 피를 흘렸도다〉는 (　　　　)장 (　　　　)절이다.

**112.** 〈딸 시온아 네 (　　　　)의 형벌이 다하였으니 주께서 (　　　　) 너로 사로잡혀가지 아니하게 하시리로다〉는 (　　　　)장 (　　　　) 절이다.

**113.** 〈우리의 조상들은 (　　　　)하고 없어졌으며 우리는 그들의 (　　　　)을 담당하였나이다〉는 (　　　　)장 (　　　　)절이다.

**114.** 〈우리의 머리에서는 (　　　　)이 떨어졌사오니 오호라 우리의 (　　　　) 때문이니이다〉

**115.** 〈여호와여 우리를 (　　　　)께로 돌이키소서 그리하시면 우리가 (　　　　)께로 돌아가겠사오니 우리의 날들을 다시 (　　　　) 하사 옛적 같게 하옵소서〉는 (　　　　)장 (　　　　)절이다.

**116.** 오늘 읽은 말씀 중 가장 좋아하는 성경 구절을 외워 쓰십시오.

# 22 구약(개역개정판) 성경대학문제

에스겔 1-30장

(　　　)년 (　　)월 (　　)일　　이름 (　　　)

**1.** 〈갈대아 땅 (　　　) 강 가에서 여호와의 (　　　)이 부시의 아들 제사장 나 (　　　)에게 특별히 임하고 여호와의 (　　　)이 내 위에 있으니라〉는 (　　　)장 (　　　)절이다.

**2.** 〈그 얼굴들의 모양은 넷의 앞은 (　　　)의 얼굴이요 넷의 오른쪽은 (　　　)의 얼굴이요 넷의 왼쪽은 (　　　)의 얼굴이요 넷의 뒤는 (　　　)의 얼굴이니〉는 (　　　)장 (　　　)절이다.

**3.** 〈(　　　)이 어떤 쪽으로 가면 생물들도 (　　　)이 가려 하는 곳으로 가고 (　　　)도 그 곁에서 들리니 이는 생물의 (　　　)이 그 바퀴들 가운데에 있음이니라〉

**4.** 〈그 사방 (　　　)의 모양은 비 오는 날 구름에 있는 (　　　) 같으니 이는 여호와의 (　　　)의 형상의 모양이라 내가 보고 엎드려 (　　　)하시는 이의 음성을 들으니라〉는 (　　　)장 (　　　)절이다.

**5.** 〈내게 이르시되 (　　　)야 내가 너를 이스라엘 자손 곧 (　　　)

한 백성, 나를 (　　　　)하는 자에게 보내노라 그들과 그 조상들이 내게 (　　　　)하여 오늘까지 이르렀나니〉는 (　　　　)장 (　　　　) 절이다.

6. 〈그들은 (　　　　)한 족속이라 그들이 듣든지 아니 듣든지 그들 가운데에 (　　　　)가 있음을 알지니라〉에서 '그들'은 누구입니까?

7. 〈또 그가 내게 이르시되 (　　　　)야 너는 발견한 것을 먹으라 너는 이 (　　　　)를 먹고 가서 이스라엘 족속에게 말하라 하시기로 내가 (　　　　)을 벌리니 그가 그 (　　　　)를 내게 먹이시며 내게 이르시되 (　　　　)야 내가 네게 주는 이 (　　　　)를 네 배에 넣으며 네 (　　　　)에 채우라 하시기에 내가 먹으니 그것이 내 (　　　　)에서 달기가 (　　　　) 같더라〉에서 '그'와 '너'는 누구입니까?

8. 〈네가 (　　　　)을 깨우치되 그가 그 악한 (　　　　)과 악한 행위에서 돌이키지 아니하면 그는 그의 (　　　　) 중에서 죽으려니와 너는 네 (　　　　)을 보존하리라〉는 (　　　　)장 (　　　　)절이다.

9. 〈그러나 네가 그 (　　　　)을 깨우쳐 범죄하지 아니하게 히므로 그가 (　　　　)하지 아니하면 정녕 살리니 이는 (　　　　)을 받음이며 너도 네 (　　　　)을 보존하리라〉

10. 〈그러나 내가 너와 말할 때에 네 (　　　　)을 열리니 너는 그들에게 이르기를 주 (　　　　)의 말씀이 이러하시다 하라 (　　　　) 자는 들을 것이요 듣기 (　　　　) 자는 듣지 아니하리니 그들은 (　　　　)하는 족속임이니라〉는 (　　　　)장 (　　　　)절이다.

**11.** 〈너는 또 왼쪽으로 누워 이스라엘 족속의 (　　　　)을 짊어지되 네가 눕는 날수대로 그 (　　　　)을 담당할지니라〉는 (　　　　)장 (　　　　)절이다.

**12.** 〈너는 (　　　　)과 보리와 콩과 (　　　　)과 조와 귀리를 가져다가 한 (　　　　)에 담고 너를 위하여 (　　　　)을 만들어 네가 옆으로 눕는 날수 곧 (　　　　) 일 동안 먹되〉는 (　　　　)장 (　　　　)절이다.

**13.** 〈그가 내 (　　　　)를 거슬러서 이방인보다 (　　　　)을 더 행하며 내 (　　　　)도 그리함이 그를 둘러 있는 (　　　　)보다 더하니 이는 그들이 내 (　　　　)를 버리고 내 (　　　　)를 행하지 아니하였음이니라〉는 (　　　　)장 (　　　　)절이다.

**14.** 〈네 가운데에서 아버지가 (　　　　)을 잡아먹고 아들이 그 (　　　　)를 잡아먹으리라 내가 (　　　　)을 네게 내리고 너희 중에 남은 자를 다 (　　　　)에 흩으리라〉

**15.** 〈너희 가운데에서 삼분의 일은 (　　　　)으로 죽으며 (　　　　)으로 멸망할 것이요 삼분의 일은 너의 사방에서 (　　　　)에 엎드러질 것이며 삼분의 일은 내가 (　　　　)에 흩어버리고 또 그 뒤를 따라가며 (　　　　)을 빼리라〉는 (　　　　)장 (　　　　)절이다.

**16.** 〈그러나 너희가 여러 (　　　　)에 흩어질 때에 내가 너희 중에서 (　　　　)을 피하여 이방인들 중에 (　　　　) 남은 자가 있게 할지라〉는 (　　　　)장 (　　　　)절이다.

**17.** 〈주 (　　　　)께서 이같이 이르시되 너는 (　　　　)을 치고 발을 구르며 말할지어다 오호라 (　　　　) 족속이 모든 가증한 (　　　　)을 행하므로 마침내 (　　　　)과 기근과 (　　　　)에 망하되〉는 (　　　　)장 (　　　　)절이다.

**18.** 〈내가 내 (　　　　)을 그들의 위에 펴서 그가 사는 (　　　　) 땅 곧 광야에서부터 디블라까지 (　　　　)하고 황폐하게 하리니 내가 (　　　　)인 줄을 그들이 알리라〉는 (　　　　)장 (　　　　)절이다.

**19.** 〈네 (　　　　)대로 너를 벌하여 너의 (　　　　)한 일이 너희 중에 나타나게 하리니 나 여호와가 (　　　　) 이임을 네가 알리라〉는 (　　　　)장 (　　　　)절이다.

**20.** 〈밖에는 (　　　　)이 있고 안에는 (　　　　)과 (　　　　)이 있어서 밭에 있는 자는 (　　　　)에 죽을 것이요 성읍에 있는 자는 (　　　　)과 (　　　　)에 망할 것이며〉는 (　　　　)장 (　　　　)절이다.

**21.** 〈그들이 그 은을 (　　　　)에 던지며 그 금을 (　　　　)같이 여기리니 이는 여호와 내가 (　　　　)를 내리는 날에 그들의 은과 금이 (　　　　) 그들을 건지지 못하며 능히 그 (　　　　)을 족하게 하거나 그 (　　　　)를 채우지 못하고 오직 (　　　　)의 걸림돌이 됨이로다〉는 (　　　　)장 (　　　　)절이다.

**22.** 〈내가 극히 (　　　　) 이방인들을 데려와서 그들이 그 (　　　　)을 점령하게 하고 강한 자의 (　　　　)을 그치게 하리니 그들의 (　　　　)가 더럽힘을 당하리라〉는 (　　　　)장 (　　　　)절이다.

23. 〈(　　　)은 애통하고 (　　　)은 놀람을 옷 입듯 하며 (　　　)의 손은 떨리리라 내가 그 (　　　)대로 그들에게 갚고 그 (　　　)대로 그들을 심판하리니 내가 (　　　)인 줄을 그들이 알리라〉는 (　　　)장 (　　　)절이다.

24. 〈주의 영이 나를 들어 (　　　) 사이로 올리시고 하나님의 (　　　) 가운데에 나를 이끌어 (　　　)으로 가서 안뜰로 들어가는 (　　　)한 문에 이르시니 거기에는 질투의 (　　　) 곧 질투를 일어나게 하는 (　　　)의 자리가 있는 곳이라〉는 (　　　)장 (　　　)절이다.

25. 〈인자야 이스라엘 족속의 장로들이 각각 그 (　　　)의 방안 어두운 가운데에서 (　　　)하는 것을 네가 보았느냐 그들이 이르기를 (　　　)께서 우리를 보지 아니하시며 (　　　)께서 이 땅을 버리셨다 하느니라〉는 (　　　)장 (　　　)절이다.

26. 〈보라 여호와의 (　　　) 문 곧 현관과 제단 사이에서 약 (　　　) 명이 여호와의 성전을 등지고 (　　　)을 동쪽으로 향하여 동쪽 (　　　)에게 예배하더라〉

27. 〈늙은 자와 (　　　) 자와 처녀와 어린이와 (　　　)를 다 죽이되 이마에 (　　　) 있는 자에게는 가까이하지 말라 내 (　　　)에서 시작할지니라〉는 (　　　)장 (　　　)절이다.

28. 〈그들이 칠 때에 내가 (　　　) 있었는지라 엎드려 부르짖어 이르되 아하 주 (　　　)여 예루살렘을 향하여 (　　　)를 쏟으시오니

이스라엘의 (          ) 자를 모두 멸하려 하시나이까〉는 (          ) 장 (          )절이다.

**29.** 〈그룹들에게는 각기 (          ) 면이 있는데 첫째 면은 (          )의 얼굴이요 둘째 면은 (          )의 얼굴이요 셋째는 (          )의 얼굴이요 넷째는 (          )의 얼굴이더라〉

**30.** 〈그룹들이 (          )를 들고 내 눈 앞의 (          )에서 올라가는데 그들이 나갈 때에 (          )도 그 곁에서 함께 하더라 그들이 (          )의 전으로 들어가는 (          )에 머물고 이스라엘 하나님의 (          )이 그 위에 덮였더라〉는 (          )장 (          )절이다.

**31.** 〈너희를 그 (          ) 가운데에서 끌어내어 (          )의 손에 넘겨 너희에게 (          )을 내리리니〉는 (          )장 (          )절이다.

**32.** 〈너희를 (          ) 가운데에서 모으며 너희를 (          ) 여러 나라 가운데에서 모아 내고 (          ) 땅을 너희에게 주리라〉

**33.** 〈내가 그들에게 한 (          )을 주고 그 속에 새 (          )을 주며 그 몸에서 돌 같은 (          )을 제거하고 살처럼 부드러운 (          )을 주어 내 율례를 따르며 내 (          )를 지켜 행하게 하리니 그들은 내 (          )이 되고 나는 그들의 (          )이 되리라〉는 (          )장 (          )절이다.

**34.** 〈인자야 네가 (          )하는 족속 중에 거주하는도다 그들은 볼 (          )이 있어도 보지 아니하고 들을 (          )가 있어도 듣

지 아니하나니 그들은 (　　　)하는 족속임이라〉는 (　　　)장 (　　　)절이다.

**35.** 〈내가 그 명령대로 (　　　)하여 낮에 나의 행장을 끌려가는 (　　　)의 행장같이 내놓고 저물 때에 내 손으로 (　　　)을 뚫고 캄캄할 때에 (　　　)을 내다가 그들의 목전에서 (　　　)에 메고 나가니라〉

**36.** 〈나는 너희 (　　　)라 내가 행한 대로 그들도 (　　　)로 사로잡혀가리라〉

**37.** 〈그러나 내가 그중 몇 (　　　)을 남겨 칼과 기근과 (　　　)에서 벗어나게 하여 그들이 이르는 (　　　) 가운데에서 자기의 모든 가증한 일을 (　　　)하게 하리니 내가 (　　　)인 줄을 그들이 알리라〉는 (　　　)장 (　　　)절이다.

**38.** 〈내가 하는 (　　　)이 다시는 더디지 아니하고 (　　　)하리라 반역하는 족속이여 내가 너희 (　　　)에 말하고 이루리라〉는 (　　　)장 (　　　)절이다.

**39.** 〈여호와의 (　　　)에 본 것이 없이 자기 심령을 따라 (　　　)하는 어리석은 선지자에게 (　　　)가 있을진저〉는 (　　　)장 (　　　)절이다.

**40.** 〈여호와께서 (　　　)하셨다고 하는 자들이 허탄한 것과 거짓된 (　　　)를 보며 사람들에게 그 말이 (　　　) 이루어지기를 바라

게 하거니와 그들은 (            )가 보낸 자가 아니라〉

**41.** 〈너희가 (            )한 것을 말하며 (            )된 것을 보았은즉 내가 너희를 (            )〉

**42.** 〈너희가 어찌하여 내 백성의 (            )은 사냥하면서 자기를 위하여는 (            )을 살리려 하느냐〉

**43.** 〈너희가 다시는 (            )한 묵시를 보지 못하고 (            )도 못할지라 내가 내 백성을 너희 (            )에서 건져내리니 내가 (            )인 줄을 너희가 알리라〉는 (            )장 (            )절이다.

**44.** 〈너희는 마음을 돌이켜 (            )을 떠나고 얼굴을 돌려 모든 (            )한 것을 떠나라〉는 (            )장 (            )절이다.

**45.** 〈(            ) 족속이 다시는 (            )되어 나를 떠나지 아니하게 하며 다시는 모든 (            )로 스스로 더럽히지 아니하게 하여 그들을 내 (            )으로 삼고 나는 그들의 (            )이 되려 함이라〉는 (            )장 (            )절이다.

**46.** 〈인자야 가령 어떤 나라가 (            )을 행하여 내게 (            )하므로 내가 손을 그 위에 펴서 그 (            )하는 양식을 끊어 (            )을 내려 사람과 짐승을 그 나라에서 (            ) 하자 비록 (            ), 다니엘, (            ), 이 세 사람이 거기에 있을지라도 그들은 자기의 (            )로 자기의 (            )만 건지리라〉는 (            )장 (            )절이다.

47. 〈그러나 그 가운데에 ( )하는 자가 남아 있어 끌려 나오리니 곧 ( )이라 그들이 너희에게로 나아오리니 너희가 그 ( )과 소행을 보면 내가 예루살렘에 내린 ( ) 곧 그 내린 모든 일에 대하여 너희가 ( )를 받을 것이라〉는 ( )장 ( )절이다.

48. 〈내가 수풀 가운데에 있는 ( )를 불에 던질 땔감이 되게 한 것같이 내가 ( ) 주민도 그같이 할지라〉는 ( )장 ( )절이다.

49. 〈내가 그 땅을 ( )하게 하리니 이는 그들이 ( )함이니라〉는 ( )장 ( )절이다.

50. 〈내가 네 곁으로 지나며 보니 네 때가 ( )을 할 만한 때라 내 ( )으로 너를 덮어 ( )벗은 것을 가리고 네게 ( )하고 언약하여 너를 내게 ( )하게 하였느니라〉

51. 〈네 화려함으로 말미암아 네 ( )이 이방인 중에 퍼졌음은 내가 네게 입힌 ( )로 네 화려함이 ( )함이라〉는 ( )장 ( )절이다.

52. 〈네 이웃 나라 ( ) 사람과도 음행하되 심히 ( )히 하여 내 ( )를 샀도다〉

53. 〈내가 네 ( )대로 네 머리에 ( )하리니 네가 이 음란과 네 모든 ( )한 일을 다시는 ( )하지 아니하리라〉

**54.** 〈속담을 말하기를 (　　　　)가 그러하면 (　　　　)도 그러하다 하리라〉는 (　　　　)장 (　　　　)절이다.

**55.** 〈주 여호와가 이같이 말하노라 네가 (　　　　)를 멸시하여 언약을 (　　　　)하였은즉 내가 네 행한 대로 네게 (　　　　)하리라〉는 (　　　　)장 (　　　　)절이다.

**56.** 〈그러나 내가 너의 어렸을 때에 너와 세운 (　　　　)을 기억하고 너와 영원한 (　　　　)을 세우리라〉는 (　　　　)장 (　　　　)절이다.

**57.** 〈그 포도나무를 큰 (　　　　) 가 옥토에 심은 것은 가지를 내고 (　　　　)를 맺어서 아름다운 (　　　　)나무를 이루게 하려 하였음이라〉는 (　　　　)장 (　　　　)절이다.

**58.** 〈(　　　　) 왕이 그를 왕으로 세웠거늘 그가 (　　　　)를 저버리고 언약을 (　　　　)하였은즉 그 왕이 거주하는 곳 (　　　　)에서 왕과 함께 있다가 (　　　　) 것이라〉

**59.** 〈내가 나의 (　　　　)을 두고 맹세하노니 그가 내 맹세를 업신여기고 내 (　　　　)을 배반하였은즉 내가 그 (　　　　)를 그 머리에 돌리되〉

**60.** 〈내가 그 높은 (　　　　) 가지 끝에서 연한 (　　　　)를 꺾어 높고 우뚝 솟은 (　　　　)에 심되 이스라엘 높은 (　　　　)에 심으리니 그 가지가 무성하고 (　　　　)를 맺어서 아름다운 (　　　　)이 될 것이요 각종 (　　　　)가 그 아래에 깃들이며 그 (　　　　) 그늘에

살리라〉는 (          )장 (          )절이다.

**61.** 〈모든 (          )이 다 내게 속한지라 아버지의 (          )이 내게 속함 같이 그의 아들의 (          )도 내게 속하였나니 (          )하는 그 영혼은 죽으리라〉는 (          )장 (          )절이다.

**62.** 〈(          )를 위하여 꾸어 주지 아니하며 (          )를 받지 아니하며 스스로 손을 금하여 (          )를 짓지 아니하며 사람과 사람 사이에 진실하게 (          )하며 내 율례를 따르며 내 (          )를 지켜 진실하게 행할진대 그는 (          )이니 반드시 살리라〉는 (          )장 (          )절이다.

**63.** 〈(          )하는 그 영혼은 죽을지라 (          )은 아버지의 죄악을 담당하지 아니할 것이요 (          )는 아들의 죄악을 담당하지 아니하리니 (          )의 공의도 자기에게로 돌아가고 (          )의 악도 자기에게로 돌아가리라〉는 (          )장 (          )절이다.

**64.** 〈그러나 (          )이 만일 그 행한 모든 (          )에서 돌이켜 떠나 내 모든 (          )를 지키고 정의와 (          )를 행하면 반드시 살고 (          ) 아니할 것이라 그 (          )한 것이 하나도 (          )이 되지 아니하리니 그가 행한 (          )로 살리라〉는 (          )장 (          )절이다.

**65.** 〈만일 (          )이 그 행한 악을 떠나 정의와 (          )를 행하면 그 (          )을 보전하리라 그가 스스로 헤아리고 그 행한 모든 (          )에서 돌이켜 떠났으니 반드시 (          ) 죽지 아니하리라〉

는 (　　　　)장 (　　　　)절이다.

**66.** 〈너희는 너희가 범한 모든 (　　　　)을 버리고 마음과 영을 (　　　　) 할지어다 이스라엘 족속아 너희가 어찌하여 (　　　　) 하느냐〉

**67.** 〈주 여호와의 말씀이니라 (　　　　)을 자가 죽는 것도 내가 (　　　　)하지 아니하노니 너희는 스스로 (　　　　)키고 살지니라〉는 (　　　　)장 (　　　　)절이다.

**68.** 〈(　　　　)이 그 가지 중 하나에서부터 나와 그 (　　　　)를 태우니 권세 잡은 자의 (　　　　)가 될 만한 강한 가지가 없도다 하라 이것이 (　　　　)라〉는 (　　　　)장 (　　　　)절이다.

**69.** 〈그날에 내가 내 (　　　　)을 들어 그들에게 맹세하기를 (　　　　) 땅에서 인도하여 내어 그들을 위하여 찾아 두었던 땅 곧 (　　　　)과 꿀이 흐르는 땅이요 모든 땅 중의 (　　　　) 곳에 이르게 하리라〉는 (　　　　)장 (　　　　)절이다.

**70.** 〈내가 그들이 거주하는 (　　　　)의 눈 앞에서 그들에게 나타나 그들을 (　　　　) 땅에서 인도하여 내었나니 이는 내 (　　　　)을 위함이라〉 는 (　　　　)장 (　　　　)절이다.

**71.** 〈내가 그들을 (　　　　)하게 하는 여호와인 줄 알게 하려고 내 (　　　　)을 주어 그들과 나 사이에 (　　　　)을 삼았노라〉는 (　　　　)장 (　　　　)절이다.

**72.** 〈그들이 마음으로 (            )을 따라 나의 규례를 업신여기며 나의 (            )를 행하지 아니하며 나의 (            )을 더럽혔음이라〉는 (            )장 (            )절이다.

**73.** 〈나의 (            )을 거룩하게 할지어다 이것이 나와 너희 사이에 (            )이 되어 내가 여호와 너희 (            )인 줄을 너희가 알게 하리라〉는 (            )장 (            )절이다.

**74.** 〈너희 가운데에서 (            )하는 자와 내게 (            )하는 자를 모두 (            )하여 버릴지라 그들을 그 머물러 살던 (            )에서는 나오게 하여도 (            ) 땅에는 들어가지 못하게 하리니 너희가 나는 (            )인 줄을 알리라〉는 (            )장 (            )절이다.

**75.** 〈너희의 (            )이 기억을 되살리며 너희의 (            )이 드러나며 너희 모든 행위의 (            )가 나타났도다 너희가 (            )한 바 되었은즉 그 손에 잡히리라〉는 (            )장 (            )절이다.

**76.** 〈그들이 네 가운데에서 (            )를 업신여겼으며 네 가운데에서 (            )를 학대하였으며 네 가운데에서 (            )와 과부를 해하였도다〉는 (            )장 (            )절이다.

**77.** 〈네 가운데에 피를 흘리려고 (            )을 받은 자도 있었으며 네가 변돈과 (            )를 받았으며 이익을 (            )하여 이웃을 속여 빼앗았으며 나를 (            )버렸도다 주 여호와의 말씀이니라〉는 (            )장 (            )절이다.

**78.** 〈(        )이 풀무 불 가운데에서 (        )는 것같이 너희가 그 가운데에서 (        )으리니 나 여호와가 (        )를 너희 위에 쏟은 줄을 너희가 알리라〉는 (        )장 (        )절이다.

**79.** 〈내가 내 (        )를 그들 위에 쏟으며 내 진노의 (        )로 멸하여 그들 행위대로 그들 머리에 (        )하였느니라〉는 (        )장 (        )절이다.

**80.** 〈내가 네 음란과 (        ) 땅에서부터 행음하던 것을 (        )하여 너로 그들을 향하여 (        )을 들지도 못하게 하며 다시는 (        )을 기억하지도 못하게 하리라〉는 (        )장 (        )절이다.

**81.** 〈그들이 (        )하였으며 피를 손에 묻혔으며 또 그 (        )과 행음하며 내게 낳아 준 자식들을 (        )을 위하여 화제로 살랐으며 이 (        )에도 그들이 내게 행한 것이 있나니 당일에 내 (        )를 더럽히며 내 (        )을 범하였도다〉는 (        )장 (        )절이다.

**82.** 〈내가 이 땅에서 (        )을 그치게 한즉 모든 (        )이 정신이 깨어 너희 (        )을 본받지 아니하리라〉는 (        )장 (        )절이다.

**83.** 〈(        )가 빈 후에는 숯불 위에 놓아 (        ) 하며 그 가마의 (        )을 달궈서 그 속에 더러운 것을 (        )게 하며 녹이 소멸되게 하라〉는 (        )장 (        )절이다.

**84.** 〈인자야 내가 네 (          )에 기뻐하는 것을 한 번 쳐서 (          )으리니 너는 슬퍼하거나 울거나 (          )을 흘리거나 하지 말며〉는 (          )장 (          )절이다.

**85.** 〈내가 너를 (          ) 사람에게 기업으로 넘겨주리니 그들이 네 가운데에 (          )을 치며 네 가운데에 그 (          )를 베풀며 네 (          )를 먹으며 네 (          )을 마실지라〉는 (          )장 (          )절이다.

**86.** 〈(          )의 책벌로 내 원수를 그들에게 (          ) 갚으리라 내가 그들에게 (          )를 갚은즉 내가 (          )인 줄을 그들이 알리라〉는 (          )장 (          )절이다.

**87.** 〈내가 너를 (          )하게 하여 다시 있지 못하게 하리니 (          )이 비록 너를 찾으나 다시는 (          ) 만나지 못하리라〉는 (          )장 (          )절이다.

**88.** 〈네 마음이 (          )하여 말하기를 나는 (          )이라 내가 (          )의 자리 곧 바다 가운데에 앉아 있다 하도다 네 (          )이 하나님의 마음 같은 체할지라도 너는 (          )이요 신이 아니거늘〉는 (          )장 (          )절이다.

**89.** 〈네가 아름다우므로 마음이 (          )하였으며 네가 영화로우므로 네 (          )를 더럽혔음이여 내가 너를 (          )에 던져 왕들 앞에 두어 그들의 (          )가 되게 하였도다〉는 (          )장 (          )절이다.

**90.** 〈(　　　) 족속에게는 그 사방에서 그들을 (　　　)하는 자 중에 찌르는 (　　　)와 아프게 하는 (　　　)가 다시는 없으리니〉는 (　　　)장 (　　　)절이다.

**91.** 〈내가 여러 (　　　) 가운데에 흩어져 있는 (　　　) 족속을 모으고 그들로 말미암아 여러 나라의 (　　　) 앞에서 내 거룩함을 나타낼 때에 그들이 (　　　) 땅 곧 내 종 (　　　)에게 준 땅에 거주할지라〉는 (　　　)장 (　　　)절이다.

**92.** 〈(　　　)은 본래 이스라엘 족속에게 (　　　) 지팡이라 그들이 너를 (　　　)으로 잡은즉 네가 부러져서 그들의 모든 (　　　)를 찢었고 그들이 너를 (　　　)한즉 네가 부러져서 그들의 모든 (　　　)가 흔들리게 하였느니라〉는 (　　　)장 (　　　)절이다.

**93.** 〈내가 애굽 땅을 (　　　)의 느부갓네살 왕에게 넘기리니 그가 그 (　　　)를 잡아가며 물건을 (　　　)하며 빼앗아 갈 것이라 이것이 그 (　　　)의 보상이 되리라〉

**94.** 〈(　　　)에 나는 이스라엘 족속에게 한 (　　　)이 돋아나게 하고 나는 또 네가 그들 가운데에서 (　　　)을 열게 하리니 내가 (　　　)인 줄을 그들이 알리라〉는 (　　　)장 (　　　)절이다.

**95.** 〈내가 그 (　　　)을 없애며 (　　　)을 놉 가운데에서 부수며 (　　　) 땅에서 왕이 다시 나지 못하게 하고 그 (　　　)에 두려움이 있게 하리라〉는 (　　　)장 (　　　)절이다.

**96.** 〈내가 (　　　) 왕의 팔을 견고하게 하고 내 (　　　)을 그 손에 넘겨 주려니와 내가 (　　　) 의 팔을 꺾으리니 그가 (　　　) 왕 앞에서 고통하기를 죽게 상한 자의 (　　　)하듯 하리라〉는 (　　　)장 (　　　)절이다.

**97.** 오늘 읽은 말씀 중 가장 좋아하는 말씀을 외워 쓰십시오.

# 23 구약(개역개정판) 성경대학문제

에스겔 31-48장
다니엘 1-4장

(　　　)년 (　　)월 (　　)일　　　이름 (　　　)

## 에스겔

**1.** 〈볼지어다 (　　　) 사람은 가지가 아름답고 그늘은 (　　　)의 그늘 같으며 키가 크고 (　　　)가 구름에 닿은 레바논 (　　　)이었느니라〉는 (　　　)장 (　　　)절이다.

**2.** 〈공중의 모든 (　　　)가 그 큰 가지에 깃들이며 들의 모든 (　　　)이 그 가는 가지 밑에 (　　　)를 낳으며 모든 큰 (　　　)가 그 그늘 아래에 거주하였느니라〉

**3.** 〈그 (　　　)가 큰 물가에 있으므로 그 (　　　)가 크고 그 가지가 길어 (　　　)이 아름다우매〉는 (　　　)장 (　　　)절이다.

**4.** 〈그의 키가 크고 꼭대기가 (　　　)에 닿아서 높이 솟아났으므로 마음이 (　　　)하였은즉 내가 여러 나라의 (　　　)한 자의 손에 넘겨 줄지라〉는 (　　　)장 (　　　)절이다.

5. 〈너의 (　　　)과 위대함이 에덴의 (　　　)들 중에서 어떤 것과 같은고 그러나 네가 (　　　)의 나무들과 함께 지하에 내려갈 것이요 거기에서 (　　　)를 받지 못하고 (　　　)에 죽임을 당한 자 가운데에 누우리라 이들은 (　　　)와 그의 모든 군대니라〉

6. 〈너를 여러 나라에서 (　　　)로 생각하였더니 실상은 바다 가운데의 큰 (　　　)라 강에서 튀어 일어나 발로 물을 휘저어 그 (　　　)을 더럽혔도다〉에서 '너'는 누구입니까?

7. 〈무서운 자들의 (　　　)에 엎드러지게 할 것임이여 그들이 애굽의 (　　　)을 폐하며 그 모든 무리를 멸하리로다〉는 (　　　)장 (　　　)절이다.

8. 〈그 무덤이 (　　　) 깊은 곳에 만들어졌고 그 무리가 그 (　　　) 사방에 있음이여 그들은 다 (　　　)을 당하여 칼에 엎드러진 자 곧 (　　　)하는 사람들의 세상에서 (　　　)을 두렵게 하던 자로다〉는 (　　　)장 (　　　)절이다.

9. 〈오직 너는 (　　　)를 받지 못한 자와 함께 (　　　)할 것임이여 칼에 (　　　)을 당한 자와 함께 누우리로다〉는 (　　　)장 (　　　)절이다.

10. 〈그가 (　　　)를 받았던들 자기 (　　　)을 보전하였을 것이나 (　　　) 소리를 듣고도 (　　　)를 받지 아니하였으니 그 (　　　)가 자기에게로 돌아가리라〉는 (　　　)장 (　　　)절이다.

11. 〈너는 (　　　)에게 경고하여 돌이켜 그의 (　　　)에서 떠나라고 하되 그가 돌이켜 그의 (　　　)에서 떠나지 아니하면 그는 자기 (　　　)으로 말미암아 죽으려니와 너는 네 (　　　)을 보존하리라〉는 (　　　)장 (　　　)절이다.

12. 〈만일 (　　　)이 돌이켜 그 악에서 떠나 정의와 (　　　)대로 행하면 그가 그로 말미암아 (　　　)〉는 (　　　)장 (　　　)절이다.

13. 〈내가 나의 삶을 두고 (　　　)하노니 황무지에 있는 자는 (　　　)에 엎드러뜨리고 들에 있는 자는 (　　　)에게 넘겨 먹히게 하고 산성과 굴에 있는 자는 (　　　)에 죽게 하리라〉

14. 〈내 (　　　)처럼 네 앞에 앉아서 네 (　　　)을 들으나 그대로 (　　　)하지 아니하니 이는 그 입으로는 (　　　)을 나타내어도 마음으로는 (　　　)을 따름이라〉는 (　　　)장 (　　　)절이다.

15. 〈너희가 그 (　　　) 자를 강하게 아니하며 (　　　) 자를 고치지 아니하며 (　　　) 자를 싸매 주지 아니하며 (　　　) 자를 돌아오게 하지 아니하며 (　　　) 자를 찾지 아니하고 다만 (　　　)으로 그것들을 다스렸도다〉는 (　　　)장 (　　　)절이다.

16. 〈내가 친히 내 양의 (　　　)가 되어 그것들을 (　　　) 있게 할지라 주 여호와의 말씀이니라〉는 (　　　)장 (　　　)절이다.

17. 〈내가 한 (　　　)를 그들 위에 세워 (　　　)이게 하리니 그는 내 종 (　　　)이라 그가 그들을 먹이고 그들의 (　　　)가 될지라〉

18. 〈그들이 내가 (            ) 그들의 하나님이며 그들과 (            ) 있는 줄을 알고 그들 곧 (            ) 족속이 내 (            )인 줄 알리라〉는 (            )장 (            )절이다.

19. 〈세일 산아 내가 너를 (            )하여 내 손을 네 위에 펴서 네가 (            )와 공포의 대상이 되게 할지라〉는 (            )장 (            )절이다.

20. 〈이스라엘 족속의 기업이 (            )하므로 네가 즐거워한 것같이 내가 너를 (            )하게 하리라 세일 산아 너와 에돔 온 땅이 (            )하리니 내가 (            )인 줄을 무리가 알리라〉는 (            )장 (            )절이다.

21. 〈내 맹렬한 (            )로 남아 있는 이방인과 (            ) 온 땅을 쳐서 말하였노니 이는 그들이 (            ) 즐거워하는 마음과 (            ) 하는 심령으로 내 땅을 빼앗아 (            )하여 자기 소유를 삼았음이라〉는 (            )장 (            )절이다.

22. 〈너희 (            ) 산들아 너희는 가지를 내고 내 백성 (            )을 위하여 열매를 맺으리니 그들이 (            ) 때가 가까이 이르렀음이라〉

23. 〈내가 너희 위에 (            )과 짐승을 많게 하되 그들의 수가 많고 (            )하게 할 것이라〉

24. 〈내가 또 너를 여러 나라의 (            )를 듣지 아니하게 하며 만민의 (            )을 다시 받지 아니하게 하며 네 나라 (            )을 다시

넘어뜨리지 아니하게 하리라〉는 (　　　)장 (　　　)절이다.

**25.** 〈너희가 그들 가운데에서 (　　　) 나의 큰 이름을 내가 (　　　) 하게 할지라〉

**26.** 〈내 (　　　)을 너희 속에 두어 너희로 내 (　　　)를 행하게 하리니 너희가 내 (　　　)를 지켜 행할지라〉는 (　　　)장 (　　　)절이다.

**27.** 〈(　　　)에는 지나가는 자의 (　　　)에 황폐하게 보이던 그 (　　　)한 땅이 장차 (　　　)이 될지라〉는 (　　　)장 (　　　)절이다.

**28.** 〈인자야 이 (　　　)이 능히 살 수 있겠느냐 하시기로 내가 대답하되 주 (　　　)여 주께서 아시나이다〉는 (　　　)장 (　　　) 절이다.

**29.** 〈 주 여호와께서 이 (　　　)에게 이같이 말씀하시기를 내가 (　　　)를 너희에게 들어가게 하리니 너희가 (　　　)나리라〉

**30.** 〈이에 내가 그 (　　　)대로 대언하였더니 (　　　)가 그들에게 들어가매 그들이 곧 살아나서 일어나 서는데 극히 큰 (　　　)더라〉에서 '나'는 누구라고 생각합니까?

**31.** 〈내 백성들아 내가 너희 (　　　)을 열고 너희로 거기에서 나오게 한즉 너희는 내가 (　　　)인 줄을 알리라〉는 (　　　)장

(　　　　)절이다.

**32.** 〈내가 에브라임의 손에 있는바 (　　　　)과 그 짝 이스라엘 지파들의 (　　　　)를 가져다가 유다의 (　　　　)에 붙여서 (　　　　) 막대기가 되게 한즉 내 손에서 (　　　　)가 되리라〉는 (　　　　)장 (　　　　)절이다.

**33.** 〈그 땅 (　　　　) 모든 산에서 그들이 (　　　　) 나라를 이루어서 (　　　　) 임금이 모두 다스리게 하리니 그들이 다시는 (　　　　) 민족이 되지 아니하며 (　　　　) 나라로 나누이지 아니할지라〉

**34.** 〈내가 내 종 (　　　　)에게 준 땅 곧 그의 (　　　　)이 거주하던 땅에 그들이 (　　　　)하되 그들과 그들의 (　　　　) 손손이 영원히 거기에 (　　　　)할 것이요 내 종 다윗이 영원히 그들의 (　　　　)이 되리라〉

**35.** 〈내 (　　　　)가 영원토록 그들 가운데에 있으리니 내가 (　　　　)을 거룩하게 하는 여호와인 줄을 (　　　　)이 알리라〉는 (　　　　)장(　　　　)절이다.

**36.** 〈(　　　　)이 땅을 덮음같이 내 백성 (　　　　)을 치러 오리라 곧 아 끝날에 내가 너를 이끌어다가 내 (　　　　)을 치게 하리니 이는 내가 너로 말미암아 (　　　　) 사람의 눈 앞에서 내 (　　　　)을 나타내어 그들이 다 나를 (　　　　) 하려 함이라〉는 (　　　　)장 (　　　　)절이다.

**37.** 〈그날에 큰 (            )이 이스라엘 땅에 일어나서 (            )의 고기들과 공중의 새들과 들의 (            )과 땅에 기는 모든 (            )와 지면에 있는 모든 (            )이 내 앞에서 떨 것이며 모든 (            )이 무너지며 절벽이 떨어지며 모든 (            )이 땅에 무너지리라〉는 (            )장 (            )절이다.

**38.** 〈내가 내 거룩한 (            )을 내 백성 이스라엘 가운데에 (            ) 하여 다시는 내 거룩한 (            )을 더럽히지 아니하게 하리니 내가 (            ) 곧 이스라엘의 거룩한 자인 줄을 (            )이 알리라〉는 (            )장 (            )절이다.

**39.** 〈인자야 너는 각종 (            )와 들의 각종 (            )에게 이르기를 너희는 (            ) 오라 내가 너희를 위한 (            ) 곧 이스라엘 산 위에 예비한 큰 (            )로 너희는 사방에서 모여 (            )을 먹으며 (            )를 마실지어다〉

**40.** 〈여러 (            )은 이스라엘 족속이 그 (            )으로 말미암아 사로잡혀갔던 줄을 알지라〉

**41.** 〈내가 이제 내 거룩한 (            )을 위하여 열심을 내어 (            )의 사로잡힌 자를 돌아오게 하며 (            ) 온 족속에게 (            )을 베풀지라〉는 (            )장 (            )절이다.

**42.** 〈내가 그들을 (            ) 중에서 돌아오게 하고 (            ) 중에서 모아 내어 많은 (            )이 보는 데에서 그들로 말미암아 나의 (            )을 나타낼 때라〉

**43.** 〈다시는 내 (　　　)을 그들에게 가리지 아니하리니 이는 내가 내 (　　　)을 이스라엘 족속에게 쏟았음이라 주 (　　　)의 말씀이니라〉는 (　　　)장 (　　　)절이다.

**44.** 〈(　　　)이 나를 들어 데리고 (　　　)에 들어가시기로 내가 보니 여호와의 (　　　)이 성전에 가득하더라〉는 (　　　)장 (　　　)절이다.

**45.** 〈이는 내 (　　　)의 처소, 내 발을 두는 처소, 내가 (　　　) 족속 가운데에 영원히 있을 (　　　)이라〉

**46.** 〈그들이 그 (　　　)과 그 왕들의 시체를 내게서 멀리 (　　　) 하여 버려야 할 것이라 그리하면 내가 그들 가운데에 (　　　) 살리라〉는 (　　　)장 (　　　)절이다.

**47.** 〈여호와께서 내게 이르시되 이 (　　　)은 닫고 다시 열지 못할지니 (　　　) 그리로 들어오지 못할 것은 이스라엘 (　　　) 나 여호와가 그리로 들어왔음이라〉는 (　　　)장 (　　　)절이다.

**48.** 〈이스라엘 족속이 (　　　) 행하여 나를 떠날 때에 (　　　) 사람도 그릇 행하여 그 (　　　)을 따라 나를 멀리 떠났으니 그 (　　　)을 담당하리라〉

**49.** 〈이스라엘 족속이 (　　　) 행하여 나를 떠날 때에 (　　　)의 자손 레위 사람 제사장들은 내 (　　　)의 직분을 지켰은즉 그들은 내게 가까이 나아와 (　　　)을 들되 내 앞에 서서 (　　　)과

피를 내게 드릴지니라〉

**50.** 〈(          )나 이혼한 여인에게 (          ) 들지 말고 오직 이스라엘 족속의 (          )나 혹시 제사장의 (          )에게 장가 들 것이며〉는 (          )장 (          )절이다.

**51.** 〈각종 처음 익은 (          )와 너희 모든 예물 중에 각종 거제 제물을 다 (          )에게 돌리고 너희가 또 첫 밀가루를 (          )에게 주어 그들에게 네 집에 (          )이 내리도록 하게 하라〉는 (          )장 (          )절이다.

**52.** 〈이스라엘의 (          )아 너희에게 만족하니라 너희는 (          )과 겁탈을 제거하여 버리고 (          )와 공의를 행하여 내 백성에게 (          ) 빼앗는 것을 그칠지니라〉는 (          )장 (          )절이다.

**53.** 〈첫째 달 열나흗날에는 (          )을 칠 일 동안 명절로 지키며 (          ) 없는 떡을 먹을 것이라〉는 (          )장 (          )절이다.

**54.** 〈군주는 백성의 기업을 빼앗아 그 (          )에서 쫓아내지 못할지니 군주가 자기 (          )에게 기업으로 줄 것은 자기 (          )으로만 할 것임이라 백성이 각각 그 (          )을 떠나 흩어지지 않게 할 것이니라〉는 (          )장 (          )절이다.

**55.** 〈그가 나를 데리고 (          ) 문에 이르시니 성전의 앞면이 (          )을 향하였는데 그 문지방 밑에서 (          )이 나와 동쪽으로 흐르다가 (          ) 오른쪽 제단 남쪽으로 흘러내리더라〉는

(　　　)장 (　　　)절이다.

**56.** 〈강 좌우 가에는 각종 먹을 (　　　)가 자라서 그 잎이 시들지 아니하며 (　　　)가 끊이지 아니하고 달마다 새 (　　　)를 맺으리니 그 물이 (　　　)를 통하여 나옴이라 그 (　　　)는 먹을 만하고 그 잎사귀는 (　　　) 재료가 되리라〉는 (　　　)장 (　　　)절이다.

**57.** 〈내가 (　　　)에 내 손을 들어 맹세하여 이 (　　　)을 너희 조상들에게 주겠다고 하였나니 너희는 (　　　)하게 나누어 기업을 삼으라 이 (　　　)이 너희의 기업이 되리라〉

**58.** 〈너희는 이 땅을 나누되 (　　　) 뽑아 너희와 너희 가운데에 머물러 사는 (　　　) 곧 너희 가운데에서 자녀를 낳은 자의 (　　　)이 되게 할지니 너희는 그 (　　　)을 본토에서 난 (　　　) 족속같이 여기고 그들도 (　　　) 지파 중에서 너희와 함께 (　　　)을 얻게 하되 (　　　)인이 머물러 사는 그 지파에서 그 (　　　)을 줄지니라〉는 (　　　)장 (　　　)절이다.

**59.** 〈여호와 삼마〉는 어디에 나오며 그 의미는 무엇입니까?

## 다니엘

**60.** 〈흠이 없고 (　　　)가 아름다우며 모든 (　　　)를 통찰하며 지식에 통달하며 (　　　)에 익숙하여 왕궁에 설 만한 (　　　)을 데려오게 하였고 그들에게 (　　　) 사람의 학문과 (　　　)를 가

르치게 하였고〉는 (          )장 (          )절이다.

**61.** 〈그들 가운데는 유다 자손 곧 (          )과 하나냐와 미사엘과 아사랴가 있었더니〉는 (          )장 (          )절이다.

**62.** 〈다니엘은 (          )을 정하여 왕의 (          )과 그가 마시는 (          )로 자기를 더럽히지 아니하리라 하고〉

**63.** 〈(          )이 이 네 소년에게 (          )을 주시고 모든 (          )을 깨닫게 하시고 (          )를 주셨으니 (          )은 또 모든 환상과 (          )을 깨달아 알더라〉는 (          )장 (          )절이다.

**64.** 〈(          )이 그들에게 모든 일을 묻는 중에 그 (          )와 총명이 온 나라 (          )와 술객보다 (          ) 배나 나은 줄을 아니라〉는 (          )장 (          )절이다.

**65.** 〈이제 그 (          )을 내게 알게 하라 그리하면 너희가 그 (          )도 보일 줄을 내가 알리라〉에서 '나'는 누구입니까?

**66.** 〈(          )께서 물으신 것은 어려운 일이라 (          )와 함께 살지 아니하는 (          ) 외에는 왕 앞에 그것을 보일 자가 없나이다〉는 (          )장 (          )절이다.

**67.** 〈하늘에 계신 하나님이 이 (          )한 일에 대하여 불쌍히 여기사 (          )과 친구들이 바벨론의 다른 지혜자들과 함께 (          )을 당하지 않게 하시기를 그들로 하여금 (          )하게 하니라〉는

(　　　)장 (　　　)절이다.

**68.** 〈이에 이 (　　　)한 것이 밤에 환상으로 (　　　)에게 나타나 보이매 (　　　)이 하늘에 계신 하나님을 (　　　)하니라〉

**69.** 〈(　　　)이 말하여 이르되 영원부터 영원까지 (　　　)의 이름을 찬송할 것은 지혜와 (　　　)이 그에게 있음이로다〉는 (　　　)장 (　　　)절이다.

**70.** 〈나의 (　　　)의 하나님이여 주께서 이제 내게 (　　　)와 능력을 주시고 우리가 주께 (　　　) 것을 내게 알게 하셨사오니 내가 주께 (　　　)하고 주를 찬양하나이다 곧 주께서 (　　　)의 그 일을 내게 보이셨나이다〉

**71.** 〈(　　　)이 왕 앞에 대답하여 이르되 (　　　)이 물으신바 은밀한 것은 (　　　)나 술객이나 박수나 점쟁이가 능히 (　　　)께 보일 수 없으되 오직 (　　　)한 것을 나타내실 이는 하늘에 계신 (　　　)이시라〉는 (　　　)장 (　　　)절이다.

**72.** 〈그 우상의 머리는 (　　　)이요 가슴과 두 팔은 은이요 (　　　)와 넓적다리는 놋이요 그 종아리는 (　　　)요 그 발은 얼마는 쇠요 얼마는 (　　　)이었나이다 또 왕이 보신즉 손대지 아니한 (　　　)이 나와서 신상의 쇠와 진흙의 (　　　)을 쳐서 부서뜨리매〉는 (　　　)장 (　　　)절이다.

**73.** 〈여러 (　　　)의 시대에 하늘의 (　　　)이 한 나라를 세우시리

니 이것은 (      ) 망하지도 아니 할 것이요 그 (      )이 다른 백성에게로 돌아가지도 아니할 것이요 도리어 이 (      ) 나라를 쳐서 멸망시키고 (      ) 설 것이라〉

**74.** 〈손대지 아니한 (      )이 산에서 나와서 (      )와 놋과 진흙과 은과 (      )을 부서뜨린 것을 왕께서 보신 것은 크신 (      )이 장래 일을 왕께 알게 하신 것이라 이 (      )은 참되고 이 해석은 확실하니이다〉는 (      )장 (      )절이다.

**75.** 〈왕이 대답하여 (      )에게 이르되 너희 (      )은 참으로 모든 신들의 (      )이시요 모든 (      )의 주재시로다 네가 능히 이 (      )한 것을 나타내었으니 네 (      )은 또 은밀한 것을 나타내시는 이시로다〉에서 '왕'은 어느 나라의 누구입니까?

**76.** 〈왕이 이에 (      )을 높여 귀한 (      )을 많이 주며 그를 세워 (      ) 온 지방을 다스리게 하며 또 (      ) 모든 지혜자의 (      )을 삼았느며 왕이 또 (      )의 요구대로 사드락과 메삭과 아벳느고를 세워 (      ) 지방의 일을 다스리게 하였고 (      )은 왕궁에 있었더라〉는 (      )장 (      )절이다.

**77.** 〈모든 (      )과 나라들과 각 언어를 말하는 자들이 (      )과 피리와 수금과 삼현금과 양금과 및 모든 (      ) 소리를 듣자 곧 느부갓네살 왕이 세운 (      ) 신상에게 엎드려 절하니라〉는 (      )장 (      )절이다.

**78.** 〈이제라도 너희가 준비하였다가 (      )과 피리와 수금과 삼현

금과 양금과 생황과 및 모든 (          ) 소리를 들을 때 내가 만든 (          ) 앞에 엎드려 절하면 좋거니와 너희가 만일 (          )하지 아니하면 즉시 너희를 맹렬히 타는 (          ) 가운데에 던져 넣을 것이니 능히 너희를 내 (          )에서 건져낼 (          )이 누구이겠느냐〉에서 '너희'와 '나'는 각각 누구입니까?

**79.** 〈왕이여 우리가 섬기는 (          )이 계시다면 우리를 맹렬히 타는 (          ) 가운데에서 능히 건져내시겠고 (          )의 손에서도 건져내시리이다 그렇게 하지 (          )하실지라도 왕이여 우리가 왕의 (          )을 섬기지도 아니하고 왕이 세우신 (          ) 신상에게 절하지도 아니할 줄을 아옵소서〉는 (          )장 (          )절이다.

**80.** 〈이 세 사람 (          )과 메삭과 아벳느고는 결박된 채 맹렬히 타는 (          ) 가운데에 떨어졌더라〉

**81.** 〈(          )이 또 말하여 이르되 내가 보니 (          )되지 아니한 네 사람이 (          ) 가운데로 다니는데 (          )하지도 아니하였고 그 넷째의 모양은 신들의 (          )과 같도다〉

**82.** 〈(          )과 지사와 행정관과 왕의 (          )들이 모여 이 사람들을 본즉 (          )이 능히 그들의 몸을 해하지 못하였고 (          )도 그을리지 아니하였고 겉옷 (          )도 변하지 아니하였고 (          ) 탄 냄새도 없었더라〉는 (          )장 (          )절이다.

**83.** 〈하나님을 (          )할지로다 그가 그의 (          )를 보내사 자기를 (          )하고 그들의 몸을 바쳐 (          )의 명령을 거역하고

그 (　　　)밖에는 다른 신을 섬기지 아니하며 그에게 (　　　)하지 아니한 종들을 (　　　)하셨도다〉는 (　　　)장 (　　　)절이다.

**84.** 〈내가 이제 (　　　)를 내리노니 각 백성과 각 나라와 각 (　　　)를 말하는 자가 모두 (　　　)과 메삭과 아벳느고의 하나님께 (　　　) 말하거든 그 몸을 쪼개고 그 (　　　)을 거름터로 삼을지니 이는 이같이 사람을 (　　　)할 다른 신이 없음이니라〉는 누가 한 말입니까?

**85.** 〈지극히 높으신 (　　　)이 내게 행하신 (　　　)과 놀라운 일을 내가 알게 하기를 (　　　) 하노라 참으로 크도다 그의 (　　　)이여, 참으로 능하도다 그의 (　　　) 일이여, 그의 나라는 영원한 나라요 그의 (　　　)는 대대에 이르리로다〉는 (　　　)장 (　　　)절이다.

**86.** 〈왕이여 이 나무는 곧 (　　　)이시라 이는 왕이 자라서 (　　　)하여지고 창대하사 (　　　)에 닿으시며 권세는 (　　　) 끝까지 미치심이니이다〉

**87.** 〈그런즉 (　　　)이여 내가 아뢰는 것을 받으시고 (　　　)를 행함으로 죄를 사하고 가난한 자를 (　　　)히 여김으로 죄악을 사하소서 그리하시면 왕의 (　　　)함이 혹시 (　　　)하리이다〉는 누가 누구에게 한 말입니까?

**88.** 〈그 (　　　)이 차매 나 느부갓네살이 하늘을 우러러 보았더니

내 (          )이 다시 내게로 돌아온지라 이에 내가 (          ) 높으신 이에게 감사하며 (          )하시는 이를 찬양하고 (          )하였나니 그 권세는 영원한 (          )요 그 나라는 대대에 이르리로다〉

**89.** 〈지금 나 느부갓네살은 하늘의 (          )을 찬양하며 칭송하며 (          )하노니 그의 일이 다 (          )하고 그의 행하심이 의로우시므로 (          )하게 행하는 자를 그가 능히 (          )심이라〉는 (          )장 (          )절이다.

**90.** 오늘 읽은 말씀 중 가장 좋아하는 성경구절을 외워쓰십시오.

# 24 구약(개역개정판) 성경대학문제

다니엘 5-12장, 호세아 1-14장
요엘 1-3장

(　　　)년 (　　)월 (　　)일　　　이름 (　　　)

## 다니엘

1. 〈예루살렘 (　　　)의 전 성소 중에서 탈취하여 온 (　　　) 그릇을 가져오매 (　　　)이 그 귀족들과 (　　　)과 후궁들과 더불어 그것으로 마시더라 그들이 (　　　)을 마시고는 그 금, 은, (　　　), 쇠, 나무, 돌로 만든 (　　　)을 찬양하니라〉

2. 〈(　　　)이 크게 소리 질러 술객과 갈대아 술사와 (　　　)를 불러오게 하고 바벨론의 (　　　)에게 말하되 누구를 막론하고 이 (　　　)를 읽고 그 해석을 내게 보이면 (　　　) 옷을 입히고 (　　　)을 그의 목에 걸어 주리니 그를 나라의 (　　　) 통치자로 삼으리라〉는 (　　　)장 (　　　)절이다.

3. 〈내가 네게 대하여 들은즉 네 안에는 (　　　)의 영이 있으므로 네가 (　　　)과 총명과 비상한 (　　　)가 있다 하도다〉에서 '나'와 '너'는 각각 누구입니까?

**4.** 벽에 쓰인 글자를 해석하고 셋째 통치자가 된 사람은 누구입니까?

**5.** 〈(        )은 마음이 민첩하여 (        )과 고관들 위에 뛰어나므로 왕이 그를 세워 (        )을 다스리게 하고자 한지라〉에서 '왕'은 누구입니까?

**6.** 〈다니엘이 이 조서에 왕의 (        )이 찍힌 것을 알고도 자기 (        )에 돌아가서는 윗방에 올라가 (        )으로 향한 창문을 열고 전에 하던 대로 하루 (        ) 번씩 무릎을 꿇고 (        )하며 그의 하나님께 (        )하였더라〉는 (        )장 (        )절이다.

**7.** 〈(        )이 명령하매 다니엘을 끌어다가 (        ) 굴에 던져 넣는지라 (        )이 다니엘에게 이르되 네가 (        ) 섬기는 너의 하나님이 너를 (        )하시리라〉는 (        )장 (        )절이다.

**8.** 〈왕이 (        )에 돌아가서는 밤이 새도록 (        )하고 그 앞에 오락을 그치고 (        )를 마다하니라〉

**9.** 〈(        ) 계시는 하나님의 종 (        )아 네가 항상 섬기는 네 하나님이 (        )에게서 능히 너를 (        )하셨느냐〉는 누가 한 말입니까?

**10.** 〈나의 (        )이 이미 그의 천사를 보내어 (        )의 입을 봉하셨으므로 (        )이 나를 상해하지 못하였사오니 이는 나의 (        )함이 그 앞에 명백함이오며 또 (        )이여 나는 왕에게도 (        )를 끼치지 아니하였나이다〉는 (        )장 (        )절

이다.

**11.** 〈왕이 심히 기뻐서 명하여 (　　　　)을 굴에서 올리라 하매 그들이 (　　　　)을 굴에서 올린즉 그의 몸이 조금도 (　　　　)하지 아니하였으니 이는 그가 자기의 (　　　　)을 믿음이었더라〉는 (　　　　)장 (　　　　)절이다.

**12.** 〈내가 이제 (　　　　)를 내리노라 내 나라 (　　　　) 아래에 있는 사람들은 다 (　　　　)의 하나님 앞에서 떨며 두려워할지니 그는 (　　　　) 계시는 하나님이시요 영원히 (　　　　)하지 않으실 이시며 그의 나라는 (　　　　)하지 아니할 것이요 그의 (　　　　)는 무궁할 것이며〉는(　　　　)장 (　　　　)절이다.

**13.** 〈이 (　　　　)이 다리오 왕의 시대와 바사 사람 (　　　　) 왕의 시대에 형통하였더라〉는 (　　　　)장 (　　　　)절이다.

**14.** 〈내가 보니 (　　　　)가 놓이고 옛적부터 항상 계신 이가 (　　　　) 하셨는데 그의 (　　　　)은 희기가 눈 같고 그의 (　　　　)은 깨끗한 양의 털 같고 그의 (　　　　)는 불꽃이요 그의 바퀴는 타오르는 (　　　　)이며 불이 (　　　　)처럼 흘러 그의 앞에서 나오며 그를 (　　　　)기는 자는 천천이요 그 앞에서 모셔 선 자는 (　　　　)이며 심판을 베푸는데 (　　　　)이 펴 놓였더라〉는 (　　　　)장 (　　　　)절이다.

**15.** 〈내가 또 (　　　　) 환상 중에 보니 인자 같은 이가 (　　　　) 구름을 타고 와서 옛적부터 항상 (　　　　) 이에게 나아가 그 앞으로

(    )되매 그에게 권세와 영광과 (    )를 주고 모든 백성과 나라들과 다른 (    )를 말하는 모든 자들이 그를 (    )기게 하였으니 그의 권세는 (    )되지 아니하는 영원한 권세요 그의 (    )는 멸망하지 아니할 것이니라〉는 (    )장 (    )절이다.

**16.** 〈지극히 높으신 이의 (    )이 나라를 얻으리니 그 (    )이 영원하고 영원하고 (    )하리라〉는 (    )장 (    )절이다.

**17.** 〈옛적부터 (    ) 계신 이가 와서 지극히 높으신 이의 (    )을 위하여 (    )을 풀어 주셨고 때가 이르매 (    )이 나라를 얻었더라〉

**18.** 〈나라와 (    )와 온 천하 나라들의 위세가 (    ) 높으신 이의 거룩한 (    )에게 붙인바 되리니 그의 나라는 (    ) 나라이라 모든 권세 있는 자들이 다 그를 (    )기며 복종하리라〉는 (    )장 (    )절이다.

**19.** 〈네가 본바 두 뿔 가진 숫양은 곧 메대와 (    ) 왕들이요 털이 많은 숫염소는 곧 (    ) 왕이요 그의 두 눈 사이에 있는 큰 뿔은 곧 그 (    ) 왕이요 이 뿔이 꺾이고 그 대신에 (    ) 뿔이 났은즉 그 나라 가운데에서 (    ) 나라가 일어나되 그의 (    )만 못하리라〉는 (    )장 (    )절이다.

**20.** 〈나 다니엘이 (    )을 통해 여호와께서 말씀으로 선지자 (    )에게 알려 주신 그 (    )를 깨달았나니 곧 예루살

렘의 황폐함이 (　　　) 년 만에 그치리라 하신 것이니라〉는 (　　　)장 (　　　)절이다.

**21.** 〈내 하나님 여호와께 (　　　)하며 자복하여 이르기를 크시고 두려워할 주 (　　　), 주를 사랑하고 주의 (　　　)을 지키는 자를 위하여 언약을 지키시고 그에게 (　　　)를 베푸시는 이시여〉에서 '나'는 누구입니까?

**22.** 〈(　　　)한 손으로 주의 백성을 (　　　)에서 인도하여 내시고 오늘과 같이 (　　　)을 얻으신 우리 주 하나님이여 우리는 (　　　)하였고 악을 행하였나이다〉

**23.** 〈나의 하나님이여 (　　　)를 기울여 들으시며 (　　　)을 떠서 우리의 황폐한 (　　　)과 주의 이름으로 일컫는 (　　　)을 보옵소서 우리가 주 앞에 (　　　)하옵는 것은 우리의 (　　　)를 의지하여 하는 것이 아니요 주의 큰 (　　　)을 의지하여 함이니이다〉

**24.** 〈주여 들으소서 주여 (　　　)하소서 주여 귀를 기울이시고 (　　　)하소서 지체하지 마옵소서 나의 하나님이여 주 (　　　)을 위하여 하시옵소서〉는 (　　　)장 (　　　)절이다.

**25.** 〈(　　　)아 내가 이제 네게 지혜와 (　　　)을 주려고 왔느니라〉에서 '나'는 누구입니까?

**26.** 〈네 (　　　)과 네 거룩한 성을 위하여 (　　　) 이레를 기한으로 정하였나니 (　　　)이 그치며 죄가 끝나며 죄악이 (　　　)되

며 영원한 의가 드러나며 환상과 (          )이 응하며 또 지극히 거룩한 이가 (          ) 부음을 받으리라〉는 (          )장 (          )절이다.

**27.** 〈그때에 내가 (          )을 들어 바라본즉 한 사람이 (          ) 옷을 입었고 허리에는 우바스 (          ) 띠를 띠었더라 또 그의 몸은 (          ) 같고 그의 얼굴은 (          ) 같고 그의 눈은 (          ) 같고 그의 팔과 발은 빛난 (          )과 같고 그의 말소리는 무리의 (          )와 같더라〉는 (          )장 (          )절이다.

**28.** 〈그런데 (          ) 왕국의 군주가 (          ) 일 동안 나를 막았으므로 내가 거기 (          ) 왕국의 왕들과 함께 머물러 있더니 (          ) 높은 군주 중 하나인 (          )이 와서 나를 도와주므로 이제 내가 (          ) 날에 네 백성이 당할 일을 네게 (          ) 하러 왔노라〉는 (          )장 (          )절이다.

**29.** 〈큰 (          )을 받은 사람이여 두려워하지 말라 (          )하라 강건하라 (          )하라 그가 이같이 내게 말하매 내가 곧 (          )이 나서 이르되 내 주께서 나를 (          )하게 하셨사오니 (          )하옵소서〉는 (          )장 (          )절이다.

**30.** 〈그가 또 (          )을 배반하고 악행하는 자를 속임수로 (          ) 시킬 것이나 오직 자기의 (          )을 아는 백성은 강하여 (          )을 떨치리라〉는 (          )장 (          )절이다.

**31.** 〈그때에 네 (          )을 호위하는 큰 군주 (          )이 일어날 것

이요 또 (　　　)이 있으리니 이는 개국 이래로 그때까지 없던 (　　　)일 것이며 그때에 네 백성 중 (　　　)에 기록된 모든 자가 (　　　)을 받을 것이라〉는 (　　　)장 (　　　)절이다.

**32.** 〈지혜 있는 자는 궁창의 (　　　)과 같이 빛날 것이요 많은 (　　　)을 옳은 데로 돌아오게 한 자는 (　　　)과 같이 영원토록 (　　　)나리라〉는 (　　　)장 (　　　)절이다.

**33.** 〈많은 사람이 (　　　)을 받아 스스로 (　　　)하게 하며 희게 할 것이나 (　　　)한 사람은 악을 행하리니 (　　　)한 자는 아무것도 깨닫지 못하되 오직 (　　　) 있는 자는 깨달으리라〉

**34.** 〈너는 가서 (　　　)을 기다리라 이는 네가 (　　　)히 쉬다가 끝날에는 네 (　　　)을 누릴 것임이라〉는 (　　　)장 (　　　)절이다.

## 호세아

**35.** 〈여호와께서 (　　　)에게 이르시되 너는 가서 음란한 (　　　)를 맞이하여 음란한 (　　　)을 낳으라 이 나라가 (　　　)를 떠나 크게 음란함이니라〉는 (　　　)장 (　　　)절이다.

**36.** 〈(　　　)이 임신하여 아들을 낳으매 여호와께서 (　　　)에게 이르시되 그의 이름을 (　　　)이라 하라〉

**37.** 〈(　　　)이 또 임신하여 딸을 낳으매 여호와께서 (　　　)에게

이르시되 그의 이름을 (          )라 하라 내가 다시는 (          ) 족속을 긍휼히 여겨서 (          )하지 않을 것임이니라〉는 (          )장 (          )절이다.

38. 〈또 임신하여 아들을 낳으매 (          )께서 이르시되 그의 이름을 (          )라 하라 너희는 내 백성이 아니요 나는 너희 (          )이 되지 아니할 것임이니라〉

39. 〈그러나 (          ) 자손의 수가 바닷가의 (          )같이 되어서 헤아릴 수도 없고 (          ) 수도 없을 것이며 (          )에 그들에게 이르기를 너희는 내 (          )이 아니라 한 그곳에서 그들에게 이르기를 너희는 살아 계신 (          )의 아들들이라 할 것이라〉는 (          )장 (          )절이다.

40. 〈로암미〉의 부모 이름과 '로암미'의 뜻은 무엇입니까?

41. 〈너희 형제에게는 (          )라 하고 너희 자매에게는 (          )라 하라〉는 (          )장 (          )절이다.

42. 〈곡식과 새 (          )와 기름은 내가 그에게 준 것이요 그들이 (          )을 위하여 쓴 은과 (          )도 내가 그에게 더하여 준 것이거늘 그가 (          ) 못하도다〉

43. 〈그가 (          )하는 자를 따라가서 나를 (          )버리고 향을 살라 (          )을 섬긴 시일대로 내가 그에게 (          )을 주리라〉

**44.** 〈그날에 네가 나를 내 (　　　　)이라 일컫고 다시는 내 (　　　　)이라 일컫지 아니하리라〉

**45.** 〈내가 네게 (　　　　) 들어 영원히 살되 공의와 정의와 (　　　　)과 긍휼히 여김으로 네게 (　　　　) 들며 진실함으로 네게 (　　　　) 들리니 네가 (　　　　)를 알리라〉는 (　　　　)장 (　　　　)절이다.

**46.** 〈내가 (　　　　)를 위하여 그를 이 땅에 심고 (　　　　) 여김을 받지 못하였던 자를 (　　　　)히 여기며 내 (　　　　) 아니었던 자에게 향하여 이르기를 너는 내 (　　　　)이라 하리니 그들은 이르기를 주는 내 (　　　　)이시라 하리라〉는 (　　　　)장 (　　　　)절이다

**47.** 〈이스라엘 자손이 다른 (　　　　)을 섬기고 건포도 과자를 즐길지라도 (　　　　)가 그들을 사랑하나니 너는 또 가서 (　　　　)의 사랑을 받아 음녀가 된 그 여자를 (　　　　)하라〉는 (　　　　)장 (　　　　)절이다.

**48.** 〈그 후에 (　　　　) 자손이 돌아와서 그들의 (　　　　) 여호와와 그들의 왕 (　　　　)을 찾고 마지막 날에는 여호와를 (　　　　)하므로 여호와와 그의 (　　　　)으로 나아가리라〉는 (　　　　)장 (　　　　)절이다.

**49.** 〈그들은 번성할수록 내게 (　　　　)하니 내가 그들의 영화를 변하여 (　　　　)이 되게 하리라〉

**50.** 〈장차는 (　　　　)이나 제사장이나 동일함이라 내가 그들

의 (          )대로 벌하며 그들의 행위대로 (          )으리라〉는 (          )장 (          )절이다.

**51.** 〈깨닫지 못하는 백성은 (          )하리라〉는 (          )장 (          )절이다.

**52.** 〈이스라엘의 (          )이 그 얼굴에 드러났나니 그 (          )으로 말미암아 이스라엘과 에브라임이 넘어지고 (          )도 그들과 함께 넘어지리라〉

**53.** 〈에브라임은 (          )의 명령 뒤따르기를 좋아하므로 (          )를 받고 재판의 압제를 받는도다〉는 (          )장 (          )절이다.

**54.** 〈그들이 그 (          )를 뉘우치고 내 얼굴을 (          )하기까지 내가 내 곳으로 돌아가리라 그들이 (          ) 받을 때에 나를 간절히 (          )하리라〉는 (          )장 (          )절이다.

**55.** 〈오라 우리가 (          )께로 돌아가자 여호와께서 우리를 (          )셨으나 도로 낫게 하실 것이요 우리를 (          )셨으나 싸매어 주실 것임이라〉는 (          )장 (          )절이다.

**56.** 〈여호와께서 (          ) 후에 우리를 살리시며 (          ) 날에 우리를 일으키시리니 우리가 그의 앞에서 (          )〉

**57.** 〈우리가 (          )를 알자 힘써 (          )를 알자 그의 나타나심은 (          )빛같이 어김없나니 비와 같이, (          )을 적시는 늦은

비와 같이 우리에게 (          )하시리라〉

**58.** 〈나는 (          )를 원하고 제사를 원하지 아니하며 번제보다 (          )을 아는 것을 원하노라〉는 (          )장 (          )절이다.

**59.** 〈그들이 그 악으로 (          )을, 그 거짓말로 (          )을 기쁘게 하도다〉는 (          )장 (          )절이다.

**60.** 〈그들이 다 (          )같이 뜨거워져서 그 (          )을 삼키며 그들의 왕들을 다 (          )드러지게 하며 그들 중에는 내게 (          ) 자가 하나도 없도다〉

**61.** 〈이스라엘의 (          )은 그 얼굴에 드러났나니 그들이 이 모든 (          )을 당하여도 그들의 하나님 (          )께로 돌아오지 아니하며 (          )하지 아니하도다〉

**62.** 〈내가 그들 팔을 (          )시켜 힘있게 하였으나 그들은 내게 대하여 (          )을 꾀하는도다〉는 (          )장 (          )절이다.

**63.** 〈(          )을 네 입에 댈지어다 원수가 (          )처럼 여호와의 집에 덮치리니 이는 그들이 내 (          )을 어기며 내 율법을 (          )함이로다〉는 (          )장 (          )절이다.

**64.** 〈그들이 (          )을 세웠으나 내게서 난 것이 아니며 그들이 (          )을 세웠으나 내가 모르는 바이며 그들이 또 그 은, (          )으로 자기를 위하여 (          )을 만들었나니 결국은

(　　　)되고 말리라〉

**65.** 〈그들이 내게 고기를 (　　　)로 드리고 먹을지라도 (　　　)는 그것을 기뻐하지 아니하고 이제 그들의 (　　　)을 기억하여 그 죄를 (　　　)하리니 그들은 (　　　)으로 다시 가리라〉는 (　　　)장 (　　　)절이다.

**66.** 〈그들은 (　　　)의 땅에 거주하지 못하며 에브라임은 (　　　)으로 다시 가고 앗수르에서 더러운 것을 (　　　)을 것이니라〉는 (　　　)장 (　　　)절이다.

**67.** 〈그들은 기브아의 시대와 같이 심히 (　　　)한지라 여호와께서 그 (　　　)을 기억하시고 그 죄를 (　　　)하시리라〉

**68.** 〈에브라임의 (　　　)이 새같이 날아가리니 (　　　)하는 것이나 아이 배는 것이나 (　　　)하는 것이 없으리라〉는 (　　　)장 (　　　)절이다.

**69.** 〈혹 그들이 (　　　)을 기를지라도 내가 그 (　　　)을 없이하여 한 사람도 (　　　) 아니할 것이라 내가 그들을 (　　　)나는 때에는 그들에게 (　　　)가 미치리로다〉

**70.** 〈그들이 (　　　) 아니하므로 내 하나님이 그들을 (　　　)시리니 그들이 여러 나라 가운데에 (　　　)도는 자가 되리라〉는 (　　　)장 (　　　)절이다.

**71.** 〈그들이 (　　　) 마음을 품었으니 이제 (　　　)을 받을 것이라 하나님이 그 (　　　)을 쳐서 깨뜨리시며 그 (　　　)을 허시리라〉는 (　　　)장 (　　　)절이다.

**72.** 〈그들이 (　　　)된 말을 내며 거짓 맹세로 (　　　)을 세우니 그 재판이 밭이랑에 돋는 (　　　) 같으리로다〉

**73.** 〈(　　　)아 네가 기브아 시대로부터 (　　　)하더니 지금까지 (　　　)를 짓는구나 그러니 (　　　)한 자손들에 대한 (　　　)이 어찌 기브아에서 일어나지 않겠느냐〉

**74.** 〈너희가 자기를 위하여 (　　　)를 심고 인애를 거두라 너희 (　　　)은 땅을 기경하라 지금이 곧 (　　　)를 찾을 때니 마침내 여호와께서 오사 (　　　)를 비처럼 너희에게 내리시리라〉는 (　　　)장 (　　　)절이다.

**75.** 〈(　　　)이 어렸을 때에 내가 사랑하여 내 (　　　)을 애굽에서 불러냈거늘 (　　　)이 그들을 부를수록 그들은 점점 멀리하고 (　　　)에게 제사하며 아로새긴 (　　　) 앞에서 분향하였느니라〉는 (　　　)장 (　　　)절이다.

**76.** 〈내가 나의 맹렬한 (　　　)를 나타내지 아니하며 내가 다시는 (　　　)을 멸하지 아니하리니 이는 내가 (　　　)이요 사람이 아님이라 네 가운데 있는 (　　　) 이니 진노함으로 네게 (　　　)하지 아니하리라〉는 (　　　)장 (　　　)절이다.

**77.** 〈여호와께서 (          )와 논쟁하시고 야곱을 그 행실대로 (          )하시며 그의 행위대로 그에게 (          )하시리라〉는 (          )장 (          )절이다.

**78.** 〈너의 (          )께로 돌아와서 인애와 (          )를 지키며 항상 너의 (          )을 바랄지니라〉는 (          )장 (          )절이다.

**79.** 〈네가 (          ) 땅에 있을 때부터 나는 네 (          ) 여호와니라 내가 너로 다시 (          )에 거주하게 하기를 (          )날에 하던 것 같게 하리라〉는 (          )장 (          )절이다.

**80.** 〈(          )이 말을 하면 사람들이 떨었도다 그가 (          ) 중에서 자기를 높이더니 (          )로 말미암아 범죄하므로 (          )하였거늘〉은 (          )장 (          )절이다.

**81.** 〈(          ) 땅에 있을 때부터 나는 네 하나님 (          )라 나밖에 네가 다른 (          )을 알지 말 것이라 나 외에는 (          )가 없느니라〉

**82.** 〈이스라엘아 네가 (          )하였나니 이는 너를 도와주는 나를 (          )함이니라〉

**83.** 〈사마리아가 그들의 (          )을 배반하였으므로 (          )을 당하여 칼에 엎드러질 것이요 그 어린 (          )는 부서뜨려지며 아이 밴 여인은 (          )가 갈라지리라〉는 (          )장 (          )절이다.

**84.** 〈우리가 앗수르의 (      )을 의지하지 아니하며 (      )을 타지 아니하며 다시는 우리의 (      )으로 만든 것을 향하여 너희는 우리의 (      )이라 하지 아니하오리니 이는 (      )가 주로 말미암아 (      )을 얻음이니이다〉는 (      )장 (      )절이다.

**85.** 〈내가 그들의 (      )을 고치고 기쁘게 그들을 (      )하리니 나의 (      )가 그에게서 떠났음이니라〉

**86.** 〈내가 이스라엘에게 (      )과 같으리니 그가 (      )같이 피겠고 레바논 백향목같이 (      )가 박힐 것이라〉는 (      )장 (      )절이다.

**87.** 〈누가 (      )가 있어 이런 일을 깨달으며 누가 (      )이 있어 이런 일을 알겠느냐 (      )의 도는 정직하니 (      )은 그 길로 다니거니와 그러나 (      )은 그 길에 걸려 넘어지리라〉는 (      )장 (      )절이다.

## 요엘

**88.** 〈팥중이가 남긴 것을 (      )가 먹고 메뚜기가 남긴 것을 (      )가 먹고 느치가 남긴 것을 (      )이 먹었도다〉는 (      )장 (      )절이다.

**89.** 〈너희는 (      )을 정하고 성회를 소집하여 (      )들과 이 땅의 모든 (      )을 너희 하나님 여호와의 (      )으로 모으고 (      )께 부르짖을지어다〉는 (      )장 (      )절이다.

**90.** 〈곧 (          ) 캄캄한 날이요 짙은 (          )이 덮인 날이라 새벽 (          )이 산꼭대기에 덮인 것과 같으니 이는 많고 강한 (          )이 이르렀음이라 이와 같은 것이 (          )에도 없었고 이후에도 (          )에 없으리로다〉는 (          )장 (          )절이다.

**91.** 〈너희는 옷을 찢지 말고 (          )을 찢고 너희 하나님 (          )께로 돌아올지어다 그는 (          )로우시며 자비로우시며 (          )하기를 더디하시며 (          )가 크시사 뜻을 돌이켜 (          )을 내리지 아니하시나니〉는 (          )장 (          )절이다.

**92.** 〈너희는 (          )에서 나팔을 불어 거룩한 (          )을 정하고 (          )를 소집하라〉

**93.** 〈그때에 (          )께서 자기의 땅을 극진히 (          )하시어 그의 백성을 (          ) 여기실 것이라〉

**94.** 〈(          )의 자녀들아 너희는 너희 (          ) 여호와로 말미암아 (          )하며 즐거워할지어다 그가 너희를 위하여 (          )를 내리시되 이른 (          )를 너희에게 적당하게 주시리니 이른 (          )와 늦은 비가 예전과 같을 것이라〉는 (          )장 (          )절이다.

**95.** 〈내가 (          )에 너희에게 보낸 큰 군대 곧 (          )와 느치와 황충과 팥중이가 먹은 (          )대로 너희에게 갚아 주리니〉

**96.** 〈내가 내 (          )을 만민에게 부어 주리니 너희 (          )들이 장

래 일을 말할 것이며 너희 ( )는 꿈을 꾸며 너희 ( )는 이상을 볼 것이며〉는 ( )장 ( )절이다.

**97.** 〈누구든지 여호와의 ( )을 부르는 자는 ( )을 얻으리니〉는 신약성경 로마서 10장 ( )절에도 기록되어 있는 말씀이다.

**98.** 〈너희는 보습을 쳐서 ( )을 만들지어다 낫을 쳐서 ( )을 만들지어다 약한 자도 이르기를 나는 ( )하다 할지어다〉는 ( )장 ( )절이다.

**99.** 〈여호와께서 ( )에서 부르짖고 예루살렘에서 ( )를 내시리니 하늘과 땅이 ( )하리로다 그러나 여호와께서 그의 ( )의 피난처, 이스라엘 자손의 ( )이 되시리로다〉

**100.** 〈( )은 황무지가 되겠고 ( )은 황무한 들이 되리니 이는 그들이 ( ) 자손에게 포악을 행하여 무죄한 ( )를 그 땅에서 흘렸음이니라〉

**101.** 〈( )는 영원히 있겠고 ( )은 대대로 있으리라 내가 전에는 그들의 ( )흘림 당한 것을 갚아 주지 아니하였거니와 이제는 ( ) 주리니 이는 여호와께서 ( )에 거하심이니라〉는 ( )장 ( )절이다.

**102.** 오늘 읽은 말씀 중 가장 좋아하는 성경구절을 외워 쓰십시오.

# 25 구약(개역개정판) 성경대학문제

아모스 1-9장, 오바댜 1장,
요나 1-4장, 미가 1-7장, 나훔 1-3장

(　　　)년 (　　)월 (　　)일　　　이름 (　　　)

## 아모스

1. 〈드고아 목자 중 (　　　)가 이스라엘에 대하여 (　　　)으로 받은 말씀이라〉는 (　　　)장 (　　　)절이다.

2. 〈내가 그 (　　　)을 돌이키지 아니하리니 이는 그가 (　　　)로 그의 형제를 쫓아가며 (　　　)을 버리며 항상 맹렬히 (　　　)를 내며 분을 끝없이 품었음이라〉에서 '그'는 누구입니까?

3. 〈여호와께서 이와 같이 말씀하시되 이스라엘의 (　　　) 가지 죄로 말미암아 내가 그 (　　　)을 돌이키지 아니하리니 이는 그들이 (　　　)을 받고 의인을 팔며 (　　　) 한 켤레를 받고 (　　　)한 자를 팔며〉는 (　　　)장(　　　)절이다.

4. 〈너희가 (　　　) 사람으로 포도주를 마시게 하며 또 (　　　)에게 명령하여 (　　　)하지 말라 하였느니라〉는 (　　　)장 (　　　)절이다.

**5.** 〈주 (　　　　)께서는 자기의 (　　　　)을 그 종 선지자들에게 (　　　　) 아니하시고는 결코 (　　　　)이 없으시리라〉는 (　　　　) 장 (　　　　)절이다.

**6.** 〈(　　　　)가 사자의 입에서 (　　　　)의 두 다리나 귀 조각을 건져냄과 같이 (　　　　)에서 침상 모서리에나 걸상의 방석에 앉은 (　　　　) 자손도 건져냄을 입으리라〉는 (　　　　)장 (　　　　)절이다.

**7.** 〈너희는 힘 없는 자를 (　　　　)하며 가난한 자를 (　　　　)하며〉에서 '너희'는 누구입니까?

**8.** 〈(　　　　)을 지으며 (　　　　)을 창조하며 자기 뜻을 (　　　　)에게 보이며 (　　　　)을 어둡게 하며 (　　　　)의 높은 데를 밟는 이는 그의 이름이 (　　　　)의 하나님 여호와시니라〉는 (　　　　)장 (　　　　)절이다.

**9.** 〈여호와께서 (　　　　) 족속에게 이와 같이 말씀하시기를 너희는 나를 (　　　　) 그리하면 (　　　　)〉는 (　　　　)장 (　　　　)절이다.

**10.** 〈너희의 허물이 많고 (　　　　)이 무거움을 내가 아노라 너희는 (　　　　)을 학대하며 뇌물을 받고 성문에서 (　　　　) 자를 억울하게 하는 자로다〉

**11.** 〈너희는 살려면 (　　　　)을 구하고 악을 구하지 말지어다 (　　　　)의 하나님 여호와께서 너희의 (　　　　)과 같이 너희와 (　　　　) 하시리라〉

**12.** 〈오직 (　　　)를 물같이, (　　　)를 마르지 않는 (　　　)같이 흐르게 할지어다〉는 (　　　)장 (　　　)절이다.

**13.** 〈주 (　　　)가 당신을 두고 맹세하셨노라 내가 (　　　)의 영광을 싫어하며 그 (　　　)을 미워하므로 이 성읍과 거기에 가득한 것을 (　　　)에게 넘기리라〉는 (　　　)장 (　　　)절이다.

**14.** 〈(　　　)가 땅의 풀을 다 먹은지라 내가 이르되 주 (　　　)여 청하건대 사하소서 (　　　)이 미약하오니 어떻게 서리이까 하매 (　　　)께서 이에 대하여 (　　　)을 돌이키셨으므로 이것이 이루어지지 아니하리라〉는 (　　　)장 (　　　)절이다.

**15.** 〈네 (　　　)는 성읍 가운데서 창녀가 될 것이요 네 (　　　)은 칼에 엎드러지며 네 (　　　)은 측량하여 나누어질 것이며 너는 (　　　) 땅에서 죽을 것이요 (　　　)은 반드시 사로잡혀 그의 (　　　)에서 떠나리라〉는 (　　　)장 (　　　)절이다.

**16.** 〈주 (　　　)의 말씀이니라 보라 날이 이를지라 내가 (　　　)을 땅에 보내리니 (　　　)이 없어 주림이 아니며 (　　　)이 없어 갈함이 아니요 여호와의 (　　　)을 듣지 못한 기갈이라〉는 (　　　)장 (　　　)절이다.

**17.** 〈보라 주 여호와의 눈이 (　　　)한 나라를 주목하노니 내가 그것을 (　　　)에서 멸하리라 그러나 (　　　)의 집은 온전히 (　　　)하지는 아니하리라〉는 (　　　)장 (　　　)절이다.

18. 〈보라 내가 명령하여 (　　　　) 족속을 만국 중에서 체질하기를 (　　　　)로 체질함같이 하려니와 그 한 (　　　　)도 땅에 떨어지지 아니하리라〉

19. 〈그날에 내가 (　　　　)의 무너진 장막을 일으키고 그것들의 (　　　　)을 막으며 그 허물어진 것을 일으켜서 (　　　　)과 같이 세우고 그들이 (　　　　)의 남은 자와 내 이름으로 일컫는 (　　　　)을 기업으로 얻게 하리라〉

20. 〈내가 그들을 그들의 (　　　　)에 심으리니 그들이 내가 준 (　　　　)에서 다시 뽑히지 아니하리라 네 (　　　　) 여호와의 말씀이니라〉는 (　　　　)장 (　　　　)절이다.

## 오바댜

21. 〈너의 마음의 (　　　　)이 너를 속였도다 바위 (　　　　)에 거주하며 높은 곳에 사는 자여 네가 (　　　　)에 이르기를 누가 능히 나를 (　　　　)에 끌어내리겠느냐 하니 네가 (　　　　)처럼 높이 오르며 (　　　　) 사이에 깃들일지라도 내가 (　　　　)에서 너를 끌어내리리라〉는 (　　　　)장 (　　　　)절이다.

22. 〈네가 네 형제 (　　　　)에게 행한 포학으로 말미암아 (　　　　)을 당하고 영원히 (　　　　)되리라〉

23. 〈여호와께서 만국을 (　　　　)할 날이 가까웠나니 네가 (　　　　) 한 대로 너도 받을 것인즉 네가 (　　　　)한 것이 네 머리로 돌아갈

것이라〉는 (　　　)장 (　　　)절이다.

**24.** 〈야곱 족속은 (　　　)이 될 것이며 요셉 족속은 (　　　)이 될 것이요 에서 족속은 (　　　)가 될 것이라 그들이 그들 위에 붙어서 그들을 (　　　) 것인즉 (　　　) 족속에 남은 자가 없으리니〉

**25.** 〈(　　　) 받은 자들이 시온 산에 올라와서 (　　　)의 산을 심판하리니 나라가 (　　　)께 속하리라〉 는 (　　　)장 (　　　)절이다.

## 요나

**26.** 〈여호와의 (　　　)이 아밋대의 아들 (　　　)에게 임하니라 이르시되 너는 일어나 저 큰 성읍 (　　　)로 가서 그것을 향하여 외치라 그 (　　　)이 내 앞에 상달되었음이니라 하시니라〉는 (　　　)장 (　　　)절이다.

**27.** 〈그러나 (　　　)가 여호와의 얼굴을 피하려고 일어나 (　　　)로 도망하려 하여 욥바로 내려갔더니 마침 (　　　)로 가는 배를 만난지라 여호와의 (　　　)을 피하여 그들과 함께 (　　　)로 가려고 배삯을 주고 (　　　)에 올랐더라〉

**28.** 〈여호와께서 큰 (　　　)을 바다 위에 내리시매 바다 가운데에 큰 (　　　)이 일어나 (　　　)가 거의 깨지게 된지라〉

**29.** 〈선장이 그에게 가서 이르되 (　　　)는 자여 어찌함이냐 일

어나서 네 (            )께 구하라 혹시 하나님이 우리를 생각하사 (            )하지 아니하게 하시리라〉에서 '그'는 누구입니까?

**30.** 〈그가 대답하되 나는 (            ) 사람이요 바다와 육지를 (            ) 하늘의 하나님 여호와를 (            )하는 자로라〉는 (            )장 (            )절이다.

**31.** 〈나를 들어 (            )에 던지라 그리하면 (            )가 너희를 위하여 잔잔하리라 너희가 이 큰 (            )을 만난 것이 나 (            )인 줄을 내가 아노라〉에서 '나'는 누구입니까?

**32.** 〈(            )를 들어 바다에 던지매 바다가 (            ) 것이 곧 그친지라〉

**33.** 〈여호와께서 이미 큰 (            )를 예비하사 요나를 (            ) 하셨으므로 요나가 밤낮 (            ) 일을 물고기 (            )에 있으니라〉는 (            )장 (            )절이다.

**34.** 〈내가 받는 (            )으로 말미암아 (            )께 불러 아뢰었더니 주께서 내게 (            )하셨고 내가 스올의 (            )에서 부르짖었더니 주께서 내 (            )을 들으셨나이다〉는 (            ) 장 (            )절이다.

**35.** 〈내 (            )이 내 속에서 피곤할 때에 내가 (            )를 생각하였더니 내 (            )가 주께 이르렀사오며 주의 (            )에 미쳤나이다〉

**36.** 〈나는 (          )하는 목소리로 주께 제사를 드리며 나의 (          )을 주께 갚겠나이다 (          )은 여호와께 속하였나이다〉

**37.** 〈여호와께서 그 (          )에게 말씀하시매 (          )를 육지에 토하니라〉는 (          )장 (          )절이다.

**38.** 〈(          )가 그 성읍에 들어가서 (          ) 동안 다니며 외쳐 이르되 (          ) 일이 지나면 (          )가 무너지리라〉는 (          )장 (          )절이다.

**39.** 〈(          ) 사람들이 하나님을 믿고 (          )을 선포하고 높고 낮은 자를 막론하고 굵은 (          ) 옷을 입은지라〉

**40.** 〈그 일이 (          ) 왕에게 들리매 왕이 (          )에서 일어나 왕복을 벗고 굵은 (          ) 옷을 입고 (          ) 위에 앉으니라〉

**41.** 〈(          )이든지 짐승이든지 다 굵은 (          ) 옷을 입을 것이요 힘써 (          )께 부르짖을 것이며 각기 (          )한 길과 손으로 행한 (          )에서 떠날 것이라〉

**42.** 〈(          )이 그들이 행한 것 곧 그 (          ) 길에서 돌이켜 떠난 것을 보시고 하나님이 (          )을 돌이키사 그들에게 내리리라고 말씀하신 (          )을 내리지 아니하시니라〉는 (          )장 (          )절이다.

**43.** 〈하나님 여호와께서 (          )을 예비하사 (          )를 가리게

하셨으니 이는 그의 (　　　)를 위하여 그늘이 지게 하며 그의 (　　　)을 면하게 하려 하심이었더라 요나가 (　　　)로 말미암아 크게 (　　　)하였더니〉는 (　　　)장 (　　　)절이다.

**44.** 〈(　　　)께서 이르시되 네가 (　　　)도 아니하였고 재배도 아니하였고 (　　　)에 났다가 하룻밤에 말라 버린 이 (　　　)을 아꼈거든〉

**45.** 〈이 큰 성읍 (　　　)에는 좌우를 분변하지 못하는 자가 (　　　) 명이요 가축도 많이 있나니 내가 어찌 (　　　) 아니하겠느냐〉는 누가 누구에게 한 말입니까?

## 미가

**46.** 〈모레셋 사람 (　　　)에게 임한 여호와의 (　　　) 곧 사마리아와 예루살렘에 관한 (　　　)라〉는 (　　　)장 (　　　)절이다.

**47.** 〈너는 네 기뻐하는 (　　　)으로 인하여 네 머리털을 깎아 (　　　) 같게 할지어다 네 머리가 크게 벗어지게 하기를 (　　　) 같게 할지어다 이는 그들이 (　　　)잡혀 너를 떠났음이라〉는 (　　　)장 (　　　)절이다.

**48.** 〈그들이 침상에서 (　　　)를 꾀하며 악을 꾸미고 (　　　)이 밝으면 그 손에 힘이 있으므로 그것을 (　　　)하는 자는 화 있을진저 (　　　)을 탐하여 빼앗고 (　　　)을 탐하여 차지하니 그들이 (　　　)와 그의 집과 사람과 그의 (　　　)을 강탈하도다〉는

(          )장 (          )절이다.

**49.** 〈나의 말이 (          )하게 행하는 자에게 (          )하지 아니하냐〉

**50.** 〈(          )아 내가 반드시 너희 (          )를 다 모으며 내가 반드시 이스라엘의 (          ) 자를 모으고 그들을 한 (          )에 두기를 보스라의 양 떼같이 하며 (          )의 양 떼같이 하리니〉는 (          )장 (          )절이다.

**51.** 〈내가 또 이르노니 (          )의 우두머리들과 이스라엘 족속의 (          )들아 들으라 정의를 아는 것이 너희의 (          )이 아니냐〉는 (          )장 (          )절이다.

**52.** 〈오직 나는 여호와의 (          )으로 말미암아 능력과 (          )와 용기로 충만해져서 야곱의 (          )과 이스라엘의 (          )를 그들에게 보이리라〉는 (          )장 (          )절이다.

**53.** 〈그들의 우두머리들은 (          )을 위하여 재판하며 그들의 제사장은 (          )을 위하여 교훈하며 그들의 선지자는 (          )을 위하여 점을 치면서도 (          )를 의뢰하여 이르기를 (          )께서 우리 중에 계시지 아니하냐 (          )이 우리에게 임하지 아니하리라〉는 (          )장 (          )절이다.

**54.** 〈오라 우리가 (          )의 산에 올라가서 야곱의 (          )의 전에 이르자 그가 그의 (          )를 가지고 우리에게 가르치실 것이니라 우리가 그의 (          )로 행하리라 하리니 이는 (          )이 시온에

서부터 나올 것이요 여호와의 (          )이 예루살렘에서부터 나올 것임이라〉에서 '우리'는 누구입니까?

**55.** 〈무리가 그 (          )을 쳐서 보습을 만들고 (          )을 쳐서 낫을 만들 것이며 이 (          )와 저 나라가 다시는 (          )을 들고 서로 치지 아니하며 다시는 (          )을 연습하지 아니하고〉는 (          )장 (          )절이다.

**56.** 〈만민이 각각 자기의 (          )의 이름을 의지하여 행하되 (          ) 우리는 우리 하나님 여호와의 (          )을 의지하여 영원히 행하리로다〉는 (          )장 (          )절이다.

**57.** 〈(          ) 에브라다야 너는 (          ) 족속 중에 작을지라도 (          )을 다스릴 자가 네게서 내게로 나올 것이라〉 는 (          )장 (          )절이다.

**58.** 〈야곱의 (          ) 자는 여러 나라 가운데와 많은 (          ) 가운데에 있으리니 그들은 수풀의 짐승들 중의 (          ) 같고 양 떼 중의 젊은 (          ) 같아서 만일 그가 지나간즉 밟고 찢으리니 능히 (          )할 자가 없을 것이라〉

**59.** 〈내가 네가 새긴 (          )과 주상을 너희 가운데에서 (          )하리니 네가 네 (          )으로 만든 것을 다시는 (          ) 아니하리라〉는 (          )장 (          )절이다.

**60.** 〈내가 너를 (          ) 땅에서 인도해 내어 (          ) 노릇하는 집에

서 속량하였고 (　　　　)와 아론과 미리암을 네 앞에 보냈느니라〉는 (　　　　)장 (　　　　)절이다.

**61.** 〈사람아 주께서 (　　　　)한 것이 무엇임을 네게 보이셨나니 (　　　　)께서 네게 구하시는 것은 오직 (　　　　)를 행하며 (　　　　)를 사랑하며 겸손하게 네 (　　　　)과 함께 행하는 것이 아니냐〉는 (　　　　)장 (　　　　)절이다.

**62.** 〈너희는 (　　　　)을 믿지 말며 (　　　　)를 의지하지 말며 네 품에 누운 (　　　　)에게라도 네 (　　　　)의 문을 지킬지어다〉는 (　　　　)장 (　　　　)절이다.

**63.** 〈오직 나는 (　　　　)를 우러러보며 나를 (　　　　)하시는 하나님을 바라보나니 나의 하나님이 나에게 (　　　　)를 기울이시리로다〉

**64.** 〈나의 (　　　　)이여 나로 말미암아 (　　　　)하지 말지어다 나는 엎드러질지라도 (　　　　)날 것이요 어두운 데에 앉을지라도 (　　　　)께서 나의 빛이 되실 것임이로다〉

**65.** 〈네가 (　　　　) 땅에서 나오던 날과 같이 내가 그들에게 (　　　　)을 보이리라〉

**66.** 〈주와 같은 (　　　　)이 어디 있으리이까 주께서는 (　　　　)과 그 기업에 남은 자의 (　　　　)을 사유하시며 (　　　　)를 기뻐하시므로 진노를 (　　　　) 품지 아니하시나이다〉

**67.** 〈다시 우리를 (　　　)히 여기셔서 우리의 (　　　)을 발로 밟으시고 우리의 모든 (　　　)를 깊은 바다에 던지시리이다〉는 (　　　)장 (　　　)절이다.

## 나훔

**68.** 〈니느웨에 대한 (　　　) 곧 엘고스 사람 (　　　)의 묵시의 글이라〉는 (　　　)장 (　　　)절이다.

**69.** 〈여호와는 (　　　)하시며 보복하시는 (　　　)이시니라 여호와는 보복하시며 (　　　)하시되 자기를 거스르는 자에게 여호와는 (　　　)하시며 자기를 대적하는 자에게 (　　　)를 품으시며〉

**70.** 〈여호와는 (　　　)하시며 환난 날에 (　　　)이시라 그는 자기에게 (　　　)하는 자들을 아시느니라〉는 (　　　)장 (　　　)절이다.

**71.** 〈(　　　)께서 이같이 말씀하시기를 그들이 비록 (　　　)하고 많을지라도 반드시 (　　　)을 당하리니 그가 없어지리라〉는 (　　　)장 (　　　)절이다.

**72.** 〈볼지어다 (　　　) 소식을 알리고 화평을 전하는 자의 (　　　)이 산 위에 있도다 유다야 네 (　　　)를 지키고 네 서원을 갚을지어다 (　　　)이 진멸되었으니 그가 다시는 네 가운데로 (　　　)하지 아니하리로다〉는 (　　　)장 (　　　)절이다.

**73.** 〈(                )가 공허하였고 황폐하였도다 (                )이 낙담하여 그 (                )이 서로 부딪히며 모든 (                )가 아프게 되며 모든 낯이 (                )을 잃도다〉는 (                )장 (                )절이다.

**74.** 〈(                ) 있을진저 피의 성이여 그 안에는 (                )이 가득하고 포악이 가득하며 (                )가 떠나지 아니하는도다〉는 (                )장 (                )절이다.

**75.** 〈그 (                )에 너를 보는 자가 다 네게서 (                )하며 이르기를 (                )가 황폐하였도다 누가 그것을 위하여 (                )하며 내가 어디서 너를 (                )할 자를 구하리요〉

**76.** 〈네 모든 (                )은 무화과나무의 처음 익은 (                )가 흔들기만 하면 먹는 자의 (                )에 떨어짐과 같으리라〉는 (                )장 (                )절이다.

**77.** 〈네 (                )는 고칠 수 없고 네 부상은 중하도다 네 (                )을 듣는 자가 다 너를 보고 (                )을 치나니 이는 그들이 항상 네게 (                )를 당하였음이 아니더냐〉는 (                )장 (                )절이다.

**78.** 오늘 읽은 말씀 중에서 가장 좋아하는 성경 구절을 외워 쓰십시오.

# 26 구약(개역개정판) 성경대학문제

하박국 1-3장, 스바냐 1-3장
학개 1-2장, 스가랴 1-14장, 말라기 1-4장

(　　　)년 (　　)월 (　　)일　　　이름 (　　　)

## 하박국

**1.** 〈(　　　)이 해이하고 정의가 전혀 (　　　)되지 못하오니 이는 (　　　)이 의인을 에워쌌으므로 (　　　)가 굽게 행하여짐이니이다〉는 (　　　)장 (　　　)절이다.

**2.** 〈그들의 (　　　)는 표범보다 빠르고 저녁 (　　　)보다 사나우며 그들의 (　　　)은 먼 곳에서부터 빨리 달려오는 (　　　)이라 마치 먹이를 움키려 하는 (　　　)의 날음과 같으니라〉

**3.** 〈주께서는 (　　　)이 정결하시므로 (　　　)을 차마 보지 못하시며 (　　　)을 차마 보지 못하시거늘 어찌하여 (　　　)된 자들을 방관하시며 (　　　)이 자기보다 의로운 사람을 (　　　)는데도 잠잠하시나이까〉는 (　　　)장 (　　　)절이다.

**4.** 〈(　　　)께서 내게 대답하여 이르시되 너는 이 (　　　)를 기록

하여 판에 (                )히 새기되 달려가면서도 (                ) 수 있게 하라〉에서 '나'는 누구입니까?

**5.** 〈이 (                )는 정한 때가 있나니 그 (                )이 속히 이르겠고 결코 (                )되지 아니하리라 비록 더딜지라도 (                )리라 지체되지 않고 반드시 (                )하리라〉

**6.** 〈보라 그의 (                )은 교만하며 그 속에서 (                )하지 못하나 의인은 그의 (                )으로 말미암아 살리라〉는 (                )장 (                )절이다.

**7.** 〈(                )을 피하기 위하여 높은 데 (                )들이려 하며 자기 (                )을 위하여 부당한 (                )을 취하는 자에게 (                ) 있을진저〉는 (                )장 (                )절이다.

**8.** 〈(                )이 바다를 덮음같이 (                )의 영광을 인정하는 것이 (                )에 가득함이니라〉는 (                )장 (                )절이다.

**9.** 〈새긴 (                )은 그 새겨 만든 자에게 무엇이 (                )하겠느냐 부어 만든 (                )은 거짓 스승이라 만든 자가 이 (                )하지 못하는 우상을 의지하니 무엇이 (                )하겠느냐〉

**10.** 〈(                )여 내가 주께 대한 (                )을 듣고 놀랐나이다 (                )여 주는 주의 (                )을 이 수년 내에 (                )하게 하옵소서〉에서 '나'는 누구입니까?

**11.** 〈그의 ( )이 햇빛 같고 광선이 그의 ( )에서 나오니 그의 ( )이 그 속에 감추어졌도다〉는 ( )장 ( )절이다.

**12.** 〈주께서 주의 백성을 ( )하시려고, 기름 부음 받은 자를 ( )하시려고 나오사 ( )의 집의 머리를 치시며 그 ( )를 바닥까지 드러내셨나이다〉

**13.** 〈비록 무화과나무가 ( )하지 못하며 포도나무에 ( )가 없으며 감람나무에 ( )이 없으며 밭에 ( )을 것이 없으며 우리에 ( )이 없으며 외양간에 ( )가 없을지라도 나는 ( )로 말미암아 즐거워하며 나의 ( )의 하나님으로 말미암아 ( )하리로다〉는 ( )장 ( )절이다.

**14.** 〈주 여호와는 나의 ( )이시라 나의 발을 ( )과 같게 하사 나를 나의 ( ) 곳으로 다니게 하시리로다〉는 ( )장 ( )절이다.

## 스바냐

**15.** 〈내가 ( )과 짐승을 진멸하고 공중의 ( )와 바다의 ( )와 거치게 하는 것과 ( )을 아울러 진멸할 것이라〉는 ( )장 ( )절이다.

**16.** 〈( )를 배반하고 따르지 아니한 자들과 ( )를 찾지도 아니하며 ( )하지도 아니한 자들을 ( )하리라〉

**17.** 〈그날은 (　　　　)의 날이요 환난과 (　　　　)의 날이요 황폐와 (　　　　)의 날이요 캄캄하고 어두운 날이요 구름과 (　　　　)의 날이요〉

**18.** 〈그들의 (　　　　)과 금이 여호와의 (　　　　)의 날에 능히 그들을 (　　　　) 못할 것이며 이 온 땅이 여호와의 질투의 (　　　　)에 삼켜지리니 이는 여호와가 이 땅 모든 (　　　　)을 멸절하되 놀랍게 멸절할 것임이라〉는 (　　　　)장 (　　　　)절이다.

**19.** (　　　　)의 규례를 지키는 세상의 모든 (　　　　)한 자들아 너희는 (　　　　)를 찾으며 공의와 (　　　　)을 구하라 너희가 혹시 (　　　　)의 분노의 날에 (　　　　)을 얻으리라〉는 (　　　　)장 (　　　　)절이다.

**20.** 〈내가 나의 (　　　　)을 두고 맹세하노니 장차 모압은 (　　　　) 같으며 암몬 자손은 (　　　　) 같을 것이라〉

**21.** 〈그들이 (　　　　) 일을 당할 것은 그들이 만군의 (　　　　)의 백성에 대하여 (　　　　)하여졌음이라〉는 (　　　　)장 (　　　　)절이다.

**22.** 〈그의 선지자들은 (　　　　)하고 간사한 사람들이요 그의 제사장들은 (　　　　)를 더럽히고 율법을 (　　　　)하였도다〉는 (　　　　)장 (　　　　)절이다.

**23.** 〈너는 오직 나를 (　　　　)하고 교훈을 받으라 그리하면 내가 (　　　　)을 내리기로 정하기는 하였지만 너의 (　　　　)가 끊어지

지 아니하리라〉

**24.** 〈그날에 네가 내게 (　　　)한 모든 행위로 말미암아 (　　　)를 당하지 아니할 것은 그때에 내가 네 가운데서 (　　　)하여 자랑하는 자들을 제거하여 네가 나의 (　　　)에서 다시는 (　　　)하지 않게 할 것임이라〉

**25.** 〈이스라엘의 (　　　) 자는 악을 행하지 아니하며 (　　　)을 말하지 아니하며 (　　　)에 거짓된 혀가 없으며 먹고 누울지라도 그들을 (　　　) 할 자가 없으리라〉

**26.** 〈여호와가 네 (　　　)을 제거하였고 네 (　　　)를 쫓아냈으며 이스라엘 (　　　) 여호와가 네 가운데 계시니 네가 다시는 (　　　)를 당할까 두려워하지 아니할 것이라〉

**27.** 〈너의 하나님 (　　　)가 너의 가운데에 계시니 그는 (　　　)을 베푸실 전능자이시라 그가 너로 말미암아 (　　　)을 이기지 못하시며 너를 잠잠히 (　　　)하시며 너로 말미암아 즐거이 부르며 (　　　)하시리라〉

**28.** 〈그때에 너희를 (　　　)지라 내가 너희 목전에서 너희의 (　　　)을 돌이킬 때에 너희에게 (　　　) 만민 가운데서 명성과 (　　　)을 얻게 하리라〉는 (　　　)장 (　　　)절이다.

**29.** 〈만군의 ( )가 말하노라 너희는 자기의 ( )를 살필지니라〉는 ( )장 ( )절이다.

**30.** 〈너희는 ( )에 올라가서 나무를 가져다가 ( )을 건축하라 그리하면 내가 그것으로 말미암아 ( )하고 또 ( )을 얻으리라〉

**31.** 〈스알디엘의 아들 ( )과 여호사닥의 아들 대제사장 ( )와 남은 모든 백성이 그들의 하나님 ( )의 목소리와 선지자 ( )의 말을 들었으니 이는 그들의 하나님 ( )께서 그를 보내셨음이라 백성이 다 여호와를 ( )하매〉

**32.** 〈그때에 여호와의 사자 ( )가 여호와의 ( )을 받아 백성에게 말하여 이르되 ( )가 말하노니 내가 너희와 ( )하노라〉는 ( )장 ( )절이다.

**33.** 〈( )아 스스로 굳세게 할지어다 여호사닥의 아들 대제사장 ( )야 스스로 굳세게 할지어다 ( )의 말이니라 이 땅 모든 ( )아 스스로 굳세게 하여 ( )할지어다 내가 너희와 ( ) 하노라〉는 ( )장 ( )절이다.

**34.** 〈너희가 ( )에서 나올 때에 내가 너희와 ( )한 말과 나의 ( )이 계속하여 너희 가운데에 머물러 있나니 너희는 ( )하지 말지어다〉

35. 〈이 (　　　)의 나중 영광이 이전 (　　　)보다 크리라 만군의 (　　　)의 말이니라 내가 이곳에 (　　　)을 주리라〉는 (　　　)장 (　　　)절이다.

36. 〈오늘부터는 내가 너희에게 (　　　)을 주리라〉는 (　　　)장 (　　　)절이다.

## 스가랴

37. 〈너희는 (　　　) 돌아오라 만군의 (　　　)의 말이니라 그리하면 (　　　) 너희에게로 돌아가리라〉는 (　　　)장 (　　　)절이다.

38. 〈(　　　)께서 언제까지 예루살렘과 (　　　) 성읍들을 (　　　) 여기지 아니하시려하나이까 이를 노하신 지 (　　　) 년이 되었나이다〉는 (　　　)장 (　　　)절이다.

39. 〈만군의 (　　　)의 말씀에 나의 성읍들이 넘치도록 다시 (　　　)할 것이라 여호와가 다시 (　　　)을 위로하며 다시 (　　　)을 택하리라〉는 (　　　)장 (　　　)절이다.

40. 〈내가 (　　　)로 둘러싼 성곽이 되며 그 가운데에서 (　　　)이 되리라〉는 누구의 말입니까?

41. 〈오호라 너희는 북방 땅에서 (　　　)할지어다 여호와의 (　　　)이니라 이는 내가 너희를 (　　　) 사방에 바람같이 흩어지게 하였음이니라〉는 (　　　)장 (　　　)절이다.

**42.** 〈여호와의 (            )에 시온의 딸아 노래하고 (            )하라 이는 내가 와서 네 (            )에 머물 것임이라〉는 (            )장 (            )절이다.

**43.** 〈여호수아에게 이르시되 내가 네 (            )을 제거하여 버렸으니 네게 아름다운 (            )을 입히리라〉는 (            )장 (            )절이다.

**44.** 〈네가 만일 내 (            )를 행하며 내 규례를 지키면 네가 내 (            )을 다스릴 것이요 내 (            )을 지킬 것이며 내가 또 너로 여기 섰는 자들 (            )에 왕래하게 하리라〉에서 '너'는 누구입니까?

**45.** 〈대제사장 (            )야 너와 네 앞에 앉은 네 (            )은 내 말을 들을 것이니라 이들은 (            )의 사람들이라 내가 내 종 (            )을 나게 하리라〉는 (            )장 (            )절이다.

**46.** 〈그가 내게 대답하여 이르되 여호와께서 (            )에게 하신 말씀이 이러하니라 (            )의 여호와께서 말씀하시되 이는 (            )으로 되지 아니하며 능력으로 되지 아니하고 나의 (            )으로 되느니라〉는 (            )장 (            )절이다.

**47.** 만군의 (            )께서 이르시되 내가 이것을 보냈나니 (            )의 집에도 들어가며 내 (            )을 가리켜 망령되이 (            )하는 자의 집에도 들어가서 그의 (            )에 머무르며 그 집을 나무와 (            )과 아울러 사르리라〉는 (            )장 (            )절이다.

**48.** 〈은과 금을 받아 (            )을 만들어 여호사닥의 아들 대제사장 (            )의 머리에 씌우고 말하여 이르기를 만군의 (            )께서 이같이 말씀하시되 보라 (            )이라 이름하는 사람이 자기 곳에서 돋아나서 (            )의 전을 건축하리라〉는 (            )장 (            )절이다.

**49.** 〈너희는 진실한 (            )을 행하며 서로 인애와 (            )을 베풀며 과부와 (            )와 나그네와 (            )한 자를 압제하지 말며 서로 (            )하려고 마음에 (            )하지 말라 〉는 (            )장 (            )절이다.

**50.** 〈내가 불러도 그들이 (            ) 아니한 것처럼 그들이 불러도 내가 (            ) 아니하리라〉

**51.** 〈내가 (            )에 돌아와 예루살렘 가운데에 (            )하리니 예루살렘은 (            )의 성읍이라 일컫겠고 (            )의 여호와의 산은 (            )이라 일컫게 되리라〉는 (            )장 (            )절이다.

**52.** 〈내 (            )을 해가 뜨는 땅과 해가 지는 땅에서부터 (            )하여 내고 인도하여다가 (            ) 가운데에 거주하게 하리니 그들은 내 (            )이 되고 나는 진리와 (            )로 그들의 (            )이 되리라〉는 (            )장 (            )절이다.

**53.** 〈(            ) 족속아, 이스라엘 족속아, 너희가 (            ) 가운데에서 (            )가 되었었으나 이제는 내가 너희를 (            )하여 너희가 (            )이 되게 하리니 두려워하지 말지니라 (            )을 견고

히 할지니라〉

**54.** 〈너희는 이웃과 더불어 (　　　　)를 말하며 너희 성문에서 (　　　　)하고 화평한 (　　　　)을 베풀고 마음에 서로 (　　　　)하기를 도모하지 말며 (　　　　) 맹세를 좋아하지 말라 이 모든 일은 내가 (　　　　)하는 것이니라〉

**55.** 〈많은 백성과 강대한 나라들이 (　　　　)으로 와서 만군의 (　　　　)를 찾고 여호와께 (　　　　)를 구하리라〉는 (　　　　)장 (　　　　)절이다.

**56.** 〈보라 네 (　　　　)이 네게 임하시나니 그는 (　　　　)로우시며 구원을 베푸시며 (　　　　)하여서 나귀를 타시나니 나귀의 작은 것 곧 (　　　　)니라〉는 (　　　　)장 (　　　　)절이다.

**57.** 〈이날에 그들의 (　　　　) 여호와께서 그들을 자기 백성의 양 떼 같이 (　　　　)하시리니 그들이 (　　　　)의 보석같이 여호와의 땅에 (　　　　)나리로다〉는 (　　　　)장 (　　　　)절이다.

**58.** 〈(　　　　)을 일게 하시는 여호와께 (　　　　)를 구하라 무리에게 (　　　　)를 내려서 밭의 (　　　　)를 각 사람에게 주시리라〉는 (　　　　)장 (　　　　)절이다.

**59.** 〈내가 (　　　　) 족속을 견고하게 하며 (　　　　) 족속을 구원할지라 내가 그들을 (　　　　) 여김으로 그들이 (　　　　)오게 하리니 그들은 내가 (　　　　) 일이 없었음같이 되리라〉

**60.** 〈내가 그들을 향하여 (　　　)을 불어 그들을 (　　　) 것은 내가 그들을 (　　　)하였음이라 그들이 전에 (　　　)하던 것같이 번성하리라〉

**61.** 〈내가 그들을 여러 (　　　) 가운데 흩으려니와 그들이 먼 곳에서 나를 (　　　)하고 그들이 살아서 그들의 (　　　)과 함께 돌아올지라〉는 (　　　)장 (　　　)절이다.

**62.** 〈내가 그들에게 이르되 너희가 좋게 여기거든 내 (　　　)을 내게 주고 그렇지 아니하거든 그만두라 그들이 곧 은 (　　　) 개를 달아서 내 (　　　)을 삼은지라〉는 (　　　)장 (　　　)절이다.

**63.** 〈(　　　) 있을진저 양 떼를 버린 못된 (　　　)여 칼이 그의 팔과 오른쪽 (　　　)에 내리리니 그의 팔이 아주 (　　　) 그의 오른쪽 (　　　)이 아주 멀어 버릴 것이라〉는 (　　　)장 (　　　) 절이다.

**64.** 〈그날에 내가 모든 (　　　)을 쳐서 놀라게 하며 그 (　　　) 자를 쳐서 미치게 하되 (　　　) 족속은 내가 돌보고 모든 민족의 (　　　)을 쳐서 눈이 멀게 하리니〉는 (　　　)장 (　　　)절이다.

**65.** 〈그날에 여호와가 (　　　) 주민을 보호하리니 그중에 (　　　) 자가 그날에는 (　　　) 같겠고 다윗의 족속은 (　　　) 같고 무리 앞에 있는 여호와의 (　　　) 같을 것이라〉

**66.** 〈내가 (　　　)의 집과 예루살렘 주민에게 (　　　)과 간구하는

심령을 부어 주리니 그들이 그 (　　　)바 그를 바라보고 그를 위하여 (　　　)하기를 (　　　)를 위하여 애통하듯 하며 그를 위하여 (　　　)하기를 (　　　)를 위하여 통곡하듯 하리로다〉

**67.** 〈그날에 (　　　)와 더러움을 씻는 (　　　)이 다윗의 족속과 예루살렘 (　　　)을 위하여 열리리라〉는 (　　　)장 (　　　)절이다.

**68.** 〈그날에 내가 (　　　)의 이름을 이 땅에서 끊어서 (　　　)도 되지 못하게 할 것이며 거짓 (　　　)와 더러운 귀신을 이 (　　　)에서 떠나게 할 것이라〉

**69.** 〈내가 그 삼분의 일을 (　　　) 가운데에 던져 (　　　)같이 연단하며 (　　　)같이 시험할 것이라 그들이 내 (　　　)을 부르리니 내가 (　　　) 것이며 나는 말하기를 이는 내 (　　　)이라 할 것이요 그들은 말하기를 (　　　)는 내 하나님이시라 하리라〉는 (　　　)장 (　　　)절이다.

**70.** 〈여호와께서 아시는 (　　　) 날이 있으리니 낮도 아니요 (　　　)도 아니라 어두워 갈 때에 (　　　)이 있으리로다〉는 (　　　)장 (　　　)절이다.

**71.** 〈그날에 (　　　)가 예루살렘에서 솟아나서 절반은 (　　　)로, 절반은 서해로 흐를 것이라 (　　　)에도 겨울에도 그러하리라〉는 (　　　)장 (　　　)절이다.

**72.** 〈(　　　)을 치러 왔던 이방 나라들 중에 (　　　) 자가 해마다

올라와서 그 왕 (　　　)의 여호와께 경배하며 (　　　)을 지킬 것이라〉

**73.** 〈예루살렘과 유다의 모든 (　　　)이 만군의 여호와의 (　　　)이 될 것인즉 제사 드리는 자들이 와서 이 (　　　)을 가져다가 그것으로 (　　　)를 삶으리라 그날에는 (　　　)의 여호와의 전에 (　　　) 사람이 다시 있지 아니하리라〉는 (　　　)장 (　　　)절이다.

## 말라기

**74.** 〈여호와께서 이르시되 내가 너희를 (　　　)하였노라 하나 너희는 이르기를 (　　　)께서 어떻게 우리를 (　　　)하셨나이까 하는도다 나 (　　　)가 말하노라 에서는 (　　　)의 형이 아니냐 그러나 내가 (　　　)을 사랑하였고 에서는 (　　　)하였으며 그의 산들을 (　　　)하게 하였고 그의 산업을 광야의 (　　　)에게 넘겼느니라〉는 (　　　)장 (　　　)절이다.

**75.** 〈(　　　)의 여호와가 이르노라 (　　　) 뜨는 곳에서부터 (　　　) 지는 곳까지의 이방 민족 중에서 내 (　　　)이 크게 될 것이라〉는 (　　　)장 (　　　)절이다.

**76.** 〈그의 입에는 (　　　)의 법이 있었고 그의 (　　　)에는 불의함이 없었으며 그가 (　　　)과 정직함으로 나와 (　　　)하며 많은 사람을 돌이켜 (　　　)에서 떠나게 하였느니라〉는 (　　　)장 (　　　)절이다.

**77.** 〈너희가 내 (　　　)을 지키지 아니하고 (　　　)을 행할 때에 사람에게 (　　　)치게 하였으므로 나도 너희로 하여금 (　　　) 백성 앞에서 멸시와 (　　　)를 당하게 하였느니라〉

**78.** 〈우리는 (　　　) 아버지를 가지지 아니하였느냐 (　　　) 하나님께서 지으신 바가 아니냐 어찌하여 (　　　) 각 사람이 자기 형제에게 (　　　)을 행하여 우리 조상들의 (　　　)을 욕되게 하느냐〉

**79.** 〈나는 (　　　)하는 것과 옷으로 (　　　)를 가리는 자를 미워하노라 (　　　)의 여호와의 말이니라 그러므로 너희 (　　　)을 삼가 지켜 (　　　)을 행하지 말지니라〉는 (　　　)장 (　　　)절이다.

**80.** 〈그가 은을 (　　　)하여 깨끗하게 하는 자같이 앉아서 (　　　) 자손을 깨끗하게 하되 (　　　), 은같이 그들을 (　　　)하리니 그들이 공의로운 (　　　)을 나 여호와께 바칠 것이라〉는 (　　　)장 (　　　)절이다.

**81.** 〈나 여호와는 (　　　)하지 아니하나니 그러므로 (　　　)의 자손들아 너희가 (　　　)되지 아니하느니라〉

**82.** 〈(　　　)이 어찌 하나님의 것을 (　　　) 하겠느냐 그러나 너희는 나의 것을 (　　　)하고도 말하기를 우리가 어떻게 주의 것을 (　　　)하였나이까 하는도다 이는 곧 (　　　)와 봉헌물이라〉는 (　　　)장 (　　　)절이다.

**83.** 〈너희 곧 (　　　) 나라가 나의 것을 (　　　)하였으므로 너희가

(　　　)를 받았느니라〉

**84.** 〈너희의 온전한 (　　　)를 창고에 들여 나의 집에 (　　　)이 있게 하고 그것으로 나를 시험하여 내가 (　　　) 문을 열고 너희에게 (　　　)을 쌓을 곳이 없도록 (　　　) 아니하나 보라〉는 (　　　)장 (　　　)절이다.

**85.** 〈그때에 여호와를 (　　　)하는 자들이 피차에 말하매 (　　　)께서 그것을 분명히 들으시고 여호와를 (　　　)하는 자와 그 이름을 (　　　)히 여기는 자를 위하여 여호와 앞에 있는 (　　　)에 기록하셨느니라〉

**86.** 〈(　　　)의 여호와가 이르노라 나는 내가 (　　　)한 날에 그들을 나의 특별한 (　　　)로 삼을 것이요 또 사람이 자기를 섬기는 (　　　)을 아낌같이 내가 그들을 (　　　)리니〉는 (　　　)장 (　　　)절이다.

**87.** 〈내 이름을 (　　　)하는 너희에게는 공의로운 (　　　)가 떠올라서 치료하는 (　　　)을 비추리니 너희가 나가서 외양간에서 나온 (　　　)같이 뛰리라〉는 (　　　)장 (　　　)절이다.

**88.** 〈그가 아버지의 (　　　)을 자녀에게로 돌이키게 하고 자녀들의 (　　　)을 그들의 아버지에게로 돌이키게 하리라〉는 (　　　)장 (　　　)절이다.

**89.** 오늘 읽은 말씀 중 가장 좋아하는 성경 구절을 외워 쓰십시오.

# 성경대학문제
# 해답

구약(개역개정판)

성경대학문제 해답 1-26

구약(개역개정판) 성경대학문제 해답

# 01 창세기 1-25장

1. 태초, 창조, 1, 1
2. 하나님, 창조, 창조, 복, 생육, 정복, 생물, 1, 27–28
3. 복, 하나님, 모든, 안식, 2, 3
4. 땅, 생기, 생령(창 2:7)
5. 사람, 각종, 선악, 먹지, 반드시(창 2:16–17)
6. 흙, 새, 아담, 그것들, 아담, 이름(창 2:19)
7. 뼈, 살, 여자(창 2:23)
8. 눈, 선악, 뱀이 여자에게, 동산 중앙에 있는 나무의 열매(선악과)(창 3:5)
9. 여자, 먹음, 지혜, 여자, 남편, 먹은, 3, 6
10. 여자, 여자, 여자, 머리, 발꿈치, 하나님, 뱀(창 3:15)
11. 여자, 임신, 수고, 남편, 남편(창 3:16)
12. 흙, 땀, 그것, 아담(창 3:19)
13. 아벨(창 4:4–5)
14. 아벨, 들, 아벨, 4, 8
15. 유발(창 4:21)
16. 셋(창 4:25)
17. 에노스(셋의 아들)(창 4:26)
18. 에녹, 하나님, 세상, 5, 24
19. 므두셀라, 노아(창 5:25, 28–29)
20. 므두셀라, 969(창 5:27)
21. 영, 함께, 육신, 백이십(창 6:3)
22. 의인, 완전, 동행, 셈, 함, 야벳, 6. 9–10
23. 길이–138m, 너비–23m, 높이–13.8m(창 6:15)
24. 사십, 비, 생물, 7, 4
25. 600세(창 7:6)
26. 생물, 사람, 땅, 노아, 방주, 백오십, 7, 23–24
27. 비둘기(창 8:11)
28. 노아, 복, 생육, 충만, 9, 1
29. 동물, 채소, 9, 3
30. 무지개(창 9:12–17)
31. 셈, 어깨, 하체, 얼굴, 하체(창 9:23)
32. 하나님, 셈, 종, 9, 27
33. 삼백오십 년, 구백오십 세(창 9:28–

29)

**34.** 셈, 함, 야벳(창 10:1)

**35.** 탑, 하늘, 이름, 흩어짐, 11, 4

**36.** 여호와께서 온 땅의 언어를 혼잡하게 하셨음(창 11:9)

**37.** 아브람, 나홀, 하란(창 11:27)

**38.** 12장 2–3절

**39.** 가나안 땅(12:5–7)

**40.** 애굽 사람들이 아내 사라를 빼앗으려고 아브람을 죽일 수도 있기 때문(창 12:11–13)

**41.** 누이, 아내, 아내, 아브람, 사래, 바로(창 12:19)

**42.** 온 땅, 좌, 우, 롯, 아브람(창 13:9)

**43.** 가나안, 도시들, 소돔, 13, 12

**44.** 땅, 영원히, 여호와, 아브람(창 13:15)

**45.** 삼백십팔(318) 명(창 14:14)

**46.** 아브람이 그 얻은 것에서 십분의 일을 멜기세덱에게 주었더라(창 14:20)

**47.** 아브람, 방패, 상급, 15, 1

**48.** 아브람이 여호와를 믿으니(창 15:6).

**49.** 자손, 섬기, 사백, 괴롭, 징벌, 재물, 15, 13–14

**50.** 여호와, 언약, 애굽, 자손, 15, 18

**51.** 이스마엘, 팔십육 세(창 16:16)

**52.** 여러(많은) 민족의 아버지(창 17:5)

**53.** 할례, 언약(창 17:10)

**54.** 하나님, 사라, 이삭, 언약, 언약, 17, 19

**55.** 셋, 장막 문, 몸, 은혜, 종, 18, 2–3

**56.** 내년, 사라, 사라, 여호와(창 18:10)

**57.** 오십, 오십, 용서, 소돔(창 18:24)

**58.** 십, 18, 32

**59.** 롯(창 19:1)

**60.** 소알(창 19:22)

**61.** 뒤, 소금기둥(창 19:26)

**62.** 아비멜렉(창 20:2)

**63.** 백 세(창 21:5)

**64.** 그랄 왕 아비멜렉과 그 군대 장관 비골이 아브라함에게(창 21:22)

**65.** 모리아 땅의 한 산(창 22:2)

**66.** 독자, 아끼지, 경외, 아브라함(창 22:12)

**67.** 씨, 복, 말, 22, 18

**68.** 백이십칠 세(창 23:1), 막벨라 밭 굴(창 23:19)

**69.** 아내–리브가, 장인–브두엘, 처남–라반(창 24:15,24,29, 25:20)

**70.** 부–아브라함, 모–그두라(창 25:1–2)

**71.** 백칠십오(175) 세(창 25:7–8)

**72.** 육십 세(창 25:26)

**73.** 에돔(창 25:30)

**74.** 에서가 야곱에게(창 25:33–34)

**75.** 가장 좋다고 생각하는 성경구절 한 절을 외워 쓰십시오.

구약(개역개정판) 성경대학문제 해답

# 02 창세기 26-50장

**1.** 아비멜렉(창 26:1)

**2.** 복, 여호와께서 이삭에게(창 26:4)

**3.** 헷 족속 유딧과 바스맛(창 26:34)

**4.** 별미, 먹게, 죽기, 축복, 이삭이 에서에게(창 27:4)

**5.** 만민, 굴복, 주, 굴복, 저주, 복, 이삭이 야곱을(창 27:29)

**6.** 이삭이 에서에게, 야곱(창 27:33)

**7.** 리브가의 오라버니 라반에게(창 27:43)

**8.** 복, 자손, 땅, 차지, 이삭이 야곱에게(창 28:4)

**9.** 이스마엘의 딸이요 느바욧의 누이(창 28:9)

**10.** 함께, 지키며, 돌아, 허락, 떠나지, 여호와께서 야곱에게(창 28:15)

**11.** 하나님의 집, 루스(창 28:19)

**12.** 일, 야곱(창 28:22)

**13.** 칠, 사랑, 칠, 29, 20

**14.** 라반, 레아, 라헬(창 29:21-30)

**15.** 르우벤, 시므온, 레위, 유다(창 29:31-35)

**16.** 라헬의 여종, 단과 납달리(창 30:3-8)

**17.** 레아의 시녀, 갓과 아셀(창 30:9-13)

**18.** 잇사갈, 스불론(창 30:17-20)

**19.** 부-야곱, 모-레아(창 30:21)

**20.** 부-야곱, 모-라헬(창 30:22-24)

**21.** 번창, 많았, 야곱(창 30:42-43)

**22.** 벧엘, 기둥, 서원, 출생지, 31, 13

**23.** 드라빔(창 31:19)

**24.** 능력, 하나님, 삼가, 라반(창 31:29)

**25.** 아브라함, 이삭, 함께, 빈손, 고난, 수고, 책망, 야곱(창 31:42)

**26.** 무더기, 증거, 미스바, 서로, 여호와, 살피, 31, 48-49

**27.** 아침, 딸들, 축복(창 31:55)

**28.** 하나님의 군대(창 32:2)

**29.** 은혜, 바다, 많게, 야곱(창 32:12)

**30.** 야곱, 하나님과 겨루어 이김(창 32:28)

**31.** 브니엘, 하나님, 생명, 32, 30

**32.** 맞이, 입, 야곱(창 33:4)

**33.** 하나님, 기뻐, 은혜, 청, 예물, 강

권(창 33:10-11)

**34.** 세겜, 히위(창 34:2)

**35.** 시므온과 레위(창 34:25)

**36.** 벧엘, 에서, 도망, 하나님(창 35:1)

**37.** 빌하(창 35:22)

**38.** 요셉과 베냐민(창 35:24)

**39.** 백팔십 세(창 35:28-29)

**40.** 에서(창 36:9)

**41.** 꿈, 어머니, 형들, 절, 시기, 간직해, 요셉(창 37:10-11)

**42.** 유다, 이스마엘 사람들(미디안 사람 상인들), 은 이십(창 37:26-28)

**43.** 보디발, 바로의 신하 친위대장(창 37:36)

**44.** 엘, 오난, 셀라(창 38:2-5)

**45.** 다말(창 38:6)

**46.** 유다, 베레스와 셀라(창 38:26, 29-30)

**47.** 집, 여호와, 복, 복, 소유, 보디발(창 39:5)

**48.** 악, 죄, 요셉이 보디발의 아내(창 39:9)

**49.** 형통, 23절

**50.** 술 맡은 관원장(창 40:21)

**51.** 애굽의 총리가 되다. 삼십 세(창 41:40-46)

**52.** 아스낫(온의 제사장 보디베라의 딸)(창 41:45)

**53.** 장남 므낫세-하나님이 내게 내 모든 고난과 내 아버지의 온 집 일을 잊어버리게 하셨다. 차남 에브라임-하나님이 나를 내가 수고한 땅에서 번성하게 하셨다(창 41:51-52).

**54.** 야곱의 생각에 재난이 베냐민에게 미칠까 두려워함이었더라(창 42:4)

**55.** 베냐민(창 42:15, 43:29)

**56.** 데리고, 아들, 손, 르우벤이 아버지 야곱에게(창 42:37), 베냐민

**57.** 전능, 은혜, 베냐민, 야곱, 요셉(창 43:14)

**58.** 은혜, 요셉이 베냐민에게(창 43:29)

**59.** 베냐민(창 44:12)

**60.** 45:1-5

**61.** 애굽, 한탄, 구원, 먼저, 45, 5

**62.** 아버지, 요셉, 애굽, 지체(창 45:9)

**63.** 이스라엘, 요셉, 전에, 45:28

**64.** 두려워, 민족, 하나님이 야곱에게(창 46:2-3)

**65.** 내 아들 요셉이 지금까지 살아 있으니 내가 죽기 전에 가서 그를 보리라(창 45:28)

**66.** 모두 칠십 명(창 46:26-27)

**67.** 목축업(창 46:33-34)

**68.** 백삼십 년(세)(창 47:8-9)

**69.** 고센, 생업, 번성, 47, 27

**70.** 조상들, 애굽, 장사, 아버지(창 47:30)

**71.** 생육, 백성, 땅, 소유, 나-하나님, 너-야곱(창 48:4)

72. 허락, 아들, 크게, 큰, 민족, 에브라임(창 48:17-19)

73. 하나님, 인도, 돌아, 가나안(창 48:21)

74. 찬송, 목, 아들들, 49, 8

75. 유다(창 49:10)

76. 복, 복, 복, 복, 그-하나님, 너-요셉(창 49:25)

77. 백사십칠 세(창 47:28)

78. 가나안, 막벨라, 아브라함, 매장지(창 50:13)

79. 종들, 용서, 요셉의 형제들이 요셉에게(창 50:17)

80. 하나님, 해, 선, 생명, 위로, 50, 19-21

81. 백십 세(창 50:22)

82. 하나님, 땅, 아브라함, 땅, 요셉, 하나님, 해골, 50, 24-25

83. 오늘 읽은 말씀 중 가장 좋아하는 성경 구절을 외워 쓰십시오.

## 구약(개역개정판) 성경대학문제 해답

# 03 출애굽기 1-25장

**1.** 모두 칠십 명(출 1:5)

**2.** 생육, 강, 1, 7

**3.** 감독, 짐, 바로, 건축, 이스라엘 백성(출 1:11)

**4.** 히브리 산파(출 1:15)

**5.** 바로, 아들, 나일, 딸, 1, 22

**6.** 레위 지파(출 2:1–10)

**7.** 자기를 낳은 어머니(출 2:7–8)

**8.** (물에서) 건져냄(출 2:10)

**9.** 모세, 모세, 미디안, 우물,
애굽 사람을 죽인 일(출 2:14–15)

**10.** 아내–십보라, 장인–르우엘, 첫 아들–게르솜(출 2:16–22)

**11.** 호렙 산(출 3:1–4)

**12.** 바로, 백성, 애굽, 나–여호와, 너–모세(출 3:10)

**13.** 3, 12

**14.** 모세의 형 아론(출 4:14–16)

**15.** 이스라엘, 고난, 경배, 4, 31

**16.** 바로, 미운, 칼, 여호와, 판단, 5, 21

**17.** 부–아므람, 모–요게벳(출 6:20)

**18.** 바로, 대언자, 7, 1

**19.** 모세는 팔십 세, 아론은 팔십삼 세(출 7:7)

**20.** 10가지 재앙

**21.** 밀과 쌀보리(출 9:32)

**22.** 삼 일(출 10:22)

**23.** 흠, 일(출 12:5–11)

**24.** 허리, 발, 지팡이, 유월절(출 12:11)

**25.** 애굽, 피, 표적, 피, 재앙, 멸, 12, 13

**26.** 예수 그리스도(요 1:29, 36)

**27.** 애굽 땅에서 모든 처음 난 것 곧 왕 위에 앉은 바로의 장자로부터 옥에 갇힌 사람의 장자까지와 가축의 처음 난 것을 다 치시매(죽이다)(출 12:29)

**28.** 모세, 이스라엘, 백성, 여호와, 12, 31

**29.** 라암셋, 유아, 육십, 12, 37

**30.** 사백삼십 년(출 12:40–41)

**31.** 사람, 처음, 구별, 여호와께서 모세에게(출 13:1–2)

**32.** 권능, 애굽, 13, 16

33. 요셉, 요셉, 맹세, 하나님, 유골, 애굽 땅(출 13:19)

34. 불기둥, 13, 22

35. 모세, 두려, 여호와, 구원, 애굽, 보지, 14, 13

36. 여호와, 가만히(출 14:14)

37. 바다, 동풍, 물, 땅, 바다, 물, 벽, 14, 21–22

38. 바다, 바다, 애굽, 도망, 애굽, 물, 기병들, 바다, 군대, 하나도, 14, 27–28

39. 애굽, 능력, 여호와, 모세, 14, 31

40. 힘, 구원, 하나님, 찬송, 하나님(출 15:2)

41. 찬송, 영화, 바다, 15, 21

42. 말, 의, 계명, 규례, 애굽, 질병, 치료, 15, 26

43. 해 질, 아침, 하나님, 고기–메추라기(16:12–13), 떡–만나(출 16:31)

44. 사십 년 동안(출 16:35)

45. 반석, 반석, 물, 나–여호와, 너–모세(출 17:5–6)

46. 아말렉(출 17:8)

47. 아론과 훌(출 17:12)

48. 나의 기(출 17:15)

49. 게르솜–객이라는 뜻, 엘리에셀–하나님이 도우심(출 18:3–4)

50. 기력, 중함, 혼자, 모세의 장인(이드로)이 모세에게(출 18:18)

51. 능력, 우두머리, 백부장, 십부장, 재판, 모세, 작은, 18, 25–26

52. 삼 개월(출 19:1)

53. 애굽, 독수리, 인도, 19, 4

54. 제사장, 백성, 여호와께서 모세에게(출 19:6)

55. 20, 17

56. 아버지, 죽일, 21, 15

57. 21, 24

58. 해, 해, 반드시, 22, 22–23

59. 재판장, 지도자(출 22:28)

60. 거짓, 악인, 증인, 23, 1

61. 엿새, 일곱째, 나귀, 나그네, 23, 12

62. 무교병의 절기, 맥추절, 수장절(출 23:14–17)

63. 네 하나님 여호와를 섬기라(출 23:25)

64. 모세와 아론과 나답과 아비후와 이스라엘 장로 칠십 인(출 24:9–11)

65. 25, 16

66. 속죄소 위 곧 증거궤 위에 있는 두 그룹 사이에서(출 25:22)

67. 오늘 읽은 성경 중 가장 좋다고 생각하는 성경 한 절을 외워 쓰십시오.

# 구약(개역개정판) 성경대학문제 해답

# 04 출애굽기 26-40장, 레위기 1-10장

## 출애굽기

**1.** 증거궤, 지성소, 26, 33

**2.** 지성소에 있는 증거궤 위에(출 26:34)

**3.** 아론과 그의 아들들(출 27:21)

**4.** 영, 아론, 제사장, 28, 3

**5.** 성소, 이름, 가슴, 기념, 28, 29

**6.** 36절

**7.** 여호와께서 모세에게, 그들–아론과 그의 아들들(출 29:9)

**8.** 여호와 앞 회막문(출 29:42)

**9.** 이스라엘, 하나님(출 29:45)

**10.** 스무 살 이상 된 자로서 반 세겔(출 30:12–14)

**11.** 속전, 봉사, 이스라엘, 생명(출 30:16)

**12.** 영, 지혜, 재주, 그–브살렐(출 31:2–3)

**13.** 안식일, 거룩, 모두, 모두, 생명, 31, 14

**14.** 시내, 증거판, 돌판, 친히, 31, 18

**15.** 명령, 송아지, 예배, 이스라엘, 신, 32, 8

**16.** 나–여호와, 그들–이스라엘 백성, 너–모세(출 32:9–10)

**17.** 송아지, 보고, 판들, 32, 19

**18.** 진 문, 여호와, 레위(출 32:26)

**19.** 신, 죄, 죄, 주, 이름, 모세, 범죄, 책, 32, 31–33

**20.** 친구, 모세, 모세, 여호수아, 33, 11

**21.** 은총, 함께, 구별(출 33:16)

**22.** 여호와께서 모세에게(출 33:23)

**23.** 돌판, 다듬어, 깨뜨린, 쓰리니, 34, 1

**24.** 자비, 노, 인자, 진실(출 34:6)

**25.** 그것이 너희에게 올무가 될까 하노라(출 34:12)

**26.** 사십, 사십, 떡, 물, 십계명, 기록, 34, 28

**27.** 엿새, 일곱째, 거룩한, 안식일, 35, 2

**28.** 모세, 백성, 여호와, 남음, 36, 5

**29.** 조각목, 길이–115cm, 너비–69cm, 높이–69cm(출 37:1–2)

**30.** 순금(출 37:6)

**31.** 놋(출 38:8)

**32.** 5, 7, 21, 26, 29, 31

**33.** 기름, 제사장, 40, 15

**34.** 낮에는 여호와의 구름이 성막 위에 있고 밤에는 불이 그 구름 가운데에 있음을(출 40:38)

## 레위기

**35.** 모세(레 1:1)

**36.** 여호와, 소, 양, 1, 2

**37.** 소금(레 2:13)

**38.** 17

**39.** 화목제(레 3:1), 속죄제(레 4:3, 14)

**40.** 저주, 본, 죄, 허물, 5, 1

**41.** 잘못, 속죄제, 어린 양, 속죄제, 허물, 5, 6

**42.** 피, 피, 속죄제, 5, 9

**43.** 하나, 벌, 5, 17

**44.** 제사장, 속죄, 사함, 6, 7

**45.** 불, 꺼지지, 6, 13

**46.** 이스라엘, 소, 기름(레 7:22–23)

**47.** 짐승, 피, 백성, 7, 26–27

**48.** 아론, 모세, 준행, 8 36

**49.** 아론, 속죄제, 너, 속죄, 속죄, 9, 7

**50.** 회막, 축복, 영광, 불, 번제물, 백성, 9, 23–24

**51.** 나답과 아비후(레 10:1–2)

**52.** 회막, 독주, 죽음, 지킬, 여호와께서 아론에게(레 10:8–9)

**53.** 오늘 읽은 성경 중 가장 좋다고 생각하는 성경 한 절을 외워 쓰십시오.

# 구약(개역개정판) 성경대학문제 해답

# 05 레위기 11-27장, 민수기 1-8장

## 레위기

**1.** 굽, 새김질, 11, 3

**2.** 낙타, 토끼, 돼지(레 11:4–8)

**3.** 바다, 지느러미, 비늘, 11, 9

**4.** 독수리, 솔개, 타조(레 11:13–19)

**5.** 〈먹지 말지니〉(레 11:41–42)

**6.** 하나님, 애굽, 거룩, 11, 45

**7.** 여덟째 날(레 12:2–3)

**8.** 제사장(레 13:2–3)

**9.** 나병, 머리, 부정, 병, 부정, 진영, 13, 45–46

**10.** 제사장, 속죄, 정결, 14, 20

**11.** 부정한, 15, 2

**12.** 염소, 불의, 죄, 염소, 광야(레 16:21)

**13.** 속죄, 죄, 정결, 16, 30

**14.** 피, 피, 생명, 속죄, 피, 죄, 17, 11

**15.** 피, 17, 14

**16.** 법도, 행, 여호와, 18, 4

**17.** 여자, 남자, 가증, 18, 22

**18.** 열매, 열매, 거류민, 하나님, 19, 10

**19.** 원수, 원망, 사랑, 사랑, 19, 18

**20.** 〈다섯째 해에는 그 열매를 먹을지니〉(레 19:23–25)

**21.** 문신, 여호와, 19, 28

**22.** 안식일, 성소, 여호와, 19, 30

**23.** 센, 공경, 경외, 19, 32

**24.** 반드시 죽일지니(레 20:9)

**25.** 그 간부와 음부를 반드시 죽일지니라(레 20:10)

**26.** 반드시 죽일지니(레 20:13)

**27.** 반드시 죽일지니 곧 돌로 그를 치라(레 20:27)

**28.** 제사장, 자신, 21, 4

**29.** 거룩히, 음식, 너–모세, 그–제사장(들)(레 21:8)

**30.** 하나님, 애굽, 여호와, 22, 33

**31.** 엿새, 안식일, 일, 거주, 안식일(레 23:3)

**32.** 이레 동안(레 23:6)

**33.** 곡물, 베지, 가난한, 23, 22

**34.** 이레, 이스라엘, 이스라엘, 초막,

알게, 23, 42–43

**35.** 이름, 돌, 24, 16

**36.** 밭, 포도원, 일곱째, 안식, 25, 3–4

**37.** 희년, 파종, 거두지, 포도(레 25:11)

**38.** 복, 삼, 족, 여덟째, 소출, 아홉째, 묵은, 25, 21–22

**39.** 이자, 이익, 25, 37

**40.** 26장 3–13절 내용 중에서

**41.** 백, 만, 26, 8

**42.** 26장 14–39절 내용 중에서

**43.** 하나님, 애굽, 조상, 기억, 26, 45

**44.** 여호와께 드릴 첫 것이라(레 27:26)

**45.** 여호와의 것이니(레 27:30)

## 민수기

**46.** 이십 세 이상(민 1:3)

**47.** 육십만 삼천오백오십 명(민 1:46)

**48.** 레위 지파(민 1:49)

**49.** 유다 지파, 칠만 사천육백 명(민 1:27)

**50.** 유다 지파, 잇사갈 지파, 스불론 지파(민 2:3–9)

**51.** 나답, 아비후, 엘르아살, 이다말, 직분–제사장(민 3:2–3)

**52.** 처음, 애굽, 처음, 처음, 거룩, 내 것, 3, 13

**53.** 엘르아살, 어른, 통할, 3, 32

**54.** 처음, 레위인, 레위인, 레위인(민 3:45)

**55.** 삼십 세 이상으로 오십 세까지, 팔천오백팔십 명(민 4:3,47–48)

**56.** 죄, 온전히, 죄, 5, 7

**57.** 나실인(민 6:2–3)

**58.** 복, 지키, 6, 24

**59.** 앞에 나온 '그들'–아론과 그의 아들들, 뒤에 나온 '그들'–이스라엘 자손(민 6:22–27)

**60.** 여호와, 여섯, 열두, 하나씩, 한, 장막, 7, 3

**61.** 고핫 자손(민 7:9)

**62.** 증거궤 위 속죄소 위의 두 그룹 사이에서(민 7:89)

**63.** 처음, 레위인, 나–여호와 하나님(민 8:18)

**64.** 이십오, 회막, 오십, 봉사, 형제, 돕는, 8, 24–26

**65.** 오늘 읽은 말씀 중 가장 좋아하는 성경 구절을 외워 쓰십시오.

## 구약(개역개정판) 성경대학문제 해답

# 06 민수기 9-36장

1. 시내 광야(민 9:5)
2. 무교병과 쓴 나물(민 9:11)
3. 이틀, 구름, 이스라엘, 행진, 행진, 9, 22
4. 땅, 대적, 나팔, 하나님, 기억, 대적, 10, 9
5. 유다 지파(민 10:14)
6. 모세의 장인 미디안 사람 르우엘의 아들 호밥(민 10:29)
7. 모세가 여호와에게, 〈책임이 심히 중하여 나 혼자는 이 모든 백성을 감당할 수 없나이다〉(민 11:10–16)
8. 칠십 장로에게도(민 11:25)
9. 영, 선지자, 모세가 여호수아에게(민 11:29)
10. 바람, 메추라기, 하룻길, 11, 31
11. 미리암(민 12:1–10)
12. 〈모세는 온유함이 지면의 모든 사람보다 더하더라〉(민 12:3)
13. 모세(민 12:8)
14. 갈렙–유다 지파(13:6), 여호수아–에브라임 지파(민 13:8)
15. 40일(민 13:25)
16. 여호수아와 갈렙이 이스라엘 자손의 온 회중에게, 가나안 땅(민 14:8)
17. 거역, 두려워, 14, 9
18. 나–여호와, 그들–이스라엘 백성, 너–모세(민 14:12)
19. 인자, 죄악, 사, 14, 19
20. 갈렙과 여호수아, 나머지 사람들은 모두 광야에서 죽다(민 14:27–38)
21. 타국인, 율례, 타국인(민 15:15)
22. 안식일에 일을(나무를) 했기 때문(민 15:32–36)
23. 옷단귀, 청색, 여호와, 기억, 방종, 욕심, 15, 38–39
24. 고라와 다단과 아비람(민 16:1–2,25–36)
25. 만 사천칠백 명(민 16:49)
26. 살구 열매(민 17:8)
27. 여호와, 아론, 증거궤, 반역한, 표징, 원망, 죽지, 17, 10
28. 나–여호와, 너희–아론과 그의 아

들들(민 18:1–7)

**29.** 여호와, 열매, 정결한, 18, 13

**30.** 레위인(민 18:26)

**31.** 지팡이, 아론, 목전, 물, 물, 회중, 20, 8

**32.** 백성이 하나님과 모세를 향하여 원망하므로(민 21:5–6)

**33.** 여호와, 불뱀, 물린, 놋뱀, 뱀, 놋뱀, 21, 8–9

**34.** 아모리 왕–시혼, 바산 왕–옥(민 21:26, 33)

**35.** 발람, 함께, 백성, 복, 22, 12

**36.** 발람(민 22:31–34)

**37.** 발락, 능력, 말씀, 22, 38

**38.** 저주, 저주, 꾸짖지, 꾸짖, 23, 8

**39.** 사람, 거짓말, 후회, 말씀, 말씀, 23, 19

**40.** 은금, 말씀, 마음, 말씀, 발람(민 24:12–13)

**41.** 재판관, 바알브올, 죽이라, 25, 5

**42.** 육십만 천칠백삼십 명(민 26:51)

**43.** 유다 종족, 칠만 육천오백 명(민 26:22)

**44.** 아버지–고핫, 처–요게벳, 자녀들–아론과 모세와 그의 누이 미리암(민 26:58–59)

**45.** 아들, 이름, 삭제, 형제, 기업, 우리–요셉의 아들 므낫세의 현손 슬로보핫의 딸들(민 27:1, 4)

**46.** 눈의 아들 여호수아(민 27:15–20)

**47.** 성회, 일도(민 28:25)

**48.** 서원, 깨뜨리지, 이행, 30, 2

**49.** 물건, 전쟁, 회중, 31, 27

**50.** 애굽, 이십, 아브라함, 땅, 온전히, 32, 11

**51.** 갓 자손과 르우벤 자손과 요셉의 아들 므낫세 반 지파에게(민 32:33)

**52.** 거주, 소유, 그 땅–가나안 땅(민 33:50–53)

**53.** 땅, 제사장, 여호수아, 여호와께서 모세에게(민 34:16–17)

**54.** 도피성, 살인, 35, 11

**55.** 여섯(민 35:13–15)

**56.** 거주, 거주, 여호와, 있음, 35, 34

**57.** 오늘 읽은 성경 말씀 중 가장 좋아하는 성경 구절을 외워 쓰십시오.

## 구약(개역개정판) 성경대학문제 해답

# 07 신명기 1-25장

1. 조상, 현재, 허락, 복, 1, 11
2. 1, 17
3. 먼저, 칠, 불, 구름, 지시, 그-하나님 여호와(신 1:33)
4. 여호와, 너-모세, 그리로-가나안 땅(신 1:37)
5. 양식, 물, 그들-에서의 자손(신 2:4-6)
6. 암몬 족속(신 2:19)
7. 천하, 두려워, 명성, 근심, 2, 25
8. 두려워, 여호와, 싸우, 3, 22
9. 요단, 레바논, 여호와, 진노, 그만, 다시, 3, 25-26
10. 비스가, 눈, 눈, 요단, 너-모세(신 3:27)
11. 언약, 지키라, 십계명, 4, 13
12. 요단, 아름다운, 나-모세(신 4:22)
13. 하나님, 마음, 찾으면, 거기-가나안 땅(신 4:29)
14. 규례, 복, 땅, 오래(신 4:40)
15. 외, 신들, 5, 7
16. 계명, 천, 5, 10
17. 하나님, 부모, 여호와, 생명, 복, 5, 16
18. 경외, 지켜서, 복, 5, 29
19. 하나님, 유일한, 뜻, 사랑, 6, 4-5
20. 사랑, 조상들, 권능, 인도, 종, 바로, 7, 8
21. 질병, 악질, 미워, 7, 15
22. 두려워, 크고, 중에, 7, 21
23. 명, 행, 살고, 조상들, 차지(신 8:1)
24. 떡, 입, 말씀, 8, 3
25. 사십, 의복, 발, 8, 4
26. 조상들, 만나, 먹이, 시험, 복, 8, 16
27. 이 민족들이 악함으로 말미암아(신 9:4-5)
28. 돌판들, 돌판들, 사십, 물, 9, 9
29. 그 돌판의 글은 하나님이 손으로 기록하신 것이요(신 9:10)
30. 능력, 인도, 백성, 9, 29
31. 레위 지파(신 10:8)
32. 요구, 경외, 도, 사랑, 뜻, 섬, 행복,

명령, 10, 12–13

**33.** 명, 강성, 11, 8

**34.** 사랑, 뜻, 땅, 적당한, 곡식, 11, 13–14

**35.** 발바닥, 소유, 광야, 유브라데(신 11:24)

**36.** 복, 11, 27

**37.** 손, 복, 가족, 12, 7

**38.** 〈그 피는 먹지 말라〉(신 12:16, 23, 25)

**39.** 하나님, 의, 복, 12, 28

**40.** 돌로 쳐죽이라(신 13:6–11)

**41.** 하나님, 성민, 만민, 백성, 14, 2

**42.** *먹을만한 짐승–소, 양, 염소 등
*먹지 못할 짐승–낙타, 토끼, 돼지 등(신 14:4–8)

**43.** 모든, 먹을, 비늘, 지느러미, 비늘, 14, 9–10

**44.** 독수리, 솔개, 매, 까마귀. 타조 등 (신 14:11–20)

**45.** 3번(신 14:22, 23, 28)

**46.** 말씀, 명령, 기업, 복, 가난한, 15, 4–5

**47.** 호소, 죄, 그–궁핍한 형제(신 15:9)

**48.** 가난한, 명령, 땅, 궁핍한, 15, 11

**49.** 세, 무교절, 초막절, 곳, 빈손, 사람, 복, 16, 16–17

**50.** 재판, 외모, 뇌물, 지혜자, 말 (신 16:19)

**51.** 무법, 제사장, 죽여, 악, 17, 12

**52.** 율법서, 제사장, 평생, 경외, 말 (신 17:18–19)

**53.** 점쟁이, 무당, 박수, 용납, 18, 10–11

**54.** 두 증인의 입으로나 세 증인의 입으로(신 19:15)

**55.** 그가 그 형제에게 행하려고 꾀한 그대로(신 19:18–19)

**56.** 적군, 말, 많음, 애굽, 하나님, 함께, 20, 1

**57.** (1) 새 집을 건축하고 낙성식을 행하지 못한 자
(2) 여자와 약혼하고 그와 결혼하지 못한 자(신 20:5–8)

**58.** 그 성읍에 먼저 화평을 선언하라 (신 20:10)

**59.** 속량, 사, 백성, 피(신 21:8)

**60.** 그 성읍의 모든 사람들이 그를 돌로 쳐죽일지니(신 21:18–21)

**61.** 소, 못, 반드시, 형제, 22, 1

**62.** 이같이 하는 자는 네 하나님 여호와께 가증한 자이니라(신 22:5)

**63.** 그 동침한 남자와 그 여자를 둘 다 죽여 이스라엘 중에 악을 제할지니라(신 22:22)

**64.** 안 됩니다. 이 둘은 다 네 하나님 여호와께 가증한 것임이니라(신 23:18)

**65.** 네 형제에게 꾸어주거든 이자를 받지 말라(신 23:19–20)

**66.** 그릇에 담지는 말 것이요(신 23:24)

**67.** 아내, 군대, 직무, 일 년, 아내, 24, 5

**68.** 아버지, 죽임, 아버지, 죽임, 죄, 죽임, 24, 16

**69.** 밭, 밭, 다시, 고아, 남겨, 손, 복, 24, 19

**70.** 지나치게 때리면 네가 네 형제를 경히 여기는 것이 되기 때문입니다(신 25:2–3).

**71.** 곡식, 망, 25, 4

**72.** 오늘 읽은 성경 말씀 중 가장 좋아하는 성경 구절을 외워 쓰십시오.

## 구약(개역개정판) 성경대학문제 해답

# 08 신명기 26-34장, 여호수아 1-16장

### 신명기

**1.** 하나님, 음성, 압제, 손, 이적, 애굽, 인도, 땅, 26, 7–9

**2.** 십일조, 십일조, 레위인, 과부, 먹고, 26, 12

**3.** 하늘, 복, 맹세, 꿀, 복(신 26:15)

**4.** 여호와, 민족, 영광, 말씀, 성민, 26, 19

**5.** 율법, 기록, 그 위–석회를 바른 큰 돌들 위(신 27:2–3)

**6.** 12번
(1) 그의 부모를 경홀히 여기는 자
(2) 그의 이웃을 암살하는 자(신 27:15–26)

**7.** 율법, 저주, 아멘, 27, 26

**8.** (1) 네 몸의 자녀 (2) 네 토지의 소산(신 28:3–14)

**9.** 여호와, 성민, 하나님, 행, 28, 9

**10.** 28:20–68 중에서

**11.** 꾸어, 꾸어, 머리, 꼬리, 그–이방인, 너–이스라엘 백성(신 28:43–44)

**12.** 책, 말씀, 여호와, 경외, 재앙, 재앙, 질병, 28, 58–59

**13.** 별, 하나님, 남는 자, 28, 62

**14.** 사십, 인도, 옷, 신, 29, 5

**15.** 말씀, 형통, 29, 9

**16.** 말씀, 율법책, 명령, 뜻, 돌아, 손, 소생, 소산, 복, 조상들, 기뻐, 복, 30, 9–10

**17.** 말씀, 입, 마음, 행(신 30:14)

**18.** 사랑, 의지, 장수, 30, 20

**19.** 모세, 이스라엘, 강, 백성, 조상, 땅, 땅, 31, 7

**20.** 땅, 말씀, 자녀, 경외(신 31:13)

**21.** 노래, 입, 노래, 증거, 31, 19

**22.** 여호와께서 여호수아에게(31:23)

**23.** 반석, 완전, 정의, 하나님, 바르, 그–여호와 하나님(신 32:3–4)

**24.** 여호와께서 자기 백성(이스라엘)(신 32:9–10)

**25.** 독수리–여호와, 새끼–이스라엘 백성

**26.** 느보 산, 가나안 땅(신 32:49–50)

**27.** 27, 405(통 458)

**28.** 33, 29, 여호와께 구원을 받은 백성이므로

**29.** 백이십, 눈, 기력, 34, 7

**30.** 모세(신 34:10)

## 여호수아

**31.** 여호와께서 여호수아에게(수 1:5)

**32.** 입, 묵상, 지켜, 평탄, 형통, 1, 8

**33.** 담대, 놀라지, 하나님, 함께, 너-여호수아(수 1:9)

**34.** 당신-여호수아, 우리-르우벤 지파와 갓 지파와 므낫세 반 지파(수 1:16)

**35.** 라합, 여섯 번, 5절(수 2:1, 3, 8, 15, 16, 21)

**36.** 땅, 창문, 부모, 가족, 우리-두 이스라엘 정탐꾼(수 2:1), 너-라합(수 2:18)

**37.** 여호와, 발바닥, 요단, 물, 3, 13

**38.** 3, 16

**39.** 언약궤, 마른, 요단, 마른, 3, 17

**40.** 언약궤, 언약궤, 물, 돌들, 기념, 4, 7

**41.** 여호와, 여호수아, 백성, 모세(수 4:14)

**42.** 4, 23-24

**43.** 여호수아, 이스라엘, 5, 3

**44.** 그 땅(가나안)의 소산물을 먹은 다음날에 만나가 그쳤으니(수 5:12)

**45.** 신, 거룩, 여호와의 군대 대장이 여호수아에게(수 5:15)

**46.** 일곱 번(수 6:2-4)

**47.** 양각, 나팔, 소리, 성벽, 앞으로, 6, 5

**48.** 성, 여호와, 라합, 살려, 사자들, 6, 17

**49.** 여호와(수 6:17-19)

**50.** 여리고 성에서 취한 전리품(여호와의 소유)을 도둑질한 사람(아간) 때문에(수 7:1-26)

**51.** 온 이스라엘이 그(아간)를 돌로 치고 물건들도 돌로 치고 불살랐음(수 7:24-26)

**52.** 여호와께서 여호수아에게(수 8:1-2)

**53.** 여호수아, 여자들, 거류민들, 말, 8, 35

**54.** 화친, 조약, 맹세, 그들-기브온 주민들(수 9:3-15)

**55.** (1) 큰 우박덩이를 내려 그들(아모리 사람들)을 죽임
(2) 태양과 달을 머무르게 함(수 10:11-14)

**56.** 거의 종일토록(수 10:13), 믿습니다.

**57.** 하나님, 싸우, 왕들, 단번에, 10, 42

**58.** 여호와께서 여호수아에게, 그들-하솔 왕 야빈과 연합군의 군대(수 11:1-6)

**59.** 모세, 땅, 기업, 전쟁(수 11:23)

**60.** 모두 서른한 왕(수 12:24)

**61.** 여호수아, 여호와, 나이, 땅, 13, 1

**62.** 13, 33

**63.** 사십 세 때–가나안 땅 정탐, 팔십오 세 때–헤브론을 기업으로 받음(수 14:7–15)

**64.** 딸–악사, 사위–옷니엘(수 15:16–17)

**65.** 유다, 유다, 15, 63

**66.** 가나안, 가나안, 에브라임, 종, 16, 10

**67.** 오늘 읽은 말씀 중 가장 좋아하는 성경 구절을 외워 쓰십시오.

# 구약(개역개정판) 성경대학문제 해답

# 09 여호수아 17-24장, 사사기 1-16장

## 여호수아

**1.** 장자-므낫세, 장손-마길(수 17:1)

**2.** 강성, 노역, 쫓아, 17, 13

**3.** 병거, 능히, 여호수아가 요셉의 족속 곧 에브라임과 므낫세에게(수 17:17-18)

**4.** 일곱, 가져, 하나님, 제비, 18 6

**5.** 실로, 제비, 분파, 18, 10

**6.** 유다 자손의 기업 중에서(수 19:1, 9)

**7.** 에브라임 산지 딤낫 세라(수 19:50)

**8.** 제사장, 여호수아, 족장들, 회막 문, 제비, 땅, 19, 51

**9.** 도피성, 두 곳-(1) 에브라임 산지의 세겜 (2) 유다 산지의 기럇 아르바 곧 헤브론(수 20:2-9)

**10.** 이스라엘, 마흔여덟, 목초지들, 21, 41

**11.** 여호와, 말씀, 남음, 21, 45

**12.** 사랑, 길, 계명, 마음, 섬길, 22, 5

**13.** 배역, 진노(수 22:18)

**14.** 여호와, 죄, 22, 31

**15.** 하나님, 싸우신, 23, 3

**16.** 한, 천, 하나님, 말씀, 싸우심, 23, 10

**17.** 〈만일 너희가 너희의 하나님 여호와께서 너희에게 명령하신 언약을 범하고 가서 다른 신들을 섬겨 그들에게 절하면〉(수 23:16)

**18.** 오늘, 여호와, 여호수아가 세겜에 모인 백성들에게(수 24:15)

**19.** 여호와, 하나님, 24, 18

**20.** 여호수아, 여호와, 청종, 24, 24

**21.** 백십 세(수 24:29)

**22.** 요셉, 세겜, 24, 32

## 사사기

**23.** 유다 지파(삿 1:1-2)

**24.** 딸-악사, 사위 옷니엘, 차지한 땅-기럇 세벨(삿 1:12-13)

**25.** 유다, 산지, 철 병거, 쫓아, 1, 19

**26.** 쫓아, 옆구리, 신들, 2, 3

**27.** 여호수아 세대 사람들이 다 죽은

후에 일어난 다른 세대(삿 2:10)

**28.** 사사들, 사사, 사사, 여호와, 구원, 2, 18

**29.** 여호와, 구원자, 갈렙, 옷니엘, 3, 9

**30.** 에훗(삿 3:15-22)

**31.** 이스라엘의 사사가 된 여선지자(삿 4:4)

**32.** 야엘(헤벨의 아내)(삿 4:17-21)

**33.** 주, 망, 사랑, 해, 5, 31

**34.** 미디안(삿 6:12-16)

**35.** 여호와, 여호와의 사자가 기드온에게(삿 6:12)

**36.** 여호와, 함께, 미디안, 한, 그-기드온(삿 6:16)

**37.** 여호와는 평강이라는 뜻(삿 6:24)

**38.** 여룹바알-기드온, 뜻-바알이 그(기드온)와 더불어 다툴 것이라(삿 6:32)

**39.** 양털, 양털, 말씀, 구원, 그대로, 6, 37-38

**40.** 기드온, 많은, 미디안, 이스라엘, 자랑, 구원, 7, 2

**41.** 삼백 명(삿 7:7)

**42.** 기드온, 다스, 아들, 여호와, 8, 23

**43.** 여룹바알(기드온), 칠십 명, 요담(삿 9:1-5)

**44.** 악행, 자기-아비멜렉, 아버지-여룹바알(기드온)(삿 9:56)

**45.** 하나님, 바알들, 범죄, 10, 10

**46.** 암몬 자손(삿 11:32-33)

**47.** 딸, 여호와께 번제물로 드림(삿 11:30-31, 34-35)

**48.** 사만 이천 명(삿 12:6)

**49.** 블레셋 민족(삿 13:1)

**50.** 아들, 독주, 부정한, 태, 나실인, 삼손(삿 13:7, 24)

**51.** 여호와, 이름, 기묘자, 그-마노아(삿 13:17-18)

**52.** 사자(삿 14:6)

**53.** 강한 자-사자, 단 것-꿀(삿 14:14, 18)

**54.** 턱뼈, 나-삼손, 죽은 천 명-블레셋 사람들(삿 15:14-16)

**55.** 삼손이 들릴라에게(삿 16:15-17)

**56.** 삼손, 블레셋, 힘, 집, 방백들, 삼손, 살았을, 더욱, 16, 30

**57.** 오늘 읽은 말씀 중 가장 좋아하는 성경 구절을 외워 쓰십시오.

# 구약(개역개정판) 성경대학문제 해답

# 10 사사기 17-21장, 룻기 1-4장, 사무엘상 1-16장

## 사사기

**1.** 왕, 소견, 17, 6

**2.** 미가, 제사장, 복, 17, 13

**3.** 평안히, 여호와, 그들–단 지파 사람들(삿 18:1–6)

**4.** 미가가 단 지파에게(삿 18:23–24)

**5.** 실로, 미가, 단, 18, 31

**6.** 안심, 담당, 유숙, 19, 20

**7.** 베냐민 지파(삿 20:4–7)

**8.** 육백, 광야, 넉, 20, 47

**9.** 베냐민 지파(삿 21:17)

## 룻기

**10.** 남편–엘리멜렉, 두 아들–말론, 기룐, 두 며느리–오르바, 룻(룻 1:1–4)

**11.** 나오미가 두 며느리에게(룻 1:8)

**12.** 룻이 나오미에게(룻 1:16–18)

**13.** 보답, 하나님, 보호, 상, 보아스가 룻에게(룻 2:10–12)

**14.** 너–룻, 나–보아스, 성읍–베들레헴(룻 3:7–11)

**15.** 보아스(룻 4:13)

**16.** 룻은 다윗의 증조할머니(룻 4:21–22)

**17.** 살몬, 오벳, 오벳, 다윗, 4, 21–22

## 사무엘상

**18.** 에브라임 지파, 두 아내–한나, 브닌나(삼상 1:1–2)

**19.** 구, 엘리(제사장)가 한나에게(삼상 1:17)

**20.** 이름–사무엘, 이름의 뜻–내가 여호와께 그를 구하였다 함(삼상 1:20)

**21.** 엘리(삼상 1:9–20)

**22.** 여호와, 여호와, 여호와, 나–한나, 그–사무엘(삼상 1:28)

**23.** 교만, 오만, 입, 지식, 행동, 2, 3

**24.** 죄, 여호와, 멸시, 이 소년들–엘리의 아들들(삼상 2:12–17)

**25.** 한나, 세, 두, 사무엘, 2, 21

**26.** 여호와, 은총, 2, 26

**27.** 존중히, 멸시, 2, 30

**28.** 네 번(삼상 3:8–10)

**29.** 심판, 죄악, 저주, 금, 나–여호와, 그–엘리(3:13), 아들들–홉니와 비느하스(삼상 2:34, 4:11)

**30.** 사무엘, 세우심, 3, 20

**31.** 블레셋(삼상 4:10–11)

**32.** 엘리의 며느리인 비느하스의 아내가 낳은 아들, 이가봇의 의미–영광이 없다 함(삼상 4:21)

**33.** 궤, 얼굴, 머리, 다곤, 5, 4

**34.** 아스돗, 신, 손, 다곤, 5, 7

**35.** 일곱 달, 벧세메스, 궤로 인하여 블레셋에 재앙이 내림으로(삼상 5:1–6:18, 1)

**36.** 벧세메스, 궤, (오만) 칠십, 6, 19

**37.** 궤, 이십, 이스라엘, 사모, 7, 2

**38.** 여호와, 블레셋, 사무엘이 이스라엘 온 족속에게(삼상 7:3)

**39.** 번제, 이스라엘, 여호와, 우레, 이스라엘, 7, 10

**40.** 여호와께서 여기까지 우리를 도우셨다(도움의 돌)(삼상 7:12)

**41.** 라마, 집, 이스라엘, 여호와, 자기–사무엘(삼상 7:15–17)

**42.** 행위, 나라, 왕, 이스라엘의 모든 장로가 사무엘에게(삼상 8:4–5)

**43.** 사무엘, 말, 버림, 왕, 8, 7

**44.** 왕, 여호와께서 사무엘에게(삼상 8:22)

**45.** 기스, 사울, 자손, 준수, 어깨, 9, 2

**46.** 기름, 지도자, 너–사무엘, 그–사울(삼상 9:15–16)

**47.** 사울, 여호와, 보라, 백성, 9, 17

**48.** 사무엘, 사울, 여호와, 지도자, 10, 1

**49.** 사무엘이 사울에게(삼상 10:7)

**50.** 사무엘, 여호와, 짝, 왕(삼상 10:24)

**51.** 길갈, 사울, 11, 15

**52.** 우레, 왕, 죄악, 알게, 12, 17

**53.** 기도, 죄, 나–사무엘, 너–백성들(삼상 12:20–23)

**54.** 베냐민 지파(삼상 9:16, 21)

**55.** 사울(삼상 13:8–12)

**56.** 왕, 왕, 왕, 마음, 여호와, 지도자, 13, 14

**57.** 요나단, 할례, 여호와, 일, 구원, 달리지, 14, 6

**58.** 요나단, 맹세, 손, 꿀, 입, 눈, 14, 27

**59.** 백성이 사울에게, 그–요나단(삼상 14:45)

**60.** 아들–요나단, 이스위, 말기수아 딸–메랍, 미갈(삼상 14:49)

**61.** 아말렉, 소유, 젖, 나귀, 사무엘이 사울에게(삼상 15:1–3)

**62.** 사무엘이 사울 왕에게(삼상 15:17–22, 23)

**63.** 여호와, 왕, 후회, 15, 35

**64.** 외모, 중심, 16, 7

**65.** 눈, 여호와, 기름,
그-다윗(삼상 16:12-13)

**66.** 사울, 다윗, 사울, 악령, 16, 23

**67.** 오늘 읽은 말씀 중 가장 좋아하는 성경 구절을 외워 쓰십시오.

# 구약(개역개정판) 성경대학문제 해답

# 11 사무엘상 17-31장, 사무엘하 1-10장

## 사무엘상

**1.** 골리앗의 키-283cm, 갑옷의 무게-57.5kg(삼상 17:4-5)

**2.** 사자, 하나님, 할례, 짐승, 다윗이 사울에게, 그-골리앗(삼상 17:34-36)

**3.** 구원, 무리, 전쟁, 손, 다윗이 블레셋 사람(골리앗), 너희-블레셋, 우리-이스라엘(삼상 17:45-47)

**4.** 물매, 블레셋, 칼, 블레셋, 칼, 칼, 머리, 용사, 17, 50-51

**5.** 요나단(삼상 18:1)

**6.** 다윗, 사울, 18, 12

**7.** 사울 왕의 딸이며 다윗의 아내가 됨(삼상 18:27)

**8.** 요나단이 그의 아버지 사울에게, 그-다윗(삼상 19:4)

**9.** 미갈, 피(삼상 19:12)

**10.** 남편(다윗)(삼상 19:11-12)

**11.** 다윗, 끊어, 인자함, 영원히, 요나단(삼상 20:15)

**12.** 말, 여호와, 영원, 너-다윗, 나-요나단(삼상 20:23)

**13.** 요나단, 요나단, 다윗, 20, 33

**14.** 다윗, 여호와, 여호와, 사이에, 사이에, 다윗, 요나단, 20, 42

**15.** 거룩한 떡(진설병)(삼상 21:6)

**16.** 골리앗의 칼(삼상 21:9)

**17.** 여호와, 음식, 칼, 도엑이 사울에게, 그-다윗(삼상 22:10)

**18.** 팔십오 명(삼상 22:18)

**19.** 아히멜렉의 아들(삼상 22:20)

**20.** 다윗(다윗과 그의 사람들)(삼상 23:5)

**21.** 왕, 다음, 사울, 너-다윗(삼상 23:16-17)

**22.** 사울, 블레셋, 사울, 블레셋(삼상 23:27-28)

**23.** 삼천, 다윗, 24, 2

**24.** 여호와의 기름 부음을 받은 내 주를 치는 것은 여호와께서 금하시는 것이니(삼상 24:6)

**25.** 왕, 왕, 왕, 24, 12

**26.** 학대, 선대, 사울이 다윗에게(삼상

24:16–17)

**27.** 왕, 견고히, 나–사울, 너–다윗 (삼상 24:20)

**28.** 나발, 아비가일, 용모, 완고, 25, 3

**29.** 소유물, 손실, 악, 선, 그–나발 (삼상 25:21)

**30.** 용서, 주, 집, 여호와, 일생, 악, 아비가일이 다윗에게(삼상 25:28)

**31.** 지혜, 복, 피, 복수, 다윗이 아비가일에게(삼상 25:32–33)

**32.** 아비가일, 나귀, 다섯, 아내, 25, 42

**33.** 미갈, 발디, 25, 44

**34.** 다윗, 사울, 아브넬, 사울, 백성, 26, 5

**35.** 하나님, 원수, 창, 땅, 두, 당신–다윗, 나–아비새, 그–사울(삼상 26:8)

**36.** 여호와, 죽을, 전장, 다윗이 한 말, 그–사울(삼상 26:10)

**37.** 창, 다윗이 아비새에게 한 말, 그–사울(삼상 26:11)

**38.** 생명, 생명, 환난, 26, 24, 나–다윗

**39.** 다윗, 육백, 아기스, 27, 2

**40.** 시글락(삼상 27:5–6)

**41.** 다윗, 다윗, 미움, 부하, 27, 12

**42.** 사무엘, 이스라엘, 라마, 28, 3

**43.** 여호와, 블레셋, 내일, 함께, 너–사울(삼상 28:19)

**44.** 사울, 다윗, 29, 5

**45.** 아닙니다(삼상 29:6–11)

**46.** 백성들(부하들)이 자녀들 때문에 마음이 슬퍼서(삼상 30:1–6)

**47.** 여호와, 추격, 여호와, 쫓아, 도로, 이 군대–아말렉 사람들(삼상 30:8)

**48.** 전장, 소유물, 동일, 분배, 다윗이 한 말(삼상 30:23–24)

**49.** 다윗, 원수–아말렉, 너희–유다 장로들(삼상 30:26)

**50.** 블레셋, 사울, 요나단, 31, 2

**51.** 칼, 무기, 죽음, 칼, 31, 4–5

**52.** 사울, 갑옷, 백성, 블레셋, 시체, 31, 9–10

**53.** 블레셋, 사울, 장사들, 사울, 벧산, 야베스, 뼈, 야베스, 칠, 31, 11–13

## 사무엘하

**54.** 요나단, 칼, 저녁, 금식, 1, 12

**55.** 여호와의 기름 부음 받은 자(사울)를 죽였으므로(삼하 1:14–16)

**56.** 요나단, 애통함, 아름다움, 사랑함, 사랑, 1, 26, 나–다윗

**57.** 기름, 왕, 거기–헤브론(삼하 2:1–4)

**58.** 사울의 아들로 이스라엘 왕이 된 사람(삼하 2:8–10)

**59.** 헤브론, 칠, 육(삼하 2:11)

**60.** 아브넬(삼하 2:22–23)

**61.** 암논, 길르압, 압살롬, 아도니야,

스바댜, 이드르암(삼하 3:2-5)

**62.** 사울의 딸 미갈(삼하 3:12-13)

**63.** 누가-요압, 왜-아브넬이 자기 동생 아사헬을 죽였으므로(삼하 3:27, 30)

**64.** 백성, 아브넬, 왕, 3, 37

**65.** 요나단의 아들(삼하 4:4)

**66.** 림몬의 아들 레갑과 바아나, 다윗은 그들을 주인을 살해한 악인으로 정죄하고 죽임(삼하 4:5-12)

**67.** 삼십, 사십, 헤브론, 예루살렘, 이스라엘, 5, 4-5

**68.** 여호와, 왕, 이스라엘, 높이신, 5, 12

**69.** 예루살렘(삼하 5:14)

**70.** 여호와, 앞에서, 대적-블레셋(삼하 5:17-20)

**71.** 궤, 석, 여호와, 복, 6, 11

**72.** 사울의 딸 미갈(삼하 6:16), 받은 벌-죽는 날까지 그에게 자식이 없으니라(삼하 6:23)

**73.** 선지자 나단(삼하 7:2)

**74.** 집, 왕위, 그-솔로몬(삼하 7:13)

**75.** 영원히, 영원히, 7, 16

**76.** 위대, 귀, 주, 신, 다윗(삼하 7:18-22)

**77.** 여호와, 말씀들, 7, 28

**78.** 다윗, 이기게, 8, 6(14)

**79.** 8:1-14에 기록되어 있음(블레셋, 모압, 소바, 아람, 에돔)

**81.** 므비보셋(삼하 9:6-7)

**82.** 담대, 하나님, 담대히, 행, 10, 12

**83.** 오늘 읽은 말씀 중 가장 좋아하는 성경 구절을 외워 쓰십시오.

# 구약(개역개정판) 성경대학문제 해답

# 12 사무엘하 11-24장, 열왕기상 1-11장

## 사무엘하

**1.** 여인. 딸, 밧세바, 11, 3

**2.** 임신, 다윗, 임신, 그 여인–밧세바 (삼하 11:5)

**3.** 우리아, 언약궤, 야영, 요압, 들, 집, 처(삼하 11:11)

**4.** 우리아, 뒤로, 죽게, 다윗이 요압에게(삼하 11:14–15)

**5.** 활, 왕, 왕, 우리아, 11, 24

**6.** 다윗, 요압, 걱정, 삼키, 이 일–우리아가 죽은 일(삼하 11:25)

**7.** 다윗, 왕궁, 아내, 아들, 다윗, 악, 그 장례–우리아의 장례(삼하 11:27)

**8.** 나단(삼하 12:1–15)

**9.** 우리아, 칼, 너–다윗, 나–여호와(삼하 12:10)

**10.** 다윗, 죄, 다윗, 죄, 죽지, 원수, 아이, 12, 13–14

**11.** 다윗, 다윗, 밤, 늙은, 다윗, 왕, 먹 (삼하 12:16–17)

**12.** 금식, 여호와, 살려, 지금, 금식, 돌아, 그, 돌아(삼하 12:22–23)

**13.** 부–다윗, 모–밧세바(삼하 12:24)

**14.** 군사, 점령, 점령, 이름, 이 성읍–랍바(암몬), 나–요압(삼하 12:26–28)

**15.** 압살롬, 욕, 미워, 압살롬, 13, 22

**16.** 압살롬, 암논, 아들(삼하 13:27)

**17.** 암논(13:28–29), 도망간 곳–그술 왕 달매에게로(삼하 13:37)

**18.** 하나님, 원수, 아들, 여호와, 아들, 14, 11

**19.** 요압이 다윗 왕에게(삼하 14:22), 압살롬을 데려오라는 내용(삼하 14:21, 23)

**20.** 압살롬, 칭찬, 정수리(삼하 14:25)

**21.** 요압, 압살롬, 얼굴, 압살롬, 14, 33

**22.** 재판, 압사롬, 압살롬(삼하 15:6)

**23.** 압살롬, 여호와, 헤브론(삼하 15:7)

**24.** 압살롬, 아히도벨, 청, 압살롬(삼하 15:12)

**25.** 다윗, 압살롬, 15, 13

**26.** 압살롬(삼하 15:14)

**27.** 잇대, 여호와, 왕, 맹세, 왕, 사나, 15, 21

**28.** 울며, 왕, 광야, 15, 23

**29.** 사독, 궤, 여호와, 도로, 궤, 15, 25

**30.** 궤, 도로, 15, 29

**31.** 압살롬, 아히도벨, 아히도벨(삼하 15:31)

**32.** 후새, 압살롬, 15, 37

**33.** 시므이(사울의 친족)(삼하 16:5–6)

**34.** 다윗, 몸, 생명, 베냐민, 명령, 저주, 16, 11

**35.** 원통함, 저주, 선, 16, 12

**36.** 아들, 아버지, 왕, 나–후새, 왕–압살롬(삼하 16:18–19)

**37.** 아히도벨, 만 이천, 오늘, 다윗, 곤, 기습, 함께, 다윗, 17, 1–2

**38.** 후새, 아버지, 용사, 곰, 격분, 전쟁, 17, 8

**39.** 후새(삼하 17:14)

**40.** 아히도벨, 나귀, 고향, 집, 목, 묘, 17, 23

**41.** 백성들, 도망, 마음, 절반, 마음, 만, 성읍, 왕–다윗(삼하 18:3)

**42.** 요압, 명령, 압살롬, 압살롬, 군지휘관, 백성들, 18, 5

**43.** 요압(삼하 18:14)

**44.** 사독, 청, 왕, 원수(삼하 18:19)

**45.** 마음이 심히 아파 우니라(삼하 18:33)

**46.** 미워, 사랑, 지휘관, 멸시, 압살롬, 죽었, 19, 6

**47.** 기름, 압살롬, 도로, 왕–다윗(삼하 19:10)

**48.** 범죄, 요셉, 먼저, 시므이가 다윗 왕에게(삼하 19:18–20)

**49.** 시므이, 죽지, 맹세, 19, 23

**50.** 므비보셋, 왕궁, 전부, 그–시바(삼하 19:29–30)

**51.** 바르실래(삼하 19:33–37)

**52.** 김함, 좋아, 구, 시행, 너–바르실래(삼하 19:38–39)

**53.** 아마사, 칼, 칼, 창자, 다시, 20, 10

**54.** 화평, 이스라엘, 멸, 여호와, 지혜로운 여인이 요압에게(삼하 20:16–19)

**55.** 비그리의 아들 세바(삼하 20:22)

**56.** 삼, 간구, 사울, 집, 기브온, 21, 1

**57.** 학살, 멸, 모해, 일곱, 여호와, 기브아, 목, 21, 5–6

**58.** 리스바(사울의 첩)(삼하 21:10–11)

**59.** 요나단, 셀라, 기스, 왕, 하나님, 기도, 21, 14

**60.** 아비새, 블레셋, 다윗, 왕, 전장, 등불, 21, 17

**61.** 반석, 요새, 건지, 다윗(삼하 22:1–2)

**62.** 환난, 하나님, 소리, 귀, 22, 7

**63.** 원수, 건지, 강, 22, 18

**64.** 여호와, 상, 갚으(삼하 22:21)

**65.** 곤고, 교만, 낮추, 등불, 어둠, 22, 28–29

**66.** 도, 진실, 피, 22, 31

**67.** 구원, 온유(삼하 22:36)

**68.** 다툼, 보전, 으뜸, 백성(삼하 22:44)

**69.** 구원, 기름, 인자, 다윗, 22, 51

**70.** 공의, 경외, 아침, 아침, 광선, 풀, 23, 3–4

**71.** 블레셋, 베들레헴, 다윗, 마시기, 여호와, 23, 16

**72.** 요압, 이스라엘, 팔십만, 오십만, 24, 9

**73.** 다윗, 마음, 다윗, 죄, 여호와, 죄, 미련, 24, 10

**74.** 전염병, 칠만 명(삼하 24:15)

**75.** 천사, 범죄, 양, 주, 집, 24, 17

**76.** 값, 값, 번제, 은, 소, 제단, 여호와, 재앙, 24, 24–25

## 열왕기상

**77.** 처녀, 왕, 왕, 1, 4

**78.** 아도니야(왕상 1:5)

**79.** 다윗, 주, 여종, 솔로몬, 왕위, 아도니야, 나단이 밧세바에게(왕상 1:11–13)

**80.** 하나님, 솔로몬, 왕, 왕위, 오늘, 나–다윗, 너–밧세바(왕상 1:30)

**81.** 여호와, 솔로몬, 다윗, 원, 1, 37

**82.** 솔로몬(왕상 1:39)

**83.** 아도니야, 솔로몬, 1, 43

**84.** 하나님, 왕위, 눈, 나–다윗(왕상 1:48)

**85.** 모세, 무엇, 형통, 다윗이 솔로몬에게(왕상 2:1–3)

**86.** 다윗, 사십, 칠, 예루살렘, 2, 11

**87.** 요압, 의, 이스라엘, 아브넬, 아마사, 2, 32

**88.** 시므이, 여호와, 경고, 밖, 죽임, 나–솔로몬(왕상 2:42)

**89.** 브나야, 시므이, 솔로몬, 2, 46

**90.** 기브온, 솔로몬, 일천, 여호와, 하나님, 구, 3, 4–5

**91.** 마음, 이것–주의 백성을 재판하여 선악을 분별하게 하옵소서(왕상 3:9–10)

**92.** 장수, 부, 원수, 송사, 지혜, 3, 11

**93.** 지혜, 앞, 뒤, 일어남, 3, 12

**94.** 부귀, 평생, 없을(3:13)

**95.** 산, 반, 반, 산, 아들, 왕, 산, 죽, 내, 네, 나누게, 산, 죽이지, 어머니, 3, 25–27

**96.** 군사령관–브나야, 왕의 벗–사붓(왕상 4:4–5)

**97.** 음식물, 삼십, 육십, 열, 스무, 백, 새, 4, 22–23

**98.** 솔로몬, 총명, 마음, 모래, 솔로몬, 지혜, 지혜, 4, 29–30

**99.** 삼천, 천다섯, 백향목, 우슬초, 새,

물고기, 4, 32–33

**100.** 솔로몬, 지혜, 왕들, 4, 34

**101.** 하나님, 태평, 재앙, 나–솔로몬(왕상 5:1–4)

**102.** 너–다윗, 아들–솔로몬, 나–여호와(왕상 5:5)

**103.** 백향목, 히람, 밀, 해, 5, 10–11

**104.** 한, 레바논, 한, 두(5:14)

**105.** 칠만, 팔만, 감독, 삼천삼백, 5, 15–16

**106.** 애굽, 사백팔십, 사, 솔로몬, 성전, 6, 1

**107.** 솔로몬, 성전, 너비, 길이–27.6m, 너비–9.2m, 길이–13.8m(왕상 6:2)

**108.** 성전, 법도, 계명, 다윗, 이룰, 가운데, 이스라엘, 6, 12–13

**109.** 언약궤, 내소, 내소, 너비, 정금(왕상 6:19–20)

**110.** 칠, 6, 38

**111.** 십삼, 준공, 7, 1

**112.** 오른쪽 기둥–야긴,
왼쪽 기둥–보아스(왕상 7:21)

**113.** 성전, 모든, 다윗, 금, 성전, 7, 51

**114.** 언약궤(왕상 8:6)

**115.** 성전, 아들, 성전, 너–다윗(왕상 8:18–19)

**116.** 8, 53

**117.** 땅, 하늘, 용납, 성전(왕상 8:27)

**118.** 하나님, 간구, 주, 기도, 8, 28

**119.** 마음, 행위, 마음(왕상 8:39)

**120.** 눈, 이스라엘, 주(왕상 8:52)

**121.** 희생, 이만, 십이만, 8, 63

**122.** 기도, 간구, 성전, 이름, 마음, 9, 3

**123.** 솔로몬, 이십, 9, 10

**124.** 스무, 두로, 소원, 금(왕상 9:11)

**125.** 솔로몬, 오백오십, 백성, 9, 23

**126.** 스바의 여왕(왕상 10:1)

**127.** 복, 복, 항상, 지혜, 스바의 여왕이 솔로몬에게(왕상 10:8)

**128.** 영원히, 왕, 공의, 10, 9

**129.** 666x34.3/1000=22.8(톤), 한국돈–52,000,000x22,800=1,185,600,000,000(원)(왕상 10:14)

**130.** 솔로몬, 금, 정금, 10, 21

**131.** 왕, 돌, 뽕나무(왕상 10:27)

**132.** 칠백, 삼백, 마음,
왕–솔로몬(왕상 11:3)

**133.** 그의 여인들이 그의 마음을 돌려 다른 신들을 따르게 하였으므로(왕상 11:4)

**134.** 언약, 법도, 나라, 신하, 11, 11

**135.** 하닷, 대적(왕상 11:14)

**136.** 르손, 대적(왕상 11:25)

**137.** 하나님, 나라, 열, 다윗, 예루살렘, 한, 11, 31–32

**138.** 명령, 길, 다윗, 명령, 다윗, 집, 너–여로보암(왕상 11:38)

**139.** 솔로몬, 애굽, 애굽, 솔로몬, 애굽,

11, 40

**140.** 솔로몬, 사십, 솔로몬, 다윗, 르호보암, 11, 42–43

## 구약(개역개정판) 성경대학문제 해답

# 13 열왕기상 12-22장, 열왕기하 1-14장

### 열왕기상

**1.** 아버지, 멍에, 아버지, 고역, 멍에, 왕, 12, 4

**2.** 왕, 섬기, 섬기, 영원히, 솔로몬 왕을 모셨던 노인들(왕상 12:7)

**3.** 멍에, 멍에, 나-르호보암, 너희-백성(왕상 12:12-14)

**4.** 여로보암, 공회, 왕, 유다, 12, 20

**5.** 송아지, 예루살렘,애굽, 신들, 12, 28

**6.** 벧엘과 단(왕상 12:29)

**7.** 손, 그-하나님의 사람, 손-여로보암 왕의 손(왕상 13:1-6)

**8.** 그-하나님의 사람, 죽은 이유-하나님의 말씀을 어긴 죄(왕상 13:24-26)

**9.** 제사장, 누가-여로보암, 받은 벌-그 집이 땅 위에서 끊어져 멸망하게 됨(왕상 13:33-34)

**10.** 다윗, 다윗, 전심, 정직, 이전, 악, 신, 우상, 등, 14, 8-9

**11.** 여로보암, 여로보암, 매인, 끊어, 여로보암(왕상 14:10)

**12.** 여로보암, 버리, 범죄, 14, 16

**13.** 남색, 이스라엘, 국민, 본받아 (왕상 14:24)

**14.** 애굽, 예루살렘, 보물, 솔로몬, 14, 25-26

**15.** 우리아, 정직, 명령, 15, 5

**16.** 다윗, 정직, 남색, 조상들, 어머니, 아세라, 태후, 우상, 불, 15, 11-13

**17.** 나답-여러보암의 아들, 바아사-아히야의 아들(왕상 15:25-28)

**18.** 여로보암, 한, 멸, 아히야, 왕-바아사(왕상 15:28-29)

**19.** 말씀, 예후, 바아사, 여러보암, 악, 행위, 집(왕상 16:7)

**20.** 시므리, 왕궁에 불을 지르고 그 가운데서 죽다.(왕상 16:15-18)

**21.** 아버지-오므리, 아내-이세벨 (왕상 16:29-31)

**22.** 나-여호와, 너-엘리야, 까마귀들이 가져온 것-떡과 고기(왕상 17:2-6)

**23.** 엘리야, 가루, 기름(왕상 17:16)

**24.** 엘리야가 아이의 어머니에게(왕상 17:23)

**25.** 제삼년, 엘리야, 아합, 비, 18, 1

**26.** 선지자들, 백, 떡(왕상 18:4)

**27.** 경외, 당신-엘리야, 종-오바댜(왕상 18:7-12)

**28.** 바알, 아세라, 갈멜, 엘리야가 아합에게(왕상 18:16-19)

**29.** 신, 여호와, 불, 하나님, 옳도다(왕상 18:24)

**30.** 여호와, 응답, 여호와, 마음(왕상 18:37)

**31.** 불, 돌, 도랑 보고, 하나님(왕상 18:38-39)

**32.** 바알, 하나도, 엘리야, 죽(왕상 18:40)

**33.** 아합, 먹고, 비(왕상 18:41)

**34.** 구름, 하늘, 비, 아합, 여호와, 허리, 아합, 18, 45-46

**35.** 엘리야가 로뎀나무 아래에 앉아서(왕상 19:4-12)

**36.** 호렙산(왕상 19:8)

**37.** 엘리사, 선지자, 너-엘리야(왕상 19:16)

**38.** 여호와께서 엘리야에게, 칠천 명-바알에게 무릎을 꿇지 아니하고 다 바알에게 입맞추지 아니한 자(왕상 19:18)

**39.** 엘리사, 소, 소, 고기, 엘리야(왕상 19:21)

**40.** 은금, 아내들, 너-아합, 나-벤하닷(왕상 20:1-3)

**41.** 장로, 듣지도, 왕-아합(왕상 20:8)

**42.** 선지자, 아합, 여호와, 무리, 손, 여호와, 20, 13

**43.** 왕, 왕, 왕, 준비, 왕(왕상 20:22)

**44.** 십만, 아벡, 성벽, 벤하닷, 골방(왕상 20:29-30)

**45.** 성읍, 아람 왕 벤하닷이 이스라엘 왕 아합에게(왕상 20:34)

**46.** 왕, 멸, 손, 목숨, 백성, 20, 42

**47.** 아합, 유산, 금, 21, 3

**48.** 이세벨, 이스라엘, 식사, 마음, 나봇, 21, 7

**49.** 불량자, 마주, 증거, 저주, 돌(왕상 21:10)

**50.** 나봇, 아합, 나봇, 나봇, 나봇(왕상 21:15)

**51.** 나봇, 피, 엘리야가 아합에게(왕상 21:19)

**52.** 재앙, 쓸어, 이스라엘, 멸, 나-여호와, 너 아합(왕상 21:21)

**53.** 이세벨, 개들, 이세벨(왕상 21:23)

**54.** 아합, 악, 이세벨(왕상 21:25)

**55.** 겸비, 재앙, 아들, 재앙, 나-여호와, 너-엘리야(왕상 21:28-29)

**56.** 목자, 여호와, 주인, 집, 22, 17

**57.** 옥, 평안히, 떡, 이 놈-미가야, 나-아합(왕상 22:27)

**58.** 미가야, 평안히, 말씀, 22, 28

**59.** 아람, 삼십이, 작은, 싸우지, 왕(왕상 22:31)

**60.** 전쟁, 왕, 아람, 죽었, 병거(왕상 22:35)

**61.** 병거, 개들, 말씀, 22, 38

**62.** 아사, 남색, 그-여호사밧(왕상 22:46)

**63.** 바알, 이스라엘, 노, 행위, 그의 아버지-아합(왕상 22:51-53)

## 열왕기하

**64.** 엘리야가 이스라엘 사자에게 한 말, 너-아하시야, 왜-에글론의 신 바알세붑에게 물으러 갔기 때문이다(왕하 1:1-4)

**65.** 엘리야, 죽고, 여호람, 1, 17

**66.** 여호와, 영혼, 떠나지, 엘리사가 엘리야에게(왕하 2:2)

**67.** 엘리야, 물, 마른, 목격한 사람-제자 오십 명, 강의 이름-요단 강(왕하 2:7-8)

**68.** 성령, 갑절, 당신-엘리야, 나-엘리사(왕하 2:9)

**69.** 불수레, 엘리야, 하늘, 2, 11

**70.** 아버지, 병거, 2, 12

**71.** 에녹(창세기 5:24), 예수(사도행전 1:9-11)

**72.** 엘리야, 겉옷, 엘리야, 물, 엘리사, 2, 14

**73.** 악, 부모, 아버지, 주상, 그-여호람, 부모-아합과 이세벨(왕하 3:2)

**74.** 엘리사, 여호와, 맹세, 여호사밧, 향, 당신-여호람(왕하 3:14)

**75.** 왕위, 맏아들, 번제, 격노함, 자기-모압 왕(왕하 3:26-27)

**76.** 두, 문, 기름, 4, 4

**77.** 기름, 아들, 그-엘리사, 너-제자들의 아내 중 한 여인(왕하 4:1-7)

**78.** 방, 침상, 우리-수넴 여인과 남편, 그-엘리사(왕하 4:8-10)

**79.** 잉태, 엘리사, 아들, 4, 17

**80.** 어머니, 살아, 영혼, 맹세, 엘리사(왕하 4:30)

**81.** 엘리사(왕하 4:32-35)

**82.** 엘리사(왕하 4:42-44)

**83.** 나아만, 존귀, 아람, 나병환자, 5, 1

**84.** 주인, 선지자, 나병, 5, 3

**85.** 나아만, 일곱, 어린아이, 하나님의 사람-엘리사(왕하 5:14)

**86.** 나아만, 하나님, 앞에, 이스라엘, 신, 예물(왕하 5:15)

**87.** 여호와, 맹세, 받지, 나아만, 거절, 5, 16

**88.** 엘리사의 사환 게하시(왕하 5:27)

**89.** 어디, 나뭇가지, 쇠도끼, 6, 6

**90.** 엘리사, 말씀, 신복 중의 한 사람이 아람 왕에게(왕하 6:12)

**91.** 눈, 불말, 엘리사, 그 청년–엘리사의 사환(왕하 6:17)

**92.** 아람, 엘리사, 눈, 엘리사, 눈, 6, 18

**93.** 칼, 떡, 주인, 그들–아람의 군사들(왕하 6:22)

**94.** 아람, 성중, 은(왕하 6:25)

**95.** 아들, 이튿날, 아들, 아들, 한 여인이 이스라엘 왕에게

**96.** 나병환자들, 이렇게, 아름다운, 침묵, 벌, 왕궁, 7, 9

**97.** 아람, 한, 소리, 나귀, 장막들, 나병환자들이 성읍 문지기에게(왕하 7:10)

**98.** 여인, 엘리사, 게하시(왕하 8:5)

**99.** 아합의 딸–아달랴, 누구의 아내–유다 왕 여호람(왕하 8:18, 26)

**100.** 다윗, 즐겨, 자손, 등불(왕하 8:19)

**101.** 아하시야, 이십이, 일, 아달랴, 오므리, 8, 26

**102.** 예후, 머리, 이스라엘, 기름, 왕, 9, 6

**103.** 이스라엘 왕–요람(왕하 9:24), 유다 왕–아하시야(왕하 9:27)

**104.** 내려, 피, 예후, 그–이세벨(왕하 9:30–33)

**105.** 칠십, 광주리, 예후, 왕자의 아버지–아합(왕하 10:1–7)

**106.** 아합, 다, 귀족, 제사장, 하나도(왕하 10:11)

**107.** 아합, 진멸, 엘리야, 10, 17

**108.** 예후, 정직, 마음, 아합, 자손, 사대, 10, 30

**109.** 아달랴, 왕, 요람, 여호세바, 요아스, 당, 침실, 죽임, 11, 1–2

**110.** 여호야다, 왕관, 왕, 왕, 11, 12

**111.** 즐거워, 아달랴, 칼, 왕, 칠(왕하 11:20–21)

**112.** 요아스, 교훈, 정직히, 산당들, 산당, 12, 2–3

**113.** 요아스, 반역, 밀로, 다윗, 아마샤, 왕, 12, 20–21

**114.** 병거, 이스라엘의 왕 요아스가 엘리사에게(왕하 13:14)

**115.** 장사, 시체, 시체, 회생, 13, 21

**116.** 자녀들, 율법책, 여호와, 자녀, 아버지, 죽, 죄, 14, 6

**117.** 반역, 반역, 죽, 예루살렘, 다윗, 그–유다 왕 아마샤

**118.** 오늘 읽은 말씀 중 가장 좋아하는 성경 구절을 외워 쓰십시오.

# 구약(개역개정판) 성경대학문제 해답

## 14 열왕기하 15-25장, 역대상 1-14장

### 열왕기하

1. 왕-아사랴, 아버지-아마샤, 어머니-여골리야(왕하 15:1-2)
2. 이사랴, 행위, 정직히, 산당, 백성, 분향, 왕, 나병환자, 15, 3-5
3. 살룸, 쳐, 왕, 그-스가랴(왕하 15:10)
4. 베가, 왕궁, 오십, 왕, 왕-베가(왕하 15:25)
5. 웃시야, 호세아, 베가, 왕, 15, 30
6. 이스라엘, 구원, 유다 왕 아하스가 앗수르 왕 디글랏 빌레셀에게(왕하 16:7)
7. 아하스, 은금, 예물, 청, 다메섹, 백성, 르신, 16, 8-9
8. 애굽, 해, 조공, 호세아, 옥, 온, 사마리아, 삼, 17, 4-5
9. 악, 명령, 조상들, 선지자들, 율법, 17, 13
10. 여호와, 노, 제거, 유다(왕하 17:18)
11. 선지자, 이스라엘, 이스라엘, 사로(왕하 17:23)
12. 바벨론, 구다(왕하 17:24)
13. 앗수르, 호세아(왕하 17:5-6)
14. 경외, 민족, 신들, 그들-사마리아에 옮겨 온 이방 민족들(왕하 17:24-33)
15. 경외, 원수, 듣지, 풍속, 17, 39-40
16. 여러 산당들을 제거함, 아세라 목상을 찍다(왕하 18:3-8)
17. 형통, 그-히스기야(왕하 18:7)
18. 아람, 백성, 유다, 당신-랍사게(앗수르 왕의 부하)(왕하 18:17-26)
19. 영, 소문, 본국, 본국, 칼, 나-여호와, 그-산헤립(앗수르 왕)(왕하 19:7)
20. 기도, 그룹들, 하나님, 하나님, 천지, 19, 15
21. 유다, 남은, 뿌리, 열매, 19, 30
22. 다윗, 구원(왕하 19:34)
23. 사자, 십팔만, 송장, 19, 35
24. 아드람멜렉과 사레셀이 그를 칼로 쳐죽이다(왕하 19:36-37)
25. 이사야(왕하 19:1-2, 20:1)
26. 낯, 기도, 진실, 주, 기억, 통곡,

20, 2–3

**27.** 기도, 눈물, 낫, 삼, 성전, 십오, 나–여호와, 너–히스기야(왕하 20:5–6)

**28.** 해시계 위에 나아갔던 해 그림자를 십도 뒤로 물러가게 하심(왕하 20:11)

**29.** 실책–그들에게 보물고와 무기고와 창고의 모든 것을 보여줌(왕하 20:13)

받을 벌–

1) 보여준 것들이 모두 바벨론으로 옮겨짐.

2) 아들 중에서 사로잡혀 바벨론 왕궁의 환관이 되리라(왕하 20:16–18)

**30.** 므낫세(20:21), 악한 왕(21:2–7), 오십오 년간(왕하 21:1)

**31.** 범죄, 악, 피, 예루살렘, 21, 16

**32.** 요시야는 히스기야의 증손자(히스기야–므낫세–아몬–요시야)(왕하 20:21, 21:18,26), 선한 왕(왕하 22:2)

**33.** 율법책, 나–대제사장 힐기야(왕하 22:8)

**34.** 책, 책, 모든, 여호와, 진노, 22, 13

**35.** 언약, 뜻, 순종, 책, 언약, 언약, 왕–요시야(왕하 23:3)

**36.** 범죄, 벧엘, 왕, 가루, 이세라(왕하 23:15)

**37.** 사사, 이스라엘, 유다, 유월절, 요시야, 유월절, 23, 22–23

**38.** 요시야, 뜻, 모세, 요시야, 23, 25

**39.** 요시야, 앗수르, 요시야, 요시야, 죽인, 23, 29

**40.** 여호아하스(왕하 23:30), 여호야김(왕하 23:34), 시드기야(왕하 24:17)

**41.** 무죄, 예루살렘, 사, 그–므낫세(왕하 24:3–4)

**42.** 성전, 보물, 솔로몬, 금, 말씀, 그–바벨론의 왕 느부갓네살(왕하 24:13)

**43.** 바벨론, 맛다니야, 시드기야, 24, 17

**44.** 눈앞, 눈, 바벨론, 25, 7

**45.** 신복, 성전, 모든, 25, 8–9

**46.** 비천, 포도원, 농부(왕하 25:12)

**47.** 유다, 바벨론, 왕, 그달리야(왕하 25:22)

**48.** 그달리야, 군사들, 갈대아, 바벨론, 평안, 25, 24

**49.** 대략 55세 때

**50.** 날마다, 종신, 그–여호야긴, 왕–에윌므로닥(바벨론의 왕)(왕하 25:30)

## 역대상

**51.** 고멜, 마곡 등(대상 1:5)

**52.** 구스, 가나안 등(대상 1:8)

**53.** 엘람, 아르박삿 등(대상 1:17)

**54.** 이삭, 이스마엘(대상 1:28)

**55.** 열두 명, 장자–느바욧, 막내–게드마(대상1:29–31)

**56.** 부 – 아브라함, 모 – 그두라(대상

1:32)

**57.** 에서, 이스라엘(대상 1:34)

**58.** 열두 명(대상 2:1–2)

**59.** 맏아들–엘리압,
막내–다윗(대상 2:13–15)

**60.** 다윗의 자매(누이), 세 아들–아비새, 요압, 아사헬(대상 2:15–16)

**61.** 19명, 헤브론에서 낳은 아들–암논, 압살롬, 아도니야 등(3:1–2), 예루살렘에서 낳은 아들–시므아, 소밥, 솔로몬 등(대상 3:5)

**62.** 베레스, 헤스론 등(대상 4:1)

**63.** 하나님, 주, 복, 지역, 손, 환난, 근심, 구, 4, 10

**64.** 요셉, 그의 아버지의 침상을 더럽혔으므로(대상 5:1–2)

**65.** 게르손, 그핫, 므라리(대상 6:1, 16)

**66.** 아론, 모세, 미리암(대상 6:3)

**67.** 나답, 아비후, 엘르아살, 이다말(대상 6:3하)

**68.** 에브라임(대상 7:20–27)

**69.** 아버지–기스, 아들들–요나단, 말기수아, 아비나답, 에스바알(대상 8:33)

**70.** 유다가 범죄함으로 말미암아(대상 9:1)

**71.** 성전, 성전, 아침, 9, 27

**72.** 범죄, 10, 13

**73.** 다윗, 그–사울(대상 10:14)

**74.** 함께, 강성, 11, 9

**75.** 밭, 블레셋, 구원, 그–엘르아살(도도의 아들)(대상 11:12–14)

**76.** 브나야, 모압, 함정, 사자(대상 11:22)

**77.** 브나야(여호야다의 아들)
(대상 11:24–25)

**78.** 평화, 마음, 하나, 대적, 불의함, 하나님, 책망(대상 12:17)

**79.** 평안, 평안, 하나님, 도우,
아마새가 다윗에게(대상 12:18)

**80.** 다윗, 군대, 군대, 12, 22

**81.** 궤, 다윗(대상 13:1–3)

**82.** 궤, 가족, 석, 여호와, 집, 복, 13, 14

**83.** 이스라엘, 이스라엘, 높이(대상 14:2)

**84.** 걸음, 하나님, 블레셋(대상 14:15)

**85.** 명성, 여호와, 민족, 14, 17

**86.** 오늘 읽은 말씀 중 가장 좋아하는 성경 구절을 외워 쓰십시오.

구약(개역개정판) 성경대학문제 해답

# 15 역대상 15-29장, 역대하 1-10장

## 역대상

**1.** 레위, 궤, 여호와, 궤, 섬, 15, 2

**2.** 메지, 여호와, 찢, 규례(대상 15:13)

**3.** 헤만, 아삽(대상 15:19)

**4.** 언약궤, 도우, 일곱, 제사(대상 15:26)

**5.** 언약궤, 미갈, 다윗, 마음, 15, 29

**6.** 감사, 행, 알릴(대상 16:8)

**7.** 기름, 손, 해(대상 16:22)

**8.** 여호와, 선포(대상 16:23)

**9.** 신, 하늘(대상 16:26)

**10.** 이름, 제물, 아름답고, 경배(대상 16:29)

**11.** 감사, 선, 인자, 16, 34

**12.** 아침, 번제, 율법, 명령, 16, 40

**13.** 다윗, 함께, 모두, 17, 2

**14.** 양, 백성, 주권자, 함께, 대적, 존귀, 이름, 나–여호와, 너–다윗(대상 17:7–8)

**15.** 생명, 조상들, 씨, 아들, 견고, 집, 왕위(대상 17:11–12)

**16.** 귀, 하나님, 다윗(대상 17:20)

**17.** 복, 복, 17, 27

**18.** 다메섹, 아람, 조공, 여호와, 18, 6

**19.** 아비새, 만(대상 18:12)

**20.** 이스라엘, 공의, 요압, 여호사밧, 사독, 아비멜렉, 18, 14–16

**21.** 브나야, 다윗, 우두머리, 18, 17

**22.** 암몬과 아람

**23.** 다윗, 수염, 볼기(대상 19:4), 하눈은 암몬 왕(대상 19:1–2)

**24.** 이스라엘, 다윗, 아람, 돕기(대상 19:19)

**25.** 보석, 금, 머리(대상 20:2), 그 왕–암몬 왕(대상 20:1–2)

**26.** 가드, 다윗, 다(대상 20:8)

**27.** 사탄, 다윗, 계수, 21, 1

**28.** 주, 명령, 범죄, 요압이 다윗에게(대상 21:3), 이 일–이스라엘을 계수하는 일(백성의 수효를 세는 일)

**29.** 다윗, 일, 죄, 죄, 미련(대상 21:8)

**30.** 전염병, 칠만(대상 21:14)

**31.** 범죄, 양 떼, 하나님, 나, 백성, 21, 17, 나-다윗

**32.** 다윗, 타작, 값, 제단, 전염병(대상 21:22)

**33.** 다윗, 그렇지, 값, 여호와, 빼앗지, 번제, 21, 24

**34.** 솔로몬, 여호와, 성전, 영광, 준비, 죽기(대상 22:5)

**35.** 피, 성전, 너-다윗, 너-여호와(대상 22:8)

**36.** 이름, 아들, 왕위, 영원, 그-솔로몬, 나-여호와(대상 22:10)

**37.** 지혜, 이스라엘, 율법, 원, 다윗이 솔로몬에게(대상 22:12)

**38.** 여호와, 십만, 백만, 많이, 재목, 장인, 석수, 익숙, 22, 14-15

**39.** 성전, 언약궤, 기물, 이름, 성전(대상 22:19), 다윗이 이스라엘 모든 방백에게(대상 22:17)

**40.** 삼십, 삼만, 이만, 성전, 육천, 재판관, 문지기, 찬송, 악기, 23, 3-5

**41.** 모세, 구별, 영원, 여호와, 이름(대상 23:13)

**42.** 아침, 감사, 23, 30

**43.** 아론, 엘르아살, 아버지, 엘르아살, 24, 1-2

**44.** 찬송, 이백팔십팔, 25, 7

**45.** 사무엘, 사울, 아브넬, 요압, 성물, 지휘, 26, 28

**46.** 이십, 다윗, 여호와, 하늘, 27, 23

**47.** 아히도벨, 후새, 다윗(대상 27:33)

**48.** 피, 성전, 너-다윗, 나-하나님(대상 28:3)

**49.** 솔로몬, 성전, 뜰, 아들, 아버지, 28, 6

**50.** 여호와, 성전, 힘써(대상 28:10)

**51.** 손, 설계(대상 28:19)

**52.** 강, 두려워, 너-솔로몬, 이 일-성전 건축하는 일(대상 28:20)

**53.** 성전, 금, 성전, 삼천, 칠천, 나-다윗(대상 29:3-4)

**54.** 자원, 성심, 다윗(대상 29:9)

**55.** 백성, 마음, 주, 손, 뿐(대상 29:14)

**56.** 솔로몬, 계명, 일, 준비, 건축(대상 29:19)

**57.** 부, 솔로몬, 29, 28

## 역대하

**58.** 여호와, 솔로몬, 천, 1, 6

**59.** 날, 솔로몬, 무엇(대하 1:7)

**60.** 지혜, 출입, 백성(대하 1:10)

**61.** 지혜, 재물, 왕들, 후, 1, 12

**62.** 은금, 백향목, 1, 15

**63.** 성전, 궁궐, 2, 1

**64.** 성전, 신들, 나-솔로몬(대하 2:5)

**65.** 솔로몬, 사랑, 왕(대하 2:11)

**66.** 레바논, 벌목, 욥바, 예루살렘, 솔로몬(대하 2:16)

67. 예루살렘 모리아 산(대하 3:1)

68. 600x34.3kg
=20,580kg=20.58t(대하 3:8)

69. 솥, 대접, 솔로몬, 성전(대하 4:11)

70. 본전 지성소 그룹들의 날개 아래(대하 5:7)

71. 돌판, 이스라엘, 언약, 모세, 5, 10

72. 선, 영원히, 구름, 5, 13

73. 성전, 영원히, 6, 2

74. 천지, 신, 마음, 종들, 은혜(대하 6:14)

75. 사람, 하늘, 용납, 성전(대하 6:18)

76. 기도, 종, 기도, 솔로몬(대하 6:19)

77. 한, 이스라엘, 재앙, 성전, 간구, 하늘, 마음, 행위, 마음, 6, 29–30

78. 하나님, 기도, 귀, 6, 40

79. 42

80. 불, 번제물, 영광, 7, 1

81. 이만 이천, 십이만, 전, 7, 5

82. 이름, 악, 기도, 하늘, 죄, 땅, 7, 14

83. 왕위, 다윗, 다스릴, 나–여호와, 너–솔로몬(대하 7:18)

84. 이십 년(대하 8:1)

85. 모세, 안식일, 세, 무교절, 칠칠절, 초막절, 8, 13

86. 솔로몬, 솔로몬, 못한(대하 9:2), 그–스바 여왕(대하 9:1–2)

87. 복, 복, 항상, 지혜, 스바 여왕이 솔로몬에게(대하 9:7)

88. 한화: 666x34.3x48,000,000원
= 1,096,502,400,000원
미화: 666x34.3x$45,000.00
= $1,027,971,000.00(대하 9:13)

89. 금, 순금(대하 9:20)

90. 재산, 지혜, 큰(대하 9:22)

91. 사십 년(대하 9:30)

92. 솔로몬의 아들로 왕이 된 사람(대하 9:31)

93. 왕, 후대, 선, 왕(대하 10:7), 그들–솔로몬을 모셨던 원로들(대하 10:6)

94. 가죽, 전갈, 르호보암 왕과 함께 자라난 젊은 신하들이 왕에게(대하 10:10–11)

95. 온 이스라엘이 왕에게(대하 10:16)

98. 오늘 읽은 말씀 중 가장 좋아하는 성구를 외워 쓰십시오.

## 구약(개역개정판) 성경대학문제 해답

# 16 역대하 11-36장

**1.** 삼, 솔로몬, 강성, 삼, 솔로몬, 11, 17

**2.** 열여덟, 스물여덟, 예순, 마아가, 아비야, 11, 21–22

**3.** 르호보암, 율법, 본, 범죄, 시삭, 12, 1–2

**4.** 왕, 겸비, 의(대하 12:6)

**5.** 겸비, 선, 노, 멸(대하 12:12)

**6.** 악, 여호와, 굳게, 12, 14

**7.** 부–르호보암, 모–미가야, 친할아버지–솔로몬, 외할아버지–우리엘(대하 13:1–2)

**8.** 이스라엘, 하나님, 형통, 13, 12

**9.** 유다 자손이 이김, 조상들의 하나님 여호와를 의지하였기 때문(대하 13:17–18)

**10.** (1) 이방 제단과 산당을 없앰. (2) 조상들의 하나님 여호와를 찾게 하며 그의 율법과 명령을 행하게 함(대하 14:2–5)

**11.** 하나님, 주, 구스, 구스, 14, 11–12

**12.** 함께, 함께, 찾으면, 만나게, 버리면, 버리(대하 15:2)

**13.** 강, 약, 상급, 15, 7

**14.** 아사, 함께, 아사(대하 15:9)

**15.** 마아가, 목상, 태후, 우상, 불, 15, 16

**16.** 아람 왕 벤하닷에게(대하 16:1–2)

**17.** 아사, 아람, 여호와, 아람(대하 16:7)

**18.** 눈, 진심, 능력, 망령, 전쟁, 16, 9

**19.** 발, 병, 여호와, 의원들, 그–아사(대하 16:12)

**20.** 전심, 아세라, 그–여호사밧(대하 17:6)

**21.** 율법책, 유다, 백성들, 17, 9

**22.** 모든, 여호사밧, 블레셋, 여호사밧, 은, 아라비아, 칠천칠백, 17, 10–11

**23.** 여호사밧, 아합, 인척, 18, 1

**24.** 진실, 아합 왕이 선지자 미가야에게(대하 18:15)

**25.** 옥, 평안히, 떡, 왕–아합, 이 놈–선지자 미가야(대하 18:25–26)

**26.** 미가야, 평안히, 여호와, 18, 27

**27.** 전쟁, 왕, 저녁, 해, 아합(대하 18:34)

**28.** 예후, 여호사밧, 악, 미워, 옳, 진노,

19, 2

**29.** 선, 아세라, 마음, 예후(대하 19:3)

**30.** 예루살렘, 민간, 하나님(대하 19:4)

**31.** 재판관들, 재판, 여호와, 살, 여호와(대하 19:6)

**32.** 진실, 경외, 19, 9

**33.** 여호와, 금식, 20, 3

**34.** 재앙, 전염병, 이름, 성전, 환난, 구원, 여호사밧(대하 20:9)

**35.** 큰, 능력, 주(대하 20:12)

**36.** 큰, 놀, 전쟁, 하나님, 야하시엘(대하 20:15)

**37.** 견고히, 형통, 여호사밧(대하 20:20)

**38.** 찬송, 복병, 암몬, 세일, 패 (대하 20:22)

**39.** 유다, 여호사밧, 돌아, 적군(대하 20:27)

**40.** 태평, 사방, 평강, 20, 30

**41.** 여호람, 세력, 아우들, 사람, 21, 4

**42.** 이스라엘, 아합, 아합, 아내, 악, 다윗, 다윗, 다윗, 등불(대하 21:6–7)

**43.** 이스라엘, 유다, 음행, 음행, 착한, 자녀들, 재물, 21, 13–14

**44.** 여호람(대하 21:20)

**45.** 모친–아달랴(아합의 딸), 외할아버지–아합(대하 21:6, 22:2)

**46.** 할머니와 손자(대하 22:10–11)

**47.** 면류관, 왕, 기름, 왕, 요아스(대하 23:11)

**48.** 비참하게 살해당함(대하 23:12–15)

**49.** 백성, 여호와, 바알, 제단들, 바알, 23, 16–17

**50.** 요아스, 칠, 사십, 24, 1

**51.** 다윗, 장사, 하나님, 선(대하 24:16)

**52.** 하나님, 아세라, 죄, 예루살렘, 24, 18

**53.** 스가랴(제사장 여호야다의 아들) (대하 24:20–22)

**54.** 아람, 여호와, 유다, 하나님, 요아스(대하 24:24)

**55.** 요아스, 적군, 신하들, 피, 침상, 24, 25

**56.** 정직, 온전, 25, 2

**57.** 부왕, 자녀들, 모세, 여호와, 자녀, 아버지, 자녀, 죄(대하 25:3–4)

**58.** 아마샤, 백성, 세일, 만, 만, 바위, 몸(대하 25:11–12)

**59.** 아마샤, 예루사렘, 반역, 도망, 라기스, 죽(대하 25:27)

**60.** 웃시야, 십육, 오십이, 26, 3

**61.** 웃시야, 행위, 정직, 묵시, 하나님, 형통(대하 26:4–5)

**62.** 무기, 화살, 큰 돌, 이름, 강성, 그–웃시야(대하 26:14–15)

**63.** 강성, 악, 범죄, 향단(대하 26:16)

**64.** 여호와, 왕, 구별, 제사장들, 범죄, 영광(대하 26:18)

**65.** 향로, 화, 화, 제사장들, 나병(대하 26:19)

**66.** 죽, 여호와, 별궁, 왕궁, 26, 21

**67.** 요담, 행위, 정직, 성전, 백성, 27, 2

**68.** 요담, 바른, 강, 27, 6

**69.** 아하스, 이십, 십육, 다윗, 정직, 28, 1

**70.** 아람, 쳐서, 다메섹, 이스라엘, 살육(대하 28:5)

**71.** 이스라엘, 아내, 이십만, 사마리아(대하 28:8)

**72.** 형제, 포로, 진노, 나-선지자 오뎃(대하 28:11)

**73.** 포로, 못, 허물, 허물, 허물, 이스라엘(대하 28:13)

**74.** 다메섹, 아람, 신, 돕, 신, 망, 28, 23

**75.** 히스기야, 다윗, 정직, 29, 2

**76.** 레위, 성결, 여호와, 성결, 성소, 히스기야(대하 29:5)

**77.** 여호와, 택, 분향, 히스기야가 레위 사람들에게(대하 29:11)

**78.** 레위, 다윗, 나단, 수금, 여호와, 명령(대하 29:25)

**79.** 히스기야, 레위, 다윗, 여호와, 찬송, 예배, 29, 30

**80.** 히스기야, 에브라임, 예루살렘, 하나님, 유월절, 30, 1

**81.** 목, 여호와, 전, 진노(대하 30:8)

**82.** 여호와, 자녀, 자비(대하 30:9)

**83.** 조상들, 구, 성소, 사, 히스기야, 고치, 30, 19-20

**84.** 제사장들, 축복, 기도, 하늘(대하 30:27)

**85.** 유다, 아세라, 유다, 산당들, 이스라엘, 기업, 31, 1

**86.** 아사랴, 예물, 만족, 여호와, 복, 그-히스기야(대하 31:9-10)

**87.** 하나님, 선, 진실, 행, 수종, 계명, 마음, 31, 20-21

**88.** 마음, 앗수르, 두려, 함께, 함께, 함께, 함께, 여호와, 도우, 싸우, 히스기야, 안심, 32, 7-8

**89.** 히스기야, 이사야, 기도, 천사, 진영, 멸, 낯, 고국, 신, 몸, 칼, 32, 20-21

**90.** 예물, 여호와, 히스기야, 히스기야, 존귀(대하 32:23)

**91.** 교만, 주민들, 진노, 내리지(대하 32:26)

**92.** 히스기야(대하 32:33)

**93.** 므낫세, 십이, 오십오, 33, 1

**94.** 히스기야, 바알들, 아세라, 일월성신, 그-므낫세(대하 33:3)

**95.** 므낫세, 악, 자손, 나라(대하 33:9)

**96.** 앗수르, 므나세, 바벨론(대하 33:11)

**97.** 기도, 기도, 간구, 왕위, 므낫세, 하나님(대상 33:13)

**98.** 아몬, 이십이, 이, 33, 21

**99.** 요시야, 팔, 삼십일, 정직, 다윗, 치우, 34, 1-2

**100.** 율법책, 책(대하 34:15)

**101.** 유다, 책, 조상들, 책, 준행, 여호와, 진노, 34, 21

**102.** 겸손, 통곡, 34, 27

**103.** 왕, 여호와, 마음, 여호와, 계명, 책(대하 34:31)

**104.** 요시야, 유월절, 유월절, 35, 1

**105.** 사무엘, 유월절, 왕들, 레위, 예루살렘, 유월절(대하 35:18)

**106.** 왕위(대하 35:19), 이십육 세 때 (8+18=26)

**107.** 병거, 병거, 죽, 유다, 요시야, 35, 24

**108.** 여호야김, 이십오, 십일, 악, 36, 5

**109.** 시드기야, 이십일, 십일, 여호와, 예레미야, 겸손, 36, 11–12

**110.** 전, 성벽, 궁실, 그릇들, 바벨론, 갈대아, 노예, 바사국(대하 36:19–20)

**111.** 시드기야, 바벨론, 예레미야(대하 36:11–21)

**112.** 고레스, 여호와, 명령, 성전, 백성, 하나님, 36, 23

**113.** 오늘 읽은 말씀 중 가장 좋아하는 성경구절을 외워 쓰십시오.

## 구약(개역개정판) 성경대학문제 해답

# 17 에스라 1-10장, 느헤미야 1-13장, 에스더 1-10장

### 에스라

**1.** 신, 백성, 예루살렘, 성전(스 1:3), 바사 왕 고레스(스 1:2)

**2.** 백성, 그곳, 금, 짐승, 예루살렘, 성전, 1, 4

**3.** 고레스, 성전, 예루살렘, 신들(스 1:7)

**4.** 유다 총독(스 1:8), 예루살렘(스 1:7-11)

**5.** 오천사백, 바벨론, 세스바살, 1, 11

**6.** 느부갓네살, 바벨론, 예루살렘(스 2:1), 사만 이천삼백육십 명(스 2:64)

**7.** 스알디엘의 아들로 요셉의 조상(스 3:2, 마 1:12-16)

**8.** 제사장들, 성전, 성전, 대성통곡, 기쁨, 3, 12

**9.** 고레스, 이스라엘, 건축, 4, 3

**10.** 명령, 공사, 건축, 조서, 4, 21

**11.** 스룹바벨, 예수아, 성전, 하나님, 돕, 5, 2

**12.** 유다, 성전 건축하는 공사(스 5:2-5)

**13.** 종, 성전, 5, 11

**14.** 바벨론, 조서, 성전, 5, 13

**15.** 바벨론, 조사, 조서, 예루살렘(스 5:17), 왕은 다리오(스 5:6, 6:1)

**16.** 조서, 성전, 유다, 왕, 세금, 경비, 멈추지(스 6:8), 나-다리오(스 6:1, 12)

**17.** 변조, 성전, 이름, 하나님, 다리오, 6, 12

**18.** 유다, 학개, 권면, 형통, 명령, 조서, 다리오, 성전, 6, 14-15

**19.** 율법, 율례, 결심, 7, 10

**20.** 왕, 율법, 제사장, 조서, 이스라엘, 예루살렘, 함께, 7, 12-13

**21.** 성전, 드리, 궁중(스 7:20), 너-에스라(스 7:13)

**22.** 에스라, 지혜, 율법, 재판관, 재판, 가르(스 7:25)

**23.** 하나님, 준행, 죄, 귀양, 옥(스 7:26)

**24.** 손, 힘, 우두머리들(스 7:28), 나-에스라

**25.** 금식, 겸비, 아이, 평탄, 8, 21

**26.** 금식, 응낙(스 8:23)

**27.** 예루살렘, 손, 대적, 손, 8, 31

28. 노예, 종살이, 바사, 불쌍히, 성전, 수리, 울타리, 9, 9

29. 의, 피, 범죄, 주, 서지, 9, 15

30. 교훈, 명령, 가르침, 소생, 언약, 율법, 10, 3

31. 에스라, 범죄, 죄, 조상들, 죄, 뜻, 여인(스 10:10–11)

32. 당신-에스라, 그 지방 사람들과 이방 여인을 끊어 버리는 일(스 10:10–12)

33. 손, 아내, 죄, 속건제, 10, 19

## 느헤미야

34. 여호와, 사랑, 계명, 언약, 긍휼(느 1:5), 느헤미야(느 1:1–5)

35. 종들, 기도, 범죄, 귀, 눈, 기도, 1, 6

36. 계명, 하늘, 이름(느 1:9)

37. 나-느헤미야, 왕-아닥사스다(느 1:11, 1)

38. 은혜, 유다, 성읍, 건축, 2, 5

39. 수치(느 2:17), 느헤미야

40. 엘리아십, 양문, 성벽, 3, 1

41. 하나님, 업신, 욕, 머리, 이방, 4, 4

42. 두려워, 주, 자녀, 집(느 4:14), 느헤미야

43. 건축, 일, 병기, 건축, 칼, 나팔, 4, 17–18

44. 하나님, 4, 20

45. 형제들, 파수, 옷, 물, 병기(느 4:23)

46. 소행, 대적, 비방, 경외, 5, 9

47. 형제, 돈, 꾸어, 이자, 5, 10

48. 총독, 왕, 십이, 녹(느 5:14)

49. 백성, 기억, 은혜(느 5:19), 나-느헤미야

50. 산발랏, 오라, 서로, 해(느 6:2), 나-느헤미야

51. 6, 9

52. 하나님, 도비야, 예언(느 6:12), 그-스마야(느 6:10)

53. 오십이, 대적, 낙담, 역사, 6, 15–16

54. 하나니, 예루살렘, 충성, 경외함, 7, 2

55. 느부갓네살, 놓임, 유다, 성읍(느 7:6)

56. 사만, 7, 66

57. 에스라, 책, 백성, 에스라, 송축, 아멘, 몸, 경배, 8, 5–6

58. 율법책, 해석, 깨닫게, 우는, 에스라, 레위 사람들, 오늘, 성일, 울지(느 8:8–9)

59. 근심, 기뻐, 힘, 느헤미야(느 8:10)

60. 초막, 여호수아, 이스라엘, 기뻐, 에스라, 율법책, 여덟, 성회, 8, 17–18

61. 여호와, 일월, 만물, 모든, 천군, 9, 6

62. 바다, 바다, 통과, 물, 물, 구름, 불, 길, 9, 11–12

63. 용서, 은혜, 긍휼, 노, 인자, 버리지,

9, 17

**64.** 사십, 부족함, 옷, 발, 9, 21

**65.** 참, 선지자들, 경계, 열방, 긍휼, 멸, 버리지, 은혜, 하나님, 9, 30-31

**66.** 공의, 악, 진실(느 9:33)

**67.** 복, 기름, 주, 악행, 종, 조상들, 열매, 소산, 종, 9, 35-36

**68.** 안식일, 팔, 안식일, 사지, 땅, 빚, 10, 31

**69.** 예루살렘, 제비, 예루살렘, 성읍, 11, 1

**70.** 자원, 복(느 11:2)

**71.** 봉헌, 레위, 감사, 비파, 봉헌식 (느 12:27)

**72.** 제사장들, 율법, 십일조, 곳간, 제사장들, 즐거워, 12, 44

**73.** 양식, 영접, 발람, 저주, 하나님, 복, 그들-모압 사람과 암몬 사람 (느 13:1-2)

**74.** 엘리아십, 하나님, 악, 13, 7

**75.** 도비야, 내어, 방, 전, 다시, 13, 8-9

**76.** 장사꾼들, 예루살렘, 경계, 성, 잡으, 안식일, 13, 20-21

**77.** 레위, 정결, 안식일, 하나님, 기억, 은혜, 13, 22

**78.** 이방, 악, 범죄, 13, 27

**79.** 기억, 13, 31

## 에스더

**80.** 인도, 백이십칠, 1, 1

**81.** 백팔십, 부함(에 1:4)

**82.** 와스디, 왕후, 여인들, 남편(에 1:17)

**83.** 므무간이 왕과 지방관들에게, 그-와스디

**84.** 수산, 모르드개, 기스, 시므이, 2, 5

**85.** 에스더, 곱고, 모르드개(에 2:7)

**86.** 아하수에로, 유다 나라 베냐민 지파(에 2:5, 16-17)

**87.** 모르드개, 모르드개, 아하수에로, 모르드개, 3, 6

**88.** 조서, 지방, 하루, 젊은이, 죽, 재산, 3, 13

**89.** 조서, 유다인, 금식, 베, 4, 3

**90.** 유다인, 조서, 에스더, 왕, 민족, 4, 8

**91.** 잠잠, 유다인, 구원, 멸망, 왕후, 위함, 너-에스더(에 4:14)

**92.** 에스더가 모르드개에게(에 4:15-16).

**93.** 에스더, 요구, 절반, 5, 3

**94.** 아내, 높이, 모르드개, 잔치, 오십 규빗=50x46cm=23m(에 5:14)

**95.** 문, 내시, 아하수에로, 모르드개, 6, 2

**96.** 하만, 모르드개, 성, 반포, 존귀, 사람, 6, 11

**97.** 에스더, 하만, 하만, 두려워, 7, 6

**98.** 하만(에 7:10)

**99.** 모르드개, 왕, 모르드개, 하만, 모르드개, 8, 1-2

**100.** 조서, 하만, 유다인, 조서, 왕후 에스더가 아하수에로 왕에게(에 8:5)

**101.** 어명, 유다인들, 명절, 8, 17

**102.** 존귀, 명성, 9, 4

**103.** 손자, 열, 재산(에 9:10)

**104.** 대대로, 부림일, 폐, 후손들, 9, 28

**105.** 모르드개, 다음, 존경, 사랑, 이익, 안위, 10, 3

**106.** 오늘 읽은 말씀 중 가장 좋아하는 성구를 외워 쓰십시오.

# 구약(개역개정판) 성경대학문제 해답

# 18 이사야 1-33장

**1.** 하늘이여, 귀, 자식, 거역(사 1:2), 자식-유다와 예루살렘(사 1:1)

**2.** 소, 나귀, 이스라엘, 백성, 1, 3

**3.** 여호와, 생존자, 소돔(사 1:9)

**4.** 여호와, 죄, 눈, 진홍, 양털, 1, 18

**5.** 정의, 공의, 패역한, 패망, 멸망, 1, 27-28

**6.** 눈, 교만, 높임(사 2:11)

**7.** 인생, 호흡, 2, 22

**8.** 유다, 언어, 영광, 3, 8

**9.** 복, 열매, 3, 10

**10.** 시온, 예루살렘, 예루살렘, 거룩, 4, 3

**11.** 땅, 포도나무, 망대, 술틀, 들포도, 5, 2

**12.** 이스라엘, 유다, 정의, 공의(사 5:7)

**13.** 정의, 공의, 5, 16

**14.** 악, 선, 광명, 흑암, 단, 쓴, 화, 5, 20

**15.** 화, 입술, 입술, 여호와, 6, 5

**16.** 목소리, 보내며, 여기, 나-이사야(사 6:8)

**17.** 십분, 황폐, 그루터기, 그루터기, 6, 13

**18.** 웃시야, 아하스, 르신, 베가, 예루살렘, 7, 1

**19.** 징조, 처녀, 아들(사 7:14), 예수의 이름, "하나님이 우리와 함께 계시다"(마 1:20-23)

**20.** 아내, 아들, 이름, 8, 3

**21.** 계획, 말, 하나님(사 8:10)

**22.** 여호와, 두려워, 8, 13

**23.** 말씀, 말씀, 아침, 8, 20

**24.** 빛, 빛, 9, 2

**25.** 아기, 아들, 정사, 하나님, 왕, 9, 6

**26.** 인도, 인도, 멸망(사 9:16)

**27.** 화, 막대기, 분노, 10, 5

**28.** 사마리아, 예루살렘, 10, 11

**29.** 일, 앗수르, 열매, 자랑(사 10:12)

**30.** 도끼, 톱, 막대기, 몽둥이, 10, 15

**31.** 남은, 하나님(사 10:21)

**32.** 분, 진노(사 10:25)

**33.** 짐, 멍에, 멍에, 10, 27

**34.** 이새, 뿌리, 결실, 여호와, 총명, 재능, 여호와, 강림, 11, 1–2

**35.** 양, 염소, 사자, 아이, 곰, 새끼, 소, 아이, 아이, 손, 11, 6–8

**36.** 모든, 상함, 바다, 지식, 11, 9

**37.** 싹, 열방, 영화(사 11:10), 이새–다윗의 아버지

**38.** 남아, 남은, 길, 애굽, 11, 16

**39.** 구원, 두려움, 힘, 구원, 12, 2

**40.** 여호와, 이름, 선포, 이름, 12, 4

**41.** 애곡, 날, 멸망(사 13:6), 너희–바벨론(사 13:1)

**42.** 악, 교만, 강포, 13, 11

**43.** 영광, 노리개, 고모라, 13, 19

**44.** 민족들, 본토, 여호와, 노비, 사로, 주관, 14, 2

**45.** 몽둥이, 규(사 14:5)

**46.** 계명성, 열국, 땅, 마음, 하나님, 높이, 집회, 구름, 같아, 스올, 밑, 14, 12–15

**47.** 여호와, 생각, 경영, 14, 24

**48.** 경영, 폐, 누가, 14, 27

**49.** 하룻밤, 황폐, 황폐, 15, 1

**50.** 다윗, 왕위, 충실함, 공의, 16, 5

**51.** 여호와, 품꾼, 삼, 능욕, 16, 14

**52.** 에브라임, 남은, 영광, 여호와, 17, 3

**53.** 지으신, 거룩, 17, 7

**54.** 대적, 예물, 이름, 시온, 18, 7

**55.** 지혜, 만군, 애굽, 뜻, 19, 12

**56.** 압박, 여호와, 구원자, 건지실, 그들–애굽(사 19:20)

**57.** 여호와, 고치실, 여호와, 간구, 고쳐(사 19:22)

**58.** 이스라엘, 세계, 복, 애굽, 앗수르, 복, 19, 24–25

**59.** 이사야, 몸, 애굽, 예표, 애굽, 앗수르, 젊은, 몸, 애굽, 20, 3–4

**60.** 아침, 밤, 21, 12

**61.** 물, 떡, 영접, 21, 14

**62.** 귀, 죄악, 용서, 22, 14

**63.** 다윗, 열면, 열, 22, 22

**64.** 여호와, 영화, 교만, 23, 9

**65.** 무역, 여호와, 무역, 배불리, 옷감, 23, 18

**66.** 주민, 율법, 언약, 24, 5

**67.** 동방, 바다, 이름, 24, 15

**68.** 하나님, 이름, 기사, 성실함, 25, 1

**69.** 사망, 여호와, 눈물, 수치, 여호와, 25, 8

**70.** 하나님, 구원(사 25:9)

**71.** 심지, 평강, 주, 26, 3

**72.** 정직함, 평탄(사 26:7)

**73.** 영혼, 중심, 심판, 의, 26, 9

**74.** 여호와, 다른, 주, 이름(사 26:13)

**75.** 환난, 앙모, 징벌, 기도(사 26:16)

**76.** 죽은, 시체들, 티끌, 노래, 죽은 자들, 26, 19

**77.** 여호와, 칼, 뱀, 용, 27, 1

**78.** 포도원, 여호와, 물, 간수, 해, 27, 2–3

**79.** 야곱, 꽃, 결실, 27, 6

**80.** 나팔, 멸망, 쫓겨난, 성산, 예배, 27, 13

**81.** 여호와, 면류관, 화관, 28, 5

**82.** 오만, 결박, 멸망, 여호와, 28, 22

**83.** 입, 공경, 마음, 경외, 가르침, 29, 13

**84.** 패역, 토기장이, 지음, 지은, 짓지, 빚음, 빚은, 총명, 29, 16

**85.** 못, 말, 어둡고, 볼(사 29:18)

**86.** 겸손, 기쁨, 가난한, 즐거워, 29, 19

**87.** 유익, 민족, 민족, 유익, 수욕(사 30:5)

**88.** 여호와, 말씀, 구원, 신뢰(사 30:15)

**89.** 여호와, 은혜, 긍휼, 정의, 복, 30, 18

**90.** 땅, 비, 곡식, 가축(사 30:23)

**91.** 상처, 맞은, 달빛, 햇빛, 빛, 30, 26

**92.** 몽둥이, 소고, 전쟁, 30, 32

**93.** 애굽, 말, 병거, 이스라엘, 앙모, 여호와(사 31:1)

**94.** 신, 영, 돕는, 도움, 멸망(31:3)

**95.** 새끼, 예루살렘, 호위, 구원, 31, 5

**96.** 왕, 방백들, 32, 1

**97.** 존귀, 존귀(사 32:8)

**98.** 영, 밭, 숲, 32, 15

**99.** 화평, 평안, 32, 17

**100.** 씨, 소, 복(사 32:20)

**101.** 은혜, 앙망, 팔, 구원, 33, 2

**102.** 평안함, 지혜, 여호와, 보배(사 33:6)

**103.** 공의, 정직히, 재물, 뇌물, 귀, 꾀, 눈, 높은, 바위, 양식, 물, 33, 15–16

**104.** 재판장, 율법, 왕, 구원, 33, 22

**105.** 오늘 읽은 말씀 중 가장 좋아하는 성경 구절을 외워 쓰십시오.

## 구약(개역개정판) 성경대학문제 해답

# 19 이사야 34-66장

**1.** 만상, 두루마리, 잎, 잎, 34, 4

**2.** 책, 빠진, 짝, 입, 영, 34, 16

**3.** 광야, 백합화, 기쁜, 영광, 아름다움, 영광, 35, 1–2

**4.** 못, 원천, 풀(사 35:7)

**5.** 대로, 거룩, 깨끗, 구속함, 우매(사 35:8)

**6.** 속량함, 노래, 머리, 기쁨, 슬픔, 35, 10

**7.** 히스기야, 산헤립, 성, 36, 1

**8.** 애굽, 지팡이, 의지, 바로, 36, 6

**9.** 영, 소문, 돌아갈, 칼, 37, 7

**10.** 그룹, 만군, 유일, 천지, 37, 16

**11.** 하나님, 구원, 여호와, 37, 20

**12.** 유다, 남은, 뿌리, 열매(사 37:31)

**13.** 나, 다윗, 구원(사 37:35)

**14.** 사자, 십팔만, 아침, 37, 36

**15.** 히스기야, 기도, 구, 진실, 선, 히스기야, 38, 2–3

**16.** 히스기야, 다윗, 말씀, 기도, 눈물, 십오, 너–이사야(사 38:4–5)

**17.** 고통, 평안, 영혼, 구덩이, 죄(사 38:17)

**18.** 구원, 종신, 수금, 38, 20

**19.** 바벨론, 병, 히스기야, 39, 1

**20.** 궁전, 히스기야, 궁전, 창고, 보물(사 39:4), 그들–바벨론 왕의 사자들(사 39:1–2)

**21.** 집, 조상들, 바벨론, 여호와, 39, 6

**22.** 소리, 여호와, 하나님(사 40:3)

**23.** 꽃, 말씀, 40, 8

**24.** 소식, 높은, 소식, 소리, 소리, 하나님(사 40:9)

**25.** 양, 팔, 온순히, 40, 11

**26.** 바닷물, 하늘, 되, 산들, 언덕들(사 40:12)

**27.** 장인, 장색, 은(사 40:19)

**28.** 눈, 창조, 수효, 이름, 능력, 빠짐, 40, 26

**29.** 소년, 장정, 여호와, 독수리, 달음박질, 피곤, 40, 30–31

**30.** 종, 벗, 끝, 모퉁이, 종, 택, 버리지, 41, 8–9

31. 함께, 하나님. 굳세게, 도와, 오른손, 41, 10
32. 야곱, 두려, 여호와, 도울, 이스라엘(사 41:14)
33. 물, 갈증, 혀, 응답, 하나님, 41, 17
34. 우상들, 41, 29
35. 붙드는, 기뻐, 택, 영, 정의, 42, 1
36. 갈대, 등불, 정의, 42, 3
37. 여호와, 손, 보호, 빛, 눈먼, 감옥, 감방, 42, 6–7
38. 항해, 만물, 여호와, 찬송(사 42:10)
39. 용사, 전사, 대적(사 42:13)
40. 우상, 우상, 신, 수치, 42, 17
41. 지으신, 두려, 구속, 지명, 내, 43, 1
42. 물, 함께, 물, 불, 타지도, 불꽃, 여호와, 거룩, 구원자, 43, 2–3
43. 이름, 영광, 창조, 지었고, 43, 7
44. 여호와, 증인, 택함, 알고, 그인, 전에, 후에도, 43, 10
45. 여호와, 구원자(사 43:11)
46. 기억, 생각, 새, 나타, 알지, 광야, 사막, 43, 18–19
47. 백성, 찬송, 43, 21
48. 허물, 기억, 43, 25
49. 모태, 여호와, 야곱, 두려워, 44, 2
50. 왕, 구원자, 처음, 신, 44, 6
51. 우상, 허망, 무익, 증인들, 수치, 44, 9
52. 야곱아, 종, 종, 잊혀, 44, 21
53. 허물, 죄, 돌아, 구속(사 44:22)
54. 고레스, 목자, 기쁨, 중건, 기초(사 44:28)
55. 해, 다른, 여호와, 45, 6
56. 빛, 평안, 여호와(사 45:7)
57. 질그릇, 지으신, 화, 토기장이, 만든, 손, 45, 9
58. 공의, 길, 건축, 백성, 놓으, 말(사 45:13)
59. 여호와, 구원, 부끄러움, 욕(사 45:17)
60. 하늘, 땅, 견고, 창조, 사람, 여호와, 45, 18
61. 땅, 구원, 하나님(사 45:22)
62. 이스라엘, 의, 자랑, 45, 25
63. 노년, 백발, 품, 업을, 구, 46, 4
64. 옛적, 하나님, 이, 하나님, 이(사 46:9)
65. 공의, 멀지, 지체, 영광, 구원, 46, 13
66. 구원자, 이스라엘, 47, 4
67. 이름, 영광, 멸절, 48, 9
68. 연단, 고난(사 48:10)
69. 땅, 하늘, 일제히(사 48:13)
70. 구속자, 여호와, 유익, 행, 여호와(사 48:17)
71. 명령, 평강, 공의, 자손, 소생, 이름, 없어, 48, 18–19
72. 사막, 목, 바위, 바위, 물(사 48:21)
73. 여호와, 평강, 48, 22

**74.** 여호와, 태, 종, 야곱, 이스라엘, 여호와, 영화, 힘, 49, 5

**75.** 종, 지파들, 보전, 쉬운, 빛, 구원(사 49:6)

**76.** 구속자, 여호와, 멸시, 미움, 종, 왕들, 경배, 거룩, 택(사 49:7)

**77.** 은혜, 구원, 보호, 언약, 황무, 상속, 49, 8

**78.** 젖, 태, 긍휼히, 혹시, 잊지, 49, 15

**79.** 왕들, 왕비들, 얼굴, 절, 티끌, 여호와, 수치, 49, 23

**80.** 학자, 곤고, 아침, 귀, 학자들, 50, 4

**81.** 여호와, 정죄, 옷, 좀(사 50:9)

**82.** 경외, 청종, 빛, 이름, 50, 10

**83.** 아브라함, 사라, 아브라함, 복, 51, 2

**84.** 하늘, 땅, 연기, 옷, 하루살이, 구원, 공의(사 51:6)

**85.** 구원, 노래, 기쁨, 슬픔, 51, 11

**86.** 평화, 소식, 구원, 하나님, 발, 52, 7

**87.** 앞에서, 뒤에서, 도망, 52, 12

**88.** 멸시, 간고, 질고, 얼굴, 멸시, 귀히, 53, 3

**89.** 찔림, 상함, 징계, 채찍(사 53:5)

**90.** 양, 길, 죄악, 53, 6

**91.** 죄, 기도, 53, 12

**92.** 남편, 여호와, 거룩한, 하나님, 54, 5

**93.** 산들, 자비, 화평, 긍휼히(사 54:10)

**94.** 교훈, 평안, 54, 13

**95.** 물, 돈, 돈, 젖, 55, 1

**96.** 귀, 영혼, 언약, 은혜(사 55:3)

**97.** 여호와, 가까이, 55, 6

**98.** 악인, 불의, 여호와, 긍휼히, 하나님, 용서(사 55:7)

**99.** 말, 기뻐, 형통, 55, 11

**100.** 안식일, 손, 악, 하는, 복, 56, 2

**101.** 연합, 이름, 안식일, 언약, 이방인, 성산, 기도, 기쁘, 희생, 기도, 56, 6–7

**102.** 평안, 길, 침상, 57, 2

**103.** 의뢰, 기업(사 57:13)

**104.** 높고, 통회, 겸손, 겸손, 통회(사 57:15)

**105.** 하나님, 평강, 57, 21

**106.** 금식, 멍에, 압제, 멍에, 양식, 빈민, 헐벗은, 골육, 숨지, 빛, 치유, 공의, 영광, 여호와, 여기, 58, 6–9

**107.** 주린, 괴로워, 빛, 낮, 인도, 영혼, 뼈, 동산, 샘, 58, 10–11

**108.** 구원, 귀, 죄악, 갈라, 얼굴, 듣지, 59, 1–2

**109.** 구속자, 죄과, 59, 20

**110.** 빛, 빛, 영광, 60, 1

**111.** 버림, 가는, 영원, 기쁨, 60, 15

**112.** 영, 기름, 소식, 61, 1

**113.** 자손, 후손, 보는, 복, 61, 9

**114.** 오른손, 곡식, 양식, 수고, 이방인, 추수, 찬송, 62, 8–9

**115.** 거룩, 구속, 찾은, 성읍, 62, 12

**116.** 자비, 사랑, 자비, 은총, 63, 7

**117.** 영, 가축, 백성, 이름, 63, 14

**118.** 주, 앙망, 신, 귀, 눈, 64, 4

**119.** 아버지, 토기장이, 손, 64, 8

**120.** 새, 이전, 생각, 65, 17

**121.** 어린이, 노인, 백, 백, 저주, 65, 20

**122.** 이리, 사자, 뱀, 성산, 상함, 65, 25

**123.** 여호와, 모든, 마음, 통회, 떠는, 66, 2

**124.** 어머니, 위로, 예루살렘, 66, 13

**125.** 새, 항상, 이름, 66, 22

**126.** 오늘 읽은 말씀 중 가장 좋아하는 성경 구절을 외워 쓰십시오.

## 구약(개역개정판) 성경대학문제 해답

# 20 예레미야 1-30장

**1.** 모태, 배, 성별, 선지자, 1, 5

**2.** 아이, 너를, 명령, 말, 너-예레미야(렘 1:7)

**3.** 여호와, 입. 말, 1, 9

**4.** 말씀, 예레미야, 살구나무, 잘, 말, 이루려(렘 1:11-12)

**5.** 말씀, 무엇, 가마, 북, 여호와, 재앙, 주민들, 1, 13-14

**6.** 오늘, 유다, 제사장들, 백성, 놋성벽, 치나, 함께, 구원, 여호와, 1, 18-19

**7.** 이스라엘, 열매, 벌, 여호와, 2, 3

**8.** 악, 생수, 웅덩이, 물(렘 2:13)

**9.** 악, 반역, 책망, 버림, 경외함, 고통, 여호와, 2, 19

**10.** 순전, 포도나무, 악(렘 2:21)

**11.** 나무, 아버지, 돌, 등, 얼굴, 환난, 구원(렘 2:27)

**12.** 신들, 환난, 구원, 유다, 2, 28

**13.** 패물, 예복, 백성, 2, 32

**14.** 의지, 여호와, 형통, 2, 37

**15.** 눈, 행음, 길, 광야, 음란, 단비, 3, 2-3

**16.** 북, 선포, 배역, 노, 긍휼, 노(렘 3:12)

**17.** 배역, 남편(렘 3:14)

**18.** 목자들, 지식, 양육, 3, 15

**19.** 유다, 동행, 조상들, 함께(렘 3:18)

**20.** 아내, 떠나감, 여호와, 3, 20

**21.** 배역, 배역함, 3, 22

**22.** 이스라엘, 목전, 가증, 진실, 맹세, 복, 자랑, 4, 1-2

**23.** 악, 구원, 악, 4, 14

**24.** 백성, 지각, 악, 선, 4, 22

**25.** 여호와, 온, 진멸, 4, 27

**26.** 예루살렘, 거리, 정의, 한, 용서, 5, 1

**27.** 인정, 여호와, 재앙, 칼(렘 5:12)

**28.** 여호와, 신들, 이방인들(렘 5:19)

**29.** 모래, 영원, 파도, 이기지, 넘지(렘 5:22)

**30.** 거짓, 권력, 좋게, 5, 31

**31.** 훈계, 마음, 황폐, 6, 8

**32.** 탐욕, 거짓(렘 6:13)

**33.** 재앙, 생각, 말, 율법, 6, 19

**34.** 행위, 살게, 7, 3

**35.** 이방인, 압제, 피, 신들, 자초, 조상, 7, 6–7

**36.** 목소리, 하나님, 백성, 길, 복, 7, 23

**37.** 골짜기, 자녀들, 명령, 생각, 7, 31

**38.** 학, 제비, 때, 규례, 8, 7

**39.** 머리, 눈물, 딸, 주야, 9, 1

**40.** 혀, 거짓, 평화, 해(렘 9:8)

**41.** 자랑, 명철, 사랑, 행, 9, 24

**42.** 여호와, 살아, 왕, 10, 10

**43.** 천지, 하늘(렘 10:11)

**44.** 은장이, 신상, 우상, 생기, 10, 14

**45.** 목자, 형통, 양 떼, 10, 21

**46.** 징계, 진노, 없어지게, 10, 24

**47.** 목소리, 명령, 백성, 하나님, 11, 4

**48.** 말, 죄악, 신들, 유다, 언약, 11, 10

**49.** 공의, 마음, 원통함, 보복, 11, 20

**50.** 변론, 의, 주, 형통, 평안함, 12, 1

**51.** 뽑아, 불쌍히, 기업, 다시, 12, 15

**52.** 여호와, 유다, 교만, 13, 9

**53.** 귀, 교만, 말씀, 13, 15

**54.** 죄악, 증언, 이름, 타락함, 범죄, 14, 7

**55.** 눈, 눈물, 파멸, 망(렘 14:17)

**56.** 이름, 미워, 욕, 언약, 폐, 14, 21

**57.** 므낫세, 행한, 세계, 15, 4

**58.** 강, 복, 원수, 간구(렘 15:11)

**59.** 악한, 구원, 15, 21

**60.** 이스라엘. 인도, 살아, 조상들, 인도, 16, 15

**61.** 사람, 힘, 여호와, 저주, 17, 5

**62.** 여호와, 의뢰, 복, 물, 뿌리, 더위, 잎, 가무, 결실, 17, 7–8

**63.** 거짓, 마음, 여호와, 시험, 행실(렘 17:9–10)

**64.** 찬송, 고치, 구원, 구원, 17, 14

**65.** 안식일, 일. 조상들, 안식일, 17, 22

**66.** 진흙, 토기장이, 의견, 그릇, 18, 4

**67.** 진흙, 손, 나–여호와(렘 18:6)

**68.** 분노, 주, 말, 나–예레미야(렘 18:20)

**69.** 바알, 바알, 명령, 뜻, 나–여호와(렘 19:5)

**70.** 선언, 목, 듣지, 19, 15

**71.** 바스훌–제사장이며 여호와의 성전의 총감독으로 예레미야를 핍박한 사람(렘 20:1)으로 바벨론에 포로로 잡혀가서 거기서 죽었다(렘 20:6)

**72.** 선포, 이름, 불붙는, 답답, 예레미야(렘 20:9)

**73.** 노래, 찬양, 생명, 구원, 20, 13

**74.** 여호와, 생명, 백성, 21, 8

**75.** 행위, 21, 14

**76.** 여호와, 정의, 압박, 고아, 학대, 피, 22, 3

**77.** 가난한, 형통, 앎, 22, 16

**78.** 땅이여, 말, 22, 29

**79.** 때, 다윗, 왕, 정의, 23, 5

**80.** 사람, 은밀, 여호와, 충만, 23, 24

**81.** 불, 방망이, 23, 29

**82.** 여호와, 갈대아, 유다, 무화과, 24, 5

**83.** 마음, 전심, 백성, 하나님(렘 24:7)

**84.** 악, 돌아, 조상들, 땅, 25, 5

**85.** 칠십, 왕, 25, 11

**86.** 행위, 갚으, 25, 14

**87.** 재앙, 나라, 바람, 25, 32

**88.** 듣지, 왕, 27, 17

**89.** 바벨론, 돌보, 올려, 되돌려, 거기-바벨론, 이곳-예루살렘(성전과 궁전)(렘 27:21-22)

**90.** 평화, 말, 선지자, 28, 9

**91.** 지면, 패역, 금년, 너-하나냐(렘 28:15-16)

**92.** 평안, 기도, 평안함, 평안, 29, 7

**93.** 기도, 기도, 마음, 찾을, 29, 12-13

**94.** 바벨론, 오래, 집, 열매, 29, 28

**95.** 백성, 포로, 조상들, 땅, 30, 3

**96.** 목, 포박, 이방인, 30, 8

**97.** 구원, 이방, 멸망, 법, 징계, 무죄, 30, 11

**98.** 상처, 고쳐, 30, 17

**99.** 감사, 즐거워, 번성, 수, 존귀, 비천, 30, 19

**100.** 오늘 읽은 말씀 중 가장 좋아하는 성경 구절을 외워 쓰십시오.

구약(개역개정판) 성경대학문제 해답

# 21 예레미야 31-52장, 예레미야애가 1-5장

## 예레미야

**1.** 영원, 인자, 31, 3

**2.** 민족, 야곱, 전파, 이스라엘, 구원, 31, 7

**3.** 심령, 근심, 31, 12

**4.** 소망, 자녀, 말씀(렘 31:17)

**5.** 아버지, 아들들, 신포도, 이, 죄악, 31, 29-30

**6.** 형제, 여호와, 작은, 나를, 악행, 기억하지, 31, 34

**7.** 능력, 천지, 없는, 32, 17

**8.** 책략, 능, 주목, 열매(렘 32:19)

**9.** 육체, 없는, 32, 27

**10.** 분함, 지방, 안전히(렘 32:37)

**11.** 복, 마음, 심으, 32, 41

**12.** 응답, 은밀, 너-예레미야, 나-여호와(렘 33:3)

**13.** 죄악, 죄악, 33, 8

**14.** 다윗, 가지, 정의, 33, 15

**15.** 만상, 모래, 다윗, 레위인, 33, 22

**16.** 바벨론, 불사를, 34, 2

**17.** 히브리, 칠, 육, 자유(렘 34:14)

**18.** 시드기야, 원수, 생명, 바벨론, 34, 21

**19.** 레갑, 요나답, 순종, 자녀, 포도주(렘 35:8)

**20.** 레갑, 선조, 백성, 35, 16

**21.** 레갑, 영원히, 나-여호와(렘 35:19)

**22.** 두루마리, 요시야, 유다, 말, 너-예레미야, 나-여호와(렘 36:1-2)

**23.** 가문, 재난, 악, 죄, 36, 3

**24.** 바룩, 입, 불러, 책, 36, 18

**25.** 면도칼, 화로, 두루마리(렘 36:23), 왕-여호야김(렘 36:1, 28)

**26.** 요시야, 고니야, 바벨론, 37, 1

**27.** 유다, 도우, 애굽, 갈대아, 성, 불(렘 37:7-8)

**28.** 여호와, 예레미야, 바벨론, 37, 17

**29.** 바벨론, 차지, 38, 3

**30.** 목소리, 복, 보존, 왕-시드기야(렘 38:19-20)

31. 예루살렘, 감옥, 38, 28
32. 시드기야, 아들들, 귀족, 시드기야, 사슬, 39, 6–7
33. 소유, 유다, 밭, 39, 10
34. 구원, 노략물, 믿었음, 39, 18
35. 미스바, 그다랴, 땅, 함께, 40, 6
36. 그다랴, 맹세, 갈대아, 바벨론, 유익, 40, 9
37. 이스마엘, 그다랴, 유다, 갈대아, 41, 3
38. 목소리, 복(렘 42:6)
39. 바벨론, 함께, 구원, 건지, 42, 11
40. 애굽, 고집, 칼, 죽, 재난, 42, 17
41. 애굽으로(렘 43:6–7)
42. 아니요(렘 43:7)
43. 애굽, 사로, 칼, 그–바벨론의 느부갓네살 왕(렘 43:10–11)
44. 손, 노여움, 애굽, 분향, 세계, 수치(렘 44:8)
45. 겸손, 두려워, 조상들, 법규, 44, 10
46. 범죄, 순종, 율법, 행, 재난(렘 44:23)
47. 칼, 애굽, 애굽, 유다, 진리, 44, 28
48. 바룩(렘 45:1)
49. 재난, 모든, 생명, 45, 5
50. 애굽, 바로, 벌(렘 46:25)
51. 구원, 포로, 구원, 평안, 46, 27
52. 나라들, 사라, 법도, 무죄, 46, 28
53. 멸망, 부르짖음, 48, 4
54. 일, 저주, 48, 10
55. 벧엘, 그모스(렘 48:13)
56. 모압, 여호와, 토, 48, 26
57. 모압, 신들, 끊어(렘 48:35)
58. 모압, 우는, 모압, 그릇, 나–여호와(렘 48:38)
59. 모압, 자만, 다시, 48, 42
60. 암몬, 폐허, 불, 이스라엘, 점령, 49, 2
61. 고아들, 과부들, 너–에돔, 나–여호와(49, 11)
62. 교만, 독수리, 끌어, 49, 16
63. 독수리, 날개, 용사, 여인, 49, 22
64. 도망, 바벨론, 모략, 49, 30
65. 바벨론, 수치, 신상들, 우상들, 50, 2
66. 이스라엘, 유다, 울면서, 구, 50, 4
67. 북쪽, 바벨론, 정복(렘 50:9)
68. 바벨론, 활, 화살, 여호와, 50, 14
69. 목장, 양, 마음, 만족(렘 50:19)
70. 주, 교만, 대적, 벌(렘 50:31)
71. 바벨론, 손, 해산, 50, 43
72. 이스라엘, 거역, 하나님, 홀아비, 51, 5
73. 공의, 시온, 선포(렘 51:10)
74. 화살, 준비, 메대, 바벨론, 여호와, 성전, 51, 11
75. 무식, 신상, 우상, 생기, 51, 17

**76.** 눈, 악, 바벨론, 갚으(렘 51:24)

**77.** 세계, 원수, 바위, 불(렘 51:25)

**78.** 폭행, 바벨론, 시온, 죄, 갈대아, 예루살렘, 51, 35

**79.** 바벨론, 입, 민족들, 바벨론 (렘 51:44)

**80.** 백성, 진노(렘 51:45)

**81.** 바벨론, 바벨론(렘 51:49)

**82.** 칼, 걸어, 여호와, 마음, 51, 50

**83.** 책, 책, 강, 바벨론, 몰락, 피폐, 예레미야, 51, 63–64, 책–바벨론에 대하여 기록한 책(렘 51:60)

**84.** 여호와, 진노, 쫓아, 52, 3

**85.** 시드기야, 죽이고, 시드기야, 바벨론, 옥(렘 52:10–11), 바벨론 왕–느부갓네살(렘 52:4)

**86.** 성전, 집, 사령관, 군대, 성벽, 52, 13–14

**87.** 가난, 관리(렘 52:16)

**88.** 솔로몬, 기둥, 놋, 놋(렘 52:20)

**89.** 사천육백 명(렘 52:30)

**90.** 여호야긴, 삼십칠, 여호야긴, 감옥 (렘 52:31)

**91.** 바벨론, 죽는, 52, 34, 그–여호야긴(렘 52:31)

## 예레미야애가

**92.** 머리, 죄, 곤고, 1, 5

**93.** 범죄함, 영광, 벗었음, 탄식(애 1:8)

**94.** 여호와, 거역, 말, 처녀들(애 1:18)

**95.** 악, 죄악들, 행, 1, 22

**96.** 눈, 창자, 간, 패망, 자녀, 길거리, 2, 11

**97.** 박수, 비웃, 영광, 기쁨, 2, 15

**98.** 여호와, 행, 열매, 먹으, 성소(애 2:20)

**99.** 늙은이, 처녀들, 칼, 진노, 긍휼히, 도륙, 2, 21

**100.** 분노, 고난, 3, 1

**101.** 인자, 진멸(애 3:22)

**102.** 심령, 기업, 바라, 구, 선 (애 3:24–25)

**103.** 근심, 인자, 긍휼히, 3, 32

**104.** 행위들, 돌아(애 3:40)

**105.** 파멸, 눈물(애 3:48)

**106.** 구덩이, 이름, 음성, 탄식, 귀, 3, 55–56

**107.** 억울함, 원통함(애 3:59)

**108.** 순금, 시온, 질항아리, 4, 2

**109.** 손, 순식간, 죄(애 4:6)

**110.** 멸망, 부녀들, 자녀들, 4, 10

**111.** 예루살렘, 왕들, 백성, 죄들, 죄악들, 의인들, 4, 12–13

**112.** 죄악, 다시는, 4, 22

**113.** 범죄, 죄악, 5, 7

**114.** 면류관, 범죄(애 5:16)

**115.** 주, 주, 새롭게, 5, 21

**116.** 오늘 읽은 말씀 중 가장 좋아하는 성경 구절을 외워 쓰십시오.

# 구약(개역개정판) 성경대학문제 해답

## 22 에스겔 1-30장

**1.** 그발, 말씀, 에스겔, 권능, 1, 3

**2.** 사람, 사자, 소, 독수리, 1, 10

**3.** 영, 영, 바퀴들, 영(겔 1:20)

**4.** 광채, 무지개, 영광, 말씀, 1, 28

**5.** 인자, 패역, 배반, 범죄, 2, 3

**6.** 패역, 선지자, 그들–이스라엘 자손 (겔 2:3–5)

**7.** 인자, 두루마리, 입, 두루마리, 인자, 두루마리, 창자, 입, 꿀, 그–여호와, 나–에스겔(겔 3:1–3)

**8.** 악인, 마음, 죄악, 생명, 3, 19

**9.** 의인, 범죄, 깨우침, 영혼(겔 3:21)

**10.** 입, 여호와, 들을, 싫은, 반역, 3, 27

**11.** 죄악, 죄악, 4, 4

**12.** 밀, 팥, 그릇, 떡, 삼백구십, 4, 9

**13.** 규례, 악, 율례, 나라들, 규례, 율례, 5, 6

**14.** 아들, 아버지, 벌, 사방(겔 5:10)

**15.** 전염병, 기근, 칼, 사방, 칼, 5, 12

**16.** 나라, 칼, 살아, 6, 8

**17.** 여호와, 손뼉, 이스라엘, 악, 칼, 전염병, 6, 11

**18.** 손, 온, 황량, 여호와, 6, 14

**19.** 행위, 가증, 때리는, 7, 9

**20.** 칼, 전염병, 기근, 칼, 기근, 전염병, 7, 15

**21.** 거리, 오물, 진노, 능히, 심령, 창자, 죄악, 7, 19

**22.** 악한, 집들, 교만, 성소, 7, 24

**23.** 왕, 고관, 주민, 행위, 죄악, 여호와, 7, 27

**24.** 천지, 환상, 예루살렘, 북향, 우상, 우상, 8, 3

**25.** 우상, 행, 여호와, 여호와, 8, 12

**26.** 성전, 스물다섯, 낯, 태양(겔 8:16)

**27.** 젊은, 여자, 표, 성소, 9, 6

**28.** 홀로, 여호와, 분노, 남은, 9, 8

**29.** 네, 그룹, 사람, 사자, 독수리(겔 10:14)

**30.** 날개, 땅, 바퀴, 여호와, 동문, 영광, 10, 19

**31.** 성읍, 타국인, 벌, 11, 9

32. 만민, 흩은, 이스라엘(겔 11:17)
33. 마음, 영, 마음, 마음, 규례, 백성, 하나님, 11, 19–20
34. 반역, 눈, 귀, 반역, 12, 2
35. 행, 포로, 성벽, 행장, 어깨(겔 12:7)
36. 징조, 포로(겔 12:11)
37. 사람, 전염병, 이방인, 자백, 여호와, 12, 16
38. 말, 응, 생전, 12, 25
39. 말씀, 예언, 화, 13, 3
40. 말씀, 점괘, 확실히, 여호와(겔 13:6)
41. 허탄, 거짓, 치리라(겔 13:8)
42. 영혼, 영혼(겔 13:18)
43. 허탄, 점복, 손, 여호와, 13, 23
44. 우상, 가증, 14, 6
45. 이스라엘, 미혹, 죄, 백성, 하나님, 14, 11
46. 불법, 범죄, 의지, 기근, 끊는다, 노아, 욥, 공의, 생명, 14, 13–14
47. 피, 자녀들, 행동, 재앙, 위로, 14, 22
48. 포도나무, 예루살렘, 15, 6
49. 황폐, 범법, 15, 8
50. 사랑, 옷, 벌거, 맹세, 속(겔 16:8)
51. 명성, 영화, 온전, 16, 14
52. 애굽, 음란, 진노(겔 16:26)
53. 행위, 보응, 가증, 행(겔 16:43)
54. 어머니, 딸, 16, 44
55. 맹세, 배반, 행, 16, 59
56. 언약, 언약, 16, 60
57. 물, 열매, 포도, 17, 8
58. 바벨론, 맹세, 배반, 바벨론, 죽을(겔 17:16)
59. 삶, 언약, 죄(겔 17:19)
60. 새, 가지, 산, 산, 열매, 백향목, 새, 가지, 17, 22–23
61. 영혼, 영혼, 영혼, 범죄, 18, 4
62. 변리, 이자, 죄, 판단, 규례, 의인, 18, 8–9
63. 범죄, 아들, 아버지, 의인, 악인, 18, 20
64. 악인, 죄, 율례, 공의, 죽지, 범죄, 기억함, 공의, 18, 21–22
65. 악인, 공의, 영혼, 죄악, 살고, 18, 27–28
66. 죄악, 새롭게, 죽고자(겔 18:31)
67. 죽, 기뻐, 돌이, 18, 32
68. 불, 열매, 규, 애가, 19, 14
69. 손, 애굽, 젖, 아름다운, 20, 6
70. 이방인, 애굽, 이름, 20, 9
71. 거룩, 안식일, 표징, 20, 12
72. 우상, 율례, 안식일, 20, 16
73. 안식일, 표징, 하나님, 20, 20
74. 반역, 범죄, 제, 땅, 이스라엘, 여호와, 20, 38
75. 악, 허물, 죄, 기억, 21, 24
76. 부모, 나그네, 고아, 22, 7
77. 뇌물, 이자, 탐, 잊어, 22, 12

**78.** 은, 녹, 녹, 분노, 22, 22

**79.** 분노, 불, 보응, 22, 31

**80.** 애굽, 그치게, 눈, 애굽, 23, 27

**81.** 행음, 우상, 우상, 외, 성소, 안식일, 23, 37–38

**82.** 음란, 여인, 음행, 23, 48

**83.** 가마, 뜨겁게, 놋, 녹, 24, 11

**84.** 눈, 빼앗, 눈물, 24, 16

**85.** 동방, 진, 거처, 열매, 젖, 25, 4

**86.** 분노, 크게, 원수, 여호와, 25, 17

**87.** 패망, 사람, 영원히, 26, 21

**88.** 교만, 신, 하나님, 마음, 사람, 28, 2

**89.** 교만, 지혜, 땅, 구경거리, 28, 17

**90.** 이스라엘, 멸시, 가시, 가시, 28, 24

**91.** 민족, 이스라엘, 눈, 고국, 야곱, 28, 25

**92.** 애굽, 갈대, 손, 어깨, 의지, 허리, 29, 6–7

**93.** 바벨론, 무리, 노략, 군대(겔 29:19)

**94.** 그날, 뿔, 입, 여호와, 29, 21

**95.** 우상들, 신상들, 애굽, 땅, 30, 13

**96.** 바벨론, 칼, 바로, 바벨론, 고통, 30, 24

**97.** 오늘 읽은 말씀 중 가장 좋아하는 말씀을 외워 쓰십시오.

## 구약(개역개정판) 성경대학문제 해답

# 23 에스겔 31-48장, 다니엘 1-4장

### 에스겔

**1.** 앗수르, 숲, 꼭대기, 백향목, 31, 3

**2.** 새, 짐승, 새끼, 나라(겔 31:6)

**3.** 뿌리, 나무, 모양, 31, 7

**4.** 구름, 교만, 능, 31, 10-11

**5.** 영광, 나무, 에덴, 할례, 칼, 바로 (겔 31:18)

**6.** 사자, 악어, 강, 너-애굽의 바로 왕 (겔 32:2)

**7.** 칼, 교만, 32, 12

**8.** 구덩이, 무덤, 죽임, 생존, 사람, 32, 23

**9.** 할례, 패망, 죽임, 32, 28

**10.** 경고, 생명, 나팔, 경고, 피, 33, 5

**11.** 악인, 길, 길, 죄악, 생명, 33, 9

**12.** 악인, 공의, 살리라, 33, 19

**13.** 맹세, 칼, 들짐승, 전염병(겔 33:27)

**14.** 백성, 말, 행, 사랑, 이익, 33, 31

**15.** 연약한, 병든, 상한, 쫓기는, 잃어버린, 포악, 34, 4

**16.** 목자, 누워, 34, 15

**17.** 목자, 먹, 다윗, 목자(겔 34:23)

**18.** 여호와, 함께, 이스라엘, 백성, 34, 30

**19.** 대적, 황무지, 35, 3

**20.** 황폐, 황폐, 황폐, 여호와, 35, 15

**21.** 질투, 에돔, 심히, 멸시, 노략, 36, 5

**22.** 이스라엘, 이스라엘, 올(겔 36:8)

**23.** 사람, 번성(겔 36:11)

**24.** 수치, 비방, 백성, 36, 15

**25.** 더럽힌, 거룩(겔 36:23)

**26.** 영, 율례, 규례, 36, 27

**27.** 전, 눈, 황폐, 경작, 36, 34

**28.** 뼈들, 여호와, 37, 3

**29.** 뼈들, 생기, 살아(겔 37:5)

**30.** 명령, 생기, 군대, 나-에스겔(겔 37:10)

**31.** 무덤, 여호와, 37, 13

**32.** 요셉, 막대기, 막대기, 한, 하나, 37, 19

**33.** 이스라엘, 한, 한, 두, 두(겔 37:22)

**34.** 야곱, 조상들, 거주, 자자, 거주, 왕 (겔 37:25)

**35.** 성소, 이스라엘, 열국, 37, 28

**36.** 구름, 이스라엘, 땅, 이방, 거룩함, 알게, 38, 16

**37.** 지진, 바다, 짐승들, 벌레, 사람, 산, 성벽, 38, 19–20

**38.** 이름, 알게, 이름, 여호와, 민족들, 39, 7

**39.** 새, 짐승, 모여, 잔치, 잔치, 살, 피 (겔 39:17)

**40.** 민족, 죄악(겔 39:23)

**41.** 이름, 야곱, 이스라엘, 사랑, 39, 25

**42.** 만민, 적국, 민족, 거룩함(겔 39:27)

**43.** 얼굴, 영, 여호와, 39, 29

**44.** 영, 안뜰, 영광, 43, 5

**45.** 보좌, 이스라엘, 곳(겔 43:7)

**46.** 음란, 제거, 영원히, 43, 9

**47.** 문, 아무도, 하나님, 44, 2

**48.** 그릇, 레위, 우상, 죄악(겔 44:10)

**49.** 그릇, 사독, 성소, 수종, 기름 (겔 44:15)

**50.** 과부, 장가, 처녀, 과부, 44, 22

**51.** 열매, 제사장, 제사장, 복, 44, 30

**52.** 통치자들, 포악, 정의, 속여, 45, 9

**53.** 유월절, 누룩, 45, 21

**54.** 산업, 아들, 산업, 산업, 46, 18

**55.** 성전, 동쪽, 물, 성전, 47, 1

**56.** 과실나무, 열매, 열매, 성소, 열매, 약, 47, 12

**57.** 옛적, 땅, 공평, 땅(겔 47:14)

**58.** 제비, 타국인, 기업, 타국인, 이스라엘, 이스라엘, 기업, 타국, 기업, 47, 22–23

**59.** 겔 48:35, 그 의미–여호와께서 거기에 계시다.

## 다니엘

**60.** 용모, 지혜, 학문, 소년, 갈대아, 언어, 1, 4

**61.** 다니엘, 1, 6

**62.** 뜻, 음식, 포도주(단 1:8)

**63.** 하나님, 학문, 서적, 지혜, 다니엘, 꿈, 1, 17

**64.** 왕, 지혜, 박수, 십, 1, 20

**65.** 꿈, 해석, 나–바벨론 왕 느부갓네살(단 2:9)

**66.** 왕, 육체, 신들, 2, 11

**67.** 은밀, 다니엘, 죽임, 구, 2, 18

**68.** 은밀, 다니엘, 다니엘, 찬송(단 2:19)

**69.** 다니엘, 하나님, 능력, 2, 20

**70.** 조상들, 지혜, 구한, 감사, 왕 (단 2:23)

**71.** 다니엘, 왕, 지혜자, 왕, 은밀, 하나님, 2, 27–28

**72.** 순금, 배, 쇠, 진흙, 돌, 발, 2, 32–34

**73.** 왕들, 하나님, 영원히, 국권, 모든, 영원히(단 2:44)

**74.** 돌, 쇠, 금, 하나님, 꿈, 2, 45

**75.** 다니엘, 하나님, 신, 왕, 은밀, 하나님, 왕-바벨론의 느부갓네살(단 2:47)

**76.** 다니엘, 선물, 바벨론, 바벨론, 어른, 다니엘, 바벨론, 다니엘, 2, 48-49

**77.** 백성, 나팔, 악기, 금, 3, 7

**78.** 나팔, 악기, 신상, 절, 풀무불, 손, 신, 너희-사드락과 메삭과 아벳느고, 나-느부갓네살 왕(단 3:14-15)

**79.** 하나님, 풀무불, 왕, 아니, 신들, 금, 3, 17-18

**80.** 사드락, 풀무불(단 3:23)

**81.** 왕, 결박, 불, 상, 아들(단 3:25)

**82.** 총독, 모사, 불, 머리털, 빛, 불, 3, 27

**83.** 찬송, 천사, 의뢰, 왕, 하나님, 절, 구원, 3, 28

**84.** 조서, 언어, 사드락, 경솔히, 집, 구원, 느부갓네살 왕(단 3:29)

**85.** 하나님, 이적, 즐겨, 이적, 놀라운, 통치, 4, 2-3

**86.** 왕, 견고, 하늘, 땅(단 4:22)

**87.** 왕, 공의, 긍휼, 평안, 장구, 다니엘이 느부갓네살 왕에게(단 4:27)

**88.** 기한, 총명, 지극히, 영생, 경배, 권세(단 4:34)

**89.** 왕, 경배, 진실, 교만, 낮추, 4, 37

**90.** 오늘 읽은 말씀 중 가장 좋아하는 성경구절을 외워쓰십시오.

# 구약(개역개정판) 성경대학문제 해답

# 24 다니엘 5-12장, 호세아 1-14장, 요엘 1-3장

## 다니엘

**1.** 하나님, 금, 왕, 왕후들, 술, 구리, 신들(단 5:3-4)

**2.** 왕, 점쟁이, 지혜자들, 글자, 자주색, 금사슬, 셋째, 5, 7

**3.** 신들, 명철, 지혜, 나-벨사살, 너-다니엘(단 5:14)

**4.** 다니엘(단 5:29)

**5.** 다니엘, 총리들, 전국, 왕-다리오(단 6:3)

**6.** 도장, 집, 예루살렘, 세, 기도, 감사, 6, 10

**7.** 왕, 사자, 왕, 항상, 구원, 6, 16

**8.** 궁, 금식, 잠자기(단 6:18)

**9.** 살아, 다니엘, 사자들, 구원, 다리오 왕(단 6:20)

**10.** 하나님, 사자들, 사자들, 무죄, 왕, 해, 6, 22

**11.** 다니엘, 다니엘, 상, 하나님, 6, 23

**12.** 조서, 관할, 다니엘, 살아, 변, 멸망, 권세, 6, 26

**13.** 다니엘, 고레스, 6, 28

**14.** 왕좌, 좌정, 옷, 머리털, 보좌, 불, 강, 섬, 만만, 책들, 7, 9-10

**15.** 밤, 하늘, 계신, 인도, 나라, 언어, 섬, 소멸, 나라, 7, 13-14

**16.** 성도들, 누림, 영원, 7, 18

**17.** 항상, 성도들, 원한, 성도들(단 7:22)

**18.** 권세, 지극히, 백성, 영원한, 섬, 7, 27

**19.** 바사, 헬라, 첫째, 네, 네, 권세, 8, 20-22

**20.** 책, 예레미야, 연수, 칠십, 9, 2

**21.** 기도, 하나님, 계명, 인자, 나-다니엘(단 9:4)

**22.** 강, 애굽 땅, 명성, 범죄(단 9:15)

**23.** 귀, 눈, 상황, 성, 간구, 공의, 긍휼(단 9:18)

**24.** 용서, 행, 자신, 9, 19

**25.** 다니엘, 총명, 나-가브리엘(단 9:22)

**26.** 백성, 일흔, 허물, 용서, 예언, 기름, 9, 24

**27.** 눈, 세마포, 순금, 황옥, 번갯빛, 횃불, 놋, 소리, 10, 5-6

**28.** 바사, 이십일, 바사, 가장, 미가엘, 마지막, 깨닫게, 10, 13-14

**29.** 은총, 평안, 강건, 힘, 강건, 말씀, 10, 19

**30.** 언약, 타락, 하나님, 용맹, 11, 32

**31.** 민족, 미가엘, 환난, 환난, 책, 구원, 12, 1

**32.** 빛, 사람, 별, 빛, 12, 3

**33.** 연단, 정결, 악, 악, 지혜(단 12:10)

**34.** 마지막, 평안, 몫, 12, 13

## 호세아

**35.** 호세아, 여자, 자식들, 여호와, 1, 2

**36.** 고멜, 호세아, 이스르엘(호 1:3-4)

**37.** 고멜, 호세아, 로루하마, 이스라엘, 용서, 1, 6

**38.** 여호와, 로암미, 하나님(호 1:8-9)

**39.** 이스라엘, 모래, 셀, 전, 백성, 하나님, 1, 10

**40.** 부-호세아, 모-고멜, 로암미의 뜻-(너희는) 내 백성이 아니라(호 1:2-3, 9)

**41.** 암미, 루하마, 2, 1

**42.** 포도주, 바알, 금, 알지(호 2:8)

**43.** 사랑, 잊어, 바알들, 벌(호 2:13)

**44,** 남편, 바알(호 2:16)

**45.** 장가, 은총, 장가, 장가, 여호와, 2, 19-20

**46.** 나, 긍휼히, 긍휼, 백성, 백성, 하나님, 2, 23

**47.** 신, 여호와, 타인, 사랑, 3, 1

**48.** 이스라엘, 하나님, 다윗, 경외, 은총, 3, 5

**49.** 범죄, 욕(호 4:7)

**50.** 백성, 행실, 갚, 4, 9

**51.** 망, 4, 14

**52.** 교만, 죄악, 유다(호 5:5)

**53.** 사람, 학대, 5, 11

**54.** 죄, 구, 고난, 구, 5, 15

**55.** 여호와, 찢으, 치, 6, 1

**56.** 이틀, 셋째, 살리라(호 6:2)

**57.** 여호와, 여호와, 새벽, 땅, 임(호 6:3)

**58.** 인애, 하나님, 6, 6

**59.** 왕, 지도자들, 7, 3

**60.** 화덕, 재판장들, 엎, 부르짖는 (호 7:7)

**61.** 교만, 일, 여호와, 구(호 7:10)

**62.** 연습, 악, 7, 15

**63.** 나팔, 독수리, 언약, 범, 8, 1

**64.** 왕들, 지도자들, 금, 우상, 파괴 (호 8:4)

**65.** 제물, 여호와, 죄악, 벌, 애굽, 8, 13

**66.** 여호와, 애굽, 먹, 9, 3

**67.** 부패, 악, 벌(호 9:9)

**68.** 영광, 해산, 임신, 9, 11

**69.** 자식, 자식, 남기지, 떠, 화(호 9:12)

**70.** 듣지, 버리, 떠, 9, 17

**71.** 두, 벌, 제단, 주상, 10, 2

**72.** 헛, 언약, 독초(호 10:4)

**73.** 이스라엘, 범죄, 죄, 범죄, 전쟁 (호 10:9)

**74.** 공의, 묵, 여호와, 공의, 10, 12

**75.** 이스라엘, 아들, 선지자들, 바알들, 우상, 11, 1–2

**76.** 진노, 에브라임, 하나님, 거룩한, 임, 11, 9

**77.** 유다, 벌, 보응, 12, 2

**78.** 하나님, 정의, 하나님, 12, 6

**79.** 애굽, 하나님, 장막, 명절, 12, 9

**80.** 에브라임, 이스라엘, 바알, 망, 13, 1

**81.** 애굽, 여호와, 신, 구원자(호 13:4)

**82.** 패망, 대적(호 13:9)

**83.** 하나님, 형벌, 아이, 배, 13, 16

**84.** 구원, 말, 손, 신, 고아, 긍휼, 14, 3

**85.** 반역, 사랑, 진노(호 14:4)

**86.** 이슬, 백합화, 뿌리, 14, 5

**87.** 지혜, 총명, 여호와, 의인, 죄인, 14, 9

## 요엘

**88.** 메뚜기, 느치, 황충, 1, 4

**89.** 금식일, 장로, 주민들, 성전, 여호와, 1, 14

**90.** 어둡고, 구름, 빛, 백성, 옛날, 대대, 2, 2

**91.** 마음, 여호와, 은혜, 노, 인애, 재앙, 2, 13

**92.** 시온, 금식일, 성회(욜 2:15)

**93.** 여호와, 사랑, 불쌍히(욜 2:18)

**94.** 시온, 하나님, 기뻐, 비, 비, 비, 2, 23

**95.** 전, 메뚜기, 햇수(욜 2:25)

**96.** 영, 자녀, 늙은이, 젊은이, 2, 28

**97.** 이름, 구원, 13(욜 2:32)

**98.** 칼, 창, 강, 3, 10

**99.** 시온, 목소리, 진동, 백성, 산성 (욜 3:16)

**100.** 애굽, 에돔, 유다, 피(욜 3:19)

**101.** 유다, 예루살렘, 피, 갚아, 시온, 3, 20–21

**102.** 오늘 읽은 말씀 중 가장 좋아하는 성경구절을 외워 쓰십시오.

## 구약(개역개정판) 성경대학문제 해답

# 25 아모스 1-9장, 오바댜 1장, 요나 1-4장, 미가 1-7장, 나훔 1-3장

### 아모스

**1.** 아모스, 이상, 1:1

**2.** 벌, 칼, 긍휼, 화, 그-에돔(암 1:11)

**3.** 서너, 벌, 은, 신, 가난. 2, 6

**4.** 나실, 선지자, 예언, 2, 12

**5.** 여호와, 비밀, 보이지, 행하심, 3, 7

**6.** 목자, 양, 사마리아, 이스라엘, 3, 12

**7.** 학대, 압제, 북이스라엘 족속, 4, 1

**8.** 산들, 바람, 사람, 아침, 땅, 만군, 4, 13

**9.** 이스라엘, 찾으라, 살리라, 5, 4

**10.** 죄악, 의인, 가난한(암 5:12)

**11.** 선, 만군, 말, 함께(암 5:14)

**12.** 정의, 공의, 강, 5, 24

**13.** 여호와, 야곱, 궁궐들, 원수, 6, 8

**14.** 메뚜기, 여호와, 야곱, 여호와, 뜻, 7, 2–3

**15.** 아내, 자녀들, 땅, 더러운, 이스라엘, 땅, 7, 17

**16.** 여호와, 기근, 양식, 물, 말씀, 8, 11

**17.** 범죄, 지면, 야곱, 멸, 9, 8

**18.** 이스라엘, 체, 알갱이(암 9:9)

**19.** 다윗, 틈, 옛적, 에돔, 만국 (암 9:11–12)

**20.** 땅, 땅, 하나님, 9, 15

### 오바댜

**21.** 교만, 틈, 마음, 땅, 독수리, 별, 거기, 1, 3–4

**22.** 야곱, 부끄러움, 멸절(옵 1:10)

**23.** 벌, 행, 행, 1, 15

**24.** 불, 불꽃, 지푸라기, 불사를, 에서 (옵 1:18)

**25.** 구원, 에서, 여호와, 1, 21

### 요나

**26.** 말씀, 요나, 니느웨, 악독, 1, 1–2

**27.** 요나, 다시스, 다시스, 얼굴, 다시스, 배(욘 1:3)

**28.** 바람, 폭풍, 배(욘 1:4)

**29.** 자, 하나님, 망, 그-요나(욘 1:6)

**30.** 히브리, 지으신, 경외, 1, 9

**31.** 바다, 바다, 폭풍, 때문, 나-요나(욘 1:12)

**32.** 요나, 뛰노는(욘 1:15)

**33.** 물고기, 삼키게, 삼, 뱃속, 1, 17

**34.** 고난, 여호와, 대답, 뱃속, 음성, 2, 2

**35.** 영혼, 여호와, 기도, 성전(욘 2:7)

**36.** 감사, 서원, 구원(욘 2:9)

**37.** 물고기, 요나, 2, 10

**38.** 요나, 하루, 사십, 니느웨, 3, 4

**39.** 니느웨, 금식, 베(욘 3:5)

**40.** 니느웨, 보좌, 베, 재(욘 3:6)

**41.** 사람, 베, 하나님, 악, 강포(욘 3:8)

**42.** 하나님, 악한, 뜻, 재앙, 3, 10

**43.** 박넝쿨, 요나, 머리, 괴로움, 박넝쿨, 기뻐, 4, 6

**44.** 여호와, 수고, 하룻밤, 박넝쿨(욘 4:10)

**45.** 니느웨, 십이만여, 아끼지, 여호와께서 요나에게(욘 4:11)

## 미가

**46.** 미가, 말씀, 묵시, 1, 1

**47.** 자식, 대머리, 독수리, 사로, 1, 16

**48.** 죄, 날, 행, 밭들, 집들, 남자, 산업, 2, 1-2

**49.** 정직, 유익(미 2:7)

**50.** 야곱, 무리, 남은, 처소, 초장, 2, 12

**51.** 야곱, 통치자, 본분, 3, 1

**52.** 영, 정의, 허물, 죄, 3, 8

**53.** 뇌물, 삯, 돈, 여호와, 여호와, 재앙, 3, 11

**54.** 여호와, 하나님, 도, 길, 율법, 말씀, 우리-많은 이방 사람들(미 4:2)

**55.** 칼, 창, 나라, 칼, 전쟁, 4, 3

**56.** 신, 오직, 이름, 4, 5

**57.** 베들레헴, 유다, 이스라엘, 5, 2

**58.** 남은, 백성, 사자, 사자, 구원(미 5:8)

**59.** 우상, 멸절, 손, 섬기지, 5, 13

**60.** 애굽, 종, 모세, 6, 4

**61.** 선, 여호와, 정의, 인자, 하나님, 6, 8

**62.** 이웃, 친구, 여인, 입, 7, 5

**63.** 여호와, 구원, 귀(미 7:7)

**64.** 대적, 기뻐, 일어, 여호와(미 7:8)

**65.** 애굽, 이적(미 7:15)

**66.** 신, 죄악, 허물, 인애, 오래(미 7:18)

**67.** 불쌍, 죄악, 죄, 7, 19

## 나훔

**68.** 경고, 나훔, 1, 1

**69.** 질투, 하나님, 진노, 보복, 진노(나 1:2)

**70.** 선, 산성, 피, 1, 7

**71.** 여호와, 강, 멸절, 1, 12

**72.** 아름다운, 발, 절기, 악인, 통행, 1, 15

**73.** 니느웨, 주민, 무릎, 허리, 빛, 2, 10

**74.** 화, 거짓, 탈취, 3, 1

**75.** 때, 도망, 니느웨, 애곡, 위로(나 3:7)

**76.** 산성, 열매, 입, 3, 12

**77.** 상처, 소식, 손뼉, 행패, 3, 19

**78.** 오늘 읽은 말씀 중에서 가장 좋아하는 성경 구절을 외워 쓰십시오.

# 구약(개역개정판) 성경대학문제 해답

# 26 하박국 1-3장, 스바냐 1-3장, 학개 1-2장, 스가랴 1-14장, 말라기 1-4장

## 하박국

**1.** 율법, 시행, 악인, 정의, 1, 4

**2.** 군마, 이리, 마병, 마병, 독수리 (합 1:8)

**3.** 눈, 악, 패역, 거짓, 악인, 삼키, 1, 13

**4.** 여호와, 묵시, 명백, 읽을, 나–하박국(합 2:2)

**5.** 묵시, 종말, 거짓, 기다, 응(합 2:3)

**6.** 마음, 정직, 믿음, 2, 4

**7.** 재앙, 깃, 집, 이익, 화, 2, 9

**8.** 물, 여호와, 세상, 2, 14

**9.** 우상, 유익, 우상, 말, 유익(합 2:18)

**10.** 여호와, 소문, 여호와, 일, 부흥, 나–하박국(합 3:2)

**11.** 광명, 손, 권능, 3, 4

**12.** 구원, 구원, 악인, 기초(합 3:13)

**13.** 무성, 열매, 소출, 먹, 양, 소, 여호와, 구원, 기뻐, 3, 17–18

**14.** 힘, 사슴, 높은, 3, 19

## 스바냐

**15.** 사람, 새, 고기, 악인들, 1, 3

**16.** 여호와, 여호와, 구, 멸절(습 1:6)

**17.** 분노, 고통, 패망, 흑암(습 1:15)

**18.** 은, 분노, 건지지, 불, 주민, 1, 18

**19.** 여호와, 겸손, 여호와, 겸손, 여호와, 숨김, 2, 3

**20.** 삶, 소돔, 고모라(습 2:9)

**21.** 이런, 여호와, 교만, 2, 10

**22.** 경솔, 성소, 범, 3, 4

**23.** 경외, 형벌, 거처(습 3:7)

**24.** 범죄, 수치, 교만, 성산, 교만 (습 3:11)

**25.** 남은, 거짓, 입, 두렵게(습 3:13)

**26.** 형벌, 원수, 왕, 화(습 3:15)

**27.** 여호와, 구원, 기쁨, 사랑, 기뻐 (습 3:17)

**28.** 모을, 사로잡힘, 천하, 칭찬, 3, 20

## 학개

**29.** 여호와, 행위, 1, 7

**30.** 산, 성전, 기뻐, 영광(학 1:8)

**31.** 스룹바벨, 여호수아, 여호와, 학개, 여호와, 경외(학 1:12)

**32.** 학개, 위임, 여호와, 함께, 1, 13

**33.** 스룹바벨, 여호수아, 여호와, 백성, 일, 함께, 2, 4

**34.** 애굽, 언약, 영, 두려워(학 2:5)

**35.** 성전, 영광, 여호와, 평강, 2, 9

**36.** 복, 2, 19

## 스가랴

**37.** 내게로, 여호와, 내가, 1, 3

**38.** 여호와, 유다, 불쌍히, 칠십, 1, 12

**39.** 여호와, 풍부, 시온, 예루살렘, 1, 17

**40.** 불, 영광, 여호와(슥 2:5)

**41.** 도피, 말씀, 하늘, 2, 6

**42.** 말씀, 기뻐, 가운데, 2, 10

**43.** 죄악, 옷, 3, 4

**44.** 도, 집, 뜰, 가운데, 너-여호수아(슥 3:7)

**45.** 여호수아, 동료들, 예표, 싹, 3, 8

**46.** 스룹바벨, 만군, 힘, 영, 4, 6

**47.** 여호와, 도둑, 이름, 맹세, 집, 돌, 5, 4

**48.** 면류관, 여호수아, 여호와, 싹, 여호와, 6, 11–12

**49.** 재판, 긍휼, 고아, 궁핍, 해, 도모, 7, 9–10

**50.** 듣지, 듣지(슥 7:13)

**51.** 시온, 거, 진리, 만군, 성산, 8, 3

**52.** 백성, 구원, 예루살렘, 백성, 공의, 하나님, 8, 7–8

**53.** 유다, 이방인, 저주, 구원, 복, 손(슥 8:13)

**54.** 진리, 진실, 재판, 해, 거짓, 미워(슥 8:16–17)

**55.** 예루살렘, 여호와, 은혜, 8, 22

**56.** 왕, 공의, 겸손, 나귀 새끼, 9, 9

**57.** 하나님, 구원, 왕관, 빛, 9, 16

**58.** 구름, 비, 소낙비, 채소, 10, 1

**59.** 유다, 요셉, 긍휼히, 돌아, 내버린(슥 10:6)

**60.** 휘파람, 모을, 구속, 번성(슥 10:8)

**61.** 백성들, 기억, 자녀들, 10, 9

**62.** 품삯, 삼십, 품삯, 11, 12

**63.** 화, 목자, 눈, 마르고, 눈, 11, 17

**64.** 말, 탄, 유다, 말, 12, 4

**65.** 예루살렘, 약한, 다윗, 하나님, 사자(슥 12:8)

**66.** 다윗, 은총, 찌른, 애통, 독자, 통곡, 장자(슥 12:10)

**67.** 죄, 샘, 주민, 13, 1

**68.** 우상, 기억, 선지자, 땅(슥 13:2)

**69.** 불, 은, 금, 이름, 들을, 백성, 여호와, 13, 9

**70.** 한, 밤, 빛, 14, 7

**71.** 생수, 동해, 여름, 14, 8

**72.** 예루살렘, 남은, 만군, 초막절 (슥 14:16)

**73.** 솥, 성물, 솥, 고기, 만군, 가나안, 14, 21

## 말라기

**74.** 사랑, 주, 사랑, 여호와, 야곱, 야곱, 미워, 황폐, 이리들, 1, 2–3

**75.** 만군, 해, 해, 이름, 1, 11

**76.** 진리, 입술, 화평함, 동행, 죄악, 2, 6

**77.** 길, 율법, 치우, 모든, 천대(말 2:9)

**78.** 한, 한, 우리, 거짓, 언약(말 2:10)

**79.** 이혼, 학대, 만군, 심령, 거짓, 2, 16

**80.** 연단, 레위, 금, 연단, 제물, 3, 3

**81.** 변, 야곱, 소멸(말 3:6)

**82.** 사람, 도둑질, 도둑질, 도둑질, 십일조, 3, 8

**83.** 온, 도둑질, 저주(말 3:9)

**84.** 십일조, 양식, 하늘, 복, 붓지, 3, 10

**85.** 경외, 여호와, 경외, 존중, 기념책 (말 3:16)

**86.** 만군, 정, 소유, 아들, 아끼, 3, 17

**87.** 경외, 해, 광선, 송아지, 4, 2

**88.** 마음, 마음, 4, 6

**89.** 오늘 읽은 말씀 중 가장 좋아하는 성경 구절을 외워 쓰십시오.

MEMO

MEMO

MEMO

구약성경-시가서

# 신·구약 성경대학문제(2)

1판 1쇄 인쇄 _ 2018년 9월 15일
1판 1쇄 발행 _ 2018년 9월 20일

엮은이 _ 홍춘만
펴낸이 _ 이형규
펴낸곳 _ 쿰란출판사

주소 _ 서울특별시 종로구 이화장길 6
편집부 _ 745-1007, 745-1301~2, 747-1212, 743-1300
영업부 _ 747-1004, FAX 745-8490
본사평생전화번호 _ 0502-756-1004
홈페이지 _ http://www.qumran.co.kr
E-mail _ qrbooks@gmail.com / qrbooks@daum.net
한글인터넷주소 _ 쿰란, 쿰란출판사
등록 _ 제1-670호(1988.2.27)
책임교열 _ 신영미 · 박익비

 ISBN 979-11-6143-179-6 04230
979-11-6143-159-8 (세트)

책값은 뒤표지에 있습니다.